值此九三交大 60 华诞之际，谨以《九三交大 60 年》，敬献给曾经为建立和发展九三交大事业做出贡献的老前辈们，以及所有热爱九三学社、关爱九三学社的广大社员！

九三交大60年

九三学社上海交通大学委员会 编著

上海交通大学出版社
SHANGHAI JIAO TONG UNIVERSITY PRESS

内容提要

    本书为九三交大60年的纪念册,分为综述篇、组织发展篇、光辉历程篇、院士风采篇、参政议政篇、情结篇、追思篇、大事记等部分,介绍了九三交大60年来的组织发展、发展历程、院士风采、参政议政情况,以及社员对于九三学社的情结和对已故九三老社员的追忆,是一本珍贵的史料汇编。

图书在版编目(CIP)数据

    九三交大60年/九三学社上海交通大学委员会编著.—上海:上海交通
大学出版社,2015
    ISBN 978-7-313-13948-1

    Ⅰ.①九… Ⅱ.①九… Ⅲ.①上海交通大学-九三学社-纪念文集
Ⅳ.①D665.7-53

    中国版本图书馆CIP数据核字(2015)第255547号

九三交大60年

编　　著:	九三学社上海交通大学委员会			
出版发行:	上海交通大学出版社	地　　址:	上海市番禺路951号	
邮政编码:	200030	电　　话:	021-64071208	
出 版 人:	韩建民			
印　　制:	上海天地海设计印刷有限公司	经　　销:	全国新华书店	
开　　本:	889mm×1194mm　1/16	印　　张:	21.75	
字　　数:	608千字			
版　　次:	2015年11月第1版	印　　次:	2015年11月第1次印刷	
书　　号:	ISBN 978-7-313-13948-1/D			
定　　价:	98.00元			

目录

◆◆ 院士风采篇 ◆◆

◆◆ 参政议政篇 ◆◆

"两会"提案选登

参政议政课题选登

"高校论坛"论文选登

◆◆ 情　结　篇 ◆◆

◆◆ 追 思 篇 ◆◆

◆◆ 九三交大 60 年大事记 ◆◆

综 述 篇

九三交大 60 年的发展历程

（1955.4.30—2015.8.11）

九三学社上海交通大学委员会

九三学社自 1945 月 9 月 3 日成立以来已有 70 年的悠久历史,而我们上海交通大学九三学社自 1955 年 4 月 30 日正式成立基层组织以来,掐指数来也已经度过了整整 60 个春秋!

在这难忘而又重要的时刻,回顾我们走过的岁月,经历了多少个风风雨雨! 我们跟随中国共产党,高举"民主与科学"的旗帜,又见证了多少个有志知识分子,加入了我们九三学社的行列,为了祖国的繁荣昌盛,为了民族的兴旺发达,努力奋斗,自强不息,在各自平凡的工作岗位上,做出了不平凡的业绩。

一、沿革概况

1953 年九三学社在交大成立了支社筹备委员会,由时任交大副教务长的朱物华同志负责筹备工作。1955 年 4 月 30 日,召开九三交大支社成立大会,选举产生了九三交大支社第一届委员会,当时社员共 19 名。后来,由于迁校任务,1956—1958 年陆续有一批社员去西安工作,到 1958 年底社员共 54 名。

1961 年 2 月,交大划归国防科委领导。按上级指示,允许各民主党派继续活动,但停止发展成员。1964 年 8 月,社员共 56 名。1966 年"文化大革命"开始后,九三组织被迫停止活动。1979 年 1 月 24 日,九三交大支社恢复组织生活。由于交大领导体制的改变,使成员的发展工作有了新进展,到 1989 年已有社员 147 名。

根据九三上海市委指示,为加强社的工作,于 1990 年 5 月成立了九三上海交通大学第一届基层委员会,至今已历经六届委员会,下设八个支社,基本上以院、系或相近的系组成。至 2015 年 8 月 11 日,共有社员 377 名(未包括已故社员 68 名)。

二、发展历程

九三交大组织,从 1955 年成立支社以来,一直在九三学社上海市委及校党委的领导和关怀下积极地开展工作,发挥了一个民主党派应有的作用。60 年来,九三交大的社务活动概述如下:

1. 参加教学改革

1952 年院系调整后,在高校开展了以学习苏联先进经验为主要内容的教学改革,支社领导组织社员对教改中的一些措施、教学环节及存在的问题开展讨论。例如,1953 年 9 月组织生活中交流了暑期带学生参加生产实习的情况,大家谈了收获,同时提出了需解决的问题。1955年3月初,高教部提出解决高等工业学校学生负担过重的问题,校领导也提出解决意见,支社及时组织社员讨论。通过讨论,提高了认识,并增强了对贯彻高教部指示的信心。

2. 以实际行动贯彻交大迁校方案

1955年5月,党委书记彭康同志主持召开全体民主党派成员会议,传达了中央对交大迁往西安的决定,广大社员拥护决定,并积极作迁校的准备工作。随着国际形势的缓和,上海市又决定筹建南洋工学院。1956年八九月间,支社了解到社内外对迁校问题的一些看法,及时召开社员大会,并请党委副书记邓旭初参加。他把中央有关部门对交大西迁中反映出来的问题和情况作了说明与介绍,通过讨论,提高对迁校的认识,并提出了为使交大今后能担负起艰巨的任务要保持实力等建议。1957年4月,全校掀起对迁校问题的大讨论,之后周总理亲自主持召开国务院有关方面会议,专门讨论交大迁校问题,提出解决的方案。最后,国务院批准交大分设上海、西安两个部分。在整个过程中,支社多次召开社员大会。在决定分设两地方案后,7月3日九三上海分社邀请交大全体社员座谈,分社主任委员卢于道主持会议,他说:交大迁校是经过广泛的民主讨论的,因此希望支社同志拥护校委会的决定,不但自己努力贯彻,还要和大家一起很好地贯彻。经过讨论,最后鼓掌通过以下决议:响应上海分社号召,坚决拥护交大领导的决定,并以实际行动贯彻执行。在党的领导下,九三交大团结所联系的同仁,为实现这个决议而努力。根据西安的专业设置情况及工作需要,很多社员如陈大燮教务长,张鸿、黄席椿副教务长等近40位社员以实际行动贯彻迁校方案,起了很好的带头作用。

3. 参加政治运动,提高思想认识

社员通过参加政治运动提高了思想认识。例如,1955年9月,支社组织社员座谈参加"肃反"运动的收获和体会。1957年11月,全校在"反右"后,党委提出进入整改阶段,九三支社与民盟支部举行联合会议,号召成员积极投入整改运动,并对学校的整改措施提出建议和意见。1958年3月开始,根据各民主党派上级组织的要求,开展了整风运动(九三支社与民盟支部联合举行)。这次整风要求彻底清除"右派"的影响,坚定地接受党的领导。

4. 重视社史教育及党的统战政策学习

支社领导重视社史教育及党的统一战线政策的学习。1956年支社召开社员大会(欢迎20多位新社员),邀请市分社副主委笪移今同志介绍了社的历史,并阐述了中国共产党与民主党派"长期共存,互相监督,肝胆相照,荣辱与共"的方针。1957年在一次支社会体社员大会上,支社领导传达了"中央统战部关于民主党派工作几个问题"的文件精神,社员们就民主党派存在的必要性,并结合自己的实际情况谈了体会。后来这方面的活动搞了不少,多次组织社员学习社章。1990年组织社员学习《中共中央关于坚持和完善中国共产党领导的多党合作和政治协商制度的意见》(1989年12月30日),社员们对民主党派是一个参政党有了进一步的了解,加强了参政意识,同时对民主党派的基层组织的作用也有了进一步认识。凡发展一批新社员就专门组织一次座谈会,如在1994年2月的一次新社员座谈会上,老的委员向大家介绍了交大历届主委名单,还介绍了历年来很多社员热爱九三组织、热心九三工作、关心九三活动的动人事迹,使新社员听后觉得交大九三人的形象,既看得见,又学得上。

5. 投入教育方针讨论,参加技术革新和教育革命

1958年全校开展"教育必须与生产劳动相结合"的教育方针的大讨论,广大社员与交大师生一起深入讨论。1959年5月,与同济支社联合组织过生活,交流提高教学质量方面的经验与体会,通过交流,大家一致表示要鼓足干劲,力争上游。

1960年,支社在上海市工业会议形势的鼓舞下,立即行动起来,投入到党委提出的技术革新和教育

革命中去,并大力开展科研活动。社员们表示坚决响应党的号召,跟上形势,树立雄心大志,当运动的促进派,在运动中锻炼自己,改造自己。支委会也决心提高领导水平,改进工作方法,把九三学社的工作向前推进一步。

6. 召开"神仙会"

1960 年 10 月 27 日起为时 2 个月,支社与我校各民主党派组织一起召开了"神仙会"。支社领导做了深入细致的发动工作,会议贯彻"三自"、"三不"方针,用和风细雨的方法摆了一些大家关心的问题,如形势、合作共事、教研室主任与党支部的关系、发挥中老年教师的作用等。大家交流了看法,提出了存在的问题。又学习了中央统战部部长李维汉于 1960 年 8 月作的《学习毛主席著作,逐步改造世界观》的报告,大家对报告中提出的知识界、民主党派"大有进步,还有问题"及对世界观改造问题展开讨论。这次"神仙会"是在校党委的直接关怀下召开的,所提出的问题反映到党委,加强了合作共事;同时也提高了民主党派成员的工作积极性和改造世界观的自觉性。这次活动给参加者留下了深刻的印象。

7. 恢复组织生活

"文革"期间,支社停止活动。1979 年 1 月 24 日,九三交大支社恢复了组织活动。

8. 在社内开展对知识分子政策落实情况的调查工作

1982 年 4 月,九三分社召开基层干部会议,传达了党中央提出的"关于各级党组织要对知识分子政策的落实工作进行一次深入的检查"的精神。接着支社扩大会按照分社下发的知识分子政策落实情况调查提纲的内容,学习有关文件,统一认识,拟订了具体的工作步骤和方法,先后召开多次支委会及社员小组会,支社委员还开展了谈心活动和家访。由于反复宣传党的政策,不少同志说出了原不想讲的话,如对本人政历结论有意见;一社员因"文革"中造反派多次上门,儿子被吓得患精神分裂症,医疗费难以支出等。

通过调查,发现大致存在以下几方面的问题:政治上政策的落实,工作上的安排使用,部分住房被"冲掉",抄家物资未归还,子女受株连及医疗问题等。支社将调查的情况及时向党委、统战部汇报,由于党组织的重视,采取边检查、边落实的方式,解决了许多问题。但有些难点,还需学校有关部门继续解决。由于社员在"文革"中的遗留问题陆续得到解决,因此也就进一步调动了社员为"四化"建设多作贡献的积极性。

9. 发起成立九三高校八基层联席会议,现改名为"高校论坛"

1986 年,交大支社联合复旦、同济支社发起成立九三高校八基层联席会议。每年春、秋两季在八校轮流召开会议。自 1986 年起,迄今已近 30 年。会议主题为高教界的热点问题,如高等教育 10 年来的回顾与建议、教书育人和政治思想工作、上海高校如何为经济建设服务、复合型人才培养、高校兴办高新技术及转化为生产力问题、浦东高校的布局问题、高校的管理改革、高等学校如何适应市场经济、研究生教育工作、高校的综合改革等。这些会议的内容成了有关人员在人大、政协两会参政议政的第一手材料。每次会议都有交大九三人的身影,发表具有时代特色的,或是社会制度、或是教育思想、或是培养人才、或是高校发展等等方面的演讲,这也成为参政议政、反映社情民意的重要窗口。

10. 与党同心同德,坚持做好本职工作

1986 年 12 月,交大校园闹起了学潮,九三支社召开了支委会,讨论并通过了《九三交大支社给全体社员的一封信》,信中指出:全体社员要坚守岗位,做好教学、科研工作,在自己的岗位上做好学生的思想工作。

1989 年的"动乱"中,社员关心国家大事,与党同心同德,积极和坚持做好本职工作,对学生做劝说和政治思想工作,从中得到锻炼和经受了考验,同时也认识到加强自身建设的重要性。

11. 召开九三专家学者与大学生的谈心会

1987年6月18日,九三交大支社召开了一个别开生面的谈心会,主持人老中青三结合:九三交大支社主委范祖尧教授、九三市委秘书长张叔英、交大研究生鲍伟中。出席会议的有九三市委主委杨樨等11位著名专家学者、九三交大支社5位正副主委,以及交大100多名学生。他们围坐在一起,气氛热烈而轻松。在谈心会上专家学者对同学提出的问题,如年轻人出国、中国共产党领导的多党合作和政治协商制度、中国发展私营企业的利弊、九三党派的宗旨等,做了坦率的交流,达到了互相理解,沟通了思想。

12. 重视抓社的基层建设

1991年九三交大委员会回顾了1990年5月成立委员会以来出现的新气象:委员会集体领导比支社时更协调、更完善,每月坚持一次例会;各支社比原社员小组更有活力;在委员会、支委中涌现了一批新生力量;全体社员都普遍关心社的活动。

委员会把健全组织生活作为加强社的组织建设和思想建设的重要环节来抓。通过组织生活密切了支社与社员的联系,加强了社员间的相互理解,增强了凝聚力和活力。开展了评先进支社和优秀社员的活动。通过评先进,评出了九三人的新形象,大大激发了广大社员的积极性。1994年10月—12月,对全体社员的基本情况作了一次全面、细致的调查,经过各支社的努力和全体社员的重视,基本上完成了社员基本情况的登记工作,为编写交大百年校志提供了可靠的资料。

13. 参政议政和献计献策,客观反映社情民意,乃为参政党的天职

60年来,九三交大社员有许多担任过(有些社员担任多届)全国、市、区各级人民代表大会代表和政协委员,其中有些还担任人大或政协的常务委员,有的担任社中央副主席、全国或市政协等各级领导职务,他们在"两会"中直接参政议政。历届九三交大支社和委员会,发动社员讨论学校提出的工作要点、计划、规划,并向校领导提供修改补充的意见和建议(详见本书"大事记"部分)。推荐九三具有参政议政能力的社员为历届区人大、区政协的候选人。凡涉及学校全局的大事、热点、难点的工作,九三成员都主动参加,反映情况,协调关系,如:学校管理改革、校行政监察与政纪教育检查工作、房调工作、建房规划、职称评审、工资改革和整顿公司等。曾对交大四个校区的规划提出了设想和建议(包括地铁延伸到闵行区铺设轻轨的建议)。

14. 重视宣传工作,出版《九三交大社讯》,创办九三交大网站

九三交大委员会的宣传思想工作主要围绕社市委的宣传思想工作要点进行,并结合学校实际开展具体工作,其特点是:紧跟当前形势,结合学校实际,重视与基层党组织亲密合作关系的宣传,注意好人好事的宣传,主动搜集社员活动信息并加以报道,宣传方式多种多样。

我们深深感到,党派的工作主要是政策性强,社务工作的好与坏,跟委员会负责参政议政、社会服务、组织发展、老年福利、中青年骨干分子的培养,以及在媒体上及时宣传等工作是密不可分的。委员会每年专门召开两次宣传工作会议,建立和完善委员会的宣传机制,积极参加学校党委定期召开的"党外人士季度座谈会"、情况通报会和后备干部举荐谈话会,多途径获取信息,掌握动态,及时进行信息发布和交流,准确地反映委员会社务活动。近年来,重要的是,委员会宣传工作在学社及社会的主流媒体上质和量的不断突破,有效地提高了九三学社上海交通大学委员会的社会知名度,为开展参政议政、组织建设、社会服务等社务活动,构建了良好的舆论氛围。

《九三交大社讯》自1988年创刊,迄今已出版96期。《九三交大社讯》每年四期,A4大小,每期四版,从2007年改为彩色版,按季度如期编印,至今从未间断过。由于广大社员的共同努力,社讯质量不断提高。社讯中包含了大量的信息和献计献策的内容。近年来,有些稿件已被《九三沪讯》摘登,有些稿件也被《中央社讯》摘登。《九三交大社讯》受到了广大社员的欢迎和组织上的肯定。

委员会自 2002 年创办的九三交大网站,乃我校和沪上高校中最早设立的民主党派专用网站,13 年来,一直有专人更新维护,从未间断过。2012 年 2 月,委员会《九三交大社讯》和九三学社上海交通大学网站全部改版,面貌焕然一新,并把《九三交大社讯》每次都邮寄到每一个离退休的老社员手中,使之在家就能了解到九三学社的最新动态。

在九三交大 60 年的发展历程中最值得一提的是,1995 年 4 月委员会组织出版了《九三交大四十年》一书。由各级领导,如当时的中共上海市委统战部部长王生洪、九三交大老领导杨樨、交大党委书记王宗光、交大校长翁史烈等为该书题词祝贺。

15. 社会服务、社会咨询、扶贫帮困成为委员会的重要特色活动

1998 年 4 月,委员会召开全体社员大会,响应九三市委号召,为福建南平建校赈灾捐款,共筹资金近万元支援灾区。五支社社员通过去江西鹰潭地区进行捐资助学活动,架起了一座通向江西贫困地区的爱心桥梁;并以赈灾助教为题,制作了两个版面的宣传栏。赵成学、印飞代表九三交大委员会赴江西的赈灾助学活动,以及 2008 年的支援四川"5.12"抗震救灾、全体社员闻讯募捐的事迹,一度成为美谈,得到社市委乃至社中央的好评。

2001 年 7 月,委员会积极支持西部开发,为西部地区教育事业作贡献。根据九三市委的安排,在校统战部的全力支持下,2001 年接受贵州黔南民族师院两位教师来校进修,为他们的学习与生活创造了较好的条件,获得了九三市委的好评。此后,委员会几乎每年都有这样的安排,坚持了 10 年之久。

2001 年 7 月 25 日,由九三学社上海交大委员会发起并落实的"九三学社上海医学服务中心与上海奉城老年护理院共建文明"签字仪式在奉贤举行。九三学社上海市委副主委张友隽、张良仪,以及九三学社上海交大委员会顾问范祖尧与支社主委吴东等出席签字仪式。委员会由此走出校门,面向社会,服务于社会,成为委员会的永久任务和具有时代特色的活动之一。

16. "九三人之家"成为委员会新的活动模式

2009 年 11 月 9 日,九三学社上海交通大学委员会在徐汇校区铁生馆三楼会议室隆重举行了"九三人之家"揭牌仪式。从此,围绕九三学社的"民主与科学"精神,积极参政议政,举办形式多样的有利于"九三"事业发展的各项有益活动,又创建了一个最具特色的活动模式。从此,"九三人之家"成为大家学习交流的平台,开阔视野的窗口,通过组织形式多样的活动,丰富了广大社员的精神生活。"九三人之家"每逢单月的 9 日下午 1:30—4:30 为固定活动时间,如遇双休日、节假日,将顺延至第一个工作日举行。至今,"九三人之家"的活动坚持了六年,从未间断过。九三交大人的这一崭新的活动平台,再一次体现了九三交大人的创新思维和参政党应尽的职责。

三、重要特色

经过 60 年的发展历程,现在我们九三交大委员会已经在制度化建设方面获得了可喜的成果,并逐步完善和形成了一整套组织活动机制。概而言之,主要特点如下:

1. 委员会例会、主委会议制度化

我委员会建立了相应的工作制度和工作职责,包括学习制度、会议制度、组织生活、考勤制度、年度工作计划和工作总结等,从不间断。尤其是自 2006 年前后委员会增设了主委助理后,委员会的工作更是有条不紊地进行,不仅使社市委、社中央的精神能及时上传下达,而且校党委的中心工作也能够及时得到落实实施,对委员会的工作做出成绩起到了重要作用。为此社市委把增设主委助理的机制在人数较多的其他高校、直属机关和区委等部门也仿效建立起来,形成了普遍有效的机制,社务工作由此也得到了可喜的成果。

从 2007 年 1 月起，我委员会每两个月召开一次"委员会例会"，每季度或有重要事件时随时不定期地举行"主委会议"，以便决策委员会的工作。这种制度已经形成，并且每次"委员会例会"或是"主委会议"，都撰写《会议纪要》，在向委员会和支社通报的同时报送校统战部和社市委，使信息在第一时间做到上通下达，努力做到决策过程规范化、制度化和程序化。由此，我委员会不断加强理论学习和自身建设，努力提高领导班子成员的政治把握能力、参政议政能力、组织协调能力、合作共事能力，积极推进各项工作落到实处。每次委员会例会的出席率高达 75%～100%。

2. 每年一次"迎春社员大会"

每年春节之前的"迎春社员大会"，出席率在 50% 左右，如不计 80 岁以上和身体不佳的社员，将达到 80% 左右。会议结合我国传统佳节，社员团聚，领导祝贺，总结经验，表彰先进，展望未来，共叙友情，体现了和谐欢快的节日气氛。

3. 每年一次"迎中秋、庆国庆社员大会"

每年国庆之前的"迎中秋、庆国庆社员大会"，出席率也同春节社员大会一样，参会者踊跃。每次都有 120～180 名社员参加大会，这种高出席率的社员大会，历年来年年如此。

4. 每年一次"暑期工作研讨会"

每年暑假期间的"暑期工作研讨会"，结合高校特点，组织支社以上干部，以及邀请部分老领导、新老社员代表、校党委及统战部领导等一起参加，共同集中学习党派理论。一方面总结上半年的工作，另一方面展望下半年的工作要点，起到一个承上启下的作用。

5. 每逢单月 9 日的"九三人之家"

这是我委员会创办的新的工作平台，也是我们工作成绩的又一个"亮点"。2009 年，我校九三学社离退休社员激增，他们离退休在家，人员分散，如何组织好老年社员的活动，继续发挥老社员的作用一直是个难题。为此，委员会在 2009 年底为老年社员创建了一个"家"——"九三人之家"。即自 2010 年起，每逢单月的 9 日，在党派办公室固定举行"九三人之家"活动日。形式为茶话会、交流会、座谈会、通报会等，宗旨是让社员了解委员会近期的工作重点、交流学习党派理论的体会，同时也作为向他们搜集信息、提案的一个平台和渠道，有时也不定期地开展一些养身保健方面的讲座，也适当地组织一些参观活动，让离退休社员的生活，更加丰富多彩、有声有色。这作为基层组织活动的新模式，得到了各级领导的充分肯定和广大社员同仁们的热烈欢迎。

6. 积极参加"党外干部季度座谈会"

由校党委组织的"党外干部季度座谈会"数十年如一日，已经做到制度化，每季度一次，党委领导、统战部长每次必到，上通下达学校重大决策和近期工作重点，并听取大家的意见以达成共识。而且，我委员会积极主动参加徐汇区、闵行区的"校区联动"、参政议政、社会服务等多领域、多渠道、多方面的课题和合作，争取做到各尽所能、优势互补、强强联合，争取年年有合作，年年有成果。在 2008 年我委员会又增设了驻闵行区委统战部的主委助理，大大加强了校区联合，使我们九三交大的工作更为出色。

7. 积极开展学校课题调研和校、区课题合作

在社市委和校党委统战部的直接领导下，委员会从不间断地开展了课题研究的调研活动，积极动员交大"九三人"，上至委员会的领导班子成员，下到在教育第一线的普通社员，纷纷开动脑筋，根据自己的所看所想，积极参与学校党委的重大课题的研讨活动，例如积极参与学校党委的"创新人才培养体系建设的整体改革方案研究"课题的研讨活动，开展了多次社会调研，广泛进行了资料征集，通过课题组集体讨论，最终达成共识，形成了很有价值的参政议政的课题报告。值得一提的是，我委员会多次参加校区

联合课题的调研和合作,取得了较好的效果。例如,我委员会先后在2008—2009年间参加了九三学社徐汇区委课题调研:一是关于"轨道交通与小区间短驳的建议",二是关于"区域核心竞争力和知识产权",三是"关于开展我区污水暗排管调查的建议"。我委员会还参与了闵行区科委、九三学社闵行区委、闵行区政协科技委联合调研课题"关于依靠科技进步提升产业能级的思考"的研讨活动,提出了颇有参考价值的实施方案。

8. 组织发展特别注重后备干部库的建立

我委员会定期开展新一轮的后备干部推荐工作,注重支社基层干部的素质培养,注重新社员的发展原则,使九三交大更具有生命力。我委员会为保证"人才强社"战略的实施,进一步加强后备干部队伍建设,根据《九三学社中央关于加强组织建设的若干规定》和《九三学社上海市委员会关于加强后备干部队伍建设的意见》相关精神,经社市委会议精神,在校党委统战部的领导和协助下,每年定期开展新一轮的后备干部推荐工作,建立新的后备干部库。每年我委员会的后备干部有10名左右,不断地把社内优秀人才、优秀干部推荐到各级领导岗位上去。

9. 注重支社基层干部的素质培养

我委员会的组织发展工作稳定有序。我们深感基层支社领导班子的素质尤为重要。我委员会在不断加强领导班子成员的理论学习和自身建设的同时,还努力提高委员会下属的支社领导班子成员的"四种"能力,即政治把握能力、参政议政能力、组织协调能力、合作共事能力,积极把委员会各阶段的工作任务落到实处。2007年下属基层支社换届工作的意见及实施方案,重点是根据我校教育重点由"徐汇转移至闵行"的实际情况,将组织结构作了相应的调整,以院系为单位组织支社,并且在2010年和2015年两次新一轮的支社换届工作中,推荐酝酿候选人,尤其是对于支社主委的人选,要求其素质更高。我们将紧紧抓住换届契机,紧紧依靠社市委、校党委统战部,使支社选举产生的新领导班子成员的组织能力、管理能力等方面,都能更上一个台阶,更上一个水平。

10. 注重新社员的发展原则

我委员会的发展工作始终坚持"人的素质第一"的要求。在发展新社员时,"讲职称又不惟职称",还要结合本人的特长、能力等等,综合考虑。我们没有一味地追求"5%的发展比例",力求"人的素质第一"的原则。这些年发展的新社员中,既有"旗帜型"的博导、教授,也有热爱九三事业的普通教师。

11. 围绕"抗震救灾",开展爱心活动

2008年,当"5.12"汶川特大地震发生后,我市各级社组织和广大社员齐心协力,积极参与,以各种方式向灾区伸援手、献爱心、送温暖,涌现出一批先进社组织和先进个人。我校九三社员纷纷解囊捐款,我委员会收到的捐款共达11 350元。特别值得一提的是,我校马培苏社员闻讯倍感心痛,当即响应号召向街道和所在单位捐款5 000元;上海交通大学机械与动力工程学院75岁的退休教师张培金社员,拿出自己多年来省吃俭用积攒下来的存款,在震后的一周内毅然捐款10万元。他们两位赢得了社中央的好评,并获社市委"抗震救灾先进个人"称号。在海地、青海玉树先后大地震后,又有很多社员默默无闻地到社区或社市委捐款,尤其是已近八旬的张重超教授,家境本来不好,当时他老伴痴呆躺在床上,自己也常常因心脏病发作住院,还一声不响地到红十字会捐了10 000元,真是难能可贵。我委员会及时发现先进人物,及时报道,弘扬了我们"九三人"的精神。

12. 发挥特色优势,开展社会服务

我委员会发挥了我校农学院的特色优势,开展社会服务,不断得到社市委、乃至社中央的好评与赞誉。我委员会围绕服务社会主义新农村建设、推动"三区联动"两大主题,充分发挥社员专业优势,切实开展社会服务工作。在服务社会主义新农村建设中,我委员会与上海市青浦区、南汇区、河南省、贵州省进行了农业科技项目对接活动。每年我委员会还接纳黔南州2~3名教师来沪进修。在推动"三区联动"中,我委员会与闵行、徐汇的九三区委以及区相关委办进行"结对共建",开展科技服务活动。此外,我委员会还在国家级非物质文化遗产江南丝竹的保护与发展上,做出了贡献。

时间过得真快,弹指一挥间,九三学社上海交大基层组织成立至今,已经整整60年了!

60年来,九三交大继承了九三学社的光荣传统,发扬了民主与科学精神,坚持了爱国主义、社会主义的基本原则,坚持了在中国共产党的领导下"长期共存、互相监督、肝胆相照、荣辱与共"的基本方针,同中国共产党风雨同舟、亲密合作,并肩走过了60个年头,交大九三人为培养人才、健全法制、完善教育制度、扶贫帮困等诸多方面的社会发展,做出了积极的、不可磨灭的贡献。

60年的风雨历程,只是历史的一个瞬间。为了回顾九三学社上海交大基层组织60年发展历程,为了继续弘扬民主与科学精神,为了缅怀前辈无私报国的高尚情操,呕歌广大社员良好的精神面貌,在九三学社上海交大组织成立60周年之际,我们编撰出版了这本纪念册——《九三交大60年》,旨在以史励志育人:这既是总结回顾过去九三交大人所走过的发展历程,又是为了更好地规划和展望我们九三交大人的美好未来!

九三学社上海交通大学委员会
SHANGHAI JIAO TONG UNIVERSITY COMMITTEE OF THE JIU SAN (SEPT.3RD) SOCIETY.

欢迎访问九三学社上海交通大学委员会网站!

恪尽职守 期相赞相为 荣辱共肝胆相照 患难与共

九三学社是以科学技术界高、中级知识分子为主的具有政治联盟特点的政党，九三学社上海交通大学委员会现有社员370余人，我们愿尽最大努力使九三学社上海交通大学委员会网站成为宣传中国政党制度的窗口

本篇介绍了九三交大基层组织所走过的 60 年的发展历程。1953 年，当九三交大成立筹备小组的时候，仅有朱物华、徐桂芳和周淑玉三位社员；1955 年 4 月 30 日正式成立九三交大支社的时候，也仅有 19 位社员；而今，经过了 60 年的风风雨雨，九三交大基层组织由支社发展到委员会，在职社员发展到 377 人。随着九三交大组织队伍的不断壮大，社员的素质也随之不断提高。如今，我们九三交大人中，有学术权威级的中国科学院和中国工程院的院士，有各学科领域的领军人物，如"长江学者"、"千人计划"等优秀人才，更有很多博导、教授，以及许多中高级知识分子，纷纷加入到我们"九三交大人"的队伍中来。在这里，我们可以清晰地看到，九三交大基层组织在各个历史阶段，每每取得的成绩，件件获得的荣誉，都离不开交大党委的领导，离不开统战部的悉心指导！

现任主委介绍

敬忠良（九三学社上海交大第五、第六届委员会主委）

　　1960 年生，四川南部县人，1998 年加入九三学社。长江学者特聘教授、博士生导师。现任上海交通大学航空航天学院 / 空天科学技术研究院常务副院长，空天科学技术教育部工程研究中心主任，航空宇航科学与技术上海高校重点实验室主任。兼任国家 863 计划航天航空技术领域专家组成员，九三学社中央委员，九三学社上海市委副主委，九三学社上海交通大学委员会主委，上海市政协常委。1983、1988 和 1994 年分别在西北工业大学自动控制系获工学学士、硕士和博士学位，1983—1985 年在航空航天部 607 所工作，1989—2000 年在西北工业大学自动控制系从事科研和教学工作，1991 年破格晋升副教授，1995 年破格晋升教授，1997—1998 年和 1999 年分别在美国加州大学伯克利分校和南伊利诺大学作高级访问学者和访问教授。长期从事航空航天信息与控制理论及应用研究，在目标跟踪、信息融合、空间操控、航电综合等方面取得了多项突出科研成果，并在国家航空航天有关重点项目和型号设计中应用。先后主持国家和部委级重点和重大项目 20 余项，出版专著 7 部，发表论文 200 多篇，申请和授权国家发明专利 50 余项。论著被 SCI、EI 等国际权威索引刊物收录 150 余次，研究成果得到国内外同行专家和工程应用部门的广泛引用和应用。先后荣获国家科技进步三等奖 1 项，全国优秀科技图书二等奖 1 项，部委级科技进步一等奖 2 项、二等奖 7 项。先后荣获国家和省部级荣誉奖 9 项，其中 1998 年获"中国航空工业突出贡献中青年专家"称号，1999 年入选国家教育部第二批"长江学者奖励计划"特聘教授，2000 年入选国家"百千万人才工程"专家。

历届主委介绍

朱物华（九三交大支社第一届主委）

1902年生，江苏扬州人。1952年参加九三学社，1956年参加中国共产党。1955年6月任中国科学院技术科学学部委员。1923年毕业于交大电机系，1924年获美国马萨诸塞理工学院电机硕士学位，1926年获美国哈佛大学电工博士学位。回国后，先后在中山大学、唐山交通大学、北京大学、西南联大任教授。1946年2月后在交大任教授、工学院院长，建国后任工学院院长、副教务长。1955年11月在哈工大任教务长、副校长；1961年10月后在交大任副校长、校长、校顾问、博士生导师。曾任徐汇区第一届人大代表，上海市第一届人大代表，第三届全国人大代表，第二、五、六届全国政协委员。曾任九三交大支社第一届主委，九三上海分社三届理事会委员（1952年11月），四届分社委员兼组织委员会主委；社中央三至七届中央委员，八届中央参议委员会常务委员，九届社中央顾问。

杨　槱（九三交大支社第二、三届主委）

1917年生，江苏句容人。1956年参加九三学社。1979年8月任中国科学院技术科学学部委员。1940年毕业于英国格拉斯哥大学造船系。曾任交大副教授、教授；同济大学教授、造船系主任。造船厂副总工程师；大连工学院教授、造船系主任。交大教授、系主任、副教务长、教务长、船舶及海洋工程研究所所长、博士生导师。曾任大连市第一届人大代表；上海市第三、四、五届人大代表；八届人大常委；上海市第六届政协副主席（1986年增补），七、八届市政协副主席；全国第五、六届人大代表；全国第七、八届政协常委。曾任九三交大支社第二、三届主委。九三上海分社五、六届委员，七届委员兼组织部副部长；八、九届分社副主委；十届副主委，十届三次会上选为主委；十一、十二届社市委主委。六届社中央委员，1982年8月增选为常委；七届社中央常委；八、九届社中央副主席。

程福秀（九三交大支社第四、五届主委）

1907年生，山西稷山人。1956年参加九三学社。1933年毕业于山西大学电机系，1939年获德国不伦瑞克工业大学工程硕士学位，1942年获德国斯图加特工业大学工程博士学位。曾任同济大学教授。建国后，历任同济大学教授、电机系代主任；交通大学教授和电机系主任、电工及许算机科学系主任。1985年12月退休。曾任上海市第三、四、五、七届人大代表。曾任九三交大支社第二、三届副主委，四、五届主委。

范祖尧（九三交大支社第六届主委，九三交大第一、二、三届委员会主委）

1924年生，江苏吴江人。1980年参加九三学社。1947年毕业于同济大学土木工程系。毕业后在淮河水利工程总局任助工。建国后，历任同济大学工学院助教，华东水利学院讲师、教研室主任；交大讲师、副教授、教授、博士生导师。1985年任国务院学位委员会工科评议组成员。曾任徐汇区第十届人大代表，上海市政协第七届委员，上海市政协第八届教育委员会委员。曾任九三交大支社第五届副主委，支社第六届主委，第一、二、三届委员会主委。曾任九三市委十一、十二届委员兼文教工作委员会主委。

侯志俭（九三学社上海交大第四届委员会主委）

1942年生，上海市人。1992年参加九三学社。

1964年毕业于上海交通大学电机系。曾任解放军原子防护研究所研究实习员，上海市电报局技术员，上海交通大学讲师、副教授、教授、博士生导师。曾任上海交通大学电力工程系主任，电力学院院长。曾任九三学社上海交大第四届委员会主委，九三学社第十三届上海市委副主委兼文教委员会主任，第十四届上海市委副主委。曾任上海市第九、十届政协常委。

沈 灏（九三学社上海交大第四、第五届委员会主委）

1945年生，上海市人，1993年加入九三学社。上海交通大学数学系教授、博士生导师。九三学社第九届和第十届中央委员会委员，九三学社第十三、十四届上海市委委员，九三学社上海市委文教委员会主任，第十、十一届上海市政协委员．长期从事组合设计、有限几何与编码理论的研究，在各类组合设计的嵌入问题和可分解设计的存在性问题等的研究中取得一系列成果，发表论文九十余篇，出版专著《组合设计理论》。1993年发起并主持系列国际学术会议《Shanghai Conference on Combinatorics》，至今已举办八届，对推动我国组合数学的发展和加强国内外组合数学界的学术交流发挥了重要作用。曾任中国数学会理事，上海市数学会理事，中国组合数学与图论学会常务理事，国际数学杂志《Journal of Combinatorial Designs》编委和《Journal of Statistical Planning and Inference》编委。1990年获国家教委和人事部"有突出贡献的回国留学人员"称号，1993年获"全国优秀教师"称号，1995年获首批"上海交通大学跨世纪优秀人才"称号，2007年获上海市教学名师奖。近年来潜心于科学思想史和中西学术交流史的研究。

历届九三学社
上海交通大学校级领导班子名录

第一届支社委员会(1955年4月)

主　　委:朱物华

组织委员:赵富鑫

宣传委员:陆庆乐

学习委员:陈学俊

秘　　书:林宏铨

(由于朱物华于1955年10月调离交大,
有的同志又去西安工作,原支委作了调整)

主　　委:许应期

副 主 委:陈学俊

组织委员:何金茂

学习委员:李惠亭

宣传委员:周志诚

第二届支社委员会(1958年)

主　　委:杨　樛

副 主 委:程福秀、林宏铨

组织委员:沈　緘

宣传、学习委员:许应期、周志诚

分部委员:杨祖贻

秘　　书:周淑玉、樊应观

第三届支社委员会(1961年7月)

主　　委:杨　樛

副 主 委:程福秀、林宏铨

宣传、学习委员:许应期、周志诚、金　懿、贝季瑶

组织委员:沈　緘

分部委员:杨祖贻

秘　　书:周淑玉、樊应观、周天宝(聘请秘书)

1979年1月宣布恢复组织时的名单如下：

主　　委：杨　櫆

副 主 委：程福秀、林宏铨

委　　员：金　懿、周志诚、贝季瑶

秘　　书：周淑玉、樊应观

第四届支社委员会（1980年5月）

主　　委：程福秀

副 主 委：林宏铨、樊应观

组织委员：周淑玉

学习委员：裘益钟、金　懿、吴　镇、贝季瑶

宣传委员：周志诚、王嘉善

秘　　书：周天宝

第五届支社委员会（1983年7月）

主　　委：程福秀

副 主 委：陆行珊、林宏铨、范祖尧

组织委员：周天宝

宣传委员：金士峻

妇女委员：丁　澴

委　　员：贝季瑶、周志诚、王嘉善、吴　镇、樊应观

秘　　书：曹树登

第六届支社委员会（1986年6月）

主　　委：范祖尧

副 主 委：张重超、陆行珊

组织委员：李传曦

宣传委员：高尔安（高尔安后支援外校，由陈　杰代理）

咨询委员：施仲篪

文教委员：周　麒（兼海外联谊）

妇女委员：洪光彧

办学委员：沈德和

财务、退休社员工作：曹树登

第一届委员会（1990年5月）

主　　委：范祖尧

副 主 委：王嘉善、严济宽

组织委员：曹树登

宣传委员：王道平、陶关源（兼）

文教委员：张美敦、陶关源

学习委员：李锡玖、王道平（兼）

科技咨询委员：施仲篪、王治祥

妇女、联络委员：刘若萍

第二届委员会（1993 年 6 月）

主　　委：范祖尧

副 主 委：严济宽（常务）、张美敦、杨思远

组织、联络委员：陶关源、王志成

宣传、学习委员：王道平、李顺祺

科技、办学委员：徐树中、杨于兴

妇女委员：陈碚利

委员兼秘书：陈捷、刘炽棠

（因工作需要增补侯志俭、沈灏、张文渊和王殿臣四人为第二届委员会委员；
1994 年杨思远调离交大后，增补陈捷为委员；陈捷借调校外后增补刘炽棠为委
员）

第三届委员会（1996 年 9 月）

主　　委：侯志俭（1999 年调任社市委副主委）、沈　灏

副 主 委：赵成学、李顺祺（1997 年调职上海大学工作）、
　　　　　沈荣瀛、时　钟（1999 年 8 月增补）

组织、联络委员：王志成、王殿臣

学习宣传委员：时　钟、龚汉忠（1999 年 8 月增补）

科技咨询委员：杨于兴、陆少华、印　飞

妇女委员：张文渊

第四届委员会（2001 年 12 月）

主　委：沈　灏

副 主 委：沈荣瀛、敬忠良、武天龙、吴　东

组织委员：艾晓杰

科技咨询：程先华、印　飞、姚卫平、陈善本

宣传委员：龚汉忠

妇女委员：张文渊、张　焰

老年委员：王殿臣（兼秘书）、袁晓忠

主委助理：王殿臣

第五届委员会（2006 年 9 月）

主　　委：敬忠良

副 主 委：陈善本、武天龙、张　焰、龚汉忠

宣传委员：艾晓杰

组织委员：曹珍富、袁景淇、孙　坚

参政议政委员：陈　迪

学习宣传委员：李　铮

老年、社会服务委员：姚卫平、徐勇江

妇女委员：黄　敏、蒋　丹

主委助理：吴　东

第六届委员会(2011年12月)

主　　委：敬忠良

副　主　委：曹珍富、陈　迪、艾晓杰、黄　敏、刘成良(2015年8月增补)、贾金锋
　　　　　　(2015年8月增补)

组织委员：袁景淇、刘成良(2015年1月增补)

社务委员：傅正财

参政议政委员：林敏莉、袁晓忠、赵一雷(2013年7月增补)

青年工作委员：巨永林、贾金锋(2015年1月增补)

学习宣传委员：蒋　丹(兼)

老年、社会服务委员：孙　坚、张新平

妇女委员：蒋　丹、姜翠波

主委助理：吴　东、徐勇江(2014年1月1日吴东离任，徐勇江接任)

九三交大委员会现任支社领导班子名录

支社	主委	副主委	组织委员	信息委员	宣传委员	妇女	老年委员
一支社	陈晓晓	华春荣	车驰东	汪俪	荣正通 （兼青年）	汪俪	车驰东
二支社	蒋丹	巨永林	隋升	崔毅	李元超		任佳 马培荪
三支社	傅正财	解大	庄天红 （兼联络）	姜淳 （兼参政议政）	解大		姚允美
四支社	赵一雷	李胜天	李胜天	王忠樑	冯洁		甘露光
五支社	冯传良	杨立	陈先阳	陈先阳	沈耀		郑登慧
六支社	袁晓忠	王锦辉	朱世蝶	王锦辉	姚武		鲍毅
七支社	林敏莉	管新潮	管新潮	张小英 刘晔萍	汤莉华		顾德培 卢舜玉
八支社	严亚贤	赵晓东 张新平	张新平 于湘莉	孙向军	张建华	常丽英 （兼青年）	赵晓东

九三交大全体社员名单

（以入社时间为序）

2015 年 8 月 11 日

序号	姓名	性别	出生年月	职称	入社日期
1	周淑玉	女	1931 年 6 月	讲师	1952 年 8 月 1 日
2	吴际舜	男	1929 年 9 月	教授	1954 年 5 月 25 日
3	王嘉善	男	1927 年 9 月	教授	1955 年 8 月 16 日
4	杨 橋	男	1917 年 10 月	教授	1956 年 4 月 20 日
5	金士峻	男	1923 年 9 月	教授	1956 年 6 月 23 日
6	李介谷	男	1928 年 8 月	教授	1956 年 11 月 5 日
7	陈大荣	男	1926 年 2 月	教授	1956 年 11 月 5 日
8	胡盘新	男	1928 年 1 月	教授	1957 年 2 月 6 日
9	朱咏春	男	1927 年 1 月	教授	1957 年 3 月 17 日
10	沈杏苓	女	1923 年 3 月	教授	1957 年 4 月 4 日
11	洪致育	男	1922 年 10 月	教授	1980 年 10 月 7 日
12	李静一	男	1927 年 2 月	教授	1980 年 10 月 7 日
13	曹树登	男	1926 年 9 月	高级工程师	1980 年 12 月 17 日
14	徐贵卿	男	1934 年 6 月	副教授	1981 年 3 月 10 日
15	李传曦	男	1928 年 5 月	教授	1981 年 9 月 2 日
16	凌复华	男	1942 年 2 月	教授	1982 年 10 月 8 日
17	丁 环	女	1941 年 10 月	高级讲师	1982 年 10 月 8 日
18	严名山	男	1935 年 8 月	教授	1982 年 10 月 8 日
19	施仲篪	男	1929 年 3 月	教授	1982 年 11 月 22 日
20	任仲岳	男	1928 年 12 月	副教授	1982 年 11 月 22 日
21	张立本	男	1928 年 6 月	副教授	1982 年 11 月 22 日
22	陈恒足	男	1937 年 5 月	高级工程师	1983 年 1 月 29 日
23	阮雪榆	男	1933 年 1 月	教授	1983 年 2 月 22 日
24	吴炳荣	男	1933 年 9 月	副教授	1983 年 3 月 31 日
25	熊世德	男	1936 年 4 月	高级工程师	1983 年 3 月 31 日
26	王学文	男	1931 年 9 月	教授	1983 年 7 月 25 日

（续表）

序号	姓名	性别	出生年月	职称	入社日期
27	李钟钰	男	1943 年 1 月	主治医师	1983 年 10 月 18 日
28	李汉卿	男	1930 年 1 月	教授	1983 年 10 月 27 日
29	沈德和	男	1940 年 6 月	教授	1983 年 10 月 27 日
30	顾启明	男	1935 年 3 月	副教授	1983 年 10 月 27 日
31	洪光彧	女	1937 年 11 月	工程师	1983 年 12 月 22 日
32	贺亚科	男	1924 年 7 月	研究员	1983 年 12 月 27 日
33	张重超	男	1932 年 7 月	教授	1983 年 12 月 27 日
34	甘露光	男	1933 年 3 月	副教授	1983 年 12 月 27 日
35	范荣良	女	1930 年 9 月	副教授	1983 年 12 月 27 日
36	朱复尔	男	1932 年 3 月	副教授	1983 年 12 月 27 日
37	王道平	男	1930 年 1 月	教授	1984 年 6 月 11 日
38	周文彬	男	1920 年 5 月	高级兽医师	1985 年 3 月 16 日
39	刘若萍	女	1934 年 10 月	副教授	1986 年 1 月 13 日
40	陈之炎	男	1934 年 12 月	教授	1986 年 1 月 13 日
41	朱惠霞	女	1934 年 12 月	副教授	1986 年 1 月 13 日
42	陈 杰	男	1939 年 1 月	副教授	1986 年 1 月 13 日
43	忻洪福	男	1936 年 5 月	教授	1986 年 1 月 13 日
44	李士颖	男	1926 年 6 月	二级律师	1986 年 1 月 13 日
45	张景彭	男	1936 年 2 月	副教授	1986 年 1 月 23 日
46	陈信忠	男	1940 年 7 月	高级工程师	1986 年 5 月 1 日
47	沈黛云	女	1929 年 8 月	副教授	1986 年 6 月 9 日
48	方书淦	男	1931 年 1 月	教授	1986 年 6 月 9 日
49	陈英礼	男	1936 年 11 月	教授	1986 年 6 月 9 日
50	吕 华	女	1929 年 12 月	副教授	1986 年 6 月 9 日
51	刘炽棠	男	1933 年 1 月	教授	1986 年 8 月 26 日
52	王志成	男	1937 年 9 月	副教授	1986 年 8 月 26 日
53	丁仁才	男	1938 年 7 月	教授	1986 年 8 月 26 日
54	雷啸霖	男	1938 年 11 月	教授	1986 年 8 月 26 日
55	赵成学	男	1940 年 7 月	教授	1986 年 10 月 4 日
56	虞宗炜	男	1938 年 4 月	高级工程师	1986 年 11 月 4 日
57	赵冬初	男	1931 年 12 月	教授	1986 年 11 月 14 日
58	蒋寿伟	男	1939 年 12 月	教授	1987 年 1 月 12 日
59	金钟骥	男	1926 年 9 月	教授	1987 年 1 月 12 日
60	张培金	男	1934 年 3 月	副教授	1987 年 1 月 12 日

（续表）

序号	姓名	性别	出生年月	职称	入社日期
61	陈中伟	男	1938 年 5 月	教授	1987 年 1 月 12 日
62	巴源	男	1937 年 8 月	副教授	1987 年 1 月 12 日
63	龚小成	女	1935 年 3 月	教授	1987 年 1 月 12 日
64	王治洋	男	1937 年 7 月	副教授	1987 年 1 月 12 日
65	蔡国廉	男	1934 年 2 月	教授	1987 年 1 月 12 日
66	张智明	男	1956 年 6 月	教授	1987 年 3 月 31 日
67	陶关源	男	1935 年 12 月	副教授	1987 年 5 月 12 日
68	严济宽	男	1929 年 11 月	教授	1987 年 7 月 9 日
69	张晓峰	男	1960 年 1 月		1987 年 7 月 11 日
70	沈伟琴	女	1946 年 7 月	讲师	1988 年 2 月 6 日
71	钱晓南	男	1933 年 3 月	研究员	1988 年 2 月 6 日
72	顾瑞龙	男	1936 年 7 月	副教授	1988 年 2 月 6 日
73	黄善衡	男	1938 年 12 月	教授	1988 年 2 月 6 日
74	马培荪	男	1938 年 8 月	教授	1988 年 5 月 6 日
75	张文渊	女	1943 年 12 月	研究员	1988 年 5 月 20 日
76	李永康	男	1932 年 1 月	工程师	1988 年 6 月 30 日
77	金德贤	男	1929 年 9 月	教授	1988 年 7 月 8 日
78	倪秉华	男	1932 年 2 月	副教授	1988 年 7 月 8 日
79	杨文瑜	女	1936 年 3 月	副教授	1988 年 7 月 8 日
80	徐世萍	男	1935 年 10 月	副教授	1988 年 12 月 17 日
81	王美娟	女	1934 年 8 月	高级建筑师	1988 年 12 月 17 日
82	潘伟文	男	1932 年 6 月	教授	1988 年 12 月 17 日
83	陈捷	男	1959 年 11 月	教授	1989 年 2 月 1 日
84	吴信强	男	1939 年 10 月	教授	1989 年 2 月 1 日
85	吴铭岚	男	1935 年 3 月	教授	1989 年 2 月 1 日
86	邱江平	男	1962 年 1 月	研究员	1989 年 3 月 5 日
87	胡廷永	女	1941 年 4 月	研究员	1989 年 6 月 2 日
88	吴荣	男	1938 年 7 月	高级工程师	1989 年 6 月 2 日
89	何冶奇	男	1960 年 1 月	讲师	1989 年 6 月 2 日
90	印飞	男	1960 年 10 月	副教授	1989 年 6 月 2 日
91	张宗正	男	1937 年 3 月	高级工程师	1989 年 6 月 2 日
92	周颂成	男	1949 年 10 月	讲师	1989 年 8 月 19 日
93	朱世蝶	女	1958 年 1 月	副教授	1989 年 11 月 25 日
94	施金福	男	1943 年 7 月	副教授	1989 年 11 月 25 日

(续表)

序号	姓名	性别	出生年月	职称	入社日期
95	蔡美琴	女	1936 年 8 月	副教授	1989 年 11 月 25 日
96	童祖楹	男	1931 年 5 月	教授	1989 年 11 月 25 日
97	庄天戈	男	1935 年 11 月	教授	1989 年 11 月 25 日
98	李德明	男	1932 年 1 月	副教授	1989 年 11 月 25 日
99	沈立勇	男	1956 年 1 月	讲师	1989 年 11 月 25 日
100	绳广基	男	1935 年 8 月	副教授	1989 年 11 月 25 日
101	朱世权	男	1936 年 11 月	副教授	1990 年 2 月 1 日
102	陈碚利	女	1939 年 1 月	副教授	1990 年 2 月 1 日
103	曹林奎	男	1962 年 5 月	教授	1990 年 5 月 3 日
104	龚振明	男	1960 年 8 月	副教授	1990 年 5 月 3 日
105	杨于兴	男	1936 年 3 月	教授	1990 年 12 月 8 日
106	黄世乐	男	1941 年 11 月	副教授	1990 年 12 月 8 日
107	魏善鹤	男	1937 年 11 月	高级工程师	1990 年 12 月 8 日
108	耿明宦	男	1935 年 5 月	副教授	1990 年 12 月 8 日
109	徐树中	男	1935 年 12 月	高级工程师	1991 年 6 月 10 日
110	李　铮	男	1959 年 11 月	副教授	1991 年 8 月 29 日
111	陆少华	男	1941 年 1 月	教授	1991 年 8 月 29 日
112	王殿臣	男	1941 年 11 月	副教授	1991 年 8 月 29 日
113	龚汉忠	男	1952 年 10 月	编审	1992 年 3 月 7 日
114	顾永宁	男	1939 年 1 月	教授	1992 年 3 月 7 日
115	袁景淇	男	1959 年 9 月	教授	1992 年 6 月 3 日
116	何津云	女	1941 年 11 月	高级工程师	1992 年 7 月 12 日
117	艾晓杰	男	1962 年 3 月	副教授	1992 年 11 月 28 日
118	沈荣瀛	男	1944 年 5 月	教授	1992 年 12 月 28 日
119	陈雪芬	女	1943 年 11 月	会计师	1992 年 12 月 28 日
120	侯志俭	男	1942 年 6 月	教授	1992 年 12 月 28 日
121	吴　东	男	1947 年 4 月	副编审	1992 年 12 月 28 日
122	谢　珍	女	1965 年 3 月	讲师	1992 年 12 月 28 日
123	孙鸿泉	男	1945 年 3 月	工程师	1993 年 5 月 14 日
124	蒋　丹	女	1964 年 6 月	教授	1993 年 5 月 14 日
125	王　统	男	1940 年 9 月	教授	1993 年 5 月 14 日
126	金　艳	女	1966 年 10 月	教授	1993 年 10 月 21 日
127	李柏盛	男	1945 年 6 月	副编审	1993 年 10 月 21 日
128	李国松	男	1965 年 5 月	副教授	1993 年 10 月 21 日

（续表）

序号	姓名	性别	出生年月	职称	入社日期
129	林 焰	男	1963 年 2 月	工程师	1993 年 10 月 21 日
130	陶宗瑜	女	1939 年 12 月	副教授	1993 年 12 月 18 日
131	邬静川	女	1937 年 7 月	教授	1993 年 12 月 18 日
132	沈 灏	男	1945 年 4 月	教授	1993 年 12 月 18 日
133	顾希知	女	1944 年 2 月	副教授	1993 年 12 月 18 日
134	郝素君	女	1946 年 12 月	讲师	1993 年 12 月 18 日
135	宋士良	男	1963 年 1 月	高级工程师	1993 年 12 月 18 日
136	孙兴全	男	1954 年 1 月	实验师	1993 年 12 月 18 日
137	时 钟	男	1965 年 12 月	教授	1994 年 6 月 2 日
138	刘成良	男	1964 年 6 月	教授	1994 年 6 月 30 日
139	孙 刚	男	1961 年 1 月	讲师	1994 年 8 月 18 日
140	沈春晖	男	1963 年 9 月	讲师	1994 年 8 月 18 日
141	宋慧德	男	1961 年 10 月	高级工程师	1994 年 8 月 18 日
142	赵健青	男	1963 年 2 月	讲师	1994 年 8 月 18 日
143	金 英	女	1945 年 9 月	会计师	1994 年 9 月 29 日
144	刘荣厚	男	1960 年 10 月	教授	1994 年 10 月 28 日
145	张希贤	男	1938 年 1 月	教授	1994 年 10 月 28 日
146	刘 洛	男	1936 年 12 月	副教授	1994 年 10 月 28 日
147	姚允渼	女	1950 年 9 月	干部	1994 年 10 月 28 日
148	刘晔萍	女	1963 年 3 月	副教授	1994 年 12 月 29 日
149	顾文骏	男	1966 年 5 月	讲师	1994 年 12 月 29 日
150	徐勇江	男	1949 年 2 月	高级工程师	1995 年 3 月 17 日
151	殷义忠	男	1957 年 6 月	工程师	1995 年 3 月 17 日
152	翁惠玉	女	1961 年 7 月	副教授	1995 年 5 月 4 日
153	闵 锐	女	1956 年 4 月	实验师	1995 年 5 月 4 日
154	隋 升	男	1964 年 3 月	副教授	1995 年 7 月 4 日
155	陶明忠	男	1963 年 9 月	副教授	1995 年 7 月 12 日
156	刘文英	女	1935 年 9 月	高级工程师	1995 年 9 月 28 日
157	朱斌雄	男	1957 年 4 月	工程师	1995 年 9 月 28 日
158	王忠樑	男	1955 年 6 月	教授	1995 年 11 月 3 日
159	吴鲁海	男	1953 年 8 月	副教授	1996 年 1 月 30 日
160	张洪明	男	1966 年 12 月	副教授	1996 年 1 月 30 日
161	关元洪	男	1969 年 6 月	讲师	1996 年 3 月 25 日
162	吴运炜	男	1938 年 9 月	高级工程师	1996 年 3 月 25 日

序号	姓名	性别	出生年月	职称	入社日期
163	张尧弼	男	1947 年 12 月	副教授	1996 年 5 月 3 日
164	周顺荣	男	1945 年 7 月	副教授	1996 年 5 月 3 日
165	刘红玉	女	1963 年 9 月	副教授	1996 年 5 月 8 日
166	丁美新	女	1966 年 11 月	副教授	1996 年 8 月 23 日
167	徐云珠	女	1945 年 1 月	教授	1996 年 8 月 23 日
168	汪 毅	女	1957 年 1 月	讲师	1996 年 8 月 23 日
169	孙 坚	男	1963 年 12 月	教授	1996 年 10 月 18 日
170	郁其祥	男	1946 年 9 月	副教授	1997 年 3 月 27 日
171	黄 敏	女	1960 年 11 月	研究员	1997 年 3 月 27 日
172	凌建平	男	1965 年 8 月	副研究员	1997 年 3 月 27 日
173	梁晋清	女	1938 年 4 月	教授	1997 年 3 月 27 日
174	郑登慧	女	1955 年 4 月	工程师	1997 年 3 月 27 日
175	姚 武	女	1967 年 3 月	讲师	1997 年 3 月 27 日
176	何方正	男	1947 年 6 月	高级工程师	1997 年 3 月 27 日
177	孙苓生	男	1948 年 12 月	高级工程师	1997 年 3 月 27 日
178	严亚贤	女	1966 年 11 月	教授	1997 年 3 月 27 日
179	郁建强	男	1967 年 5 月	高级实验师	1997 年 3 月 27 日
180	王光宏	男	1942 年 2 月	副教授	1997 年 6 月 3 日
181	丁国骏	男	1961 年 5 月	教授	1997 年 6 月 3 日
182	邹介棠	男	1944 年 2 月	教授	1997 年 6 月 3 日
183	吴渝英	女	1942 年 12 月	研究员	1997 年 9 月 5 日
184	任 佳	女	1954 年 8 月	工程师	1997 年 9 月 5 日
185	喻国良	男	1963 年 10 月	教授	1997 年 9 月 29 日
186	漆 睿	女	1939 年 9 月	副教授	1997 年 12 月 30 日
187	陈世朴	男	1940 年 8 月	教授	1997 年 12 月 30 日
188	张惟杰	男	1938 年 12 月	教授	1997 年 12 月 30 日
189	陶世弟	男	1949 年 1 月	副编审	1997 年 12 月 30 日
190	鲍 毅	男	1944 年 3 月	副教授	1997 年 12 月 30 日
191	乔培芳	女	1947 年 2 月	馆员	1997 年 12 月 30 日
192	居鸿宾	男	1967 年 4 月	副教授	1997 年 12 月 30 日
193	言勇华	男	1959 年 11 月	副教授	1997 年 12 月 31 日
194	黄建国	男	1966 年 1 月	教授	1998 年 3 月 24 日
195	张列平	女	1936 年 2 月	教授	1998 年 3 月 24 日
196	夏莲莲	女	1956 年 6 月	副教授	1998 年 6 月 8 日

（续表）

序号	姓名	性别	出生年月	职称	入社日期
197	王益奋	女	1975 年 1 月	讲师	1998 年 6 月 8 日
198	孙 涛	男	1968 年 7 月	副教授	1998 年 6 月 8 日
199	张红侠	男	1960 年 2 月	馆员	1998 年 6 月 8 日
200	敬忠良	男	1960 年 3 月	教授	1998 年 8 月 3 日
201	张存根	男	1963 年 4 月	讲师	1998 年 9 月 28 日
202	刘 璋	男	1960 年 8 月	高级工程师	1998 年 9 月 28 日
203	武天龙	男	1951 年 7 月	教授	1998 年 9 月 28 日
204	吴中南	男	1944 年 11 月	工程师	1998 年 12 月 7 日
205	朱修豪	男	1941 年 11 月	副教授	1998 年 12 月 7 日
206	楼松年	男	1944 年 1 月	教授	1998 年 12 月 7 日
207	刘毓舒	男	1945 年 8 月	副教授	1998 年 12 月 7 日
208	袁圣清	男	1944 年 3 月	编辑	1998 年 12 月 7 日
209	姚卫平	男	1953 年 2 月	高级工程师	1998 年 12 月 7 日
210	许小萍	女	1957 年 9 月	馆员	1998 年 12 月 7 日
211	汪蓉琼	女	1942 年 11 月	教授	1998 年 12 月 7 日
212	陈建平	男	1962 年 9 月	教授	1998 年 12 月 7 日
213	常圣存	男	1944 年 4 月	副教授	1998 年 12 月 7 日
214	张 焰	女	1958 年 7 月	教授	1998 年 12 月 7 日
215	骆建华	男	1958 年 1 月	教授	1998 年 12 月 7 日
216	钱晓平	男	1946 年 3 月	教授	1998 年 12 月 7 日
217	程先华	男	1961 年 8 月	教授	1998 年 12 月 7 日
218	许振明	男	1965 年 3 月	副教授	1999 年 3 月 25 日
219	陈先阳	男	1966 年 1 月	讲师	1999 年 6 月 18 日
220	傅正财	男	1965 年 7 月	教授	1999 年 6 月 30 日
221	王节俭	男	1947 年 11 月	高级讲师	1999 年 10 月 9 日
222	解安国	男	1968 年 9 月	工程师	1999 年 10 月 9 日
223	纪 平	女	1970 年 6 月	讲师	1999 年 10 月 9 日
224	鲍正全	男	1947 年 6 月	高级工程师	1999 年 12 月 23 日
225	孙 华	女	1965 年 6 月	副研究馆员	1999 年 12 月 23 日
226	顾德培	男	1957 年 7 月	工程师	1999 年 12 月 23 日
227	陈善本	男	1956 年 12 月	教授	2000 年 2 月 14 日
228	龙沪强	男	1956 年 10 月	高级工程师	2000 年 3 月 31 日
229	刘冬暖	女	1964 年 12 月	副研究员	2000 年 3 月 31 日
230	唐敦乙	女	1940 年 8 月	教授	2000 年 3 月 31 日

序号	姓名	性别	出生年月	职称	入社日期
231	浦 芳	女	1958 年 2 月	馆员	2000 年 3 月 31 日
232	陈 迪	男	1961 年 5 月	教授	2000 年 6 月 17 日
233	周玉燕	女	1957 年 7 月	副教授	2000 年 6 月 17 日
234	解 大	男	1969 年 7 月	副教授	2000 年 6 月 17 日
235	周 骥	男	1961 年 6 月	工程师	2000 年 11 月 17 日
236	袁晓忠	男	1963 年 7 月	教授	2000 年 11 月 17 日
237	张新平	男	1964 年 10 月	副教授	2000 年 11 月 17 日
238	王 伟	男	1967 年 1 月	助理研究员	2000 年 11 月 17 日
239	顾金辉	男	1965 年 2 月	实验师	2000 年 11 月 17 日
240	卢舜玉	女	1954 年 11 月	主治医师	2000 年 12 月 27 日
241	林慧芳	女	1949 年 7 月	工程师	2000 年 12 月 27 日
242	卢光彩	女	1958 年 12 月	高级工程师	2000 年 12 月 27 日
243	戴 骦	女	1966 年 11 月	馆员	2000 年 12 月 27 日
244	沈学浩	男	1961 年 11 月	高级工程师	2001 年 3 月 21 日
245	杨江波	男	1975 年 8 月	讲师	2001 年 3 月 21 日
246	刘 磊	男	1976 年 12 月	讲师	2001 年 3 月 21 日
247	巨永林	男	1970 年 6 月	教授	2001 年 4 月 25 日
248	何晓鲁	女	1973 年 1 月	讲师	2001 年 6 月 16 日
249	萧翔麟	男	1949 年 7 月	高级工程师	2001 年 6 月 16 日
250	申兆菊	女	1971 年 10 月	讲师	2001 年 6 月 16 日
251	柴春彦	男	1970 年 5 月	副教授	2001 年 6 月 16 日
252	林敏莉	女	1961 年 12 月	高级工程师	2001 年 6 月 16 日
253	李天晓	男	1970 年 2 月	讲师	2001 年 7 月 27 日
254	顾剑平	男	1967 年 6 月	讲师	2001 年 11 月 26 日
255	汪 俪	女	1978 年 12 月	编辑	2001 年 11 月 26 日
256	刘长红	女	1970 年 4 月	工程师	2002 年 3 月 25 日
257	程 红	女	1965 年 1 月	工程师	2002 年 3 月 25 日
258	陆一心	女	1958 年 5 月	高级工程师	2002 年 3 月 25 日
259	管新潮	男	1966 年 1 月	副编审	2002 年 8 月 5 日
260	沈海根	男	1948 年 6 月	高级工程师	2002 年 8 月 5 日
261	邹顺毅	男	1964 年 12 月	馆员	2002 年 8 月 5 日
262	邹凤芝	女	1950 年 12 月	馆员	2002 年 8 月 5 日
263	褚建君	男	1965 年 11 月	副教授	2002 年 8 月 5 日
264	费晓燕	女	1960 年 9 月	干部	2002 年 11 月 4 日

（续表）

序号	姓名	性别	出生年月	职称	入社日期
265	张淑敏	女	1964 年 4 月	副教授	2002 年 12 月 28 日
266	王艳君	女	1969 年 8 月	高级工程师	2002 年 12 月 28 日
267	杨伟国	女	1961 年 3 月	主管护师	2003 年 3 月 19 日
268	王 欣	女	1970 年 8 月	助理研究员	2003 年 3 月 19 日
269	孙 伟	男	1963 年 11 月	高级工程师	2003 年 5 月 26 日
270	才 华	女	1960 年 8 月	工程师	2003 年 9 月 1 日
271	庄天红	女	1960 年 4 月	高级工程师	2003 年 9 月 1 日
272	荣翟敏	女	1949 年 6 月	工程师	2003 年 9 月 1 日
273	邵卫樑	男	1957 年 8 月	高级工程师	2003 年 9 月 1 日
274	陈 莹	女	1964 年 9 月	工程师	2003 年 9 月 1 日
275	王德平	男	1957 年 3 月	副研究员	2003 年 11 月 19 日
276	金 毅	男	1970 年 11 月	副研究馆员	2003 年 11 月 19 日
277	柴新禹	男	1963 年 12 月	副教授	2004 年 4 月 16 日
278	王承民	男	1970 年 7 月	讲师	2004 年 4 月 16 日
279	崔 毅	男	1971 年 9 月	副教授	2004 年 6 月 21 日
280	孙新民	女	1964 年 6 月	讲师	2004 年 6 月 21 日
281	王 杰	男	1960 年 8 月	副教授	2004 年 11 月 29 日
282	杨润清	男	1966 年 1 月	教授	2004 年 11 月 29 日
283	张建华	男	1968 年 5 月	讲师	2004 年 11 月 29 日
284	曹珍富	男	1962 年 8 月	教授	2005 年 1 月 28 日
285	赵海燕	女	1971 年 11 月	讲师	2005 年 3 月 28 日
286	姚宝恒	男	1975 年 11 月	讲师	2005 年 3 月 28 日
287	孙向军	女	1967 年 12 月	副教授	2005 年 3 月 28 日
288	王 阳	女	1952 年 12 月	高级工程师	2005 年 3 月 28 日
289	沈一彬	女	1955 年 5 月	工程师	2005 年 5 月 30 日
290	张 玫	女	1958 年 1 月	工程师	2005 年 5 月 30 日
291	宋依群	女	1970 年 3 月	副教授	2005 年 5 月 30 日
292	吴 迪	男	1954 年 3 月	教授	2005 年 5 月 30 日
293	何晓红	女	1957 年 7 月	副主任医师	2005 年 5 月 30 日
294	王志龙	男	1968 年 3 月	讲师	2005 年 5 月 30 日
295	杨 立	男	1962 年 8 月	教授	2005 年 7 月 25 日
296	陈淑能	女	1957 年 8 月	馆员	2005 年 7 月 25 日
297	许文平	男	1973 年 1 月	副研究员	2005 年 9 月 27 日
298	赵晓东	女	1962 年 6 月	副教授	2005 年 9 月 27 日

（续表）

序号	姓名	性别	出生年月	职称	入社日期
299	洪骏	女	1966 年 3 月	高级工程师	2005 年 9 月 27 日
300	韩永强	男	1978 年 8 月		2006 年 1 月 9 日
301	袁涛	男	1971 年 8 月	副教授	2006 年 3 月 27 日
302	孙海英	女	1972 年 2 月	讲师	2006 年 3 月 27 日
303	李伟	男	1967 年 4 月	副教授	2006 年 3 月 27 日
304	疏达	男	1974 年 7 月	讲师	2006 年 3 月 27 日
305	范秀凤	女	1969 年 6 月	馆员	2006 年 3 月 27 日
306	骆丽珍	女	1957 年 5 月	馆员	2006 年 11 月 27 日
307	苏贵洋	男	1974 年 10 月	讲师	2006 年 11 月 27 日
308	曹学武	男	1962 年 5 月	教授	2006 年 11 月 27 日
309	李加宣	女	1953 年 11 月	副教授	2006 年 11 月 27 日
310	冯洁	女	1963 年 11 月	副教授	2007 年 2 月 12 日
311	赵海涛	男	1974 年 4 月	副教授	2007 年 2 月 12 日
312	辛洁晴	女	1973 年 11 月	讲师	2007 年 5 月 28 日
313	杨煜	男	1972 年 11 月	工程师	2007 年 5 月 28 日
314	李胜天	男	1969 年 9 月	副教授	2007 年 10 月 8 日
315	杨小虎	男	1974 年 6 月	讲师	2007 年 10 月 8 日
316	陈伟婷	女	1975 年 5 月		2007 年 12 月 3 日
317	赵静雅	女	1974 年 8 月	副教授	2007 年 12 月 3 日
318	刘春江	男	1957 年 2 月	教授	2007 年 12 月 3 日
319	金为民	男	1963 年 9 月	副教授	2007 年 12 月 3 日
320	于湘莉	女	1973 年 4 月	实验师	2007 年 12 月 3 日
321	陈灵	男	1960 年 1 月	教授	2007 年 12 月 3 日
322	李以贵	男	1965 年 1 月	研究员	2007 年 12 月 3 日
323	李元超	男	1976 年 10 月	工程师	2007 年 12 月 3 日
324	周传清	男	1971 年 8 月	讲师	2007 年 12 月 3 日
325	沈宝荣	男	1968 年 7 月	主管技师	2008 年 2 月 2 日
326	刘忠	男	1967 年 4 月	副教授	2008 年 2 月 2 日
327	马爱妞	女	1972 年 6 月	助理研究员	2008 年 3 月 31 日
328	陈文	男	1967 年 4 月	教授	2008 年 7 月 28 日
329	杨安	女	1962 年 10 月	工程师	2008 年 7 月 28 日
330	史海明	男	1976 年 5 月	助理研究员	2008 年 7 月 28 日
331	支月娥	女	1961 年 9 月	副教授	2008 年 9 月 22 日
332	陈德兆	男	1963 年 2 月	助理研究员	2008 年 12 月 8 日

序号	姓名	性别	出生年月	职称	入社日期
333	王纪平	女	1959 年 11 月	实验师	2008 年 12 月 8 日
334	史 伟	男	1973 年 11 月	讲师	2009 年 4 月 1 日
335	张小英	女	1968 年 4 月	工程师	2009 年 4 月 1 日
336	姜翠波	女	1964 年 10 月	教授	2009 年 4 月 1 日
337	常丽英	女	1976 年 2 月	讲师	2009 年 4 月 1 日
338	马晓红	女	1978 年 4 月	助理研究员	2009 年 4 月 1 日
339	许 洁	女	1962 年 5 月	副研究馆员	2009 年 7 月 27 日
340	沈 耀	男	1972 年 7 月	副教授	2009 年 11 月 30 日
341	赵一雷	男	1972 年 5 月	教授	2009 年 11 月 30 日
342	陶懿伟	男	1964 年 3 月	实验师	2010 年 5 月 27 日
343	袁聪俐	男	1981 年 11 月	讲师	2010 年 5 月 27 日
344	孙 敏	女	1979 年 10 月	编辑	2010 年 11 月 29 日
345	华春荣	男	1967 年 3 月	副编审	2010 年 11 月 29 日
346	杨永胜	男	1971 年 2 月	副研究员	2010 年 11 月 29 日
347	耿相铭	男	1965 年 9 月	高级工程师	2011 年 5 月 24 日
348	张向喆	女	1974 年 12 月	实验师	2011 年 5 月 24 日
349	张丽英	女	1969 年 8 月	高级工程师	2011 年 5 月 24 日
350	魏良明	男	1974 年 9 月	副研究员	2011 年 5 月 24 日
351	徐 东	女	1957 年 6 月	研究员	2012 年 5 月 28 日
352	车驰东	男	1980 年 12 月	讲师	2012 年 5 月 28 日
353	张 明	男	1968 年 8 月	高级工程师	2012 年 5 月 28 日
354	许 立	女	1959 年 2 月	主治医师	2012 年 5 月 28 日
355	邹丽芳	女	1980 年 6 月	讲师	2012 年 8 月 6 日
356	庄天明	男	1969 年 12 月	实验师	2012 年 8 月 6 日
357	陈晓晓	女	1980 年 12 月		2012 年 12 月 7 日
358	沈 泱	女	1983 年 4 月		2012 年 12 月 7 日
359	黄志华	女	1963 年 10 月	工程师	2012 年 12 月 7 日
360	王锦辉	男	1969 年 3 月	副教授	2013 年 5 月 30 日
361	贾金锋	男	1966 年 3 月	教授	2013 年 5 月 30 日
362	冯传良	男	1972 年 9 月	教授	2013 年 5 月 30 日
363	陈晓军	男	1976 年 10 月	副研究员	2013 年 5 月 30 日
364	朱顺英	女	1975 年 6 月	助理研究员	2013 年 5 月 30 日
365	周 鹏	男	1974 年 6 月	讲师	2014 年 1 月 26 日
366	陈 霆	女	1977 年 3 月	讲师	2014 年 4 月 2 日

（续表）

序号	姓名	性别	出生年月	职称	入社日期
367	姜淳	男	1965 年 10 月	教授	2014 年 5 月 27 日
368	李卉	女	1981 年 7 月		2014 年 5 月 27 日
369	汤莉华	女	1976 年 7 月	副研究馆员	2014 年 7 月 28 日
370	荣正通	男	1980 年 10 月	馆员	2014 年 7 月 28 日
371	王靖方	男	1982 年 2 月	副研究员	2014 年 7 月 28 日
372	康东元	男	1975 年 3 月	讲师	2014 年 7 月 28 日
373	季丹	女	1978 年 12 月	助理研究员	2015 年 8 月 3 日
374	顾雪峰	男	1970 年 6 月	工程师	2015 年 8 月 3 日
375	郐晓	男	1980 年 10 月		2015 年 8 月 3 日
376	黄晓艳	女	1979 年 10 月	讲师	2015 年 8 月 3 日
377	熊定邦	男	1979 年 8 月	副教授	2015 年 8 月 3 日

九三交大社员担任历届社市委专委委会委员名单

届别＼名称	第十六届社市委专门委员会(2012—)			第十五届社市委专门委员会(2007—2012)			第十四届社市委专门委员会(2002—2007)		第十三届社市委专门委员会(1997—2002)			第十二届社市委专门委员会(1992—1997)		第十一届社市委专门委员会(1987—1992)		第十届社市委专门委员会(1982—1987)	第九届社市委专门委员会	
	副主任	委员	顾问	副主任	委员	顾问	主任	副主任	主任	副主任	委员	主任	副主任	主任	副主任	副主任	主任	副主任
政协学习委员会九三社分会																		
科技工作委员会		陈迪			陈迪 武天龙			敬忠良				张重超		张重超	张美敦	张重超		
经济工作委员会		傅正财																
文教工作委员会	曹珍富	蒋丹	侯志俭	陈善本	蒋丹	侯志俭	沈灏		侯志俭	沈灏	蒋丹	范祖尧		范祖尧				杨樨
社会法制委员会		刘成良			吴东													
医卫工作委员会		林敏莉																
妇女工作委员会	张焰	黄敏		张焰	黄敏			张焰			张文渊							
老龄工作委员会	艾晓杰	王殿臣 徐勇江			王殿臣 蒋寿伟													
青年工作委员会		巨永林			金毅													
学习宣传委员会		李元超 姜翠波			艾晓杰 龚汉忠													

九三交大社员担任历届社中央委员、社市委委员和各级人大代表、政协委员名单

社员任九三学社上海市委委员以上职务名单(1955—2015)

姓名	届	市委(分社)任职	届	社中央任职
朱物华	三 四	1952.11 任理事会委员 分社委员兼组织委员会主委	三至七 八 九	中央委员 中央参议委员会常务委员 中央顾问
杨槱	五、六、七 八至十 十一、十二	分社委员 分社副主委,1986.3 十届三次会议选 　为市委主委 市委主委	六 七 八、九	中央委员、1982.8 六届二中增选 　为常委 中央常委 中央副主席
周志宏			八	中央参议委员会常务委员
张重超	十 十一 十二	1987.11 七次会议增补为市委委员、 　常委、副主委 市委副主委兼秘书长 市委副主委	八 九	中央委员兼文教委员会委员 中央委员兼教卫委员会委员
范祖尧	十一、十二	市委委员兼文教工作委员会主委		
刘若萍	十一	市委候补委员		
侯志俭	十三、十四	市委副主委		
沈灏	九、十	市委委员	十、 十一	中央委员
敬忠良	十五、十六	社市委委员、常委、副主委	十一、 十二、 十三	中央委员
武天龙	十五	市委委员		
陈善本	十五	市委委员		
曹珍富	十六	市委委员		
陈迪	十六	市委委员		
阮雪榆			十	中央委员

社员任全国人大代表、全国政协委员名单

届	人　大	届	政　协
二	周志宏	二	朱物华
三	周志宏、朱物华	五	朱物华、阮雪榆、周志宏
五	杨槱	六	朱物华、阮雪榆
六	杨槱	七	杨槱(常委)
九	姜翠波(1998—2003，2001年烟台师范学院调入交大)	八	杨槱(常委)

社员任上海市人大代表、上海市政协委员名单

届	人　大	届	政　协
一	朱物华、周志宏、朱麟五、方俊鑫	五	楼鸿棣、朱麟五、金懿
二	朱麟五、周志宏	六	周志宏、楼鸿棣、阮雪榆(常委)、杨通谊(常委)，1986年增补杨槱为副主席
三	周志宏、程福秀、杨槱	七	杨槱(副主席)、阮雪榆(常委)、范祖尧、杨通谊(常委)
四	周志宏、程福秀、杨槱	八	阮雪榆(常委)、范祖尧(教育委员会委员)、杨槱(副主席)
五	周志宏、杨槱、程福秀、张钟俊	九	阮雪榆、雷啸霖、侯志俭(常委)
七	孙壁媄、吴镇、程福秀、张钟俊	十	雷啸霖(常委)、侯志俭(常委)、沈灏
八	杨槱(常委)、张钟俊	十一	沈灏、敬忠良(常委)、张焰、曹珍富
九	张重超(常委)、潘介人(常委)	十二	敬忠良(常委)、曹珍富(常委)
十	张重超(常委)		

注：杨槱于1954年任大连市第一届人大代表。

社员任区人大代表、区政协委员名单

届	人　大	届(年)	政　协
一	朱物华(徐汇区1982年)	1982年	熊世德(闵行区)
二	楼鸿棣(徐汇区1984年)、赵成学(徐汇区1987年)沈灏(闵行区1988年)	1984年	林宏铨(徐汇区)
五	陈建平(闵行区2012)	四(1987)	熊世德(闵行区)、洪光或(闵行区)
六	张重超(徐汇区)	五(1990)	洪光或(闵行区)
七	周志诚(徐汇区)	二(1998)	武天龙(闵行区)
八	张重超(徐汇区)	三(2002)	武天龙(闵行区)
九	潘介人(闵行区)	四(2007)	武天龙、曹珍富(闵行区)
十	范祖尧(徐汇区)	五(2012)	袁景淇(闵行区)
十一	李顺祺(徐汇区)	十一(2002)	姚卫平(常委、徐汇区)、敬忠良(徐汇区)
十三	张焰、汪俪(徐汇区)	十二(2007)	姚卫平(常委、徐汇区)、张焰(徐汇区)
十五	刘冬暖(徐汇区2012)		

已故九三交大社员名单

（按姓氏笔画为序）

王正方	王兆华	方俊鑫	贝季瑶	刘 勤	刘国庸	刘祖慰	任能容
任仲岳	孙江东	孙璧媄	朱物华	朱麟五	朱詠春	华攀桂	辛一行
吴 镇	吴硕麟	李惠亭	杨通谊	沈嘉猷	刘祖慰	杨浩杰	范忠龙
范恂如	范祖尧	周 麒	周天宝	金 懿	金钟骥	金德贤	庞小红
林宏铨	林依藩	张美敦	张馥宝	张凤宸	张钟俊	张轶群	周志宏
周志诚	罗德涛	陈铁云	陈鸿彬	单基乾	陆行珊	赵介文	施达青
骆美伦	徐 绥	徐树中	徐桂芳	徐俊荣	高尔安	倪飞霞	唐海揖
黄善衡	黄玉岚	裴益钟	程福秀	蒋正渠	蔡有常	楼鸿棣	潘介人
樊应观	颜家驹	薛少波	魏东昇				

光辉历程篇

本篇全部用图片形式反映九三交大60年来所走过的发展历程。其中，"荣誉奖状"栏：主要以九三交大60年来获得的重要和主要的荣誉奖状、荣誉证书、荣誉奖章等，以反映九三交大60年来的成果。"历史回眸"栏：收纳了包括各个历史阶段的领导题词、贺词，收集了九三交大60年来各个历史阶段的历史照片，反映了九三交大创办《九三交大社讯》、创建《九三交大网站》以后，成为联络"九三人"的纽带，也是九三交大委员会对外宣传的重要窗口，展现了九三交大人走过历史轨迹；同时还记载了九三交大人每逢春节欢聚一堂的欢快场面，既是年终总结、表彰先进的盛会，又是生动体现了九三人继承中华民族光荣传统、为九三学社"民主科学"精神共同奋斗的盛情。"参政议政"栏：记录下九三交大人在参与各种重要的参政议政会议期间的盛况，尤其是历届社市委的"高校论坛"，九三交大每次都有代表演讲，并发表论文，成为参政议政的一个重要窗口。"社会服务"栏：乃是如实反映了九三交大服务社会、扶贫帮困、抗震救灾、科技咨询、各类讲座等等方面的活动场景。"组织活动"栏：记载了九三交大60年来召开具有里程碑式的会议情况，记录了"九三人之家"反映了自2009年创办以来各种会议、讲座、活动的情况；同时着重记载了九三交大人积极参加统战系统组织的各种十分有意义的联谊活动，凸现了九三交大每年形成传统特色的会议和全体社员活动的精彩画面。

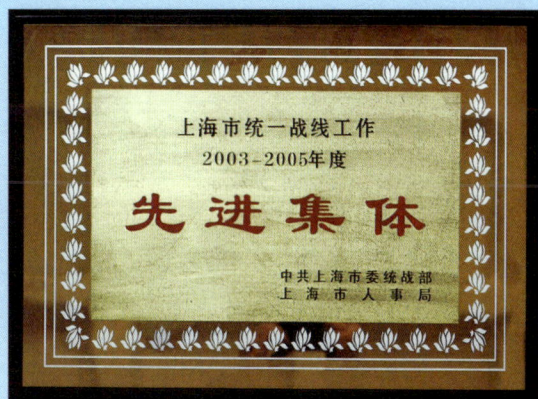

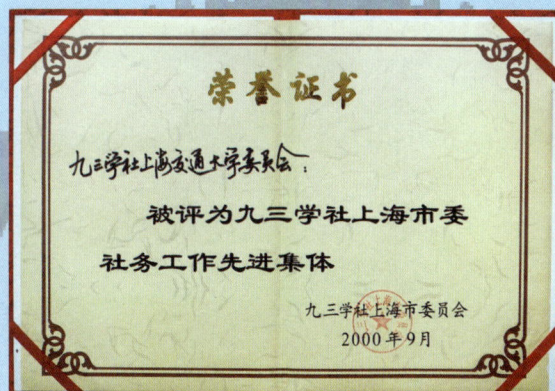

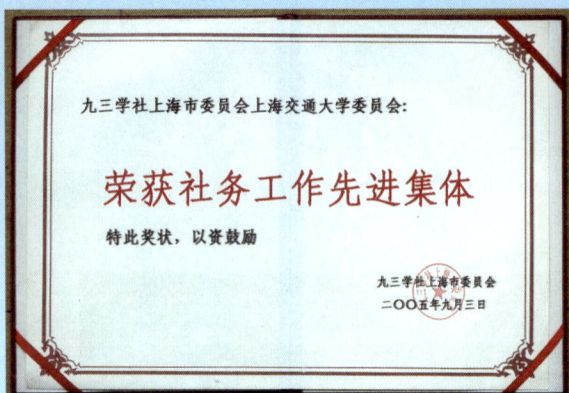

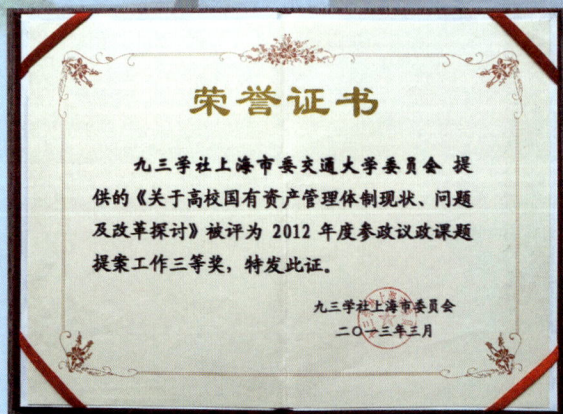

九三学社上海市委交通大学委员会：

荣获2013年度信息工作先进集体二等奖，特发此证。

九三学社上海市委员会
二〇一四年四月

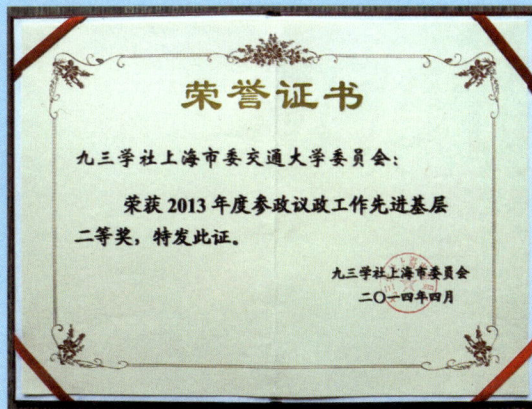

九三学社上海市委交通大学委员会：

荣获2013年度参政议政工作先进基层二等奖，特发此证。

九三学社上海市委员会
二〇一四年四月

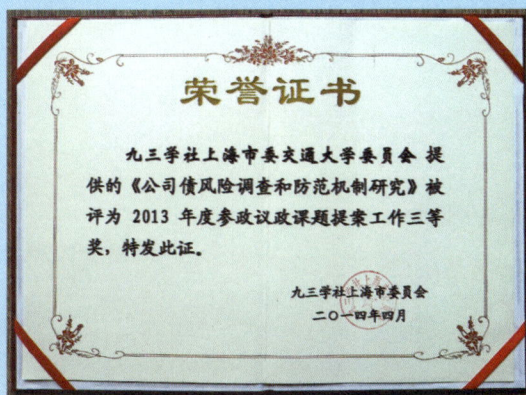

九三学社上海市委交通大学委员会 提供的《公司债风险调查和防范机制研究》被评为 2013 年度参政议政课题提案工作三等奖，特发此证。

九三学社上海市委员会
二〇一四年四月

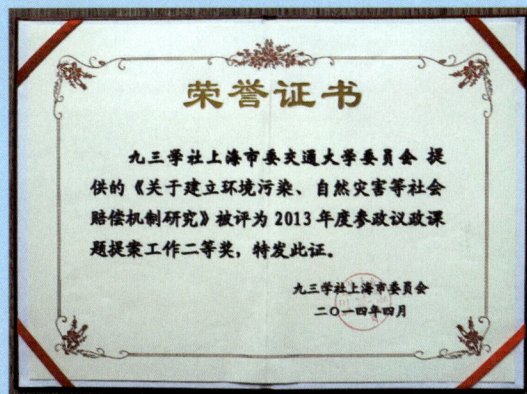

九三学社上海市委交通大学委员会 提供的《关于建立环境污染、自然灾害等社会赔偿机制研究》被评为 2013 年度参政议政课题提案工作二等奖，特发此证。

九三学社上海市委员会
二〇一四年四月

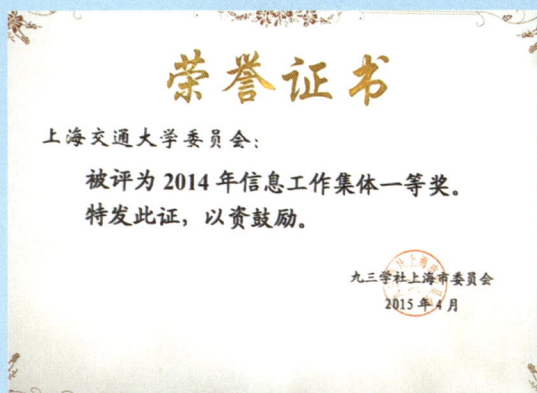

上海交通大学委员会：

被评为 2014 年信息工作集体一等奖。特发此证，以资鼓励。

九三学社上海市委员会
2015 年 4 月

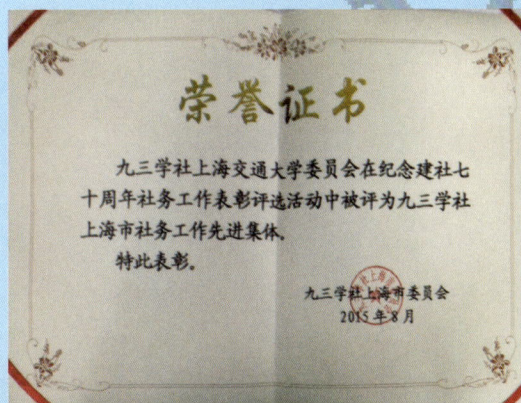

九三学社上海交通大学委员会在纪念建社七十周年社务工作表彰评选活动中被评为九三学社上海市社务工作先进集体，特此表彰。

九三学社 上海市委员会
2015 年 8 月

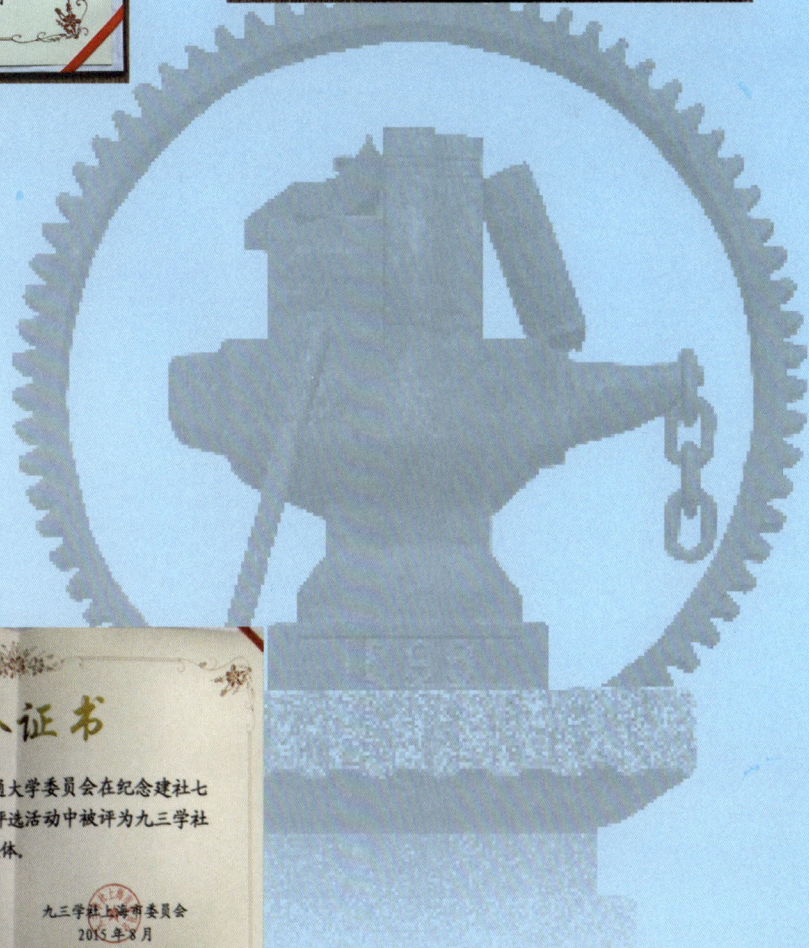

历史回眸

● 1955 年 4 月 30 日九三交大基层组织正式成
立的通讯报道

● 1995 年杨槱院士为九三交大成立 40 周年
的题词

● 上海交大校长翁史烈为九三交大成立
40 周年题词

● 1995 年中共上海市委统战部长王生洪和中共上海
交大党委书记王宗光为九三交大成立 40 周年题词

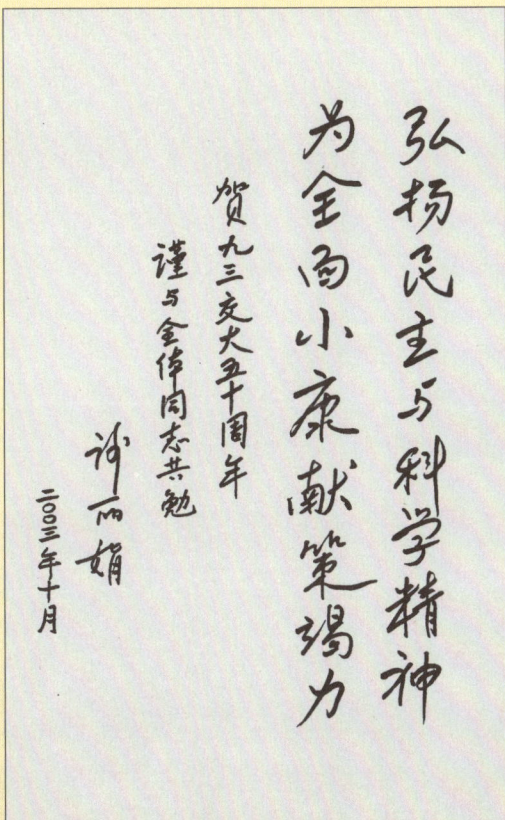

弘扬民主与科学精神
为全面小康献策竭力
贺九三交大五十周年
谨与全体同志共勉
谢丽娟
二〇〇三年十月

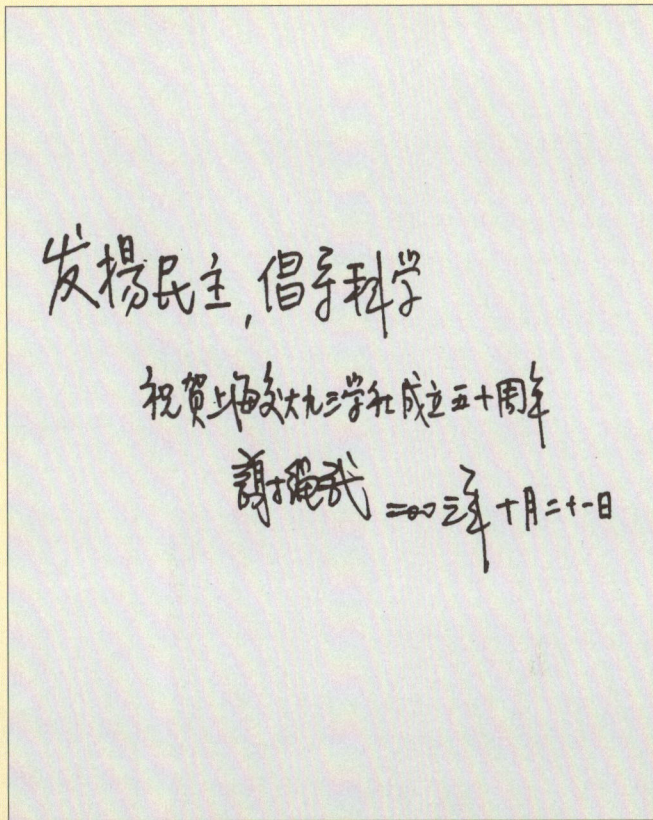

发扬民主，倡导科学
祝贺上海交大九三学社成立五十周年
谢绳武 二〇〇三年十月二十一日

● 2003 年，社市委主委谢丽娟为九三交大成立
50 周年题词

● 上海交大校长谢绳武为九三交大成立 50 周年题词

● 20 世纪 50 年代九三交大领导朱物华、程福秀等在大会主席台上

● 1955 年 11 月 12 日九三交大支社欢送朱物华暂别交大

● 1987年9月18日，九三交大支社在校招待食堂会议室召开社员大会，祝贺周志诚、李惠亭、王振亚、赵介文四位教授80寿辰。来宾有九三市委张叔英，交大校党政领导人陆中庸、卢积才、范祖德等

● 1990年九三交大的迎春社员大会

● 1990年九三交大的新春座谈会

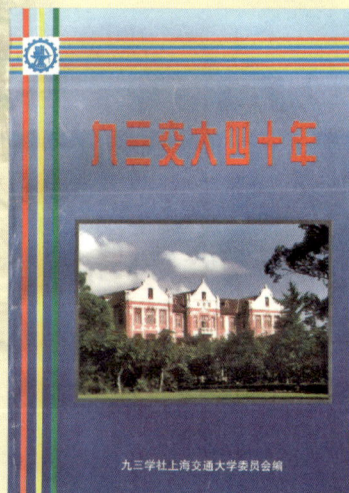

● 1995年九三学社上海市委代表大会代表。从左起：陆行珊、金士峻、樊应观、范忠龙、程福秀、范祖尧、杨栖、曹树登、高尔安、沈杏苓

● 1995年九三交大委员会编撰的内部社史——《九三交大四十年》的封面

● 1995年九三交大委员会正在组织编撰
内部社史《九三交大四十年》的情景

● 1999年侯志俭主委在春节社员大会上讲话

● 2002年2月，委员会召开九三交大基层组织干部研讨会

● 2001年沈灏主委在春节社员大会上讲话

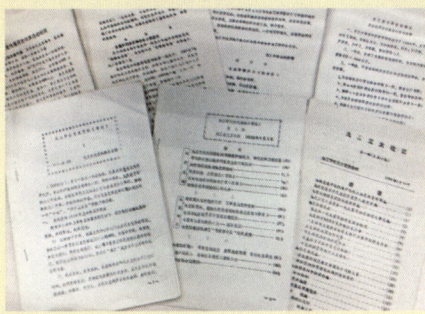

● 2001年前《九三交大社讯》
为不定期出版的内部交流
资料

2001年后《九三交大社讯》改为每年四期按时出版。
这是我社传递信息的主渠道，也是及时传达上级指示
和文件精神、交流各支社活动信息、报道社员情况的
主要纽带

● 20世纪90年代九三交大老同志组织活动

● 庆祝九三交大成立 50 周年大会现场

● 2005 年九三交大召开"九三学社成立 60 周年座谈会"

● 2003 年社市委第八次社员代表大会上，九三交大代表与领导同志合影

● 2003 年九三交大委员会与九三嘉定区委举办联谊活动，老主委范祖尧、副主委吴东参加了交流会

● 2005 年委员会举办九三交大基层组织干部学习班

● 2006 年 7 月，九三交大委员会召开组织工作会议

● 2006 年九三交大第六次代表大会召开

● 2007 年 4 月 19 日九三交大代表在社市委第十次代表大会上合影

● 2005 年社市委第九次代表大会上九三交大代表与谢丽娟主委等领导合影

● 2006 年 7 月 24 日交大九三召开组织工作会议

九三学社第十一届中央委员会第六次全体会议

届中央委员会第六次全体会议

● 2007 年 12 月 6 日九三交大沈灏、敬忠良参加社中央十一届六次全体会议

● 2007 年 12 月 6 日沈灏主委参加社中央第十一届六次代表大会时与谢丽娟、赵雯等有关领导合影

张重耀　　孙曾一　　　天祥　　张

● 2007 年 4 月 19 日召开的社市委第十次代表大会上九三交大代表沈灏、敬忠良、吴东与社市委专职副主委张良仪合影

● 2007 年 4 月 19 日九三交大全体代表在社市委第十次代表大会上与社市委领导合影

九三学社上海交大委员会
暑期工作研讨会

● 2007 年九三交大暑期工作会议代表合影

● 2008 年九三交大暑期工作会议代表合影

● 2008 年 1 月 31 日春节春节社员大会会场

● 2009 年九三交大暑期工作研讨会代表合影

● 2009 年"庆国庆社员大会"会场

● 2010-8-22~23 九三学社交大暑期工作研讨会

● 2010 年 3 月 "九三人之家" 在苏州参观旅游

● 2010 年，九三交大七支社为入社 50 周年以上的老社员周淑玉、周天宝、曹树登颁发荣誉证书

● 2011 年迎春社员大会会场

● 2012 年，《九三交大社讯》再次改版，使之面目一新

● 2012 年改版以后的九三交大网站

● 2012 年九三交大网站再次改版，使之焕然一新

● 2012 年九三交大委员会领导和交大统战部长仰颐一起探望病榻上的九三交大前主委范祖尧教授

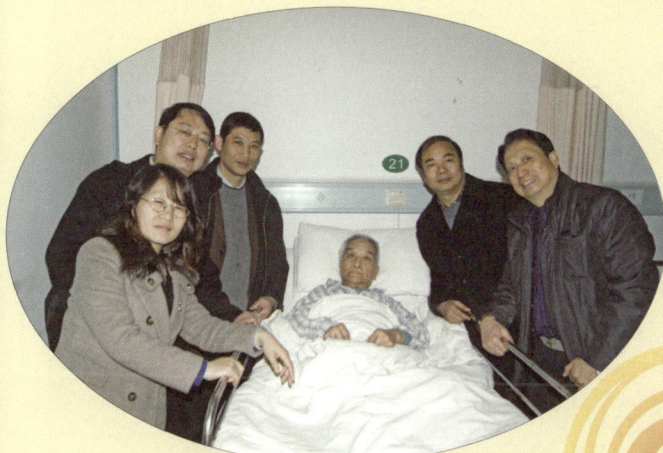

● 2012 年九三交大委员会领导在春节期间看望雷啸霖院士

● 2012 年委员会领导在春节期间与交大统战部长仰颐一起看望阮雪榆院士

● 2012 年委员会领导在春节期间与交大统战部长仰颐一起看望沈灏老主委

九三学社上海市委青委会与九三学社上海交大委员会
交流座谈会

● 2012 年九三交大与社市委青年委员会联谊活动并合影

● 2013 年 6 月 14 日社市委主委赵雯来校调研

● 2013 年 1 月 9 日，社市委周锋、组织部长王黎云以及马建华老师专程来到闵行校区拜访交大新老统战部长，并与委员会领导研讨工作后留影

● 2013 年 8 月委员会召开暑期工作研讨会

● 2013 年九三学社上海市第十一次代表大会代表合影

● 20 世纪 80 年代九三交大组织羊年迎春茶话会

● 20 世纪 80 年代九三交大召开"中秋、国庆"座谈会

● 2013 年，九三交大委员会在一年一次的春节社员大会上为评出的四个先进支社颁奖

参政议政

● 39 次高校论坛全体代表合影

● 41 次高校论坛上的九三交大代表合影

● 42 次高校论坛九三交大代表合影

● 42 次高校论坛全体代表合影

● 43 次高校论坛全体代表合影

● 44 次高校论坛在交大浩然大厦举办

● 44 次九三论坛全体代表
集体照

● 45 次高校论坛九三交大
代表合影

46次高校论坛九三交大代表合影

47次高校论坛九三交大代表合影

48次高校论坛九三交大代表合影

社会服务

1998 年九三交大委员会赴江西助学捐赠活动

1998 年九三交大委员会赴江西助学捐赠活动中收益的部分"山里娃"

2008 年九三交大人为四川大地震积极捐款献爱心

2007 年江南丝竹传承活动在上海书展进行

2010 年 7 月 6~8 日，九三学社全国社会服务工作会议在江西井冈山召开，会上表彰了 4 年来在社会服务工作中做出突出贡献的先进集体和先进个人，九三交大武天龙等荣获"全国社会服务工作先进个人"称号

2014 年 5 月 20~23 日，九三交大委员会赴河南鹤壁市参加九三学社"沪豫科技合作"2014 年度项目对接活动，就畜牧养殖项目合作进行实地考察，并就相关领域的发展进行了深入的交流和探讨

2015 年 4 月 24~26 日，九三交大委员会赴河南省参加九三学社"沪豫科技合作"2015 年度项目对接活动

组织活动

● 20 世纪 80 年代九三交大召开"庆三八"座谈会

● 20 世纪 80 年代九三交大组织召开简陋的庆祝"三八"妇女节座谈会

● 20 世纪 80 年代老同志聚会

● 20 世纪 90 年代初九三交大七支社组织活动

● 20 世纪 90 年代九三交大基层组织活动

● 20 世纪 90 年代九三交大委员会组织活动

● 20 世纪 90 年代九三交大委员会参加统战部的组织活动

● 20 世纪 90 年代九三交大支社组
织活动 1

● 20 世纪 90 年代九三交大支社组
织活动 2

● 20 世纪 90 年代九三
交大支社组织活动 3

● 21 世纪初九三交大委员会组织活动 1

● 21 世纪初九三交大委员会组织活动 2

● 20 世纪末九三交大支社组织活动 1

● 20 世纪末九三交大支社组织活动 2

● 21 世纪初九三交大委员会组织活动 3

● 20 世纪 90 年代统战部组织的一次统战联谊活动

● 2002 年 7 月九三交大委员会在沙家浜召开暑期工作研讨会

● 2003 年统战联谊活动

● 2005 年 11 月九三高校联谊会组织活动

● 2005 年 8 月，委员会组织社员赴
上海崇明参观活动

● 2007 年 3 月 8 日
九三交大"三八节"
活动

● 2007 年 9 月 13 日
赵雯主委来交大闵行
校区考察调研，并与
九三交大委员会的代
表一起合影

祝贺杨槱院士九十华诞
暨《话说中国帆船》首发式

● 2007 年 10 月九三交大委员会与社市委和统战
部领导合影

● 2007 年 10 月 11 日杨槱院士正式出版他的《话说中国帆船》之际，
迎来了他的九十华诞

九三学社上海交通大学委员会

九三人之家

● 2009 年 11 月 9 日"九三人之家"正式挂牌

● 2008 年九三交大代表与统战部举办的第九期党外干部
学习班成员合影

● 2009 年 11 月 9 日"九三人之家"正式成立

● 2009 年 7 月 26 日统战部暑期工作研讨会全体代表合影

● 2010 年 10 月 31 日九三交大七支社外出组织活动

● 2010 年 7 月统战部组织交大民主党派负责人举行 "凝
聚力专题研讨" 活动

● 2010 年 "九三人之家" 暨 "三八节活动"

● 2009 年 11 月 26 日委员会组织
社员赴太仓考察

● 2011 年 1 月 9 日 "九三人之家" 迎来一周年纪念活动

● 2011 年 1 月 21 日在统战部团拜会上九三交大的杨槱、雷啸霖和阮雪榆三位院士欣然参与活动上了主席台

● 2011 年 12 月 16 日九三交大委员会组团赴崇明 "老年公寓" 考察

● 2011 年 12 月九三交大委员会赴崇明 "老年公寓" 考察调研

● 2011 年 3 月，在 "三八" 妇女节之际 "九三人之家" 出游活动

● 2012 年 3 月 24 日九三交大委员会组织春游

● 2012 年 10 月 30 日九三交大七支社组织活动

2012 年金秋社员茶话会

● 2012 年金秋茶话会上九三交大委员会组织与文艺界联谊活动，会后与演员们合影

● 2013 年 1 月 9 日 "九三人之家" 3 周年活动

● 2013 年 4 月，"九三人之家" 组织社员赴浙江天台山、东湖等地旅游活动

● 2013 年 9 月 9 日九三交大委员会组织活动

● 2015 年 8 月 11 日九三交大委员会在金山新长岭大酒店召开暑期工作研讨会，会上审定了《九三交大 60 年》纪念册的出版方案和全部内容

院士风采篇

本篇记录了九三交大人中的佼佼者——中国科学院院士和中国工程院院士的风采。这些文章全部都是从社市委组织部、宣传部，交大档案馆、校史办等部门收藏和主要编撰出版的正式出版物上转载而来的，如交大校史编撰委员会提供的《交大老教授》和《老交大名师》传记类图书，以及各类报刊记者采访的文章。这些文章都从内容和形式上，真实客观地反映了九三交大的7位院士在学术地位、学术成果等方面所取得的非凡业绩，记载了他们的生平、求学之路，更反映了他们为国争光、不断进取的崇高师德和"九三人"的精神。

中国冶金科技史上的泰斗——周志宏

周志宏，1897 年 12 月 28 日出生于江苏省扬州市一个普通银行职员家庭。1913 年，就读于扬州中学。1917 年进入北洋大学预科，1923 年毕业于北洋大学矿冶工程系，获工学士学位。学习成绩优异，深受该校矿冶系主任、美籍教授施勃理（Edwin Sperry）青睐。1924 年经施勃理推荐，去美国南芝加哥炼钢厂工作，获得了丰富的实践经验。1925 年秋，他进入美国匹兹堡卡内基工学院（即今卡内基·梅隆大学）学习。1926 年获冶金硕士学位。在论文答辩会上，他的才华引起了在该校讲学的哈佛大学著名教授苏佛（Albert Sauveur）的注意，同意他到哈佛大学攻读博士学位，并由苏佛亲自指导。在哈佛大学学习的第一年，他研究了"不同冷却速度对亚共析钢魏氏组织形成的影响"，取得创新的研究成果。同年，获哈佛大学工程师学位并申请到了海林—介林奖学金。1928 年，他获得了科学博士学位。随后，苏佛推荐他到美国国家钢管公司劳伦钢铁厂任研究员。该厂给了他一个关于"消除钢管表面缺陷"的课题。时未经年，厂方主管工程师意外地收到了周志宏的研究报告，惊愕不已，遂另眼相看。不久厂方获悉他执意回国，再三挽留，但被他婉言谢绝。

1929 年秋，周志宏回到祖国，担任南京国民政府兵工署兵工研究委员会助理委员。1930 年，出任兵工署下属的上海炼钢厂厂长。当时该厂在外货倾销、内政紊乱的情况下已奄奄一息。他到任后，首先针对该厂的"把头制"进行改革。他亲自修订了工资方案，使有能力、工作好的员工能获得高薪，深得广大员工拥护。随后，他将原有酸性平炉改为碱性平炉，用本国原料代替进口国外原料，加强了产品质量检验。结果，产品质量改善，生产成本降低，增强了对外竞争能力，厂貌为之一新。

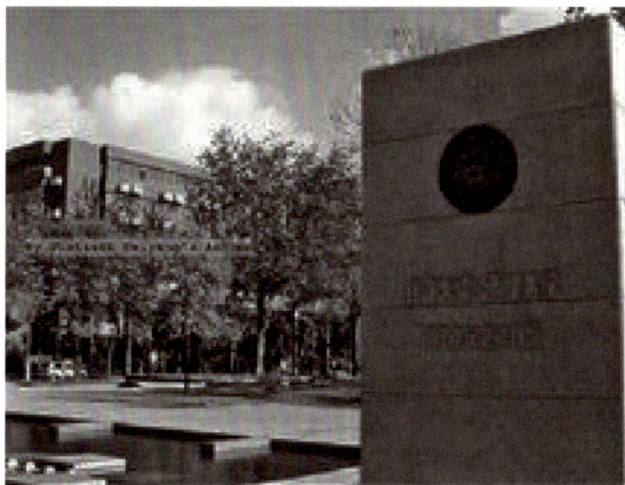

天津北洋大学

在周志宏的主持下,上海炼钢厂不仅供应兵器用材,还承担了当时一些重要工程的大型设备的生产。他曾为钱塘江大桥制造了桥座铸钢件,承制了南京龙潭水泥厂回转窑的大型铸钢齿轮和逸仙舰主轴等大型铸锻件。

由于周志宏的学识和胆略,经过5年努力,濒临倒闭的上海炼钢厂终于扭亏为盈,其产品能与英德诸国的名牌产品竞争。

1935年,他被派往欧洲检验进口钢材及考察钢铁工业。出国两年间,他在欧洲考察了洛克林、克虏伯、百禄以及普达等著名钢铁厂。1937年,"七七事变"发生,他立即返回祖国,受命筹备汉阳铁厂复工。但日本侵略军迅速进迫武汉,汉阳铁厂等均准备内迁四川,复工计划未能实施。当时兵工署在重庆成立了材料试验处,周志宏任该处技正(总工程师)兼处长,1942年兵工署第二十八厂成立,周兼厂长。自1938年到1946年,他领导的材料试验处和第二十八厂主要研制和生产国防与民用急需的高速钢、冲模钢等合金钢和铁合金。其试验设备和产品均获得受聘于重庆国民政府战时生产局的美国专家格雷罕姆(Graham)、史屈来音(H. Strain)等的高度评价。史屈来音还代表美国南芝加哥炼钢厂钢铁协会聘请周志宏为荣誉会员,并发给他荣誉会员金质纪念章。

不锈钢

在重庆的8年中,周志宏还兼任重庆大学等校的教授。1947年,他应南京国民政府交通部之聘,筹办该部技术研究所。1948年周志宏从南京回到上海,等待解放。

上海解放后,1949—1952年周志宏受聘于大同大学筹建机械系,任系主任,并在交通大学兼课。1952年调到上海交通大学先后任金相教研室主任、机械系主任、冶金系主任、副校长以及上海交通大学分校校长、名誉校长。

他是全国人民代表大会第二、第三届代表,中国政协第五届委员,中国科学院学部委员,中国金属学会第一、第二、第三届理事,1986年当选为荣誉会员,上海市金属学会理事长,中国机械工程学会热处理学会理事长。

周志宏曾亲自听过国民政府孔祥熙要办年产10万吨钢铁厂和翁文灏要办30万吨钢铁厂的讲话,但都未能实现。中华人民共和国成立后,钢铁工业蒸蒸日上,使他备受鼓舞。在1979年召开的中国第五届政协会上,他说,自己虽已82岁,但要把自己当成28岁那样去奋斗。他是中国现代化大型钢铁企业——宝山钢铁总厂顾问委员会副首席顾问,曾对宝钢一期工程是否续建和宝钢地基打桩中出现移动现象的处理,提出了重要意见。宝钢为感谢这位著名冶金专家,特邀他参加宝钢一号高炉点火开炉仪式。当他92岁寿辰时,他还提到1985年为宝钢第一座高炉点火是他一生中最快乐的事情。

中国金属学与金属热处理的带头人之一

19世纪初逐步形成的金属学是研究金属与合金内部组织结构和性能变化规律的学科,而金属热处理(简称热处理)则是利用金属固态相变等规律,使金属随温度变化,获得所需要的组织和性能的一门技术学科。周志宏早在1925—1926年在美国匹兹堡卡内基工学院学习时,就从事了中锰钢结构的研究。1927年他又在美国哈佛大学完成了"钢中魏氏组织形成的冷却条件及形态"的研究。他揭示了亚共析钢中铁素体形成机制,发现魏氏组织类似马氏体形态,遵循惯习面规律,顺着一定的晶面形成,即魏氏组织与基体具有共格特性;同时还研究了钢锭中树枝晶的形成,发现亚共析钢钢锭的冷却速度愈大,所形成的树枝晶愈细；首次为大生产提供了如何控制钢锭质量的规律。当年由周志宏制作的一幅金相组织图，至今仍被珍藏于美国密苏里大学冶金系的陈列室中。他所制作的枝晶图则被苏联鲍尔豪威季诺夫（H. ф. ъолховцтцнов）所著的《金属学》所采用。

1926 年，周志宏在哈佛大学攻读博士学位时，进行了"高速冷却对纯金属马氏体组织的形成"的研究。在这项研究中，周志宏完成了苏佛教授想做而又未能做到的试验。当时还没有现成的真空冶金设备，如何使纯铁样品从高温冷却到低温而不被氧化，成了该研究工作的主要难点。周志宏把不足一平方英寸的纯铁试样手工磨至 1～2 毫米厚，然后把它放入一石英管，抽成真空并加以密封，加温后，再把它浸入水银液中急冷，同时把石英管打破，并阻止试样上浮。这些操作都要在瞬间完成。周志宏运用熟练的实验技巧，于 1928 年揭示了纯铁在高速冷却下形成马氏体的过

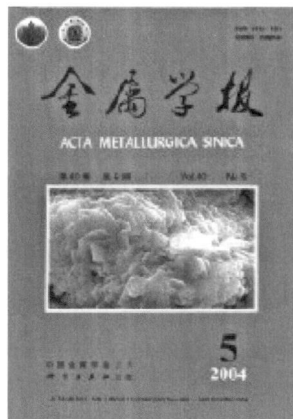

《金属学报》

程。其论文被载入著名的《美国矿冶学报》，周志宏也由此获得了哈佛大学的科学博士学位。纯铁在高速冷却下能形成马氏体的证实，改变了当时学者认为唯有高、中碳钢淬火才能得到马氏体的认识，为马氏体相变研究奠定了基础。在 20 世纪 70 年代国际物理冶金界纪念索比（Sorby）百年的纪念会上，加拿大阿尔贝特大学教授佩尔（J. G. Parr）还曾在他的《马氏体相变的变化规律》的报告中高度赞扬了周志宏的这一成就。

模具钢

1930 年周志宏到上海炼钢厂工作时，他首先带的是一架金相显微镜。由于他熟悉金属组织结构和性能变化规律，从而迅速提高了该厂的产品质量。同样，在兵工署材料试验处和第二十八厂工作时，他也把金相检验列为冶金组的第一项工作。直至 1962 年，他已年逾花甲，还指导研究生设计了一台高温显微镜，并在许龙生、谢涌沛等的协助下定型化，用该仪器可以研究相变的动态过程。1980 年美国材料科学讲学团成员参观这台仪器时对它盛赞不已。

周志宏及其合作者在 20 世纪 50—60 年代还曾进行过"亚共析钢中魏氏组织的长大速率"和"贝氏体相变动力学"等研究，也取得了重要成果。

中国合金钢与铁合金生产的奠基人之一

20 世纪 30 年代初，周志宏在上海炼钢厂将 15 吨酸性平炉改为碱性平炉，并利用江南造船厂废置的 1 吨电炉，生产出了高质量的炮筒、炮弹壳、枪筒等用钢。同时还在国内首次用铸造法生产出了 60～800 千克等不同规格的炸弹弹壳（国外一般用压延法制造）。他为了提高合金钢产品质量，曾在合金成分配置、减少杂质和产品质量检验上花了很多精力。

1937 年以后，周志宏在重庆材料试验处和第二十八厂，因陋就简，就地取材，从事合金钢的研制和生产。当时重庆地区电力不足，周志宏设法用坩埚炼钢。当地没有炼钢坩埚，周志宏和丘玉池等就用四川南充、威远等地的黏土自制。经过数百次试验，终于试制成功了大小不同的炼钢坩埚，其中最大的容量可达 70～80 千克，为中国建起了一座颇具规模的坩埚炼钢车间。该车间可以同时用 12 个炉膛 24 只坩埚进行浇注，得到较"大型"的钢锭。该厂自 1941 年起就陆续用坩埚生产出锋钢（即高速钢）、冲模钢、

磁钢等产品,1943年8月试制成功铬铝钢、镍钢。同年还生产出镍铬钢、冷冲钢、绞刀毛坯、不锈不伸缩钢等产品,1944年又增加了拉丝模具钢、高碳钢毛坯、铬钢、钨钢、弹簧钢、弹子钢等,使第二十八厂成为抗日战争时期西南后方的合金钢生产基地。

抗日战争期间,为了解决合金钢原料问题,周志宏于1941年将重庆材料试验处提炼纯钨的科研成果在第二十八厂进行试生产成功。当时条件十分困难,提炼纯钨的设备也不得不用土办法解决:他们用盐酸罐代替酸化器,用汽油桶制成传热器,用布袋作分滤器。开始时产量很低,其后逐步提高,到1943年就能日产纯钨20千克了。

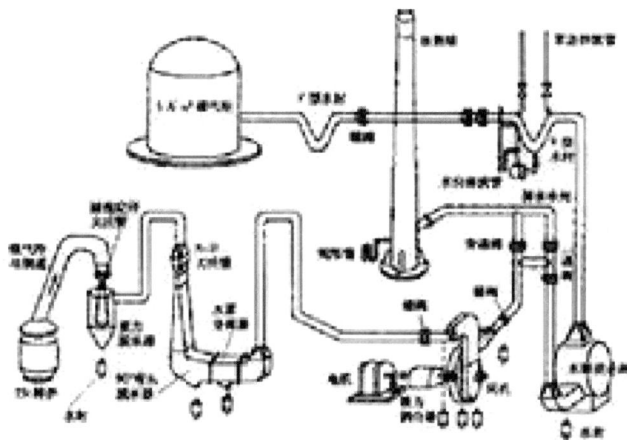

氧气转炉

1943年在周志宏的组织领导下,一座自行制造的400千伏安硅铁炉在第二十八厂安装成功,每月可产硅铁10吨。开始时硅铁含硅仅50%,经郑凤珍等人的努力,使硅含量提高到70%。另外还安装了200千伏安钨铁炉,周志宏亲自指导肖纪美试制成功了钨铁并小批量生产。其后又安装了755千伏安锰铁炉一座、金刚砂炉两座,生产锰铁和试制硅炭棒成功。

20世纪50年代初,镍、铬的进口受到限制,周志宏在上海交通大学带领一些年轻助手,经过几年努力,在4个系列16个钢号中筛选出4种不含铬、少含铬或少含镍的新合金钢种,并提出了相应的生产工艺。通过疲劳、时效等试验,确定上述几种新钢种可作为轴承钢的代用钢种。

周志宏及其同事在开拓中国合金钢及铁合金方面作出了重要贡献,尤其是试制钨粉和高速钢、高合金工具钢,试制钨铁,均填补了20世纪40年代国内的空白。

20世纪50年代初,奥地利发明了氧气顶吹转炉,中国部分有识之士对此极为重视,周志宏也是其中之一,曾撰文介绍氧气顶吹转炉的优越性。1958年他在交通大学兴建了氧气顶吹转炉炼钢实验室,指导研究生和青年教师开展了一系列有关氧气顶吹转炉炼钢法的研究(如水力学模拟试验、热模拟试验、烟气除尘及其回收试验等),并取得了较好成果。其后,在周志宏的指导下,经上海冶金设计院和上海第一钢铁厂合作,于1962年,将上钢一厂一座5吨侧吹转炉改为氧气顶吹转炉。在取得工业试验数据后,在上钢一厂三车间兴建了一座年产30万吨钢的氧气顶吹转炉。

"文化大革命"期间,周志宏被迫中止了科研工作,但他仍孜孜不倦地阅读国外文献资料,并从中得到启发,引发了他开展顶底复合吹炼的研究。1976年,周志宏虽已年届八旬,但他不顾自己年迈体弱,仍指导交通大学的氧气顶底复吹炼钢的基础研究,并将这一方法应用到铁合金生产上。他指导上海铁合金厂用顶底复吹氧气转炉冶炼中、低碳铬铁成功。结果以氧化电,降低了中、低碳铬铁的生产成本。

这项科研成果获得了 1982 年上海市重大科技成果一等奖。

为了解决上海市钢铁企业缺乏废钢与生铁的难题，周志宏从 1983 年起着手研究金属材料短缺补偿途径的可行性。当时他已年近 90，还亲自指导进行直接还原研究直至 1989 年。

周志宏十分重视对科技人员的培养。早在抗日战争期间他任材料研究处技正、处长兼第二十八厂厂长时，他虽工作很忙，但为了提高本单位科技人员的水平，倡议在本单位举行读书报告会，而且亲自参加。他还积极参加中国工程师学会和矿冶工程师学会的活动，并在年会上宣读他的《合金钢》、《坩埚炼钢》等论文，以活跃学术探讨气氛。他注意在工作中考核技术人员的业绩，并为优秀工作者请奖，或选送出国培养，或向上级举荐。曾在材料研究处和第二十八厂工作的、受到周志宏培养的科技人员中如肖纪美、徐祖耀、方正知、郑执信、张岭楠、郭树楠、谢家兰等后来都成长为知名学者、专家。

周志宏从教近 50 年，先后担任重庆大学、南京大学、大同大学等校教授，特别在交通大学任教的 39 年间，除任教授外，还担任教研室、系、学校领导工作，承担了繁重的科研、教学任务。1951 年，他受重工业部委托，还在上海举办了理化检验短训班，为中国培养了第一批检验技术骨干。现在，他的学生遍布中国，他为中国培养出了一大批冶金、机械科技人才。

周志宏博学多才，平易近人，主张教学民主。他善于启发和鼓励中青年教师和学生勇敢发表自己的意见。20 世纪 60 年代，他坚持每周召开一次座谈会与研究生进行学术讨论。他鼓励学生要有预见，要勇于创新，常对他们说："没有丰富的想象力和创造力的人是没有前途的……选择研究方向要有预见性。"

他在教学中注意理论联系实际，重视实践性教学环节的培养；坚持以身作则、言传身教。他行政工作很忙，还亲自授课。年逾花甲，犹带领学生下厂进行生产实习。为带学生实习，他踏遍了大半个中国，耄耋之年，还到实验室指导学生实验，过问研究生的研究进展情况，并亲自帮助解决问题。他经常告诫学生不要辜负国家和人民的期望。为鼓励学习勤奋、成绩优异的学生，1987 年他捐出自己多年的工资积蓄——2 万元充作"周志宏奖学金"，每年颁发一次。

曾与周志宏一起工作过 40 多年的徐祖耀教授说："在周老所领导的部门，他竭力鼓励和提携别人，从不压制任何人……半个多世纪来，培养了一批研究骨干，他们精于业务，热爱祖国，都应归功于周老的言传身教。"他的学生们正在为雕塑周志宏的半身铜像而募集资金，以纪念这位恩师。他为祖国钢铁工业的发展奋斗了近 70 载，在中国冶金科技发展史上留有他艰辛奋斗的足迹。

（原载《老交大名师》）

水声工程学先驱——朱物华

朱物华在授课

朱物华，又名佩韦，原籍浙江绍兴，1902 年 1 月 3 日出生于江苏扬州邵伯镇。1909 年入扬州第一小学，毕业后又入私塾读书，兼到别的学校补习英文和数学。1915 年考进扬州第八中学。此校师资队伍整齐，教学水平在当地堪称一流。一心向学的朱物华，学业成绩始终名列前茅。1919 年中学毕业，他报考南京高等师范和上海交通大学，均被录取。此时父亲失业，家计困难，幸得长兄朱自清的支持，遂进入了他向往已久的上海交通大学电机系就读。

在上海交通大学电机系的四年中，朱物华勤奋学习，1923 年以第一名的最佳成绩获得了清华"美庚款"赴美留学的名额。

1923 年 8 月，朱物华与谢冰心等乘轮船离开祖国赴美留学。他进入了麻省理工学院电机系，选择当时尚未解决的难题"水银整流器的耗电计算"为研究课题，次年即获得硕士学位。1924 年 9 月，朱物华考入哈佛大学。经过一年的学习研究，获哈佛大学电机系硕士学位，继而攻读博士学位，解决了滤波器的瞬流计算问题，1926 年 6 月获哈佛大学博士学位。个人的已得荣誉，国外的优越条件，丝毫没有冲淡朱物华对祖国的思念和热爱，他谢绝友人的留美劝阻，决定回国。

回国前，朱物华进行了一年的考察访问。先后到英国、比利时、法国、瑞士、意大利、奥地利、德国、匈牙利、捷克等 9 个国家，参观了一系列先进的实验室和工厂。其间还曾到德国柏林大学听课和到英国剑桥大学著名物理学家卢瑟福的实验室对离子、中子和离子辐射作了短期研究。1927 年 8 月，朱物华取道马赛回国。他先受聘于中山大学任物理学教授，1930 年转到唐山交通大学任电工与物理学教授。

朱物华从年轻时代起就具有强烈的爱国热情和正义感。1931 年，南京国民政府教育部长朱家骅邀请朱物华任中央大学工学院院长。朱物华不满当时统治阶级腐败无能，辞而不就。1933 年，一批汉奸在河北冀东地区搞所谓的自治运动，建立伪政权，朱物华愤而离开唐山，就任北京大学物理系教授。

1937 年 7 月 7 日，日本军国主义者燃起侵华战火，中国抗日战争兴起，北京大学被迫南迁，当年年底，朱物华随校迁至昆明，在西南联合大学任教授。他先在工学院电机系教"电信网络"等课，后又在理学院开设"无线电原理"课程。1945 年 8 月抗战胜利后，朱物华应聘到上海交通大学电机系执教。

中华人民共和国成立后，朱物华先后被任命为交通大学工学院院长、交通大学副教务长。1955 年，他服从国家需要，北上哈尔滨任哈尔滨工业大学教务长、副校长。同年，中国科学院选聘他为学部委员（现改称为中国科学院院士）。1956 年，朱物华加入中国共产党。

1956 年春，朱物华参加了制订国家 12 年（1956—1967 年）科学远景规划会议，并受中国科学院委派，前往苏联参加"热工仪表自动控制会议"，赴南斯拉夫参加国际科学会议，还考察了苏联、民主德国、捷克斯洛伐克三国的高等院校、研究所和工厂。"文化大革命"中,朱物华被作为"反动学术权威"受到审查批判。但是他对真理坚信不疑,对事业执著追求,埋头翻译了国外最新科技论文 300 余篇,并亲赴水声专业工厂义务为工程技术人员讲授专业课程。

朱物华任教期间,曾受聘担任国务院科学规划委员会委员,国家科学技术委员会电子专业组委员、声学专业组委员等职,并被选为第三届全国人民代表大会代表,第二届、第三届、第五届、第六届全国政协委员,九三学社中央委员会委员,中国电子学会副理事长,上海电子学会理事长,中国声学学会理事。

在他退居二线前后,中国科学院、国家教委、中国物理学会、中国电机工程学会、中国电子学会、中国声学学会为了表彰他在教学和科学上的卓越贡献,曾分别授予他荣誉奖状和奖章或荣誉证书。

水声先驱

1956 年春,周恩来总理受党中央的委托,组织国内知名科技专家讨论并制定《1956—1967 年科学技术发展远景规划》。朱物华荣幸地参加了这项工作。会上,发展我国水声学与水声工程被纳入了这个规划。

为了加速组建和发展水声科研力量,聂荣臻副总理和国防科学技术委员会确定哈尔滨军事工程学院等高等学校培养水声专业人才。1958 年上海交通大学无线电系成立了水声工程专业,同时招收了第一批学生。

1963 年,在北京召开了第一次水声规划会议,同时成立了国防科委水声专业组。与会的于笑虹、汪德昭、朱物华等一批专家教授,讨论了我国开展水声理论和新技术的研究规划,并就建设研究所、工厂的规模和在有关高校急需培养人才等问题提出了相应的建议。

1961 年,朱物华服从国家需要,担负起了上海交通大学副校长的重任。为了加速该校已建立的水声专业的建设与成长,他毅然兼任集水声工程教学与科学研究于一体的繁重的组织领导工作。一方面,他组织参加过哈尔滨军事工程学院水声专业培训的教师和参加过南海中苏水声考察的教师和基础理论知识较强的教师,广泛收集科技资料,分头编写教材;为求集思广益,他鼓励逐章试讲,力求精益求精,从而编写出了诸如《水声接收设备》、《水声发送设备》、《水声换能器和基础》、《水声信号传播及抗干扰》等专业课程讲义。朱物华还亲自编著了《信息论》,并主讲了当时尚属前沿的这门课程。这些工作的目标在于为上海交大建立一支师资队伍和及时为当时已进入专业课教学阶段的学生开出新课。另一方面,他加速了水声实验室的建设。该实验室当初拥有的重要设备,如噪声定向站、回音定位站、水声通信站、测深仪等,经过他的努力,均得到中国海军部队的无偿支援。此后,又相继建立了供基础研究用的诸种声学实验室。几年后,上海交大新设的水声专业为科研单位、工厂和部队输送了大量合格的本科毕业生。1964 年,朱物华在全国率先招收水声学科硕士研究生,以后又开始培养博士研究生。如今,上海交大这个专业的毕业生分布在全国水声行业的各个领域,其中的大部分已成为国内有关部门的技术骨干力量。

朱物华在任上海交大副校长、校长乃至顾问期间,对建设和发展我国水声学科的贡献,还在于他对重要水声设备基础研究的重视上。1965 年,他代表学校与其他单位一起承接的一项水声设备研制任务,在当时是某项国家重点工程的组成部分。在和有关研究所和工厂的联合试制攻关下,经过 3 年的努力,所研制的样机通过了海上试验,该成果获得了 1978 年的首届全国科学大会奖。1970 年 10 月,他又率领有关教师协同有关研究所与工厂,一起研制一种综合声纳,制成的样机的战术技术性能,优于当时的类似仿制品,且功能齐全,综合性强,达到了 20 世纪 70 年代初期的国际水平,获得了国防工业办公室授予的科技进步奖。

在水声学科的基础研究上,朱物华也做出了不少有创新意义的贡献。例如,20 世纪 80 年代前期,在开展对船舶螺旋桨空化噪声预报研究中,通过对相似律理论的实验研究,指导研究生推导出了基于能量观点的原型螺旋桨空化噪声基本预报公式,提出了经过空气含量修正的螺旋桨空化噪声预报公式。经实验验证,这些公式能得出较精确的结果。20 世纪 80 年代中期,朱物华与助手一起,指导研究生进行的"浸水轴对称弹性薄壳的耦合振动与声辐射研究",提出了处理声场计算中特征频率下的非唯一性问题和奇异积分问题的一般方法,给出了化薄壳振动常微分方程组为积分方程组、处理壳体封闭端的自然边界条件及确定封闭端的传递矩阵,发展了用于计算任意形状壳体的振动和外部声场计算的数值方法,依适用于半空间的新的 Green 函数推导了半空间声辐射的边界积分方程,提出了改进的 Chiff 法处理特征频率问题,克服了原法补充方程中内点选择不当可能失效的缺点。对高次单元出现的二次奇异积分,从理论上证明了用适当的数学变换可消去奇异性,并提出了一种处理高阶奇异值的方法。此外,他和助手指导研究生提出的用多重节点法处理结构表面存在不连续点时的声辐射计算,和据以编制的完整地求解全空间、半空间中任意形状结构的辐射声场的程序包,收到了计算精度更高的工程效果。

(摘自《无尽的爱博客》)

中国系统工程创始人——张钟俊

张钟俊(1915—1995),浙江嘉善人,著名自动化科学家,中国科学院学部委员(院士)。1934年毕业于交通大学电机系,同年赴美国麻省理工学院深造。1935年6月获硕士学位,1937年获博士学位。1938年回国,先后在武汉大学、国立中央大学、交通大学、上海交通大学任教授。1943年创办中国第一个电信研究所——交通大学电信研究所,任主任。1949年以后,先后担任交通大学无线电系和自动控制系主任、计算机系主任、电工和计算机科学系主任、计算机应用研究所所长、系统工程跨系委员会主任和自动化研究所所长等职,在网络综合、电信、电力系统、信息自动化等多个领域作出了许多开创性贡献。

年轻的美国 MIT 博士

张钟俊1915年9月23日出生于浙江嘉善一个普通教员家庭。11岁为求学而远离家乡,就读于上海南洋中学。幼年的张钟俊被誉为"神童",他博闻强记,兴趣广泛,思维敏捷,学习成绩总是名列前茅。

在数次跳级后,1930年9月,刚满15周岁的张钟俊以优异的成绩考入国立交通大学电机工程学院。1934年7月,张钟俊在交大获电机工程学学士学位。因其出众的学业,他获得中美文化教育基金会的奖学金,1934年9月,赴美国麻省理工学院(MIT)电工系攻读研究生课程。

MIT是世界著名的工科学府,云集了来自世界各地的优秀科学家,备有介绍世界最新研究成果的各种资料,它培养学生注重开拓而不是知识的堆积。张钟俊一踏进学校,像扑进了知识的海洋,如饥似渴地学习,废寝忘食地钻研,仅用了两个学期即获得硕士学位,随即攻读博士学位。

MIT对于攻读科学博士学位的研究生要求很高,除了学习本专业的课程,还必须选择一门理学院的专业作为副科,副科要求掌握该专业大学本科的核心课程知识,还要选学该专业两门研究生课程。电工是张钟俊的主科,他选择数学为副科。在数学系进修期间,张钟俊认识了控制论的创始人维纳(R. Wiener)教授。维纳给张钟俊讲授傅里叶积分,其深入浅出的讲演、渊博的知识以及杰出的综合能力给张钟俊以形象的启迪。张钟俊暗暗将维纳的治学作风作为楷模,除了听课还时常个别向维纳讨教,讨论的内容常常超出傅里叶积分。这段经历对张钟俊以后几十年的科学研究产生了重大的影响。

中国系统工程创始人

1937年12月,张钟俊获得MIT科学博士学位,这时他刚满22岁。MIT是当时少数几个有权授予科学博士学位的院校之一,对博士学位论文要求非常高。张钟俊的论文题目是《单相电机短路分析》,研究凸极电机短路的暂态过程,这是一个多年来悬而未决的难题,其中涉及一个含周期变化的参数的微分方程的求解。张钟俊联想到天文学家用傅里叶级数来求解这类周期参数方程、得出天体运动规律的事实,从而大胆地将其用到凸极电机短路的动态方程上,终于获得了成功,第一次在理论上获得了这类电机的一个模态常数。该常数为另一名硕士研究生的实验所证实。在答辩会上,与会专家对论文给予极高的评价,认为文中应用的方法不仅对电机学,即使对数学研究也是一个创新。

1938 年,作为 MIT 电工学历史上第一位博士后研究员,张钟俊留在麻省理工学院工作,协助著名的电讯网络研究专家葛莱明研究网络综合理论。由于他在网络数学理论方面解决了两个重要难题:矩阵(Matrix)和恒正二次式(Defnite Positive Quadratics),因此回国前曾受到武汉大学、浙江大学、清华大学等著名学府的争聘。

后来,他总结这一时期研究工作的经验,对学生说:"综合也是创造。"鼓励学生要善于综合运用前人的科学研究成果。

抗日烽火中的青年教授

1937 年,日本帝国主义对我国发动了大规模的侵略战争。次年 9 月,张钟俊接到家信,得知杭州沦陷,举家避祸于湘赣。国破家亡,张钟俊心急如焚,即日请假回国,取道香港,于 10 月到达上海。他看到日寇的肆意屠杀,看到同胞沦为亡国奴后的悲惨遭遇,同时也感受到中华民族顽强不屈的精神。张钟俊毅然放弃了回美继续做博士后的机会,回绝了美商要求他在上海电力公司任职的聘请,于 11 月进川,担任武汉大学(当时已迁至四川乐山)电机系教授,时年 24 岁。不久校舍遭日机轰炸,张钟俊遂去重庆,任国立中央大学电机系教授。1939 年底,张钟俊与交通大学校友一起筹建交通大学重庆分校。1940 年 9 月,小龙坎分校成立,聘张钟俊为电机系教授、系主任。1942 年 8 月,九龙坡校舍正式落成,交通大学重庆分校成为交通大学总校,设电机、机械、航空、土木和管理 5 个系。

九龙坡校区位于嘉陵江畔青山之上,远离闹市,环境幽美,但和其他内迁学校一样,物资奇缺。教室里,用土坯垒起或用木料制作成简单的木架,搭上木板,就成了桌凳。张钟俊住的是一间 10 平方米的小屋,仅有一桌、一椅、一凳、一竹书架和一张床。房间窗户朝西,正对着两米开外的大厨房,里面的油烟味一日三次飘入他的室内。张钟俊苦涩又风趣地说:"我最先享受到饭菜的香味,太幸福了。"

为了培养电信方面的高级人才,在国民政府交通部等单位资助下,学校委托张钟俊筹建电信研究所。当时,中国抗战军事通讯及后方经济建设都迫切需要大批具有独立研发能力的高级电信专门人才,本科教育难以胜任,研究生教育势在必行。1943 年,为了得到各界支持,以便改善经费和设备状况,同时也为了探索与社会用人部门合作培养应用型高层次人才的途径,时任交通大学校长的吴保丰向交通部电信总局、中央广播事业管理处、中央电工器材厂、中央无线电器材厂等单位提出合作培养电信专业研究生的意向,得到赞同,教育部随即批准成立电信研究所。

对于电信研究所成立的重要意义,张钟俊在研究所成立报告中说:交通大学采取与政府机关、企业合作方式培养研究生,"动机在求工程机关与学术界打成一片,充分发挥合作精神"。"查电工机关与学术界之密切合作,在国内尚属创举。反观美国之麻省理工学院在电工方面与奇异西屋、贝尔诸电器公司设立合作学程(Cooperative Course)垂 30 年,今日该公司与麻工均得驰誉全球,其得助于合作学程良非浅鲜。"

1943 年,交通大学唯一的研究所——电信研究所成立,也是我国第一个电信研究所。张钟俊任主任,正式招收研究生,课程设置参照美国麻省理工学院和哈佛大学。随着战争的进行,学校经费逐日减少,机构尽量压缩,教师的工资也都不能保证。然而,在这样艰苦的环境中,张钟俊等一批欧美留学归国的学者,仍以乐观的情绪,含辛茹苦培养出中国最初的一批电信研究生。

"校企合作办学"即使在今天,仍然是国内高校努力拓展的领域,然而20世纪40年代,交大电信研究所从筹建之初,就已采用了这种人才培养方式。电信所培养研究生的方案,符合现代研究生教育的发展趋势及高层次科技人才的成长规律,有不少经验值得继承借鉴。

张钟俊等一批教授把教学和科研紧密结合起来,课程内容新而深,能及时反映该领域的世界前沿知识和最新研究成果。"网络综合"是当时电路理论领域刚刚兴起并迅速发展的一门学科,也是张钟俊在MIT任博士后研究员时所从事的工作。在主持电信所期间,他不仅自己从事这一新兴学科的研究,还指导学生一同探索。20世纪40年代末,他在网络综合领域已有不少建树,完成了《电讯网络》著作,专家认为这是国际上第一本阐述网络综合理论的专著。

20世纪30年代以后,电讯技术发展异常迅猛,知识更新周期不断缩短,然而,它对数学和物理学等基础学科却有着很强的依赖性,因此,宽厚的数理基础对于造就具有适应技术更新能力和独立研究能力的高级电讯人才至关重要。电信所培养研究生非常注重基础理论课程,当年的培养方案中有"高等电工算学"、"近代物理"、"电磁波"3门基础理论课,均开设2个学期,合计为16个学分,占规定总学分数的一半。

电信所对基础理论课程的高度重视,与张钟俊本人的学术经历与学术思想密不可分。张钟俊认为"工程科学应该与数学结合才能有严谨的基础"。他早年在交大电机系学习时就很重视数学,本科毕业时提出的将数学方法用于电讯网络设计的方案,即因构思新颖而获得中美文化教育基金会的留美奖学金资助。他在博士学位论文中解决了电机学上一个多年悬而未决的难题,就得益于他对微分方程和傅里叶级数的透彻理解与灵活运用;他在网络综合理论研究中所取得的开拓性成就,受惠于他在复变函数方面的精深造诣。

从1935年4月国民政府教育部颁布《学位授予法》,到1949年的14年间,全国授予工学硕士学位39名,而交大电信所从1944年至1949年的6年中,培养的工学硕士目前有案可查的就有19名(另一说是30名),几乎占到了全国总数的一半。电信所毕业生质量亦属上乘,交通部电信总局或其他机关对于该所学生均乐于任用,其待遇与国外研究院毕业生相同。这批硕士中后来有不少人成为电信、电力及自动化方面的高级科技干部和学科建设带头人。

1945年8月抗战胜利,交通大学由重庆复员上海,电信所亦随学校返沪,中心工作仍然是培养研究生,1952年全国高校院系调整后停办。

新中国电力自动化事业的开拓者

1948年新中国诞生前夕,张钟俊对建设一个繁荣富强的新中国充满了憧憬。他热爱祖国、热爱交大,为建设国家、为培养高层次人才继续奋斗。

1945年张钟俊从渝返沪后,即兼任上海市公用事业管理局技术室主任。1949年,他为人民政府接管上海市公用事业外商企业单位做了许多有益的工作,他主持了上海市统一电压和频率、最终并网工程,领导了上海第一条过江电力电缆的铺设,建立了上海的环形电力网。他还针对"二·六"轰炸后上海供电紧张的局面,提出均匀负荷和节约用电的一系列措施,均为上海市人民政府采纳。

1950年夏,张钟俊赴长春接洽电信研究所工作的移交事宜。事后他参观了东北三省的建设情形,尤其考察了东北三省的电力事业。当时东北的工业水平在国内是先进的,这次考察使张钟俊对我国电力建设的现状有了一个基本的了解。

张钟俊编著的《电工原理》,在苏联教材没有引入我国以前,全国各大学都用它作为教材。他还担任《电力工程》杂志主编,《电世界》编辑,其翻译著作甚多。1952年后,因学习苏联经验和全国院系调整,根据高等教育部的指示精神,从我国电力系统方面教育的现状出发,张钟俊决心翻译一批苏联教材,以提高教学水平。自1953年起,他陆续翻译了《电力系统稳定》、《电力系统短路》、《电力网及电力系统》、《电力系统暂态过程》和《动力系统运行方式》,还编写了《电力系统电磁暂态过程》,为我国电力系统的教学提供了一套完整的系列教材,不但在当时填补了国内的空白,而且有的在张钟俊去世后仍被高校选作课本,影响深远。

1956年,高教部指派张钟俊出席周恩来总理主持召开的全国12年科学长期规划会议,为电力组成员。会议长达6个月。在决议阶段,会议指定张钟俊起草电力系统部分的规划。该规划对此后相当一段时间内我国的电力建设起着指导作用。会议期间,张钟俊受到了周恩来总理的接见,留下了珍贵的照片。

1958年,张钟俊出席中国科学院和水利电力部等4个单位联合召开的"三峡水利枢纽工程技术研究会",任电力组组长。他亲临实地考察,对发电机的安装、电力传输和电机控制等多个方面,阐述了自己的看法,并组织领导上海交通大学输配电教研室承担了部分攻关项目。会后,张钟俊着手在上海交通大学建立电力系统动态模拟实验室,这是我国最早建成的大型控制系统实验室之一,为解决电力系统运行的稳定性、安全性以及电站各种自动控制装置的性能测试提供了实验场所。

鉴于张钟俊在电力界的声望和贡献,国家科学技术委员会于1962年聘请他担任该委员会电力组成员。

中国自动化技术的重要领衔人

自动控制是张钟俊最主要的研究领域,难能可贵的是,几十年来他始终站在该领域的前沿。

1946年,张钟俊在研究网络综合理论时,就采用复频率的概念来描述两端口和四端口网络的阻抗,这和当时刚形成的控制理论中的传递函数概念和以后才出现的传递矩阵概念是一致的。1948年,张钟俊在交通大学电信研究所讲授伺服原理,1950年在长春机电研究所又讲授这门课程,这是在我国最早讲授的控制理论课程。

1956年,张钟俊及其助手完成论文《电力系统中有功功率与无功功率的经济分布问题》。他们运用运筹学方法,首次提出了在各发电厂燃料消耗增益相等时的负荷经济分布的标准,首次提出补偿位置的选择及其配置容量的计算方法。这是我国最早涉及最优控制的论文之一,文中提出优化模型与以后最优控制的提法是吻合的。该文后由科学出版社发行单行本,作为国际交流论文。

20世纪60年代初,张钟俊以极大的热情关注着卡尔曼和庞得里亚金在控制理论方面的新发展。1962年卡尔曼和布西提出新的滤波设计的时候,张钟俊认识到新的理论已经脱颖而出了。1964年,张钟俊将卡尔曼滤波技术应用到"远航仪"的接收信号处理中,在我国开创了应用现代控制理论的先例。1973年,张钟俊主持潜航惯性导航课题,为此他编写了《矩阵方法和现代控制理论》讲义,向课题组成员讲解现代控制理论,经过两年的努力,该课题完美地结题。设计中,他们再次应用卡尔曼滤波技术对惯性导航系统的反馈信号进行处理,大幅度提高了导航精度。总结该项研究成果的论文《陀螺角速度漂移数学模型的辨识》,获全国科学大会奖和上海市重大科技成果奖。

1984年,根据控制理论和计算机技术的发展,张钟俊提出了以大系统理论为指导,以微电脑应用为突破手段、形成分布式计算机控制和信息管理的"工业大系统"研究课题。他勾画了工业大系统的研究框架,分析了这类系统信息结构分散的特性,论述了微电脑的基本控制作用,提出了计算机通讯、协调等一系列柔性生产新的研究方向。

张钟俊带领他的同事们,在控制领域的广泛前沿开展了卓有成效的研究,在预测控制、鲁棒控制、非线性控制和智能控制等领域取得了大量成果。例如在预测控制方面,他们提出了控制和校正分离的新框架,提出双重预测方法,研究了分散系统的预测控制;在非线性控制方面,他们建立了仿射系统的Yokoyama型,并用于观测器设计和可线性化结构的研究,讨论了非线性系统的分散扰动解耦设计和分散镇定。这些成果不仅在国内,而且在国际上都具有先进性。

鉴于张钟俊在自动控制理论和应用中的一系列开创性工作,1979年起,他担任中华人民共和国国家科学技术委员会自动化学科组副组长,1980年当选为中国科学院技术科学部学部委员(院士)。

在系统工程研究中卓有建树

1976年10月"四人帮"垮台,张钟俊已两鬓斑白,但他浑身充满了年轻人的活力,把所有时间、全部精力都奉献于他热爱的教育事业和科学研究。

1977年,我国正从"文革"动乱中走向安定和发展,百废待兴。这一年张钟俊出席在广州召开的一次全国学术会议,并作大会发言。在发言中,他结合国际上许多成功的范例,深入浅出地介绍了系统工程的观点、内容和方法,提出在我国四个现代化建设中应该推广系统工程,这次发言是我国最早提出应用系统工程的观点和理论之一。

1978年张钟俊参加了解放后第一个访问美国的上海交通大学教授赴美访问团。在45天的访问中,到达20个城市,访问了27所大学和20个研究机构,在访问中他敏锐地注意到微电脑的开发和系统工程的应用。在国际著名的策略咨询机构——兰德公司,张钟俊领略了系统工程在规划和决策中的作用,看到了系统工程实施的全过程,感受到这种方法带来的巨大经济效益,这对他在中国提倡系统工程理论的应用起着极大的推动作用。回国后他经常奔波于各地作报告,注意收集应用系统工程的成功例子。1980年,张钟俊再度访美,他在佛罗里达大学作了题为"系统工程在中国"的演讲,引起了包括卡尔曼在内的一批科学家的兴趣。

1982年底,上海交通大学接受了新疆维吾尔自治区长期发展规划的咨询课题,该课题由张钟俊主持。如果说做报告、写文章是宣传系统工程,那么张钟俊主持的新疆发展规划咨询课题便是系统工程的一次成功实践了。1983年1月,张钟俊率领首批考察组来到新疆,希望通过实地调查对新疆的资源、生产、消费和潜力等有一个具体的认识。张钟俊带领考察组成员上午听取有关各方面的汇报,下午整理分析。以后又去各地实地考察。2月中旬,他们带着丰富的感性认识和第一手资料返回上海。不久,自治区计划委员会又送来了他们需要的50万个数据。张钟俊等对这50万个数据作了整理和分析,通过定性和定量相结合的方法,以定量为主、定性为辅的建模方针,选取5万个数据作为建立数学模型的依据。又经过半年的努力,描写宏观经济的"系统动力学模型"、反映各生产部门间相互依赖关系的"投入产出模型"和用状态空间描述的"动态经济控制模型"3个大型数学模型建立起来了,同时完成了一个附属的特尔菲型专家咨询系统。应用这些模型,获得了新疆地区20世纪90年代和20世纪末能够达到的各项经济指标。1984年9月,张钟俊再次率领课题组到达新疆,向自治区各级领导汇报研究成果,详细说明了各阶段可以实现的目标和应该注意的问题。这次汇报在新疆引起了强烈反响,鼓舞了新疆人民的志气,明确了发展方向。"新疆宏观社会经济模型"是我国第一个采用系统工程方法建立的大型地区性社会经济模型,这项研究成果获 1986 年上海科学技术进步三等奖,得到新疆维吾尔自治区和中央领导人的称赞。此后,张钟俊还组织人员完成了牡丹江市、常熟市和我国钢铁工业发展规划的咨询。

崇高风范永远流传

张钟俊是中国系统工程理论与实践的倡导者,为交大的学科建设与培养人才做出了杰出贡献。每逢新年来临之际,他都会收到江泽民同志寄来的贺卡。江泽民于 1945 年底入交通大学电机工程系就读,选修过张钟俊教授的"运算微积分"课程。张钟俊在科学研究中的大胆求新和培养学生上的宽严相济,给年轻的江泽民留下了深刻印象,并深深影响了他日后的工作和学习。多年后,他仍然保持着对张老师的一份特殊的尊崇。

张钟俊讲课从不照本宣科,特别是讲授研究生课程,不用课本,而是把世界上最前沿的科学技术作为讲课的重点。后来,一些在美国进修、在贝尔实验室工作过的专家,在与张钟俊的学生交流的过程中感到很惊讶,这些学生掌握的知识竟然与他们是同步的,都是当时电信方面最新、最前沿的理论和方法。

张钟俊培养研究生讲究"实、严、新"三个字。"实"是基础扎实,他要求每个博士研究生选读本校数学系的课程,使他们有扎实的抽象思维能力和分析能力,他还要求博士研究生有计算机操作能力,这些扎实的基础为博士生单独从事科学研究创造了条件;"严"是指推理严格,张钟俊对学生论文都要经过再三推敲,仔细审查其中的逻辑性,对其中出现的"显然可得"这些容易忽视的地方特别注意其合理性;"新"是指选题要新,要敢于接触那些前沿课题。在张钟俊培养的博士中,他们的学位论文都以广义系统、预测控制、机器人、鲁棒设计、非线性系统等最前沿的课题作为研究对象。

1978 年恢复研究生制度后,张钟俊即担任硕士研究生导师。1983 年国家设置博士学位后,他又任博士研究生导师。1986 年国家设置博士后科研流动站,他主持的博士点又首批建立了博士后科研流动站。自 1983 年以来,张钟俊培养了 126 名硕士研究生、34 名博士,有 12 名博士后科研人员,数量上在国内首屈一指。发表论文 400 余篇,出版论文集 6 卷(其中英文版 2 卷)。

张钟俊始终在高等院校工作,1990 年上海交通大学为他执教 50 周年(自 1940 年到交通大学工作算起)举行纪念会,表彰他为培养学科建设接班人做出的杰出贡献。江泽民欣然为老师题词:"执教五十年,桃李遍天下。"

鉴于张钟俊在培养科学技术接班人方面的突出成就,1988 年他主持的博士点被评为全国重点,1989 年,以他主持的博士点工作业绩而写成的材料《培养高质量博士,推动学科建设》获得了国家级优秀教学成果奖。

张钟俊从不服老。1995 年,年届 80 的他虽早已辞去行政职务,却仍像年轻人一样,高效率、快节奏地工作。每天清晨处理来自全国各地的文件,着手修改向交大百年校庆献礼的中英文论文集;每天总有教师和学生来家讨论问题,他仍亲自为学生逐字逐句修改文章。张钟俊深信能在 1996 年 4 月 8 日和大家一起共庆母校百年华诞,他有信心做跨世纪的人。然而 1995 年 12 月初,他风尘仆仆地从南京讲学归来后,患感冒引发肺炎住进了医院。12 月 29 日,匆匆地离开了人世。在临终前,他还充满希望地对女儿说:"明天会比今天好,还有很多很多事要去做。"

(原载《老交大名师》)

造船学家、教育家和社会活动家——杨　榯

在广元公寓通往上海交通大学浩然科技大厦的路上，人们每天都能看到一位步伐矫健的老先生，他就是已过耄耋之年的中科院院士、九三学社上海市委原主委杨榯。"我每天都要到办公室看看书，写写东西，这样感觉生活很充实"，杨榯笑谈道。回顾近90年的工作生活，杨榯的信条是：到需要我的地方去。他讲述了关于他名字的一段往事。《辞源》中对他的名的注释为："榯，聚积。诗大雅：芄芄棫朴，薪之榯之。"这是当年住在杨家隔壁的中国共产党早期领导人之一——孙炳文（1927年在大革命失败时壮烈牺牲）在他上小学时为他取的学名，表达了一个革命者对后代的殷切希望——为国为民发光发热。杨家始终牢记革命前辈对他的期望，因此这个名字一直用到如今，而杨榯也是这样做的。

"船"奇人生　痴心不改

在杨榯的办公室里随处可见船的"影子"，有19世纪"大东方号"的设计图，各种船的模型……说起船他就兴致勃勃，小时候国内的交通工具以轮船为主，加之父亲有许多海军朋友，常送一些关于船的书籍给他。杨榯回忆："这些书对我产生了很大的影响，有很多疑问一直萦绕着我，在不断搞清它们的同时，也激发了我对船的兴趣。"

9岁时，他第一次登上铁制的轮船，感受它在大海里乘风破浪，这实在让他着迷，而当时教他懂得铁为何能浮于水面的启蒙者，竟是在这艘轮船上几位聊天的妇女。其中，有一位青年妇女说："我感到很奇怪，这船是铁造的，而且到处是铁制的东西，这么重的份量，怎么能在水中不沉呢？"一位老年妇女训斥她："不要瞎说这不吉利的话！"这时一位年轻女士解释说："铁脸盆不是也能飘浮在水面上吗？盆中装些东西，脸盆也只是下沉一些，只要脸盆的边缘高于水面，就不会沉没。"这些话，深深地印在了杨榯的脑海里，几十年后，当他成为一名著名教授，对交通大学学生讲第一课"船舶概论"时，讲台上的教具是一个盛满水的面盆，水面上浮着一只铝制的饭盒。

在广州培正中学读高中时，学校要求每个学生自拟题目写一篇论文，杨榯写的论文题目就是《广东造船历史》，这为他走上研究造船的道路奠定了基础。高中毕业后，杨榯到英国格拉斯哥大学留学，他没有选择当时比较吃香的专业，如机械、土木等，而是选择了他感兴趣的造船专业。他每天抓紧时间，实

验、学习都安排得很紧凑，"我总是争取比别人做得多一些，每天固定学习到十一点半"。但是到了周末就彻底放松，参加各种活动，在与英国同学们的交流中学到了很多书本上没有的社会知识。同时他还在半年的工厂实践中从最基础的技术学起，在英国巴克来克尔造船厂实习时，他每个环节都试着去学，从放样间到船体钢材加工间，再到铆钉作业台，杨槱几乎做遍了造船的所有工种。他与工人们同吃同住同劳动，遇到问题就努力钻研。由于他有一股坚韧不拔的干劲和吃苦耐劳的精神，并善于运用理论来指导实践，慢慢地，他变成了一个"小专家"，外国教师和师傅们看见他常会伸出拇指说上一句：Ok，Yang！最后，他完成了学业，并荣获了一等荣誉学士学位。在采访中，他的办公室里一张老式书桌吸引了我的目光。他告诉我这张桌子可是老古董了，"这是我当年在大连花了十个大洋买的，无论走到哪里我都带着它，有五十几年历史了"。杨槱之所以如此钟情于它，是因为抽屉多，他总是把资料有序地摆放在里面以方便查阅，这个年轻时就养成的好习惯被一直坚持到现在。

二战期间，英国对德宣战后，英国国内急需大批造船人才，各方面对杨槱进行了挽留，而此时报效祖国心切的他毅然踏上了返回祖国的航程。杨槱回国后即在当时中国内地最大的造船厂——重庆民生机器厂任职，主要从事提高川江船舶航行性能的研究。他撰写的《川江船型之检讨》获得中国工程师学会授予的三等奖，在中国造船业中崭露头角。随后，他又随中国海军组织的"中国海军造船人员赴美服务团"到美国费城的海军造船厂实习工作了一年时间。回国后，他先后在江南造船所、青岛造船所工作，逐渐成为船舶方面的年轻专家。新中国成立后，他应聘到大连参加了我国新造船厂的筹建工作。后来他出任大连中苏造船公司的副总工程师。以后在大连和上海等地的造船厂主持过沿海货船"天运号"、公安巡逻艇"瀛洲号"，5 000吨和15 000吨经济型杂货船等约10余艘船舶的设计。在设计建造船舶方面，他坚持调查研究、分析同类型船舶资料和与实际情况相结合的原则，所以他主持设计的船舶能够得到同行的赞许，如15 000吨自卸式运煤船在20世纪80年代被我国航运和造船部门确认在我国沿海地区煤运应用上具有一定的优越性。

此外，杨槱在倡导船舶稳性研究、应用电子计算机辅助船舶设计、工程经济在船舶设计中的应用、我国造船科技发展史研究等方面均有突出的贡献。他对船舶的"痴心"还体现在多年来在造船工作中的敬业精神，他总是无条件地服从频繁的工作调动，先后在十几个单位工作、教学，毫无怨言，到任何地方都发挥自己的专长，孜孜不倦地为我国的船舶工业奉献才智。

如今，尽管他已步入期颐之年，依然倾心于船舶方面的研究，还出版了《帆船史》和《轮船史》。"研究船是我人生的一大乐趣，我要在有生之年继续为中国船舶业作出贡献。"同时多年来他还本着"好学是知识之源，勤奋乃立业之本"的学习理念，一直努力追求新知识，不断进取。"人应该不断地学习，尤其是在当前科技飞速发展的时代里，许多新兴的东西层出不穷，所以当你需要用新的知识的时候就去学习，不必在意自己的年龄，要活到老学到老。"杨槱在80岁时开始学习使用家庭电脑，时任九三学社中央副主席的王选得知他如此高龄要学习电脑深感佩服，特意请上海的电脑经销商优惠供应给他一台电脑。现在杨槱不仅能用电脑写作、收发邮件等，而且连扫描仪等周边设备也能自如地使用。他晚年出版的《人、船与海洋的故事》、《帆船史》、《轮船史》、《郑和下西洋史探》、《话说中国帆船》等著作共百余万字都是他自己亲手在电脑里完成的。

谦虚、严谨是杨槱的做人原则，多年来他对求教于他的人总是来者不拒，"修改论文或讨论问题也是一次向别人学习的好机会"。在严格要求自己的同时，他非常关心下一代青年人的成长。作为博士生导师，他除了传授知识，还注重学生们创新精神的培养，每当参加国际性会议时，他总是关注一些新的动向和知识，引导学生用新的方法去尝试。

"事情总是做不完的，我始终保持三乐——助人为乐、自得其乐、知足常乐，所以做事很有劲头，精神也非常好"。杨槱乐呵呵地说。多年来,杨槱还非常关心科普工作,20世纪60年代曾为《十万个为什么》撰写有关船舶方面的章节,生动的描述影响了一代又一代的青少年读者。他表示科学家应该把普及科学知识当作一种责任,倾注了他10年心血的《人、船与海洋的故事》就是这样一部科普著作,他希望总结他的毕生所学,为繁荣我国海洋文化事业、普及船舶与海洋知识、激发广大青少年投身造船和海洋事业的热情、提高民族振兴的责任感和使命感贡献最大的力量。

多党合作　情有独钟

在杨槱的心中总有一艘情有独钟的"大船",这就是统一战线、多党合作、风雨同舟的巨轮,他先后担任过全国人大代表、全国政协常委、九三学社中央副主席、市人大常委、市政协副主席、九三学社市委主委等职务。回想起多年兼顾业务和社务工作的经历,他坦言:"我从来不向组织提要求,踏实工作,服从安排。主观上让我感到满足,客观上我的工作也得到了认可。"正如他办公室墙上所挂的一幅字(九三学社老前辈许士骐赠送)所言:"海纳百川有容乃大,淡泊明志无欲则刚。"

杨槱认为民主党派要"有所为才能有地位"。至于应发挥什么样的作用,早年曾任交大副教务长的张鸿与李四光的女儿李林之间的一场争论对他影响很大:张鸿认为应多花些时间帮助别人进步,李林则认为在业务上有成就讲话才有份量。杨槱认为这两种观点都对,可以两者兼顾,再加上求真务实的精神才能多为社会作贡献。杨槱曾经组织了江苏、浙江两省和上海市的九三学社同仁用了一年的时间对长江三角洲地区的经济发展进行调研。当时他虽已年近八旬高龄,仍经常参加实地考察,进行研究分析,并在全国政协八届四次会议上,领衔提出《长江三角洲地区经济要走合作发展道路》的提案,详细分析了长三角地区发展的优势和实际存在的问题,建议在资源配置方面实现共同规划,将长三角地区建成具有较强竞争能力和更高经济效益的综合经济体系。这份提案,引起了政府有关部门的高度重视。

多年来,杨槱利用专业知识积极参政议政,通过实地调研提出了许多有建设性的提案。比如针对发生在1979年11月25日凌晨的我国沉垫自升式钻井平台"渤海二号"倾覆沉没事故,杨槱在参加全国人大五届三次会议时提出建议:"对重大工程事故要组织科学的调查研究,以深入了解事故产生的原因和存在的技术问题,这对今后工程的设计、施工、使用管理和保证安全操作均有重要意义。据说'渤海二号'在日本使用时曾发生过沉船事故。因此,深入研究该船的稳性、耐波性、强度等,对事故产生的原因作详细分析,将对今后避免再发生同类事故和我国海洋事业的发展均有重要借鉴作用。"不久,国务院批示:"认真研究办理,争取1981年上半年办完。"后经有关单位认真调研找到了翻沉的原因,防止了此类事故的再次发生。

作为九三学社中央副主席,杨槱一直将为国家发展建言献策为己任。在全国政协八届三次会议上,他和九三学社的同仁共同提出了一份《关于建立约束机制,防止盲目重复引进》的提案,对盲目、重复引进设备和生产线的原因进行了详尽的分析,提出了如何建立可行的约束机制的13条建议。这份提案受到全国政协和国家有关领导机构的高度重视。

无论走到哪里,杨槱都不忘身为政协委员的责任。1995年他到德国参加一个有关江海直达航运问题的学术讨论会。站在莱茵河畔,看着百舸争流的场面,他深感我国内河的航运状况很不乐观。回国后他很快就撰写了提案,结合欧洲的内河航运的发展状况,由此对我国发展内河航运提出他的想法和建议。提案一经提出,上海交大在国家教委的批准下,航运管理专业开始招生,国家有关部门还召开了加强内河航运方面的会议。

回首自己数十年的心路历程,杨槱感慨万千:"十分幸运,我生活、成长于这个伟大的时代,亲身体验了中国走向复兴的重要历程,尽管我们的国家还有不少困难、问题,但中国人民在中国共产党的领导下,经过艰苦卓绝的奋斗,在经济建设方面已经打好牢固的基础,教育、文化、卫生事业也取得了长足进展。物质上的牢固基础将为经济的进一步发展提供良好的条件,而思想政治、文化上的成长也将为改革和进步提供有效的动力和可靠的保障。"

(原载《上海九三》)

热能动力工程学家——陈学俊

陈学俊院士,热能动力工程学家。安徽滁县人。1939年毕业于中央大学。1946年获美国普渡大学硕士学位。西安交通大学教授、工程热物理研究所所长、多相流国家重点实验室主任。中国工程热物理学会理事长。历任交通大学教授、动力机械系副主任、西安交大动力系主任、副校长等职。1996年当选为第三世界科学院院士。长期从事热能动力工程方面的教学、科研及培养研究生工作。20世纪50年代起在国内最早开展应用基础学科——多相流热物理学的研究,是国内这门新学科分支的奠基人。开设电力、热能工程及锅炉专业的大多数课程,著有《燃气轮机》、《蒸汽动力厂》、《锅炉学》、《锅内过程》、《两相流与传热》等10部著作。1980年当选为中国科学院学部委员(院士)。

热血青年抒豪情

陈学俊出生在安徽滁县乌衣镇的一户普通人家。祖父幼年从安徽定远县逃荒至乌衣镇当学徒,父亲在乌衣镇经商,母亲则在家务农,育有四子。虽然家境并不宽裕,父母也没有多少文化,但他们依然极力支持子女多受教育。陈学俊5岁开始读书,12岁进入南京金陵中学,初中仅读了一年,便由于"一二·八"事变爆发,被迫辍学,于是在家中请人补课、自学,半年后跳级进入南京安徽中学高中学习。16岁高中毕业后,他又以优异成绩获得安徽省清寒贷金,靠此读书,同时考取南京中央大学机械系。1937年抗日战争爆发,中大迁至重庆,陈学俊遂与家人失去联系。

陈学俊在回忆自己少年求学经历时,对那时的艰苦环境记忆犹新,他说:"1937年抗日战争爆发,随学校迁至重庆,当时学习条件艰苦,100多学生挤在一个大统舱式的简陋房子里,吃的是蔬菜黄米饭,上课在竹棚大课堂,经常是上午大雾进教室,下午天晴进防空洞,日本帝国主义飞机时来轰炸,有一次大轰炸,山城大火一片红,死伤万余人。"面对山河破碎,家乡沦陷,亲人离散,陈学俊心情异常沉重。望着眼前的千疮百孔、滚滚狼烟,他反复自问:中国人为什么这样受凌辱?答案是中国贫穷落后,要振兴中华民族,就得有强大的工业,从此,陈学俊便以极大的热情投身到学习中去。

1939年大学毕业后,陈学俊来到重庆中央工业试验所。试验所有一个附属机械制造厂,制造工业锅炉,在这里他对工业锅炉的设计与制造产生了浓厚的兴趣,并踏上了从事动力工业的道路。1941年,年仅22岁的陈学俊在贵阳举行的中国工程师学会上,宣读了我国锅炉制造方面的第一篇论文《锅炉制造工艺的研究》。同时《贵阳日报》也发表了他写的《工程师与音乐》一文及歌曲,其中歌词是:"山河破,倭寇猖,我会员,需立志,卫国家,靠兵利,建国家,靠机器;争名利,无意义,学工程,有志气,为人民,谋福利,为社会,求进取;我们大家一致把心齐,爱团体,我们永远为中国工程事业奋斗到底。"一股精忠报国的豪情壮志磅礴而出,激励着无数热血青年。

1944 年 8 月,陈家俊告别即将分娩的爱妻,远渡重洋,由中央工业试验所派遣,赴美国实习、考察。其间,他在美国最大的制造锅炉的燃烧工程公司工作了一年,参与了当时世界上最大的单台容量为 10 万千瓦机组锅炉的安装和调试。1945 年陈学俊进入美国普渡大学(Purdue University)研究生院进修。虽然当时中国是反法西斯侵略战争四大盟国之一,但在美国却处处见到中国人受歧视、祖国受轻视的现象,陈学俊深深感到只有国家富强,中国人民才有出头之日。因此,当他以优异的成绩获得硕士学位后,毅然谢绝了导师的聘请,选择了工程救国的道路,回到苦难深重的祖国。

才高硕学乐育人

在 50 多年的教学工作中,陈学俊一贯重视品德教育,时时不忘教书育人。他认为,教书育人是教师的神圣职责,应该为国家培养德智体美全面发展的高素质人才。他经常以自己的亲身经历和切身体会教育学生要热爱祖国,热爱党,热爱社会主义,鼓励学生们要有理想,有志气,自尊自信,勇于创新,贵在坚持。在他的影响和教育下,他的绝大多数学生在出国学成后,都毅然返回了祖国,在国内的学生都兢兢业业、刻苦钻研。几十年来,他亲自教过的大学生就有 2 000 多人,指导过 26 位博士和 14 位硕士,培养了大批热能动力及锅炉专业人才,他们中的绝大多数已经成为我国动力工业及许多设计院、电厂、锅炉厂的领导和骨干力量,不少人成为有重要贡献的专家、教授,有的已成为大学里卓有成就的博士生导师,有的已当选为中国科学院及中国工程院院士。

陈学俊认为像我们这样一个大国,不能自己培养高层次的人才是不行的,他是最早培养锅炉及热能工程专业研究生的教授。其教学成果"思想教育与知识教育紧密结合,培养德才兼备博士生"获 1991 年陕西省教委优秀教学成果一等奖。他还在国内高校中首先提出并进行中外联合培养博士生的工作。他是热能工程与核反应堆工程两个博士点的博士生导师,也是热能工程重点学科及动力机械与工程热物理博士后流动站的学术领导人。

陈学俊在从事科研和教学的同时,还撰写了大量的专著和教材。他刚回国在交通大学任教时,大学生用的教材全部是外文书。他认为,在一个培养高级人才的大学讲堂上,没有自己国家的教本这一落后的教育状况必须改变。他结合教学需要,立即着手编写了《燃气轮机》一书,于 1949 年出版。该书系统地阐述了燃气轮机的基本工作原理,同时也论述了它的应用前景,这在当时国际上也很少见。在 1949—1959 年 11 年间他相继编写出版了《蒸气动力厂》、《锅炉学》、《汽轮机学》、《锅炉整体》和《锅内过程》等专著和教材,这些著作是我国动力工程界的重要技术参考书,也是培养我国动力类专业高级人才的教材。之后又主编了《锅炉原理》、《两相流与传热》等著作。《锅炉原理》被各高校广泛用作教材,各制造厂、电站也用作重要参考书,被机械工业部评为优秀教材。《两相流与传热》为其 10 余年科研成果的结晶,获中国图书二等奖。他还作为主编,分别于 1985 年及 1990 年在美国出版了《两相流与传热》和《多相流与传热》两部论文集。此外,他在西安及北京曾 5 次主持召开多相流与传热国际学术会议。

在承担繁重的科研与教学工作的同时,陈学俊还担负着许多重要的社会工作。历任陕西省人大常委会副主任、九三学社陕西省委主任委员、九三学社中央副主席、全国政协常委等职,现为九三学社中央名誉副主席、陕西省知识界协会会长。

如今,已耄耋之年的陈学俊,仍本着"春蚕献丝"的精神,积极投入开发大西北的热流中,继续为祖国的科学和教育事业贡献力量。

(原载《上海交通大学校友院士风采录》)

塑性成形专家——阮雪榆

阮雪榆，1933 年 1 月 6 日出生于上海，1983 年加入九三学社，曾任九三学社第十届中央委员会委员，1994 年当选为中国工程院院士。

阮雪榆祖籍广东中山，小学是在上海当时有名的郇光小学就读的，小学毕业后阮雪榆转入上海新闸路大同大学附中二院念初中，高一时转入了上海南洋模范中学。这是他人生路上重要的一站，著名的教育家、时任南洋模范中学教师的赵宪初教授他三角课程，赵老师的严格教风和教学方法使阮雪榆终身受益。阮雪榆 1950 年考入交通大学机械工程系，毕业后留校任助教。在大学期间，他又遇上了一位好老师——庄礼庭教授，庄教授不仅在业务上对其严格要求，更在生活上、思想上对其关怀备至。阮雪榆一直心存感激，他说："我的治学态度和研究方法都得益于庄教授的指导。"

阮雪榆从 1958 年后转入冷挤压技术方面的研究。"趁热打铁"是锻造的基本概念，但这种工艺有它的局限性。阮雪榆的创新表现在他能用一种少、无切削加工技术来改变这种生产工艺，使产品加工不仅省时、省料，而且质量也大大提高。在有色金属冷挤压的基础上，阮雪榆成功研究出黑色金属冷挤压技术，是国内该项技术的先行者。他提出了冷挤压许用变形程度的理念，为中国建立冷挤压工艺理论体系

做出了贡献,成为中国冷挤压技术的开拓者之一。其后,阮雪榆又编著了《冷挤压技术》等专著,对中国冷挤压技术的理论和生产实践具有重要的指导意义。1966年的"文革"中,阮雪榆被戴上了"反动学术权威"的帽子,因为他编著的《冷挤压技术》书上的一个图案,被列为"现行反革命分子"。1969年,阮雪榆被列为"控制使用"对象,才有机会继续研究将冷挤压技术应用于实际工业生产。在当时受到"控制"的条件下,阮雪榆不顾当时的恶劣环境,将这项新技术应用在电器、仪表、轻工、机械及装备工业上。他与他的学生们先后在中国研究成功各种合金钢、奥氏体不锈钢、高温合金等材料的冷挤压和温热挤压工艺40余项,不仅大幅度节约了原材料,而且成数倍甚至数十倍地提高了劳动生产率。

1978年阮雪榆"冷挤压技术"研究成果获全国科学大会奖。由于阮雪榆在这一领域的贡献,他被上海交通大学由讲师越级升为教授,同行专家将其推崇为中国的"冷挤压技术之父"。2003年,他被联合国教科文组织(UNESCO)聘为冷锻技术教席负责人(Chair Holder),他的冷挤压研究成果已获得国际上的公认。上海交通大学为了进一步支持阮雪榆及其团队在冷挤压方面的研究工作,投入巨资添置了重型冷挤压设备,为该项技术研发提供了充分的物质保障。

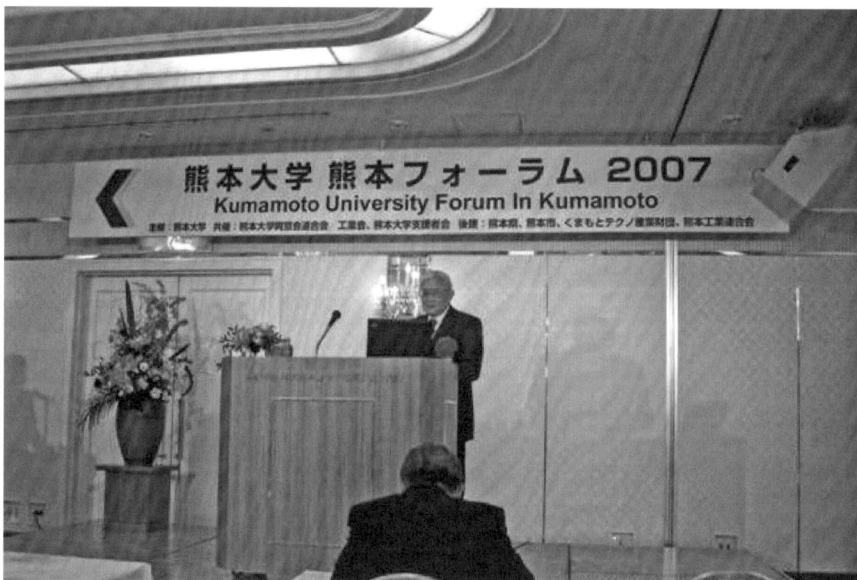

在20世纪70年代末,阮雪榆及时把注意力转移到模具技术的开发上。1983年,在上海交通大学的领导下,上海交大和上海市第二轻工业局合建"上海模具技术研究所",阮雪榆任所长。他希望能建立起一个高起点、能消化、吸引和发展国外先进技术能力的模具技术开发研究中试基地,走出一条科研、生产、教育相结合的道路,一条研究机构与市场机制相结合的道路。阮雪榆把模具的计算机辅助设计/计算机辅助制造/计算机辅助工程(CAD/CAM/CAE)列为上海模具技术研究所的研究项目。在其后的多年里,上海模具研究所在此领域开展了图形技术、数值模拟、优化技术、反求工程、虚拟现实、人工智能、稳健设计、数据轻量化等等多方面的研究工作,取得了成效。

阮雪榆认为,在研究所工作内容上,应当以三分之一的精力从事研究开发,另外三分之一的精力则从事对工业企业的技术转移,还有三分之一的精力用于对企业的工程支持。为了将科技转化成工程支持,他还提出"系统集成"的模式来实施技术转移与工程支持。上海模具技术研究所多年来对我国上百家企业通过技术培训和技术转移,将模具CAD/CAM/CAE技术成功地应用到国内多个行业的企业,帮助这些企业掌握了新技术,并有效地帮助这些企业实现了技术提升。上海模具技术研究所的研究成果和技术服务覆盖了全国 21 个省市、自治区,涉及电子、轻工、机械、仪表等多个行业。

为了实现系统集成,除了要掌握国内先进的科技信息,还必须及时掌握国际先进的科技信息,为此,上海模具技术研究所先后与美国福特汽车公司合建了 C3P(CAD/CAM/CAE/PLM)研究室,与日本沙迪克株式会社合建了上海沙迪克软件有限公司,与瑞士 FEINTOOL 公司等合建了联合研究室。上海沙迪克软件公司曾多次被上海市评为"明星软件企业",投资者称其为"管理上满意、技术上满意、效益上满意"的公司。

阮雪榆作为一名塑性加工和模具技术专家,在广泛的国际技术、学术交流和各项经济活动交往中,也做到了廉洁自律。面对许多不便谢绝或在礼节上不宜推脱的大小礼品、纪念品等(其中大部分是赠给阮雪榆个人的),阮雪榆都一一交给负责礼品保管的同志做好登记,还拟就了一个较好的处理方法:将礼品摆放在会议室陈列橱窗内。

1995 年经教育部和国家发改委批准,在上海模具技术研究所的基础上建立模具 CAD 国家工程研究中心。

1996 年在交大建校 100 周年之际,时任国家领导人江泽民同志亲临上海交大并视察了模具 CAD 国家工程研究中心。在听取了阮雪榆的汇报后,称赞说:"你把一个很大的道理浓缩得这样好。"

阮雪榆曾先后担任 ICTP(国际塑性加工会议)、ICFG(国际冷锻组织)等多项重要国际会议的名誉主席、执行主席。阮雪榆曾担任 *Journal of Materials Processing Technology*、*Production Engineering Research and Development* 等四个国际期刊的编委。

凝聚态物理学家——雷啸霖

雷啸霖院士,广西桂林人。凝聚态物理学家。中科院院士。上海交通大学教授。1963 年北京大学物理系毕业。雷啸霖与吴杭生共同提出超导膜的尺寸非局域效应,确立了超导薄膜临界磁场随膜厚度变化的规律;与丁秦生合作创立半导体热载流子输运的平衡方程理论,学术界称为雷-丁理论。他发展了非抛物和窄能带系统电子输运的布拉格散射模型,建立了超晶格微带输运的解析理论,导出了任意能谱材料中载流子在电场和磁场中的输运方程,提出了研究强太赫兹电磁场作用下半导体输运性质的一个系统方法。他建立了法拉第组态光子辅助磁输运的电流控制理论,解释了高迁移率二维半导体中微波辐照和直流电流激发的磁阻振荡。他的主要研究成果"半导体输运理论"获 1995 年国家自然科学奖二等奖。1996 年获全国总工会授予的"五一劳动奖章";2006 年获何梁何利基金科学与技术进步奖。

雷啸霖 1938 年 11 月 27 日出生在广西壮族自治区桂林市的一个教师家庭;1955—1963 年就读于北京大学物理系;1963—1976 年任山东大学物理系助教;1977—1978 年任上海医疗器械研究所技术员;1979—1982 年任中科院上海冶金研究所助理研究员;1983—1984 年赴美国休斯敦大学(University of Houston)做访问学者;1984—1985 年任美国纽约市立大学(The City University of New York)客座副教授;1986—1987 年任美国斯蒂文斯理工学院(Stevens Institute of Technology)客座教授、研究教授;1986—2000 年任中科院上海冶金研究所研究员;2000 年起任上海交通大学物理系教授。

热爱科学的童年和少年

雷啸霖出生于七七事变、日本发动全面侵华战争后的第二年,他的童年是在祖国山河破碎、同胞骨肉分离、百姓四处逃亡的岁月中度过的。比他大两三岁在山西出生的两个姐姐跟着外祖父母住在原平县永兴村,战乱使他们一家人南北分离。那时已成为后方重镇的桂林市,不断遭到日军飞机轰炸。频繁响起的"空袭警报"、"紧急警报"的可怕叫声成为雷啸霖从小印象最深、至今不能抹去的记忆。1940 年 8 月,不满两岁的雷啸霖在一次日机空袭中腿部被炸伤,险些丧命。1944 年秋桂林沦陷前夕,父母带着他、三岁的弟弟和刚刚出生半个月的妹妹往广西北部龙胜县逃难,到了偏僻山区广南城祖父母的家,甚至一度躲到深山坳里的麻龙寨。在日军继续进逼的恐怖气氛中,他们提心吊胆地过了一年乡村的生活。那种环境下当然没有上学的地方,但雷啸霖自幼还是得到了一些启蒙的训练:母亲教给他一些基本算术,作为书法家的父亲也让他习一点字。1945 年春节时,这位六岁小儿手抄的"公奶百年长寿;一家四季平安"红对联贴在祖父母家大门两边,受到称赞。

1945 年秋日本投降,祖国终于摆脱了侵略者的蹂躏。回到被占领过的故乡,整个城市已成一片瓦砾。年仅七岁的他还不会去想恢复重建的艰难，只知道从此可以尽情地玩耍，再也不用担心日本飞机轰炸了。

雷啸霖的父亲雷震和母亲邢晋英都毕业于北京师范大学史地系，一直从事中国和西洋历史和地理的教学。他的父亲精通中国古典文学，经常给他讲述中国古代的警世格言和名家的诗词歌赋。而母亲除了给他讲中国和世界的历史人物以外，也给他讲瓦特发明蒸汽机、爱迪生发明电灯和留声机的故事。从少年时代起雷啸霖对自然现象就表现出极大的好奇，母亲也因势利导，让他在大自然的天地里自由地成长。

抗日战争胜利后的 1946 年春，雷啸霖才开始上小学。但由于他已有基础，几次跳级，提前毕业，1950 年春季便进入桂林市第二中学（初中），1952 年秋季起就读于桂林中学（高中）。

他对科学的爱好是从饲养小动物开始的。还是小学二年级时候，他就在家中养蚕，以后又养鸡、鸭和鸽子。他特别喜欢鸽子，细心观察鸽子繁殖、孵化和生长的全过程，一一详细记录，让它们在家中繁殖了好几代，直到鸽子变得太多，经常弄坏屋顶的瓦片，养鸽之事才被父亲禁止。从初中一年级起，他又成了小小化学家。他省下零用钱去买化学实验用品，将试管、烧杯和装有酸碱试剂的药瓶摆满了属于他自己的整个房间，一天到晚摆弄。他还是一位少年天文爱好者。多少个晴朗的夜晚，他无数次仰望夜空中一个个美丽的星座，窥探银河深处遥远河外星系的奥秘，逐日观察木星和金星在黄道平面上相对于恒星的移动。他更是一个痴迷的少年无线电爱好者。为了接收到无线电信号，年仅 12 岁的他竟然独自一人从天花板爬上二层楼房的屋顶，在上面树起一根高出屋脊三米的天线，把父母吓了一跳。当天线引来的电波第一次使他自己装的针尖矿石收音机响起电台广播声的时候，他真是高兴极了。这一成功更激发了这位少年的兴趣，他把几乎所有业余时间和财力都投入无线电活动，两年内经历了从装矿石收音机到装七管超外差式收音机的全过程。

他的母亲常对亲戚们讲：麟儿（雷啸霖的昵称）有两个比别的孩子更突出的特征：一是当醉心于某一件事的时候往往会痴得入迷，废寝忘食；二是无论做什么，总要把事情做得规规矩矩、方方正正。母亲在培养雷啸霖少年的科学思维中起了重要的作用。从小学二年级起她就有意识地让这孩子在算术方面得到比学校里更多的训练，让他做了不少课外习题。三、四年级以后算术题越来越复杂了，她自己不能解答，就去请教中学的数学老师。到小学高年级，从课外数学书籍中吸取更多的知识已成为少年雷啸霖不可缺少的学习内容。小学到中学，他的各门数学课都学得得心应手、如鱼得水。到了高中阶段，严密数学的逻辑推理和由此导出的结论，使他得到了一种从未有过的更深层次的满足。同时，物理世界的奇妙，人们可以用极其简洁的方程把宇宙和原子都描绘得如此精确的物理学更在这位年仅 15 岁的年轻人的心灵中扎下了根。他的崇拜偶像从瓦特和爱迪生转向了牛顿和爱因斯坦，选择物理学家作为自己的目标和理想在这个时候已经基本上确立了。

雷啸霖从小并不是一个顽皮捣蛋的孩子，但也不是一个安分守己的学生。到高中的时候，他不仅对各种自然现象都想追根求源，问一个为什么，对其他任何事情也会独立思考，有自己的见解和主张。20世纪 50 年代，他就读的桂林中学开设英语课，但当时英语在社会上不被重视，英语老师在课堂上也就教得很少，两年下来大家的外语没有多少长进。雷啸霖很不满这种状况，他作为学习课代表便在主持的时事会上不断宣讲学英语的重要性，居然动员起了全班同学，集体向学校表示不满，提出："我们要学更多的英语！"由于各门课程成绩优异，其他方面也突出，他在班上受到同学们的尊重，拥有"雷氏"的绰号。

北京大学的六年，跨进物理学的门槛

怀着投身科学、振兴祖国的美好憧憬，1955 年秋，时年未满 17 岁的雷啸霖以优异的成绩考上了北京大学物理系。北京大学兼容并蓄的学术氛围,民主与科学的优良传统,加上院系调整荟萃了众多的一流名师,使它在国内有很高的学术地位。这样的学府本应是帮助有志青年通向科学殿堂最好的基站。的确,聆听名教授讲课,让雷啸霖领略到物理学是多么广阔和严谨,大大开拓了他的视野,使他对物理学的理解上了一个层次。但按部就班不能使他满足。他在中学时代就是一位很少向老师提问的学生,在大学里更发展了这种风格。他认为独立思考是学到知识的必由之路,提出问题前总是自己先思索,尽量寻找答案。他复习功课,往往比别的同学用更多的时间。对每一个章节,他都要用自己的思路重新分析,追根求源,直至归结到基本的公理或定律。在一年级普通物理和高等数学的学习中,这种思维方式总是把他引导到高年级的理论力学、热力学、电动力学和复变函数的书中去探求。独立工作的实践,使他自然地总结出这样的学习模式:一个问题,只有能够完全用自己的逻辑和语言表达出来,而且自信比课堂上和教科书中表达得更清楚、更严格的时候,才是弄懂了。因而每一节课后的学习过程,他都自然地要求达到如同教师备课写出讲稿的程度。经过了这一过程,到期末考试的时候他是比较轻松的。他很少有耐心把教材或讲义重温一遍,但几乎每一次考试都获得了优异的成绩。

1955—1963 年,雷啸霖在北京大学校园度过了总共 6 年的时光。大学的生活有过很多愉快,但也有过很多迷惘。他曾为向科学进军的号角欢欣鼓舞,却又为许多父辈、师长和满腔热情的同龄学子挨整而悲伤。在那 6 年的岁月里,一次又一次的批判,反反复复的折腾,只有两次运动的间歇才是可以安心读书的时光。1957 年春他因病休学回家,脱离了外部世界将近两年,却让他有机会自学了不少数学课程。但也是从那时起他们全家经历了最困难的时期:他的父亲因为讲过"如今农民还很苦"这样的话,被打成"右派",失去了工作;弟弟考进广西大学后的第二学期因病早逝;母亲悲痛欲绝,体弱不能继续任教;经济拮据,妹妹不能上高中;他在大学念书要靠工资微薄的姐姐供给。沉重的家庭出身包袱使他长期陷入苦闷和孤独之中,只有躲到图书馆,在物理和数学的天地里才能寻得一点安慰。直到 1962 年,他和同系四年级的张景千同学相识、相爱了。当爱情把他们带到未名湖边的时候,燕园迷人的风景仿佛才出现在这对已在这里生活了多年的青年学子面前。

经历了国家三年困难时期后,北京大学也得到了一段暂时没有运动和斗争折腾的时光。这时是雷啸霖六年制本科的最后一学年,他的主要任务是做毕业论文。导师吴杭生给他定的研究范围是超导薄膜的电磁性质。一个大学本科学生,对当时超导电性这个研究了半个多世纪的领域知之甚少,但又不可能学好了再干,只有边学边干。他只有三个月的时间可用来阅读入门的文献,当然不可能掌握很多,但他对自己的主攻点则要求学深学透。每一个具体的问题,一旦弄清楚以后,他对自己的思维和判断是十分自信的。

20 世纪 50 年代发展起来的金兹伯-朗道理论描述大块超导体和超导膜都很成功,是研究超导体热力学和电磁学性质著名的理论。60 年代初期,由于薄膜技术的发展,实验物理学家对厚度小到 15 纳米的超导薄膜的临界磁场作了仔细的测量,提供的丰富资料能够在过去未能达到的厚度范围检验理论的有效性。当时所有报道相关测量的论文都宣称实验结果可以用原有的金兹伯-朗道理论很好地解释。这样,理论上好像已没有什么新的工作可做。那时只是本科学生的雷啸霖没有盲目相信这个结论。他仔细检查所报道的实验数据及文献中将理论与实验进行比较的细节,发现论文的作者在引用金兹伯-朗道理论时把其中一个本来只与体材料有关的参量不自觉地换成了一个依赖于薄膜厚度的量。这一改变恰恰说明当时局域的金兹伯-朗道理论不能解释实验。为了描述超导薄膜在磁场中的相变,必须从根本上突破理论的局域性质。这成为他们发展新理论的突破口。

过去,人们总是直观地认为:当超导膜的厚度很小时,由于磁场几乎可以完全穿透过去,在整个膜中几乎是一个常数,非局域效应是不重要的。这样一种直观结论其实是在平常导体中得到的经验:那里的电流直接决定于电场本身。但在超导体中,电流在一定规范下是与矢势相联系的。与人们的直观想象恰恰相反,超导膜的厚度越小,满足特定要求的矢势的相对变化越大,非局域效应越重要。这一基本物理分析是他和吴杭生一系列研究工作的出发点。1963—1965年,他们提出了超导膜尺寸非局域效应的概念,导出了非局域的金兹伯-朗道方程,确立了超导薄膜临界磁场随厚度变化的负二分之三次方规律,完满地解释了实验结果,使人们对超导薄膜电动力学的理解前进了一步。

14年山东大学的经历

1963年夏雷啸霖以优异的成绩完成了北京大学理论物理学科的学业后被分配到山东大学。虽不如愿,他仍希望在那里能一边教学一边把刚刚开始的物理学研究继续下去。他一到山东大学就通过了教师的外语过关考试,在最初的几个学期中,作为见习助教的他承担了几乎两倍的教学工作量,在出色完成教学任务的同时,还在超导电性的研究中取得了成果。两年内,他发表了三篇高水平的论文。其中,《磁场中的超导膜》一文在《物理学报》刊出后被推荐到反映当时中国最高水平学术成果的英文刊物《中国科学》杂志。对一位刚入校门不久的年轻教师来讲这些应当是做得相当出色的了。可惜,一年见习期满时他得到的竟是延期一年转正的惩罚,原因是家庭出身不好。这样,他在山东大学担任正式的助教还不到一年,史无前例的"文化大革命"就开始了。1966年开始的这个"革命"毁掉了他们这一代人学术上的黄金时期:漫长的十余年中,完全没有从事研究工作的可能。好在最低级别"臭老九"的他,在大学里还够不上"反动学术权威",比起不断挨批斗的父辈和年长的老教授们要幸运得多了。他在校内受到批判、在工厂和农村中接受"改造"和"再教育"之后的剩余时间里,还可以偷偷地从业余无线电爱好中得到一点乐趣。他从手工制作印刷电路板开始,安装晶体管收音机和电视机,好像回到了少年时代。这段"逍遥"的经历锻炼了他的动手能力和实验技能,使他在后来复课时能轻松地承担无线电原理和测量等课程的教学,编写出《电视接收技术》讲义,并成为研制100千伏离子注入机的主要人员之一。

张景千1964年北京大学物理系毕业后被分配到上海元件五厂任技术员。他们1965年结婚,从此开始了分居两地的生活。每年的探亲假是他们得以团聚的节日。1972年夏天,他们唯一的女儿在上海出生,与妈妈和外婆在五平方米的临时房中长到了一岁多,直到1973年10月一家人有了一间九平方米的居室。

"文化大革命"的后期形势出现了一丝松动,1976年的巨大震荡也预示着漫长的大灾难黑夜可能会有尽头,但长期的压抑早已使他们这一代知识分子对科学和事业心灰意冷。当时与妻子分居已十余年、正在山东菏泽农村的雷啸霖一心只盼一家人能到一起,除此之外已不再有其他奢求。机会在严冬最后的季节终于来到了。在好心人的帮助下,1977年初,他与一位愿意回山东工作的同事户口对换,调进上海,任上海医疗器械研究所技术员。

走上物理学的路

1. 科学的春天里,回到钟爱的物理学

1978年末,在全国科学大会营造的春天,雷啸霖来到中科院上海冶金研究所,重新回到了自己所钟爱的物理学领域。但12年完全的停顿,外国人早已远远跑在前面,他们这一代人不仅失去了最富创造性的青春年华,连老本也丢得一干二净了。好在作为一位从事基础研究的初级人员,他在中科院上海冶金研究所得到了一个比较安静的环境和自由的空间。他抓紧一切时间学习基础知识,学习相关领域的

最新发展,学习外语。每天,在上下班的 20 路电车上他总要手拿《新概念英语》(*New Concept English*)念诵;每晚,在九平方米全家的居室内他总是坐在那微型的写字台边继续进行数学或物理的分析。这样的努力有了收获,他的研究工作很快恢复到 20 世纪 60 年代的水平。由于对每一个问题都独立思考,不局限于前人的结论,不久他对超导临界温度级数的收敛判据及声子谱高频行为的效应提出了独到的见解,得到同行的承认。同时他提出了电荷密度超导体拉曼散射的能隙激发理论,研究了超导电性、巡游铁磁性与电荷密度波共存系统的热力学及光学性质。这一时期,他的主攻方向逐步转向凝聚物质的电子输运领域,研究铁磁金属的自旋波散射、高阻合金电阻率的负温度系数及 A15 化合物低温电导反常;他提出了无序晶态合金电阻率的超散射理论,解释了不少长期未能解释的实验结果。

2. 建立半导体输运的平衡方程理论

在这样的基础上,1982 年雷啸霖得到了赴美国访问研究的机会。他在休斯敦大学与丁秦生教授合作提出了分离质心的力学运动与相对电子的统计运动,选择最捷径初态的物理模型,建立了半导体热电子输运的平衡方程理论。

20 世纪 80 年代初期,雷啸霖还是刚刚踏进凝聚物质电子输运领域的一位新手。半导体输运是人们已经研究了几十年的传统领域,方法上似乎已经相当成熟了:有从气体动力学拓展过来的玻尔兹曼方程理论,有从更基本的量子统计力学导出的久保线性响应理论,等等。当然,也有不少未解决的问题,如:久保线性响应理论只能处理弱场下的传导,而玻尔兹曼方程,即使不管电子间的相互关联,考虑声子或其他的散射机制时求解也是很困难的。雷啸霖与丁秦生当时的目标是想从量子统计力学的基本原理出发,找出一个可以计算实际半导体中相互关联着的大量载流子在强电场作用下的传导电流的方法。他们注意到已有的做法,不论是久保线性响应理论还是玻尔兹曼方程理论,都是先给定电场,然后计算载流子漂移速度(电流)对它的响应。多年来,沿袭这种方法,人们推导了各种类型的输运方程,但多半因太复杂而缺少实际应用的价值。因此他们试图走另外一条路。在电场作用下数目庞大的载流子组成的系统最主要的特征是有一个整体的漂移运动。如果考虑体系的总质心这样一个假想的带电粒子(它的质量和电荷分别是体系中各个载流子质量和电荷的总和,它的位置是各个载流子位置的平均值),则质心的运动速度等于体系中载流子平均漂移速度;而均匀电场,不论强度如何,仅仅是对质心产生一个作用力。如果到随质心一起运动的参考系中去看的话,载流子将完全感受不到电场的存在。在这个意义上讲,电场作用下输运的系统好像是行进着的列车:质心相当于列车的整体,它在电场的拉力和摩擦阻力作用下运动,服从简单的力学规律。在列车上看,各个载流子好像是车内的乘客,他们在车厢中可以随意运动,而且,通过观察地面物体的后移可以感觉到列车前进的速度,但感觉不到有多大的拉力作用在列车上。这就是说,在不同的条件下加于系统的电场可以很不一样,但只要质心速度相同,在随质心一起运动的参考系中考虑问题时,载流子受到的影响是类似的。这表明,就影响系统的输运而言,载流子的漂移速度是比电场更为基本的量。电场对列车(质心)的拉力极其简单,它与列车受到的阻力平衡。这样,阻力的大小以及它以怎样的方式依赖于车内乘客(质心参考系中的载流子)的数量和相互关联以及列车的运动速度(载流子的平均漂移速度),决定了所研究系统的输运行为。因此,为什么不可以把漂移速度作为基本物理量,在给定漂移速度的条件下设法计算质心受到的阻力? 这样做电场将完全不出现在阻力的计算之中,可以用相当简单的形式统一处理任意强度的电场;而力平衡条件(电场力与阻力的平衡)确定了场与漂移速度的关系。沿着这样一条不同于前人处理输运问题的思路,对于载流子之间相互作用比较强的半导体系统,他们发展了一套以动量和能量平衡方程为核心的热载流子输运理论。由于这个理论把输运中最核心的电流而不是电场作为基本控制参量,使很多高电场传导问题的分析和计算大为简化,物理意义更加清晰。

3. 留下一两块小小的印记

1984—1985 年,雷啸霖在纽约市立大学任客座副教授;1986—1987 年任斯蒂文斯理工学院客座教授和研究教授。这期间,他将平衡方程理论推广到半导体异质结、超晶格等二维系统以及多种载流子组成的体系;研究了瞬态、高频和有磁场情况下的传导,以及噪声、扩散和热电势等多种输运问题。四年间,他在物理学刊物上发表了 30 多篇论文。

他终于走上了物理学这条路,虽然太晚了一些,但总算实现了少年时代的理想。当然,早已错过了科学家的最佳年龄、已是知天命之年才勉强达到起跑线上的人几乎是不可能攀登到学科之巅的。雷啸霖懂得他所能为的只是努力做一点事,在物理学浩瀚的原野或山坡上留下一两块小小的印记。一个人一旦走上了这条路,就意味着物理学将成为他生活中最重要的事业,成为毕生的追求;就会把在物理学中探索到一点小小的奥秘,获得一点小小的成功当做最大的快乐。他写道:"对我来说,物理学中的一个概念、一个符号、一个数据,都是重要的事情。为了早点得到一个数据,我会把其他的事都抛到一边。"他这样描述他们在纽约的日子:"那时,很多有趣的物理问题等着我去做。于是,妻子变成帮我输入程序的助手,我们抓住一切机会,充分利用各种可能的计算资源。哪怕是暴风雨交加的夜晚或大雪齐膝的寒冬,只要学校的机器有空闲,我们也照样从河边的住所赶到山上的实验室,让它运行。圣诞之夜,家家在过节,实验室中我们俩也特别高兴:'算得多么快呀!整个系统中几乎没有别的用户,全校的计算机都在为我们一家服务!'"

由于他的工作越来越多地为人所知,在美国,有好几所大学邀请他去工作,但他没有留恋国外优越的生活条件,毅然带着妻子于 1986 年 2 月回国。同年 5 月,他在中科院上海冶金研究所被破格提升为研究员。他在国内从此有了一个研究小组,他们一家在上海终于有了一套两室一厅 75 平方米的住房。

回国以后的几年,他仍保持与国外的联系,作为斯蒂文斯理工学院的兼职教授,继续与美国学者合作;但他主要的精力是以国内为基地,从事科学研究和培养研究生。1987—1993 年,他为中科院上海冶金所每一届的研究生讲授高等固体物理课程,并直接指导了 20 名硕士、博士研究生和博士后。他在这段时期的主要研究工作是关于平衡方程方法在理论上的论争、发展及这个方法在各方面的应用。这些研究取得了重要结果。平衡方程理论在学术界获得广泛承认,被称为雷-丁理论。1988 年,他被评为国家级有突出贡献的中青年科技专家,1989 年获得中科院自然科学奖二等奖。

1991 年,他提出了窄能带材料电子输运的布拉格散射模型,建立了半导体超晶格微带输运的解析理论,在考虑实际散射机制的情况下系统地计算了半导体超晶格的非线性输运性质,成功地解释了超晶格纵向输运的负微分迁移率、峰值速度及临界电场随微带宽度的变化。1995 年,他提出了用 6 个有效质量系数和 6 个 γ 系数描述的非抛物能带体系热载流子在磁场中的输运方程,为研究复杂能带材料在强电场下的半经典磁输运提供了一个简便而系统的方法。与此同时,原来的雷-丁理论得到越来越广泛的应用,成为处理多种半导体输运问题和器件模拟的有效工具。

由于这些进展,他获得 1994 年中科院自然科学奖一等奖和 1995 年国家自然科学奖二等奖。1995 年他被评为上海市劳动模范,1996 年获得中华全国总工会授予的"五一劳动奖章"。1997 年他当选为中科院院士。1998—2000 年他任中科院上海冶金研究所学术委员会主任,2000 年 5 月起任上海交通大学物理系教授。他是九三学社社员,上海市政协第九、第十届委员会委员、常委。

4. 科学的探索永无止境

作为一位热爱本职的科技工作者和教师,他始终坚持在基础研究和培养研究生的第一线。从提出物理模型,推导数学公式,编写计算程序,分析数据和绘制图表,到撰写科学论文,他都亲自动手。只有全部过程都由他完成的那些成果,他才认为是自己的工作。

1997 年,他对高频电场和直流电场共同影响下的多载流子系统实现了质心速度缓变部分与快速振荡部分的分离,导出了一组不含时间快变量的输运平衡方程。这个包括了各阶多光子效应又能用比较简便的计算获得强太赫兹电磁辐照下半导体的输运和光学性质的光子辅助跃迁模型,预言了非线性载流子吸收反常,解释了长期未决的能量弛豫共振和碰撞离化增强等问题,为研究三维和各种低维半导体与远红外电磁辐射的相互作用提供了一个相当普适而便捷的方法。

2003 年他与合作者一道发展了高频电磁场作用下法拉第组态二维半导体磁输运的平衡方程理论。这个理论不但给出了电磁辐射激发的基波磁阻振荡,而且预言会出现与多光子过程相关的次级峰谷结构,成功地解释了曾轰动凝聚态物理学界的微波引起二维半导体强烈磁阻振荡和零电阻态的奇特现象。2003 年以后,虽然新的实验结果不断出现,但几乎都可以在该理论的框架内相当定量地解释。这几年来,他把电磁辐射下半导体非线性磁输运的平衡方程理论进一步细化,成为研究辐射与凝聚态物质相互作用的一个系统方法。

2006 年,雷啸霖获何梁何利基金科学与技术进步奖。至 2010 年,雷啸霖在国际物理学学术刊物上发表论文 290 余篇,其中他为第一作者的论文 140 余篇。据 SCI 统计,他为第一作者的论文中单篇被引用 100 次以上的有 5 篇,其中最高一篇 230 余次。他撰写的中文专著《半导体输运的平衡方程方法》于 2000 年出版,英文专著 *Balance Equation Approach to Electron Transport in Semiconductors* 于 2008 年出版。

他在一篇自述中写道:"回顾这些年走过的路,我基本上是一位尽职的科学工作者,在物理学研究的道路上兢兢业业,没有半点怠惰。但是,我不是一位尽职的父亲,当成长中的女儿最需要关怀和指导的时候,我还是多关心自己的研究而没有让她得到足够的父爱。我也没有做到儿子应尽的孝顺,从小父母为我做了很多很多,但我却没有承担服侍年迈双亲的责任,我感到深深的愧疚。回顾 40 多年的历程,我要感谢我的妻子,在最困难时她给我鼓励,在最需要时她给我支持,我的每一项工作都凝结了她辛勤的贡献。"

现在,已迈入古稀之年的雷啸霖仍然如一位普通的科技人员和教师那样,勤勤恳恳地工作。在物理学的研究中做一点事是他生活中自然的习惯。他说:"在物理学宏伟的大厦中,我在半导体输运理论方面的工作是微不足道的沧海一粟,而在有生之年我恐怕只能再做一点更加微不足道的小事。但我还是和过去一样,钟爱物理,情愿把一生献给这门科学。"

(原载《20 世纪中国知名科学家学求成就概览·物理学卷·第三分册》,2015 年版)

参政议政篇

本篇主要收录了九三交大人在各级"两会"上的重要的具有代表性的提案文章的选登，各级重点课题、招标课题等论文的选登，以及在历次社市委"高校论坛"（包括其前身"八校联谊会"）的九三交大代表演讲的论文选登。参政议政的主题始终与 60 年来各个社会发展阶段的热点相联系：如关于高等教育、教书育人和政治思想工作问题，又如，上海高校如何为经济建设服务、高校的高新技术如何转化为生产力的问题；再如，关于著作权、版权问题的执法力度问题，等等。特别是在"高校论坛"的历次会议上，都有交大九三人的身影，并发表具有时代特色的演讲论文，这些论文也就越来越成为九三交大参政议政的重要途径和主要"窗口"。

关于进一步落实解决莘庄立交交通严重拥堵问题措施的建议

位于外环线西南转角的莘庄立交连接着A20、沪闵高架路、A8、A4等四条快速通道,是本市的大型交通立交枢纽之一。针对莘庄立交交通严重拥堵问题,在市政协十一届一次会议上,我们提出了"关于解决莘庄立交严重拥堵问题的建议"的提案(编号:650)。为了全面有效地做好莘庄立交交通排堵工作,承办单位市公安局和市市政工程管理局领导高度重视,分别于2008年3月11日和3月24日会同有关部门、政协委员召开商研会和提案办理工作情况通报会,提出了信号灯控制、立交改造和路网分流等一系列管理性和工程性的解决办法。

随着上海经济社会的快速发展,紫竹科学园区建设和上海高校布局结构调整,特别是2008年杭州湾跨海大桥的通车,莘庄立交的交通流量急剧上升,高峰时段交通拥堵问题更加突出,严重影响了闵行南部地区的经济社会生活,奉贤和金山地区的开发推进,特别是紫竹科学园区的正常运行,上海交通大学闵行校区和华东师范大学闵行校区的正常办学。如何进一步落实承办单位对第650号提案的有关措施,及时、有效地解决这一现实交通拥堵问题,已经迫在眉睫。

一、承办单位对第650号提案的整改情况

近一年来,我们就第650号提案的整改情况,作了多次实地考察,大致情况如下:

(1)有关部门在莘庄立交A4汇入段的A20虹桥机场方向与沪闵高架方向并接处设置了交通信号灯,以人工干预的方式间歇性地控制车辆通行,在一定程度上缓解了莘庄立交A4段高峰时段出城方向的交通拥堵问题;由于造成莘庄立交交通严重拥堵的原因复杂,上述措施并未从根本上解决问题。

(2)承办单位经过深入考查和调研,提出了"莘庄立交改造"和"周边路网分流"等工程性解决办法,为问题的解决奠定了一定的基础,但有关解决方案还需进一步科学论证,从速落实。

二、莘庄立交严重拥堵的主要原因

经实地勘查和研究分析,我们认为导致莘庄立交交通严重拥堵的主要原因有以下三个方面:

1. A4 匝道通行能力有限

经莘庄立交进入 A4 的车流量过高,高峰时段矛盾异常突出,A4 汇入段流量超出工程设计要求。特别需要指出,2008 年下半年以来,在 16:30—18:30 高峰时段,通过 A4 进入莘庄立交的入城段交通拥堵现象特别严重,车辆连绵数公里直到 A4 金都路下匝口路段。

2. A4 汇入段通行条件差

莘庄立交 A4 的汇入口较为集中,车道缩减形成瓶颈,匝道坡度大,转弯半径小,加上货车数量较多,严重阻碍了车辆的快速通行。

3. A4 匝道过度依赖性高

莘庄立交- A4 周边分流路网缺乏,入城段出口较集中,金都路以北区域短距离交通比重过大,吸引了大量车流经莘庄立交进入 A4 后集散,从而导致短途交通出行过度依赖 A4 匝道。

三、进一步落实解决莘庄立交交通严重拥堵问题措施的建议

按照上海市区域规划及高校布局结构调整规划,紫竹科学园区、上海交通大学、华东师范大学在闵行的科教园区已成为上海科教兴市战略的重要支撑,汇聚了数万名大学生、上万名教职员工以及上百家现代高科技企业;奉贤和金山两区的开发正快速推进;杭州湾跨海大桥已成为连接上海-浙江的陆上黄金通道。上海市闵行以南区域经济社会的快速发展客观上要求必须又好又快地解决高峰时段莘庄立交交通的严重拥堵问题。为此,我们建议:

1. 双管齐下,标本兼治

为了从根本上解决莘庄立交交通的严重拥堵问题,必须双管齐下,采用"管理性措施"和"工程性措施"相结合的综合治理办法:管理性措施是指在有关拥堵点采用交通信号灯控制车流量和周边路网分流等软办法,工程性措施包括莘庄立交匝道改造等硬对策,前者治标,后者治本。

2. 设置信号灯,控制车流量

在 A20 西段- A4 并接处设置交通信号灯,进一步削减进入 A4 的车流量并提高车速,其优点是不需投入匝道改造经费。

3. 周边路网分流,削减短途车流

进一步完善和优化沪闵高架- A4 的周边分流路网,可大幅度降低金都路以北地区短距离交通对莘庄立交- A4 匝道的过度依赖,减轻莘庄立交- A4 的交通压力。

4. 改造莘庄立交,消除匝道拥堵

(1) 在沪闵高架方向进入 A4 的环形匝道爬坡结束前的车道压缩处向外侧新引一匝道连接 A8 与 A4,并拓宽 A4 主线莘朱路出口以北入城段为 4 车道。该方案的优点是工程量较小,有利于消除拥堵匝道瓶颈,缺点是 A4 匝道坡度大带来工程施工难度较大。

(2) 拆除现有沪闵高架方向进入 A4 的环形匝道,在原进口处新建一匝道横跨 A8 与 A4,新建匝道为 2 车道,并同步拓宽莘朱路以北 A4 主线为 4 车道。该方案的优点是保留了 A20 虹桥机场方向至 A4 的独立匝道,优化了沪闵高架下匝道至 A4 的通行条件,缺点是工程量较大、周期较长。

随着时间的推移,莘庄立交交通的拥堵状况日趋严重,我们希望有关部门高度重视,采取有力措施,认真落实,争取在2010年上海世博会之前取得明显的阶段性效果,5年之内基本解决莘庄立交交通拥堵问题。

以上意见和建议是否妥当,请予考虑。

（敬忠良、沈灏、张焰等,
上海市政协提案,2009年1月）

上海市税务局应该修改年终奖纳税计算方法

目前,当年终奖数额超过某个临界点哪怕 1 元时,对应的纳税税率将提高一档,如从 3% 提高到 10%。如果处理不当,将会出现纳税人的纳税额大幅增加,导致年终奖"多发少得"、实际收入不升反降的情况。

这需要从我国年终奖个人所得税计算方法上找原因。为了简化叙述,本文中的收入是指减去了三险一金后的计税收入。

1. 年终奖计税方法

目前的依据主要根据国税发[2005]9 号文的方法:

(1) 先将雇员当月内取得的全年一次性奖金,除以 12 个月,按其商数确定适用税率和速算扣除数。

(2) 将雇员个人当月内取得的全年一次性奖金,按本条第(1)项确定的适用税率和速算扣除数计算征税,计算公式如下:

如果雇员当月工资薪金所得高于(或等于)税法规定的费用扣除额的,适用公式为:

应纳税额=雇员当月取得全年一次性奖金×适用税率-速算扣除数

其中"速算扣除数"有专门的计算公式,有关数据经过计算可得表 1:

表 1　税率和速算扣除数表

计税收入(元)	适用税率(%)	速算扣除数(元)
1 500	3	0
4 500	10	105
9 000	20	555
35 000	25	1 005
55 000	30	2 755
80 000	35	5 505
>80 000	45	13 505

2. 年终奖纳税计算方法存在的问题

(1) 目前上海市计税年终奖纳税计算方法不够合理。这里举例说明如下:

例 1. 甲的年终奖 18 000 元,因为 18 000/12=1 500,其适用税率为 3%,所以应纳税 18 000×3%-

0＝540 元,实际收入为 18 000－540＝17 460 元;

但是,如果乙的年终奖是 18 001 元,因为 18 001/12 大于 1 500,其适用税率为 10％,所以应纳税 18 001×10％－105＝1 695.1 元,实际收入为 18 001－1 695.1＝16 305.9 元。乙多拿了 1 元奖金,却要多交 1 155 元税。

例 2. 甲的年终奖 660 000 元,其应纳税 660 000×30％－2 755＝195 245 元;但如果乙的年终奖是 660 001 元,其应纳税 660 001×35％－5 505＝225 495.35 元。乙多拿了 1 元奖金,却要多交 30 250 元税,其收入反而比甲少 3 万余元。

例 3. 如果甲的年终奖是 960 000 元,乙的年终奖是 960 001 元,乙多拿了 1 元奖金,却要多交 88 000 元税,其收入反而比甲少 88 000 千余元。

经过简单计算,可得表 2 所示的多纳税情况。

表 2　年终奖多 1 元钱多纳税情况

年终奖(元)	纳税额(元)	多纳税(元)
18 000	540	
18 001	1 695.1	1 155.1
54 000	5 295	
54 001	10 245.2	4 950.2
108 000	21 045	
108 001	25 995.25	4 950.25
420 000	103 995	
420 001	123 245.3	19 250.3
660 000	195 245	
660 001	225 495.35	30 250.2
960 000	330 495	
960 001	418 495.45	88 000.45

(2) 目前年终奖计税方法对低收入或月收入不均的群体是不公平的。目前年终奖的计税方法是假设雇员每月的计税收入是 3 500 元,如果雇员每月计税收入低于 3 500 元,年终奖就会多纳税,这对平时的低收入群体是不公平的。

例 1. 如果甲月收入是 2 000 元,年终奖是 18 000 元,平均月收入 3 500 元,根本不需纳税,按照税务局目前的算法却要交 495 元税,计算公式是:

$$(18\ 000＋2\ 000－3\ 500)×3\%－0＝495$$

例 2. 如果乙月收入是 10 000 元,年终奖也是 18 000 元,平均月收入是 11 500 元,每月应纳税: (11 500－3 500)×20％－555＝1 045 元。

按照税务局目前算法,乙每月应纳税:(10 000－3 500)×20％－555＝745 元,年终奖纳税 540 元,乙少纳税(1 045－745)×12－540＝3 060 元。

例 3. 甲每月收入 3 500 元,不用纳税。乙 1—6 月无收入,7—12 月月收入 7 000 元,每月需纳税 (7 000－3 500)×10％－105＝245 元,共需纳税 1 470 元。虽然甲乙两人的年度收入一样,乙却要多交

1 470 元税。

3. 对年终奖纳税计算方法的修改建议

如果将年终奖平摊到每个月，那么速算扣除数应该减 12 次，而不是只减一次。减一次速算扣除数造成的后果，就是会产生多拿几元奖金却要多交数千甚至数万元税收的不合理结果，也就是说，税前收入高的人，税后收入反而低了。这样不能体现纳税的公平性。为此，我们提出如下建议：

1）采用新的应纳税额计算方法

如果将年终奖平摊到每月计税，我们认为正确的算法是先计算每月的纳税额，再乘以 12，得出年终奖纳税额计算公式：

应纳税额＝（雇员当月取得全年一次性奖金/12×适用税率－速算扣除数）×12

举例如下：

（1）甲年终奖为 18 000 元，应纳税：(18 000/12×3％－0)×12＝540 元；

乙年终奖为 18 012 元，乙应纳税：(18 012/12×10％－105)×12＝541.2 元。乙多拿了 12 元奖金，要多交 1.2 元税，税率 10％。

（2）甲的年终奖 660 000 元，其应纳税(6 600 000/12×30％－2 755)×12＝164 940 元；

乙的年终奖 660 012 元，其应纳税(660 012/12×35％－5 505)×12＝164 944.2 元。乙多拿了 12 元奖金，要多交 4.2 元税，税率 35％，这种算法得出的结论是合理的。

2）采用年收入平摊月均方法计税

为了体现纳税的公平性，消除税前收入多、税后收入反而少的不合理现象，建议国税局在企事业单位第二年一月发年终奖时，采用年收入平摊月均的方法进行计税，公式如下：

月均计税收入＝（12 个月计税收入之和＋年终奖）/12

根据月均计税收入得出月应纳税额，然后按如下公式计算年终奖纳税额：

年终奖纳税额＝月均应纳税额×12－已纳税额

（敬忠良、曹珍富、周　锋、王　育，
上海市政协提案，2012 年 1 月）

完善科研经费管理，促进基础科学研究

一、引言与问题

我国提出基础研究水平在"十二五"时期进入世界前列。为了达到这个目标,要求"加强经费监管,提高经费使用效益;加强协同机制,拓宽基础研究的投入渠道;制定有关政策法规,引导和鼓励地方政府、企业和社会力量增加对基础研究的投入,逐步提高基础研究经费投入在全社会研究与试验发展(R&D)经费中的比例,形成全社会支持基础研究的新局面"。

基础研究经费是提高自主创新能力的动力来源,就上海市来说,基础研究经费在推动基础研究的发展、促进基础学科建设、发现和培养优秀科技人才等方面,为我市基础研究的发展和整体水平的提高作出了积极贡献。但资助率低,人员劳务费比重偏低。科研人员疲于应付申请立项、结题验收,难以集中精力潜心于创新性研究,严重影响了自主创新成果产出,同时也无法在短期内按预算使用经费。运行经费预算中缺少研究人员开展探索性前期研究的经费。面对国家的战略需求,对科研经费的管理工作提出了新的挑战。从近年审计、检查的情况看,绝大部分高校、研究机构能根据财政部、教育部、上海市科委等部门的要求,对科研经费加强管理,合理使用,保证了科研项目的顺利实施。但也有一些单位在科研经费管理上出现问题,影响了正常的科研工作。如何在不增加经费投入的前提下,加强科研经费管理,提高科研经费使用效益,保证科研项目的顺利实施和科研工作的健康发展,已成为当前高校、研究机构的科研经费管理和科研人员从事科学研究过程中急需解决的问题。

本课题在简述问题产生的根源的基础上,提出相应的建议。

二、问题的根源

上海和全国一样,目前在科研经费管理上存在不利于基础研究的问题,其根源表现在两个方面:

从宏观上看,科研经费的资助率不高,经费预算中人员劳务费比重偏低,缺少对研究人员开展探索性前期研究的经费支持。严重影响了科研人员进行基础科学特别是前瞻探索性科研的研究热情。

从微观上看,科研人员疲于应付申请立项、结题验收等手续,难以集中精力潜心于科学研究,特别是创新性的科学研究,严重影响了自主创新成果的产出,同时也严重影响科研成果的持续性产出。

三、建议

1. 改变经费资助方式

可通过改变科研经费结构来改变经费的资助方式,从而在不增加经费投入的前提下普遍调动广大科研工作者的研究积极性,促进基础科学的科研发展。建议酌情采用如下两种方式:

(1)将科研经费划分为事业经费和项目经费两大类,前者主要是政府预算拨款,后者则是通过竞争获得。事业经费主要用于人员工资、大型仪器和公共服务设备的购置和运行、基础设施建设等机构运行经费和少量的间接成本(主要是管理费)。项目经费主要用于支付科研项目的直接成本(流动人员的工资和小型专用仪器设备购置等)。事业经费与项目经费两项经费的比例建议为7:3。

(2)保持科研经费投入模式不变,调整科目的刚性支出比例,尤其是人员劳务费支出应适当增加并保持一定的弹性范围。

2. 完善科研经费预算与决算制度

(1)科学归类预算科目,对各科目经费支出合法性做出尽量详细的规定,使依托单位监督时有法可依,特别是易与日常生活开支混淆的项目要有严格规定。

(2)取消科目预算、决算差额范围,由依托单位负责监督、审核项目支出是否基本按合同书执行,财政部门审核使用是否合法。

(3)取消先定资助额度的财政预算制度,特别是一些重大项目、重点实验室及条件建设项目,应由各科研机构的项目负责人根据实际需要先报预算,经专家论证确定资助数额。

3. 建立科学有效的绩效评估体系

(1)高校、研究机构财务部门应根据内部会计控制的要求,建立健全科研经费管理的监督机制,项目负责人应自觉接受有关部门的监督检查,并对科研经费使用的真实性、有效性承担经济和法律责任。

(2)对科研经费的管理与监督应列入单位内部审计监督的范围,发现违规现象及时纠正,从体制上真正把科研经费管理纳入整个科研管理中,加强监督,建立结构合理、管理科学、程序严密、制约有效的管理制度。

(3)设立机构绩效评估顾问委员会,委员会由学术能力强、管理经验丰富的非官方人员组成,对科技投入方向的合理性、资源分配的公正性、科技目标设立的正确性做出评估,便于政府及时调整科研投入策略,提高科研投入的产出。

4. 建立健全科研经费全过程管理机制

(1)高校作为课题承担及依托单位,必须切实完善科研经费使用与管理的内部控制和监督制约机制。"十一五"期间,国家科技计划(973、863、科技支撑计划)、重大科技专项已经先后启动了针对科研经费预算执行的财务验收与审计。高校作为课题承担及依托单位,是课题经费使用和管理的责任主体,必须切实完善科研经费使用与管理的内部控制和监督制约机制。

(2)科研及财务管理部门必须严格执行课题预算调整审批程序,提醒课题负责人及时提出财务验收申请,配合课题组做好专项经费审计、课题财务验收、财务结账等工作。

(3)对于国家和地方重大科技专项等经费支持强度大、参与单位较多、经费管理难度大的项目及课题,可以试行重大项目"财务专员"制度,协助项目(课题)组开展预算编制,定期检查预算执行情况,主动帮助项目负责人制定经费科目调整计划,负责项目经费结算,指导项目(课题)组完成财务验收。

在整个过程中，增加经费使用的弹性，应将重视科技产出放在第一位。资助的目的是促进基础科学研究，基础科学研究是否解决重大/重要科学问题是衡量产出的唯一标准，科研经费管理单位应该改变以经费数目/项目数目考核的机制，使科研经费能真正为科学研究的发展作贡献。

（曹珍富、敬忠良等，
上海市政协提案，2013 年 1 月）

关于具有全球影响力的科技创新中心内涵建设的建议

问题与背景

2014 年 5 月 24 日，习近平总书记在上海考察调研时对上海提出了"加快向具有全球影响力的科技创新中心进军"的要求。这次政府工作报告中，将"全力建设具有全球影响力的科技创新中心"列入 2015 年主要任务。2015 年 1 月 26 日上午，市政协召开"解放思想深化改革开放，着力建设科技创新中心"专题会议，韩正书记参加了该专题会议，并发表了重要讲话，指出：在今年的 2 季度上海将出台建设具有全球影响力的科技创新中心方案。形势喜人，形势逼人。所以，需要迫切回答一些在建设过程中的基本问题：什么样的科技创新中心才是具有"全球影响力"的？需要怎样的特殊支持计划和政策保障？究竟应该怎么建设才能更有利于"具有全球影响力"？这些问题都需要很多调研、研究，即使"方案"出台，也还是长期的重要课题。

分析

建设具有全球影响力的科技创新中心是系统工程，是个长期任务，需要有计划、按步骤，把握总量，有序推进。需要逐步完善建设科技创新中心的顶层设计和规划。

我们认为，建设具有全球影响力的科技创新中心应该体现在四个层面上并且具有四个效能。四个层面即基础科学层面、应用科学层面、技术层面与产业化层面，逐步实现"具有全球影响力"。四个效能即学术引领效能、问题导向效能、技术领先效能、自主研发效能。

在支持计划和政策保障方面，共识是在政策、体制、机制上需要创新，在人才计划（培养、引进与评价）、财政计划（经费渠道和投入）、管理手段上需要突破。

究竟应该怎么建设具有全球影响力的科技创新中心？我们认为，人才机制上，需要将"对的"人放在"对的"位置；在市场驱动前，需要发现机制，将一些"对的"事做起来。这里特别强调，建设具有全球影响力的科技创新中心不能完全交给市场，原因是：完全交给市场将更容易导致"短平快"，很难"具有全球影响力"。

建议

基于上述分析,我们提出如下建议:

1. 建设具有全球影响力的科技创新中心要达到多层面、多效能目标,构建国际领先水平的科研基地和引领国际潮流的产业化基地

首先,我们认为:没有领先的基础科学,便没有领先的应用科学和技术,更没有领先的产业。所以四个层面(基础科学、应用科学、技术与产业化)应该是按从前到后的顺序,逐步实现"具有全球影响力"。

其次,按优先顺序依次实现学术引领效能、问题导向效能、技术领先效能、自主研发效能。这些效能是一个具有全球影响力的科技创新中心应该具有的。

实现多层面、多效能目标的前提是:搭建一流的平台,拥有持续增长的财政支持、持续有利的政策支持。

所以建议搭建两个重要平台:将中心的基础科学层面、应用科学层面建成为国际的、开放的、顶级科学家云集、从事原创性研究的重要平台;将中心的技术层面与产业化层面建成具有国际竞争力的、顶级科学家和技术人员云集、从事问题导向的原创性研究和领先的技术开发工作的重要平台。这两个平台均应具有引进和培养人才的能力。

2. 建设具有全球影响力的科技创新中心要有体制、机制创新

建设具有全球影响力的科技创新中心在政策上可以有特区——"为我所用"特区,在很多问题上上海都要为国家分忧解难。例如网络安全,它和云计算、大数据、智慧城市等密切相关,如一味地推给国家,那么上海建设有全球影响力甚至全国影响力的科技创新中心将难以实现。

在机制上,建立高校、科研院所人员、海外杰出科学家、技术发明家因人而异的长期/短期流动机制,可以一事一议,不要一刀切。

在体制上,中心内可以实现多种制度并存。我们建议:基础科学层面和应用基础科学层面不应该交给市场,应该由政府买单;而将直接转化的应用科学层面、技术层面、产业化层面交给市场。

3. 建设具有全球影响力的科技创新中心要有人才计划创新

人才培养、引进与评价上,要有国际化的、突破传统方式的人才策略。其中包括人才引进策略和人才评价策略的创新。

人才引进策略方面建议:①在着力发展上海本地原有的优势学科基础上,集中全国乃至全球的优势力量从硬件和软件上搬迁、整合到上海,发展"以点带面"富有潜力的学科/技术,打造具有全球人才吸引力的引进模式;②要加大人才引进投资力度,一方面通过持续稳定的经费支持加强硬件平台建设,同时以此吸引国际一流人才,在保证其满足一定工作量的同时,切实保障优秀科研人员每年都能有可观的科研经费和薪酬,打造稳定安心的科研环境。

在人才评价策略上,建议要突破传统的评价体系,改变单一的评价方法,从多种角度建立人才综合评价体系,营造适于高层次人才成长和工作的有利环境(环境吸引人,事业留住人)。

集中一批国际知名学者、企业家,最终将中心建设为培养高端人才的人才基地。建议充分借鉴世界一流科技创新中心的运行机制,广泛吸纳国际智慧,把中心建成供世界一流科学家、技术发明家、科技企业家"唱戏"的舞台。

4. 建设具有全球影响力的科技创新中心要有抓手

这方面建议结合上海现有学科与产业化优势,以重大项目、重点项目为牵引,以市场为导向,产学研

结合,在各个领域选择一些点使其迅速崛起,实现"以点带面"。这些"点"就是抓手。

以信息领域为例,提取云计算、大数据、智慧城市等共性问题研究、开发,可做出国际一流的产品。由于这方面共性问题是安全和隐私保护问题,所以,解决云计算、大数据、智慧城市等新模式下的安全和隐私保护问题成为该领域的抓手。

建议加强抓手研究,尽快启动各领域的抓手开发和应用。

（曹珍富、敬忠良等，
上海市政协提案，2015 年 1 月）

关于应对上海郊区农业用工紧缺的提案

我市在十二五的发展规划中提出,着力发展"生态精品"现代都市农业,依靠转变发展方式,完善农业服务体系。今年的蔬菜物价经过政府的调整,目前已经取得了很好的调控效果,但是引起蔬菜价格上涨的背后,是农业的效益,是农产品的投入和价格的不对称。其中决定价格的要素之一是劳动力的投入。

闵行区的粮田和蔬菜地有 200 多万亩,其中蔬菜面积 50 万亩(设施菜田 25 万亩),全市水稻 162.7 万亩(2010 年统计面积)。目前蔬菜面积一年是多次的复种,如浦东新区形成的绿叶菜基地,复种指数提高了 3 倍,按正常的用工情况,按照大田种植 4 亩一个劳力、棚室菜一亩 1～2 个劳力测算,上海需要 120 万个劳动力。

目前上海市实际在农业生产第一线的本地农民人数不多,所以,一部分上海农民把土地出租给外地农民,一部分成立农业生产专业合作社,一部分由集体或企业统一经营,但是不管哪一种经营方式,实际的田间作业主要是依靠外来的农民工承担。而上海的实际农民大多在五六十岁以上,在第一线的更是人少,休闲吃政府补助的多。

目前外来农民工的用工在每人每天 80～100 元,而且农忙季节无人可雇佣。出租的农业用地农产品的质量难以保证;农业的生产成本加重;实际从事农业的外来农民住在田间的简易房里,吃、住在一起,男女混合居住,生活极端贫困;小孩缺少教育,形成很多不安定的隐患;成为上海城市新的二元结构。

建议:

(1)让种地的农民工得到实惠。政府鼓励外来农民工,健全种田农业补贴、土地流转补贴、农业农民就业补贴和基本农田生态补贴给实际种地者。加强农民工政策课题的研究,根据实际需要,考虑对农业补助政策的完善或适时出台新的政策,逐渐扩大补贴对象的范围,使实际种地者都能得到一定的补贴,巩固农业生产队伍,防止农业劳动力流失,保障外来务农人员应有的生活水平。

(2)提高农业生产的回报率。加强农产品流通体系建设,减少中间流通环节,通过规模经营、农超对接等手段降低流通环节的成本,杜绝农产品价格炒作。通过提高农产品价格、提高农业生产第一线的农民工的收入能够增加农民务农的积极性,引导一些有一定知识水平的年轻一代农民安心农业生产。

(3)加大对中小农业企业用工的规范化管理,切实保障农民工的基本权益。政府创造条件和政策,鼓励企业参与,发挥企业积极性。给农业企业相应的优惠政策,如协助企业解决农民工的住房、子女上学等实际困难和问题。市区政府与乡镇共同建设公共廉租房,由集体农场或合作社统一为其服务的外来民工租赁。

政府相关部门加强引导,帮助广大农户降低生产成本,提高生产效益,加强农资商品价格调控,稳定农资商品市场价格,政府相关部门要加强对种子、化肥、农膜、农药等主要农资商品价格形成引导,实现减支增收。

(4)加强对农民工的技术服务、管理、教育,提高农民工的素质和技术水平。

利用农中专培训平台,整合上海区域内高等院校、科研部门和农业专家师资资源,加大培训力度,提高科技业务水平,提高质量意识和劳动技能。使政策和农民工的利益相关联(补贴、子女、工资、待遇)。

(5)重视市场调节机制。深入挖掘农业增收潜力,面向市场调整农业结构。积极引导农民面向市场调整农业结构,加强农产品电子商务平台的推广。建立农民工政策研究课题,制定相应的政策,鼓励外来的农民工来沪从事农业生产。通过各种政策,着实改善外来农民工的生存环境,从而鼓励其来我市从事农业生产。

(武天龙,闵行区政协提案,2010年4月)

关于深入开展消防隐患治理的建议

近年来,火灾事故时有发生,消防安全状况令人担忧。综观近年来发生的火灾事故,其教训是极其深刻的。2010 年 11 月 15 日 14 时,上海市胶州路 718 号胶州教师公寓大火,酿成 58 人死亡。2010 年 7 月 19 日,乌鲁木齐一自建房发生重大火灾事故,12 人丧生,17 人受伤。2011 年 4 月 19 日,上海电信大楼发生火灾,导致 4 人死亡,起火原因是装潢工人切割施工作业时引燃风管保温材料。北京市 2011 年 4 月 25 日,大兴区旧宫镇南小街 3 村发生的这场普通火灾,过火面积不过 300 平方米,却酿成 17 死 25 伤的惨重后果,出乎很多人的意料。各火灾后果惨重,在偶然性后隐藏着必然性。

(1)城乡接合部的城中村。由于镇、村干部的经济利益驱使,房屋被大量出租成为商业、工厂和居住用房,在那里人员混杂,大部分是"三合一"——居住、生产、仓储违建。这些地方是外来人员集中地,那里电线随意拉,明火、电火、煤气等事故随时都可能发生。

(2)高层大楼道路狭窄,阻碍消防车靠近;各楼道没有消防设备;防火设施形同虚设;大量出租房都是稍加改造,或用便宜的材料进行简易的装修,或将一套住房简单地分隔成多个房间,火灾隐患陡增;居住、办公、仓储混合。出租房往往疏于管理,存在房东不管、住户不理、业主不问的问题。

尽管起火的原因多种多样,但是建议我们政府需要的措施:

(1)提高群众的监测举报力度。建议:上海市建立火灾隐患举报电话和网上信箱,由市民举报和监督,该电话是免费,可以实名或者匿名,并且需要给予答复。

(2)加强群众的知情权,人的生命安全权。建议:给每个居民发消防安全评价标准、我国的消防规程有关规定,让人人都知道目前所住房屋的安全达标情况。如按类别:消防手续、建筑消防、消防设施、日常管理等的消防技术要求(附件,略)。

(3)健全消防安全管理工作体制机制,不要到了火灾事故发生再检查,明确和追究相关的职责任务:公安、消防、房管、安监、工商、基层派出所、街道办事处、居委会等部门要负的责任。例如:高层大楼道路狭窄,阻碍消防车靠近是由谁主管,出租房的问题由谁主管,需要针对消防的主要隐患落实主管,不要推诿。

(4)建立以防范为主、加强宣传的到位措施:例如,如何报警,初期火灾的扑救,火场当中如何进行自救与逃生,干粉灭火器操作与使用以及安全用电、用火、用油等防火灭火常识等消防安全知识,提高自身消防安全意识,增强自防自救能力。

(5)建立惩罚的法律制度:即对非法生产经营建设和经停产整顿仍未达到要求的企业一律关闭取缔,对非法生产经营建设的有关单位和责任人一律按规定上限予以处罚,对存在违法生产经营建设的单位一律责令停产整顿并严格落实监管措施,对触犯法律的有关单位和人员一律依法严究法律责任。

(6)从长远看此项工作是一个系统工程,需要政府研究建立长远的工作规划。

(武天龙,闵行区政协提案,2011 年 4 月)

参政议政课题选登

关于我国知识产权保护急需完善法制、增强执法力度的建议

九三学社上海交通大学委员会

一、案由

现在我国的知识产权保护状况,还不适应深化改革开放、建设创新型国家的要求。侵权盗版、伪造商标、制售假货的现象屡屡发生;我国知识产权保护的法律体系和管理制度有待完善。尤其是,当发现揭露和处理较大、重特大的知识产权案件时,执法的力度不大,以至于侵犯者一而再、再而三地知法犯法,甚至于以身试法。

在市场经济条件下,如果知识产权得不到有效保护,那么企业的专利、商标权益,以及软件业、出版业、影视业和文化艺术等方方面面的成果就得不到真正的保护和发展。在当前经济全球化的新形势下,知识产权在推动经济和社会发展中的地位与作用得到了极大的提升。保护知识产权的实质,就是要依法保护知识产权。但我国的知识产权保护现状,实在不容乐观,急需加强法治,加强执法的力度,使违法者望法却步。

二、思考

(一)知识产权案件上升,显现知识产权保护中的执法不力

上海市高级人民法院发布的《2010年度知识产权司法保护状况白皮书》披露了2010年全市法院审结的知识产权案件总计2 576件,比2009年上升了43%。而从上海市工商局召开的"2011年知识产权宣传周资讯通报会"获悉,上海工商自2010年11月到2011年3月开展打击侵犯知识产权和制售假冒伪劣商品专项活动以来,已经立案查处各类侵犯知识产权和制售假冒伪劣商品案件1 190件,涉外商标侵权案1 597件,取缔售假窝点59个,没收各类侵犯知识产权和假冒伪劣商品共计25.79万件之多,互

联网领域已经成为侵权案多发性重灾区,其案件数量之多,竟比 2009 年翻了一番。从这短短的 4 个月里的集中打击很大的成果来看,在知识产权领域违法乱纪行为的规模之大,性质之严重,多少可以说是历史上所罕见的。

从官方报刊发表的《2010 年上海保护知识产权十大典型案件》,以及 2011 年的世界知识产权日上海市检察机关集中对 50 起案件提起公诉的两件事件来看,暴露出来的问题更是说明判罚过轻。如,跨区域、跨部门的重大案件,社会影响特别恶劣的销售"AVASTIN"假药案,造成大量眼疾患者出现不良反应,严重危害了人民群众的生命健康,并给上海市第一人民医院造成巨大经济损失,对于这些违法者应该追究其刑事责任,应判其坐牢,不是仅仅经济上重罚即止。又如,由闸北区检察院提起公诉的杜某等 3 人销售假冒"GUCCI"等 19 个名牌商标的手表案,涉案金额高达 5 579 万余元。还如,涉案罪名以销售假冒注册商标的商品、销售侵权复制品和假冒注册商标为主,涉案物品为服饰、箱包、手表、电子产品、盗版光碟、药品等,侵害对象主要为 LV、GUCCI、CHANEL 等国内外一线品牌。对于这些违法者也不应仅仅判罚其经济赔偿了事,而要罚到这些人彻底破产为止。

笔者认为,当今随着信息化时代的迅猛发展,在知识产权领域犯罪的网络化趋势日趋显著,其数量、规模、侵权犯罪的速度之快、周期之短,令人发指。除网上售假外,还出现了盗版影视、文学作品偷载等案件。

更为可恨是,有些靠复制论文内容、偷取他人科研成果而获得教授职称、院士头衔的人,也就是所谓的"成功人士"被人揭露、曝光后,仅仅是"低头认罪"、"降级使用"、"调离岗位"、"另谋出路"而已,真是太便宜他们了!笔者认为,应该革除其骗来的"教授"、"院士"、"校长"等等所有的学术职称和行政职务,并没收其由此骗来的其他经济上的好处,如房产、奖金等等,有些严重的还应该追究其刑事责任。对于这些骗子,一定要罚到他们"倾家荡产",否则一有机会他们还会重起炉灶,东山再起。

在出版界违反《著作权法》的案件侵权行为更是屡见不鲜,情况复杂。根据《著作权法》第四十五条之规定,侵权人侵害他人著作权应当承担赔偿损失等民事责任。审判实践中,对被告赔偿额的确定,通常采用下列方式:侵权人应当按照权利人的实际损失给予赔偿;权利人的实际损失难以计算的,可以按照侵权人的违法所得给予赔偿。在权利人的实际损失和侵权人的违法所得都不能确定的情况下,法院可以根据权利人的请求,综合侵权人实施侵权行为的手段、规模、情节、主观过错程度、造成的后果等因素,酌情确定赔偿数额。但笔者认为,在经济上要罚到他们"倾家荡产"方能罢休。因为很多同类案件的多发、重发,在很大程度上就是因为"小痛小痒"的罚款,根本没有使他们有"下不为例"的威慑感。这就使我们不得不思考在新形势下有关知识产权的法律的与时俱进、不断完善的必要性和紧迫性。我们特别要呼吁和强调的是,执法力度是关系到知识产权能否得到真正保护的根本保证。

(二) 保护知识产权执法不力,显现出法制的不完善

保护知识产权执法不力的根本,还是在于法制的不完善。例如,有的案件之所以适用法定最高额赔偿,主要是考虑到原告的实际损失。全面赔偿原则是现代民法中最基本的赔偿原则,它是指侵权行为加害人承担赔偿责任的大小,应当以行为所造成的实际财产损失的大小为依据,全部予以赔偿。法定赔偿是由于无法实现全面赔偿而在法律上设定的退而求其次的赔偿方式,因此,笔者认为,它应当以实际损失为基本考量因素,尽可能地接近全面赔偿。据悉,在美国的 ROS Records 一案中法院指出:"毫无疑问,估价法定赔偿,应与实际损失具有某种联系。但由于法定赔偿通常是在实际损失不能精确计算的情况下使用的,就不能希望两者准确一致。"由此可见,尽管法定赔偿是在损失无法计算的情况下适用的,但美国法院仍然以可能遭受的实际损失为基础酌定法定赔偿额。我国最高法院民三庭蒋志培庭长也提出:"侵权行为造成的实际损失,应当是损害赔偿计算的中心,任何一种方法都不能脱离实际损失或者损害事实而单独存在。"司法实践中,也通常将可能造成的损失作为法定赔偿的考虑因素,如北京高院在

《关于确定著作权侵权损害赔偿责任的指导意见》中规定："法定赔偿应当根据以下因素综合确定赔偿数额：（一）通常情况下，原告可能的损失或被告可能的获利；（二）……"

但笔者认为，有必要修订一条"在实际损失的基础上，视案情性质的严重度，重罚至犯罪人倾家荡产，直至追究其刑事责任"。

三、建议

为什么这类案件屡禁不绝？为什么这类犯罪人利欲熏心而屡屡以身试法？我们认为，其中一个最大的原因就是因为执法不力，使之胆敢冒天下之大不韪，哪怕是坐牢、杀头也敢为之。究其原因，笔者认为：一是形势逼人，维权意识淡薄。2011年上海已经进入后世博时期，也是"十二五"的开局之年，更是世界金融危机后的经济"转型"之年。机遇所致，机不可失也。在这关键之年，创新争优，势在必行。由此，在新形势下的知识产权的保护意识、维权意识必须加强，不能让违法者得逞。二是在新形势下对于违法者决不能姑且手软，一定要狠狠打击。

（一）尽快完善法治措施，建立专门执法队伍

我们所熟悉的《著作权法》（包括《互联网著作权行政保护办法》）已制定多年，但执法不严。建议在政府部门要成立正规、专职的执法队伍，就像交通民警管理交通一样，专查以剽窃、盗用、滥用、模仿等等手段侵犯他人知识产权的行为，追查这些行为者的个人、单位的法律责任，造就和完善一支强有力的执法队伍。建议在国家知识产权局中设立专门的机构，如"专案组"、"稽查办"等等，专门接受、调查、处理相关的知识产权举报案件，并做到件件有结果。建议有关部门及早、尽快把这个专门执法队伍的建设提到议事日程上来。

（二）加强执法力度，一定要重罚重判

一定要罚到违规、违法者"痛"。如，凡剽窃论文者，不是"教育"一下完事，而是应该革除其所有学术职称、行政职务；又如，凡用不正当手段，通过侵犯他人知识产权获利者，要罚到这些人和单位倾家荡产为止……只有这样，保护知识产权，才能真正有效，才能让违法行为者望而却步，才能形成打击侵犯知识产权行为的高压态势。这对有效惩治侵犯知识产权犯罪行为、震慑犯罪分子、维护相关权利人的合法权益，具有十分关键、十分重要的作用。

（三）完善法律制度，一定要适应时代的发展

各级知识产权局尤其是国家知识产权局，应把"现行的知识产权法律制度的更新"和"我国知识产权保护急需加强执法力度"的原则和细则的制订或修改，提到议事日程上，作为"十二五"开局之年的重点规划，及早制定出切实可行的使用当今时代需要的制度或办法，及早与国际接轨，使我国的经济转型发展和科技创新能更上一个水平，有一个根本的保障。

（九三学社上海市委招标课题，吴　东执笔，2011年8月）

高校国有资产管理体制现状、问题及改革探讨

九三学社上海交通大学委员会

随着我国高等教育强国战略的实施，我国高等教育的办学规模、资产总量都随之成倍增长，资产产权结构呈现多样化、复杂化情况；高校国有资产作为承载高校教学科研活动的基础，其资产的管理能力直接影响了高校的社会服务能力和产生的社会效益。因此，有必要对我国高校国有资产管理体制现状与问题进行研究与分析，使高校国有资产管理体制的改革能跟上高等教育发展的需要，发挥最大的社会效益。

一、我国高校国有资产管理体制的现状

高校国有资产管理体制，是指高校国有资产管理系统的结构和组成方式及相应配套的制度，其核心是管理机构的设置、职权的分配以及相互协调。以下从三方面反映现状：

（一）高校（部分）的收入和资产情况

近10年来，国家对高等教育的投入不断加大，社会对教育事业的投入也在不断加大，同时，高校的规模和固定资产的积累也逐年骤增，图1是上海部分部属和地方高校的收入和资产增长的数据统计：

单位：亿元

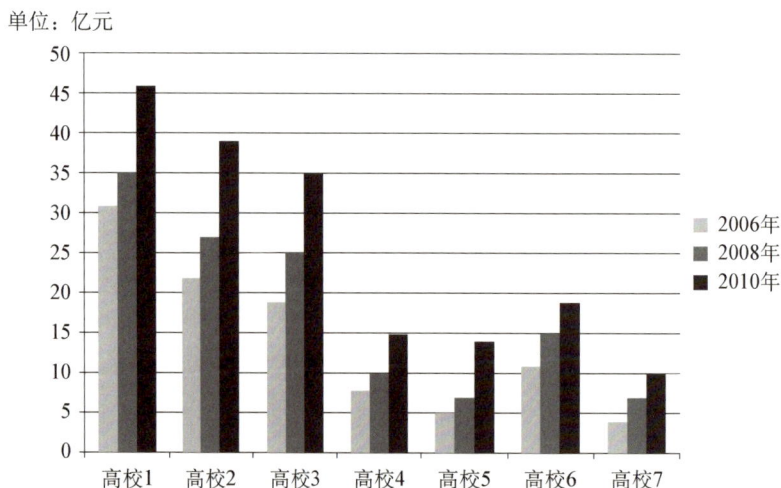

	高校 1	高校 2	高校 3	高校 4	高校 5	高校 6	高校 7
2006 年	31 亿元	22 亿元	19 亿元	8 亿元	5 亿元	11 亿元	4 亿元
2008 年	35 亿元	27 亿元	25 亿元	10 亿元	7 亿元	15 亿元	7 亿元
2010 年	46 亿元	39 亿元	35 亿元	15 亿元	14 亿元	19 亿元	10 亿元

图 1　2006、2008、2010 年上海部分高校收入情况

图 1 反映了上海 7 所高校 5 年间教育经费的收入情况,也体现出各高校教育经费的年收入按大于 10% 的速度增长;加上各高校自筹资金的一块收入,约占其年收入的 10% 左右,所以,各高校的实际收入应该大于图 1 所列的数据。

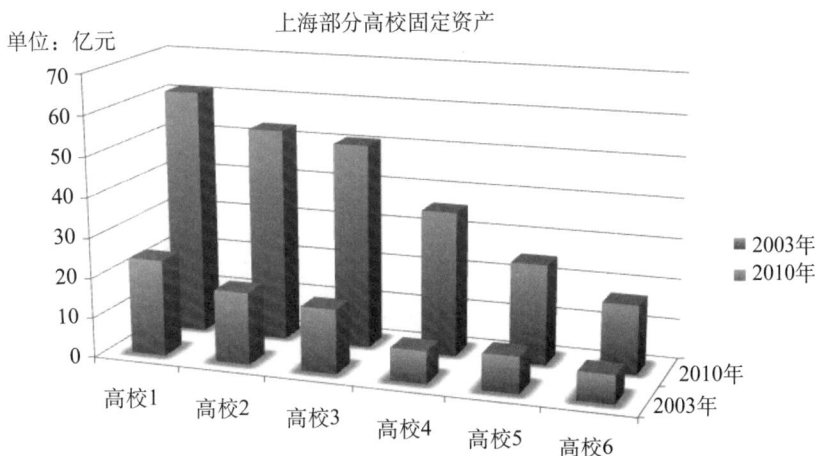

图 2　2003、2010 年上海部分高校固定资产总值

	高校 1	高校 2	高校 3	高校 4	高校 5	高校 6
2010 年	62 亿元	53 亿元	51 亿元	36 亿元	25 亿元	17 亿元
2003 年	24 亿元	18 亿元	16 亿元	8 亿元	9 亿元	7 亿元
增长(%)	158	194	219	350	178	143

图 2 反映了上海 6 所高校 2003 年与 2010 年固定资产增长情况,7 年间,该 6 所大学的固定资产最高增长了 350%,最少也增长了 143%。

近 10 年来,高校收入快速增长,经费来源多样化,资产总量骤增,属于资本扩张型发展,并且这一扩张的趋势还将持续一段时期;随之,高校的办学规模扩大,校园建设加快,房产与设备等固定资产逐年增长;因此,如何确保增量资金的合理使用,同时让存量资产发挥最大效用,是目前高校国有资产管理中需要解决的问题。

(二)高校国有资产管理机构设置现状与分析

1. 目前管理条块与机构设置情况

目前高校大都设立了书记、校长参加的党委常委会(国资委)→资产归口管理部门→资产使用单位三层次的分级管理架构。普遍采取的是"职能部门负责归口管理、使用部门负责日常使用管理"的管理模式,即学校资产的使用主体是各院系及直属单位,职能部门按资产类别分开管理;并且职能部门和使用部门分别由不同的副校长负责分管。

2. 案例分析

某高校的资产管理机构设置如表1所示：

表1　某部属高校的资产管理机构设置

主管校长	职能管理部门	主　要　职　责
1名	财务处	校流动资金管理
	985/211办公室	985/211经费管理
1名	资产管理处(经资委办公室)	管理学校的土地、房产及家具；监管产业集团
	实验室与设备处	管理学校的设备与仪器
	产业集团	管理学校投资企业的经营性资产
1名	科研处	管理科研经费和项目
1名	基建处	管理学校的在建工程资产
	后勤保障处	管理学校的绿化、道路、桥梁等
	后勤集团	管理学校后勤的经营性资产
分管校长	各学院	国有资产使用管理部门

该高校主要实行按资产归口管理职能部门与使用部门相结合来管理学校国有资产，其特点是：国有资产管理权限下放到使用部门，归口部门监督管理；由于在学校层面缺失协调与监管的综合管理部门，致使国有资产整体系统的运作效率不高，各部门之间工作协调艰难，监管不落实，易扯皮推诿，信息反馈速度慢；该校虽然设立了资产管理处，实际上并没有承担综合管理的职能，充其量也只是一个归口管理部门。

目前，高校国有资产管理各种机构设置模式，都存在各归口管理部门之间、归口管理部门与各使用部门之间的管理、协调的矛盾和问题；缺乏统一有效的高校国有资产管理牵头组织协调、指导、监管的综合管理部门。

(三) 高校国有资产管理制度建设情况

自2006年起，财政部和各地方财政局相继颁布了《事业单位国有资产管理暂行办法》等文件，明确了事业单位国有资产管理体制和各部门(单位)管理职责，要求构建从资产配置、使用到处置全过程的有效监管体系。

但是，至2012年，《教育部直属高校国有资产管理暂行办法》征求意见稿，仍在征求各部属高校的意见；所以，到目前为止，国内大部分高校还没有执行财政部2006年出台的政策。

二、国外高校资产管理现状

国外各高校资产管理已开始从资本型转向知识型，从制造型转向服务型；高校资产管理向企业学习，加强有效的内部综合管理，不断提高成本效益：

(1) 立法层次高，法制健全，依法办学，多国制订有完善的资产管理法律体系，如《国有资产法》等。

(2) 采取健全的三级政府管理体制，严格的资产采购预算管理，教育部门的固定资产预算必须经过国会的批准，规范闲散资产的处置管理。

(3) 配备先进的资产信息化管理系统，在全国范围设立高校服务网络，统一提供包括计划管理、项目管理、整体项目服务、合同管理、专家咨询等服务；对高校国有资产实行实物管理和资产的预算管理相结合的方法，体现科学管理、经济高效的特点。

（4）对高校资产管理进行绩效考核。

三、我国高校国有资产管理体制存在的问题及分析

我国高校资产是一种典型的国有资产，产权属国家（全民）所有，实施的管理是层层委托代理。如国家委托财政部、财政部委托各事业单位（如教育部或教委），教育部或教委再委托各高校管理各自掌握的国有资产；而各高校事业单位则采取委托各归口管理职能部门实行资产分类归口管理，或者直接委托各学院和归口管理部门共同管理，使得委托管理链呈发散状态；由于高校内部国有资产管理的主体具有多重性和分散性的特点，同时高校资产管理又具有行政化的特点，从而产生了很多问题：

1. 高校资产扩张型发展后，资产的管理体制不能满足发展的需要

近10年来，随着高校国有资产快速扩张发展，对高校资金的使用和资产的管理提出了更高的要求，同时使原来潜在的问题或管理上的矛盾日益显露。高校中若干平级的资产管理部门之间协调较艰难，监管不落实，易扯皮推诿；并且容易产生各自为政的现象及管理盲区，也会因浪费或权力寻租等问题而造成国有资产的流失。为此，目前高校国有资产管理体制已不能满足与适应高校资产快速发展的需要。

2. 高校资产管理缺乏学校层面的综合性管理

我国高校校长和书记实行的是聘任制，短则4、5年，长则8、10年；其来源是从其他部门和学校调任，或是从学校本身干部和教师中选拔，大都不是资产管理专家，同时也不熟悉学校资产管理原来的情况；所以，高校内部应该有一个资产综合管理的部门为学校决策层提供综合的意见和建议，确保高校国有资产的管理具有完整性、连续性和有效性。但从各高校的运作情况看，我国高校国有资产管理普遍缺乏学校层面的资产综合管理部门。

3. 现有的资产管理处未起到高校国有资产管理的牵头作用

国内许多高校都设有资产管理处，但是，大多数高校的资产管理处并没有起到对学校资产归口管理部门和使用管理部门实行科学管理和监督的职能；许多资产管理处相当于一个归口管理部门，即使有的高校在资产管理处内设了国资办，但其作用只是组织完成向教育部上报学校年度资产统计报表的任务。

4. 高校资产管理存在预算管理与资产管理相脱节的问题

现各高校虽基本都实施了预算管理，但没有与资产管理相结合；有的学校甚至将经费使用、设备采购的权限都下放到各学院使用部门，无须归口管理部门的审核；负责设备仪器的归口管理部门仅仅是负责台账管理和处置管理，缺少日常监管；一些大型精密仪器设备在购置前缺乏充分、严密的可行性论证，购置进来后，常因使用效率不高造成闲置浪费，影响了财政资金的有效使用。

5. 高校资产管理存在对存量资产管理重视不够的问题

现在的高校对增量资金的争取投入了大量的精力，而对盘活现有大量的存量资产重视不够；部分高校只重视其收入的争取和创收，忽视了支出和使用效率的提高，浪费严重，资产利用率低下，未能使学校的有限资源充分利用、有效管理。

6. 高校资产管理缺乏严格的绩效考核体系

尚未建立成熟、有效的高校国有资产绩效的评价方法或体系，无法对高校的国有资产运营效果、运行状况从管理角度做出一个系统测评，从而无法约束和管理高校各资产管理部门规范、有效的工作。

7. 高校国有资产管理制度建设落后于高校的发展需要

由于大部分高校没有及时执行 2006 年国家颁布的政策,所以,高校的"综合管理、归口管理和使用管理相结合"的国有资产管理责任制一直未能得到有效执行与落实。由于高校制度建设的滞后,法治的不健全,常常出现人治大于法治的现象。

四、建议

高校的国有资产管理体制,是高校实现教学、科研目标的一个协作系统,健全高校国有资产管理体制,就是不断完善高校国有资产管理制度与组织结构,具体主要是机构设置、职责权限和管理模式。为此,在分析、归纳与探讨了上述八方面问题的基础上,就高校国有资产的管理制度、组织结构及经营性资产的统一管理提出改进建议如下:

1. 健全、完善高校国有资产管理制度

规章制度的建设,是高校国有资产管理的指导和基础,各高校应该根据《事业单位国有资产管理暂行办法》和《教育部直属高校国有资产管理暂行办法》,结合自身实际工作情况,综合各职能部门和使用部门的管理内容,把高校的资产管理作为一个系统考虑,制定符合本校特点的资产管理规章制度;推动各高校健全、完善高校国有资产管理制度,确保高校国有资产管理有法可依。

2. 完善高校国有资产管理体制的组织结构

目前,国内各高校大都成立了校级国有资产管理委员会,统筹高校非经营性资产和经营性资产的管理;重要的是高校国有资产管理委员会下设的高校国有资产管理处(国资办),作为高校国有资产的综合管理部门,必须赋予其相当的责任和权力,负责高校非经营性与经营性国有资产的管理与监督工作。具体组织结构可根据各校的情况采取以下两种模式:

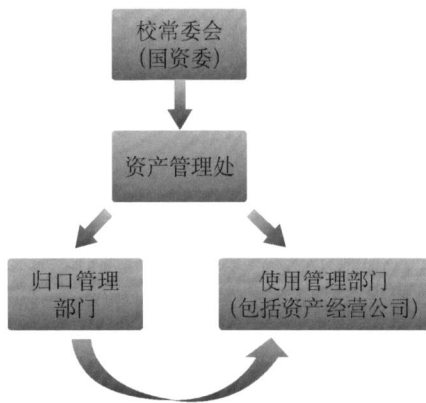

图 3　高校国有资产管理组织结构模式一

高校国有资产管理组织结构模式一(见图 3):

模式一的特点是:该管理模式为递进式的三级管理:第一级高校国资委是校资产管理的决策机构;第二级资产管理处(国资办)是校资产管理的综合管理机构;第三级是高校资产的归口管理(按资产分类)职能部门与使用管理部门。资产管理处起到一个承上启下的作用,既代表学校行使资产产权管理职能,负责对全校资产归口管理职能部门、使用管理部门实施综合管理,又按资产分类与归口管理的职能部门实施分级监管,各归口管理部门和使用管理部门对其管理的国有资产的安全性、完整性和有效性负责,形成覆盖全校非经营性和经营性资产的监管体系。

模式一要求高校国有资产管理建立"决策管理、综合管理、归口管理与使用管理相结合"的大国资管理系统。其中综合管理的主要职责是:

(1)负责国家国有资产管理法律法规和政策的贯彻落实;负责制订本校国有资产管理制度和办法,检查落实执行情况;执行校国有资产管理委员会的决议和指示。

(2)负责本校国有资产配置、使用和处置事项的审核和报批工作;监督和检查本校国有资产配置、使用和处置的执行情况。

(3)负责落实资产管理与预算管理相结合、实物管理与价值管理相结合、资产管理与财务管理相结合的原则。

（4）建立与完善高校非经营性与经营性国有资产管理绩效评估体系；负责对本校国有资产安全完整、保值增值及绩效考核的监督管理。

（5）负责本校国有资产产权管理工作（包括产权变更与注销的登记）；负责本校资产清查、清产核资、资产评估工作。

（6）负责本校国有资产统计、编制报表及落实资产管理信息化管理等工作。

资产管理处不仅要为学校常委会（国资委）的决策提供依据和建议，还要落实学校国资委的各项决策和年度计划，具体指导、解决、管理各归口管理部门和使用管理部门资产使用与管理中的各种问题。模式一赋予资产管理处统领全校资产管理的较大权限。

高校国有资产管理组织结构模式二（见图4）：

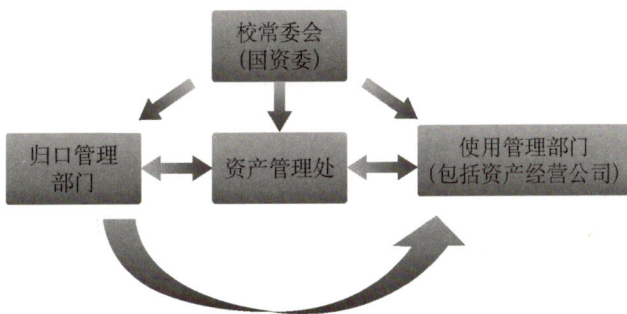

图4　高校国有资产管理组织结构模式二

模式二的特点是：该管理模式为扁平式二级管理，第一级高校国资委是校资产管理的决策机构；第二级是资产管理处（国资办）、归口管理（按资产分类）职能部门与使用管理部门。资产管理处与各类资产归口和使用管理部门是平级的资产管理关系，资产管理处对全校资产归口管理部门、使用管理部门进行协调及负责数据与信息的收集、汇总，定期制作全校资产报表；组织实施信息化管理方案。

模式二同样要求高校国有资产管理建立"决策管理、综合管理、归口管理与使用管理相结合"的大国资管理系统。其中综合管理的主要职责是：

（1）参与国家国有资产管理法律法规和政策的贯彻落实；负责制订本校国有资产管理制度和办法，参与检查落实执行情况；执行校国有资产管理委员会的决议和指示。

（2）参与本校国有资产配置、使用和处置事项的审核和报批工作；参与监督和检查本校国有资产配置、使用和处置的执行情况。

（3）参与协调落实资产管理与预算管理相结合、实物管理与价值管理相结合、资产管理与财务管理相结合的原则。

（4）参与建立与完善高校非经营性与经营性国有资产管理绩效评估体系；参与对本校国有资产安全完整、保值增值及绩效考核的监督管理。

（5）负责本校国有资产产权管理工作（包括产权变更与注销的登记）；牵头组织本校资产清查、清产核资、资产评估工作。

（6）负责本校国有资产统计、编制报表及组织落实资产管理信息化管理等工作。

资产管理处不仅要为学校常委会（国资委）的决策提供依据和建议，还要督促、监管校国资委各项决策和年度计划的落实情况，但是，不具备指导、解决、管理各归口管理部门和使用管理部门资产使用与管理中各种问题的权限。模式二中资产管理处不具备统领全校资产管理的权限。

这两种管理模式的主要相同之处是：①资产管理处均作为高校国有资产的综合管理机构；②资产管理处的主要职责、管理内容和范围基本相同。主要不同之处是：①资产管理处的主要职责、履行的责任及深度不同，模式一是负责，而模式二是参与；②对于指导、审核、监管各资产归口管理部门和使用管理部门的权限不同，模式一是负责，而模式二是参与。

3. 加强高校经营性国有资产的统一监督管理

对于高校经营性资产，各高校基本上已经按照"权利、义务和责任相统一，管资产和管人、管事相结合"的原则，依法履行学校出资企业的出资人职责（股东会职权），享有出资企业资产收益、重大决策、选择管理者等项权利，依法对企业进行监督管理；资产经营公司依法履行其子企业的出资人职责，按照现代企业制度，规范运营，独立承担民事责任，承担企业国有资产保值增值责任。构建了学校国资委对出资企业的监管体系，但是，尤其重要的是要建立监管经营性资产的经营性资产管理部门，配备专业的资产管理人员，形成全面覆盖学校经营性资产的监管体系。在高校国有资产管理处下设经营性资产管理部门，其主要工作和功能有：

（1）投资项目的可行性论证管理。制定明确的、可操作的管理制度，对重大投融资项目严格审核，避免因投资失误造成损失，推动学校科技成果的产业化，做好校国资委的参谋。

（2）对资产经营公司运行的监管与年度审计。每月收集、分析各投资企业的资产负债表和利润表，定期为校国资委（经资委）提供资产经营公司的财务和经营状况，并提出相关建议。

（3）对资产经营公司建立绩效考核体系。建立科学合理的绩效考核指标体系，对投入资产的经营和收益分配进行严格的监督检查，结合企业的财务状况、发展后劲和收益情况综合考核；提出对法人代表的考核报告。

要健全学校内部科学决策程序，在投资决策阶段，应完善投资决策的内部控制制度，避免"一言堂"，应组织有投资经验的专家组成的决策小组和评估小组，由评估小组对投资项目的可行性和风险程度进行充分的调查论证，并形成可行性报告，再由决策小组集体决定是否投资。建立决策失误的责任追究机制，全面形成领导科学决策。

五、结束语

高校资产管理是一项系统工程，加强或设立高校国有资产的综合管理机构，可以起到纲举目张的作用；高校国有资产管理组织结构调整也是一项大工程，它会涉及方方面面利益和权限的调整，会碰到很多困难；但是，建立"决策管理、综合管理、归口管理和使用管理相结合"的国有资产管理责任制，逐步健全能够自我运作、自我监控、自我完善的高校国有资产管理体制，是高校综合能力提高与持续发展的保障。

（九三学社上海市委招标课题，林敏莉执笔，2012 年 10 月）

关于环境污染等突发事件社会赔偿的探讨

九三学社上海市委交通大学委员会

一、绪言

中共中央总书记习近平 4 月 25 日主持召开中央政治局常委会,会议强调,要把环境保护放到更加突出的位置,抓紧研究大气污染防治行动计划,强化重点流域和地下水污染防治。5 月 24 日,习近平在主持政治局学习时强调,在生态环境保护问题上,就是要不能越雷池一步,否则就应该受到惩罚。3 月份,李克强在担任国务院总理后的首场记者见面会上坦言,对中国东部比较大范围出现雾霾天气心情很沉重。6 月上旬,李克强在河北考察时强调,要加大环境治理和环保执法力度,督促企业落实环保责任。随后,国务院常务会议部署大气污染防治十条措施,要求强制公开重污染行业企业环境信息,加大违法行为处罚力度。

二、我国环境污染等突发事件的特点和处置情况

目前国内与对环境污染等突发事件的"先治理,后追责"基本理念还有差距。

环境污染等突发事件各有不同的特点:有的具有明显的地域性;有的是特殊历史原因造成的,具有行业性;有的甚至是故意人为造成的,有社会行为因素;有突发的,也有长期积累后爆发的;有可预防的,也有意外的;有上述多种原因综合造成的。我们就土壤污染、水污染、大气污染、食品安全、生产事故等类型分别讨论:

1. 土壤污染

土壤污染具有地域性,有明显的长期积累的特性,而其可处理性和预后性极差,基本处置方法上需要废弃或永久关闭受污染的区域。我国对固体废弃物填埋没有明确的长期计划,化工厂和机械制造厂的废弃物长期以来管理不善,随意弃置渣土和垃圾。随着城市人口增长和城镇面积急剧扩张,地方政府通过房地产开发把这些近郊工业生产形成的含有重金属和有机致癌物的"棕色地块"转化为居民住宅区,为以后与土壤污染相关的癌症村/癌症社区等事件埋下了隐患。而农业生产如化肥和农药的滥用产生的土壤污染具有农牧行业特征,由于农禽产品的流通面广,通过"水—土"污染交换而影响大面积耕地,事后追责困难。

2. 水污染

我国是一个水资源短缺的国家,人均只有 2 500 吨,约为世界人均水量的 1/4,是 13 个贫水国家之一。七大水系中辽河、海河、淮河污染最重,如果按Ⅲ类以下水体统计,则约三分之二长度的中国河流被污染。我们 60 后和 70 后已经记不得下河游泳的年份了,我们的 80 后和 90 后都不知道我们曾经拥有蓝天白云和碧水青山。

3. 大气污染

2013 年初,中国大范围地区遭遇雾霾袭击,呈现日数多、范围广、影响大的特点。1 月份京津冀共计发生 5 次强霾污染过程,全月只有 4 天晴好天气,北京成为国人心目中新的"雾都"。城市居民陷入雾霾恐慌,口罩、眼药水等物品脱销,受雾霾影响的人群达到 8 亿以上。由于钢铁、水泥等重化工业的增长速度过快,排放量过大,抵消乃至超过了治理污染所做的努力。中国工程院院士、清华大学环境学院教授郝吉明表示:中国大气污染类型已由燃煤型污染转变为燃煤、机动车、工业排放多类型污染、高负荷共存的重度复合大气污染类型,背后的根源在于发展方式仍然粗放。大气污染的一个重要特点就是流动性、跨区域性。

4. 食品安全

相对于土壤污染、水污染和大气污染,食品事件具有多发性的特点:如毒瓜子、瘦肉精残留、回收过期月饼再生产、甲醛血豆腐、硫酸镁白糖、含氰化物的"毒狗肉"、敌敌畏金华火腿、化工染料"毒海带"、双氧水干果、陈化粮、三聚氰胺奶粉、工业酒精白酒、"苏丹红一号"辣椒/鸭蛋/鸡翅、雀巢奶粉碘超标、二氧化硫果脯、三鹿产品生产日期提前标注、人造蜂蜜、酱油红枣等等都不止一次、不止一地发生。其中影响最为恶劣的、后果最严重的是三聚氰胺奶粉事件:2008 年 6 月 28 日,兰州市的解放军第一医院收治了首例患"肾结石"病症的婴幼儿,三聚氰胺事件自此曝光。直接后果是中国乳品行业遭遇了史无前例的信任危机,这场信任危机历久难消,国内市场被外资抢占,2013 年 1—4 月份奶粉进出口逆差累计 20.57 亿美元,给国家和人民造成了巨大的经济和社会损失。

5. 生产安全事故

2012 年全国共发生 542 起突发环境事件,其中生产安全事故引发的突发环境事件 11 起,交通事故引发的 11 起,企业排污引发的 3 起,均不同程度影响到饮用水源地。2009 年,血铅事件集中爆发:陕西凤翔县爆出近千名儿童血铅超标事件,经查罪魁祸首是某企业铅锌冶炼排污所致;湖南武冈 1 300 余名儿童血液中重金属铅含量严重超标,涉事企业是一家精炼锰厂;2012 年广西龙江河镉污染,浓度超标最高达 8 倍;2013 年,丽江电解铝项目引争议,业内指其年排二氧化硫指标 2 000 吨。2005—2008 年间,云南某企业在生产经营过程中,长期将含砷生产废水通过明沟、暗管直接排放到厂区最低凹处没有经过防渗处理的天然水池内,并抽取该池内的含砷废水进行洗矿作业;将含砷固体废物磷石膏倾倒于厂区外未采取防渗漏、防流失措施的堆场露天堆放;雨季降水量大时直接将天然水池内的含砷废水抽排至厂外东北侧邻近阳宗海的磷石膏渣场放任自流。

三、存在的问题及分析

回顾环境污染事件的发生发展和处置过程,存在如下原则问题:

(1)回顾环境污染等突发事件发生经过,肇事方明显缺乏社会责任心,而公众参与程度极低。环境污染因其受害群体不确定,损害后果不明显,很难提起公益诉讼。公众参与的具体制度还需要进一步细化,例如提起公益诉讼的主体、公众监督的权利应当在立法中更加明确,并在管理机制上加以确认。

（2）经济杠杆在处置环境污染等突发事件中没有得到充分体现。罚金不超过百万元,没收生产设备、停产整顿等措施对肇事企业在追逐利润的商业游戏中形同虚设。比如公司年收益几十亿,其处理废弃物的设备费用肯定远远高于百万元,从这个角度上很容易理解污染事件发生后公司会爽气认罚的态度。

（3）环境责任险等保险没有得到有效实施。不可否认保险公司和信托公司作为金融企业也有逐利行为,但是一个没有保险的高风险生产企业就像一个没有保险的高压锅,随时都有爆炸的危险。目前,我国在浙江等地方层面开始环境污染责任险。但是我们也看到了,环境污染的赔付能力是一家或者数家保险公司难以承担的高风险险种。

四、欧美及我国港澳台等经济发展相对成熟的地区应对环境污染等突发事件的经验

西方国家经过与环境污染的长期斗争,不但已经囊括了环境污染赔偿责任保险,同时也发展出了系列污染损害赔偿基金、企业互助基金等作为保险制度的有效补充和分担机制。美国在 20 世纪 70 年代频频发生重大的废弃物遗留地污染事件,如纽约州的莱夫运河（Love Canal）污染案。为此,美国国会在 1980 年通过了《综合环境反应、赔偿和责任法》（即《超级基金法》）,其后几经修改完善,《超级基金法》成为世界各国污染修复环境立法的重要借鉴。

《超级基金法》的基本立法理念就是"先治理,后追责",关键目的在于建立一个迅速清除和治理污染遗留地的反应机制。《超级基金法》实施之后成效显著,对及时治理美国各地大量存在的污染遗留地发挥了重大作用。

日本通过立法或诉讼和解等途径,也建立了多种环境基金。如依据《公害健康被害补偿法》设立了面向被认定的水俣病、哮喘病患者进行补偿的环境基金;通过东京大气污染诉讼的和解,设立了由中央政府、东京都和丰田、本田等汽车企业建立的大气污染特别赔偿基金;2011 年核事故污染损害,其被害救济金的来源问题,也早已在《核损害赔偿法》中做出了规范。虽然日本各类基金的补偿对象不同,来源不同,政府与企业承担的比例不同,但是,资金来源的征费途径、方式、计算方法还有补偿对象的确定条件、程序、发放额计算等具体问题,都有非常详细的规范,并且,针对资金筹集与管理中的违法行为也规定了严厉的处罚措施。日本的环境基金在实施运用上非常严格、规范,在环境恢复、环境损害赔偿方面发挥了良好的效果。

五、对于我国目前情况的建议——设立全国范围的环保基金库

1. 环保基金库的资金来源

（1）源于高风险企业的环境污染保证金。对于高风险的企业,根据其造成环境污染的历史情况、国家和地方对其的环境评估,一次性根据注册资金总额和危险系数收缴环境污染保证押金。每年对企业进行环境评估,对其环境污染保证金的数值进行更新,多退少补,鼓励企业安全生产,降低危险系数,平时注意防范环境污染的发生。若企业在撤销时,可结算余额,未曾动用过此费用,可全额退还,不计利息。

（2）源于企业的环境保险金。鼓励保险金融业通过金融精算评估各行业各企业可能发生环境污染突发事件的概率,鼓励生产单位投保环境保险。在小型污染事件发生后通过保险公司迅速对所产生的危害进行理赔,降低设立专项赔偿基金的频率。同时,从保险行业所收缴的环境保险金中提取一定百分

比作为社会环保评估成分投入到环保基金库中。

（3）源于行业的互助基金。通过税收杠杆鼓励企业成立相应的横向担保机制,鼓励成立基于行业协会的互助基金,特别是食品行业的互助基金,提倡行业内互相监督,有效防控食品污染等突发事件的发生。例如,在三聚氰胺事件发生后,中国乳制品协会牵头由22家涉案企业共同出资11亿多元,但需要提前建立行业互助基金,加强行业内部监督。

（4）源于环保职能部门的罚金。建立和公开环保部门的罚没信息,保证所有罚金全部归入环保基金库。

（5）源于个人捐款及专项赔偿基金的返回。国家通过减免税收的方法鼓励个人捐款环境保护基金,并回收受害群体中放弃赔偿金而导致专项赔偿基金结余部分。

2. 专项赔偿基金的设立和管理

（1）信息公开。在成立上述国家中央层面的超级环保基金的基础上,设立专门的管理机构公开环保信息和基金信息,并通过设立专项赔偿基金的方式对环境污染进行社会赔偿。

（2）专项赔偿基金。当环境污染突发事件发生时,由地方政府及时申请设立专项赔偿基金。专项赔偿基金由超级环保基金配额、地方财政配套、相关企业个人捐款等组成。

（3）专项赔偿基金管理。专项赔偿基金由非政府机构管理,或由第三方利益无关个人或法人机构组成,负责登记和核实受害人信息以及发放补偿金。其管理运行费用单列,不得从基金中抽取。参考世博补贴发放方案,专项赔偿基金需要直接进入受害人银行户头或寄达受害人住址。各级地方政府管理部门不得参与赔偿基金的分配和发放,但需要全程监督发放和信息收集过程。参考香港和国际上的做法,通常是在救治的同时迅速公布政府补偿方案,申明针对受到影响的每个家庭(如以户口登记地址的邮政编码划分为警戒区以内)提供一定数目的一笔政府补助。

3. 社会赔偿机制的主要原则

（1）"先救治,后追责"的原则。不同于传统的"谁污染,谁治理",社会赔偿机制体系一旦确定环境污染突发事件,马上成立专项赔偿基金对受污染地区群众发放社会环境污染补偿金,用于个人和家庭的生产自救。

（2）补偿金多样性原则。不同于直接的、简单的资金救助,专项赔偿基金管理机构可以采用折扣券、现金券等方式发放,也可以通过减免个人税收的方式发放。一方面指导救灾消费,提高生产救灾产品企业的生产积极性,提高救灾防灾的效果,另一方面提高单位基金的使用效率,专项基金管理机构通过回收包含受害人信息的折扣券和现金券统计实际救灾开销。通过减免个人税收的办法可以有效降低发放大量现金对国民经济的冲击。

（3）事后追责原则。在环境污染突发事件平息之后,政府环保职能部门必须出具量化的责任书。社会环保基金会委托法律机构对所有造成相关损失的企业、行业和个人提出追溯责任的公益诉讼。要求相关责任方赔偿社会损失,包括专项赔偿基金的赔偿总额和管理费用等实际开销,以达到惩罚的目的。企业原先缴纳的环保基金部分可抵冲法院判决的赔偿款。事故企业可以根据营运情况申请破产清算或分期付款。受害群众有义务利用拍照和取样收集和提供公益诉讼所需的信息。

（4）平等原则。对造成环境污染突发事件的肇事方,无论国有企业或民营企业或事业单位,一律平等处置。

（九三学社上海市委重点课题,赵一雷执笔,2013年）

建立公平合理的个人所得税税收制度的建议

九三学社上海交通大学委员会

在国家"深化财税体制改革总体方案"中,完善税制改革的目标是建立"有利于科学发展、社会公平、市场统一的税收制度体系",逐步建立综合与分类相结合的个人所得税制,抓紧修订《税收征管法》。

个人所得税是国家财政收入的重要来源。随着个人收入的增加,个人所得税税率不断提高,这有利于改变个人收入分配结构,缩小高收入者和低收入者之间的收入差距。公平是个人所得税征收的基本原则。

一、我国现行个人所得税制度

目前我国个人所得税制度为分类所得税制,将个人收入划分为工资薪金所得、劳务报酬所得、个体工商户生产经营所得等11类。这种税收制度的优点是可以实现分别征收,有利于控制税源;缺点是各类收入所使用的税率不同,免征税额不同,导致不同类别收入的税负不同,不利于调节收入差距,容易产生综合收入高、应税所得来源多的人税负轻,综合收入低、应税来源少的人税负重的现象。

表1 我国现行个人所得税采用"分类所得税"计税模式

收入	税率
工资、薪金所得	3%～45%,按月征收
个体工商户的生产、经营所得;对企事业单位的承包经营、承租经营所得	5%～35%,按年征收
劳务报酬所得、稿酬所得、特许权使用费所得、财产租赁所得	20%(每次收入不超过4 000元的,减除费用800元;4 000元以上的,减除20%的费用,其余额为应纳税所得额)
财产转让所得	20%(以转让财产的收入额减除财产原值和合理费用后的余额,为应纳税所得额)
利息、股息、红利所得,偶然所得和其他所得	20%

表2　工资、薪金所得(减免3 500元,以及附加减除费用后的余额)的税率

级数	全月应纳税所得额	税率(%)	速算扣除数
1	不超过1 500元的	3	0
2	超过1 500元至4 500元的部分	10	105
3	超过4 500元至9 000元的部分	20	555
4	超过9 000元至35 000元的部分	25	1 005
5	超过35 000元至55 000元的部分	30	2 755
6	超过55 000元至80 000元的部分	35	5 505
7	超过80 000元的部分	45	13 505

表3　个体工商户的生产、经营所得和对企事业单位的承包经营、承租经营所得
(以每一纳税年度的收入总额减除成本、费用以及损失后的余额)

级数	全年应纳税所得额	税率(%)
1	不超过15 000元的	5
2	超过15 000元至30 000元的部分	10
3	超过30 000元至60 000元的部分	20
4	超过60 000元至100 000元的部分	30
5	超过100 000元的部分	35

免纳个人所得税的项目:

(1)省级人民政府、国务院部委和中国人民解放军军以上单位,以及外国组织、国际组织颁发的科学、教育、技术、文化、卫生、体育、环境保护等方面的奖金。

(2)国债和国家发行的金融债券利息。

(3)按照国家统一规定发给的补贴、津贴。

(4)福利费、抚恤金、救济金。

(5)保险赔款。

(6)军人的转业费、复员费。

(7)按照国家统一规定发给干部、职工的安家费、退职费、退休工资、离休工资、离休生活补助费。

(8)依照我国有关法律规定应予免税的各国驻华使馆、领事馆的外交代表、领事官员和其他人员的所得。

(9)中国政府参加的国际公约、签订的协议中规定免税的所得。

(10)经国务院财政部门批准免税的所得。

对个人转让自用5年以上、并且是家庭唯一生活用房取得的所得,免征个人所得税;部分公民通过假离婚避税。

银行利息、基金分红、股票转让差价所得目前免税。

股票分红:持股一个月内20%,持股一个月至一年10%,持股一年以上5%。

企业债:个人在债券付息前卖掉可以避税。

二、国外个人所得税税收制度

个人所得税按其税制特点可分为综合所得税、分类所得税和混合所得税制。其中综合税制在全世界占据了主导地位。目前在欧洲,除了葡萄牙、英国采取混合税制模式外,其他国家都采取综合税制;在美洲,大部分国家和地区实行综合税制;在非洲,只有苏丹实行分类税制;在亚洲,只有中国、也门、约旦、黎巴嫩实行分类税制。

中国香港

按家庭和年收入纳税。减免额:108 000+108 000(配偶)+60 000×(赡养伤残人数)+30 000×(赡养第1~2个子女、父母、祖父母、兄弟姐妹人数)+15 000×赡养第3~9个子女数。

全年应纳税所得额	税率(%)	全年应纳税所得额	税率(%)
3.5万元	2	超过10.5万元至14万元的部分	17
超过3.5万元至7万元的部分	7		
超过7万元至10.5万元的部分	12	合计最高	15

在香港,家庭年收入40万港元,抚养两个孩子,要纳税10 580港元,税率2.6%。

德国

按家庭和年收入纳税,按主要居住地纳税。在德国,个税起征点每年都要做一次微调,以保障公众收入不受影响。德国税制的特点是减免项目很多,如抚养子女、赡养父母、残疾人、前夫/前妻抚养费、宗教税、慈善捐款、政党捐款、政党费、职业培训费、第一学位的学费、注册费、考试费、教材费、学习材料费、路费、外宿费等、专业学会会费、专业书籍、工作支出[工作室(在家工作人员)、上下班路费、工作服等]、家政服务费、贷款等,均有上限和收入百分比上限。

免税额:单身:8 354欧元,结婚:16 708欧元。

德国有6种税卡(见表4),根据婚姻状况、夫妻收入差异、有无子女、是否是兼职等情况要缴纳不同的税率。

表4　德国税卡种类

级别	税率	适用人员
1级	中	单身者(或者配偶/孩子不在德国的)
2级	低	如上,但有子女在德国的
3级	低	已婚,配偶不工作或拿五级税卡
4级	中	已婚,两人可同时拿四级税卡
5级	高	已婚,配偶三级税卡
6级	高	第二张以上税卡(适用于兼职者)。工资低的交6级

该税卡制度值得中国借鉴。

表5是德国单身职工税率表,可以看出随着起征点的提高,职工的税负在逐年下降。

表5　德国单身职工税率表(德国的小数点代表逗号)

待纳税年收入	2010—2012			2013			2014		
	税额	税率	最高税率	税额	税率	最高税率	税额	税率	最高税率
8.500 €	71 €	0.84%	14.90%	53 €	0.62%	14.69%	20 €	0.24%	14.28%
9.000 €	148 €	1.64%	15.82%	128 €	1.42%	15.62%	94 €	1.04%	15.26%
9.500 €	229 €	2.41%	16.73%	209 €	2.20%	16.56%	173 €	1.82%	16.23%
10.000 €	315 €	3.15%	17.64%	294 €	2.94%	17.49%	256 €	2.56%	17.21%
11.000 €	501 €	4.55%	19.47%	478 €	4.35%	19.36%	438 €	3.98%	19.15%
12.000 €	705 €	5.88%	21.29%	681 €	5.68%	21.23%	639 €	5.33%	21.10%
13.000 €	927 €	7.13%	23.11%	903 €	6.95%	23.09%	860 €	6.62%	23.05%
14.000 €	1.165 €	8.32%	24.21%	1.141 €	8.15%	24.21%	1.098 €	7.84%	24.21%
15.000 €	1.410 €	9.40%	24.67%	1.386 €	9.24%	24.67%	1.343 €	8.95%	24.67%
16.000 €	1.659 €	10.37%	25.13%	1.635 €	10.22%	25.13%	1.592 €	9.95%	25.13%
18.000 €	2.171 €	12.06%	26.04%	2.147 €	11.93%	26.04%	2.104 €	11.69%	26.04%
20.000 €	2.701 €	13.51%	26.96%	2.677 €	13.39%	26.96%	2.634 €	13.17%	26.96%
22.000 €	3.249 €	14.77%	27.87%	3.225 €	14.66%	27.87%	3.182 €	14.46%	27.87%
24.000 €	3.815 €	15.90%	28.79%	3.791 €	15.80%	28.79%	3.748 €	15.62%	28.79%
26.000 €	4.400 €	16.92%	29.70%	4.376 €	16.83%	29.70%	4.333 €	16.67%	29.70%
28.000 €	5.004 €	17.87%	30.62%	4.980 €	17.79%	30.62%	4.937 €	17.63%	30.62%
30.000 €	5.625 €	18.75%	31.53%	5.601 €	18.67%	31.53%	5.558 €	18.53%	31.53%
32.000 €	6.265 €	19.58%	32.45%	6.241 €	19.50%	32.45%	6.198 €	19.37%	32.45%
34.000 €	6.923 €	20.36%	33.36%	6.899 €	20.29%	33.36%	6.856 €	20.16%	33.36%
36.000 €	7.599 €	21.11%	34.28%	7.575 €	21.04%	34.28%	7.532 €	20.92%	34.28%
38.000 €	8.294 €	21.83%	35.19%	8.270 €	21.76%	35.19%	8.227 €	21.65%	35.19%
40.000 €	9.007 €	22.52%	36.11%	8.983 €	22.46%	36.11%	8.940 €	22.35%	36.11%
42.000 €	9.738 €	23.19%	37.02%	9.714 €	23.13%	37.02%	9.671 €	23.03%	37.02%
44.000 €	10.488 €	23.84%	37.94%	10.464 €	23.78%	37.94%	10.421 €	23.68%	37.94%
46.000 €	11.256 €	24.47%	38.85%	11.232 €	24.42%	38.85%	11.189 €	24.32%	38.85%
48.000 €	12.042 €	25.09%	39.77%	12.018 €	25.04%	39.77%	11.975 €	24.95%	39.77%
50.000 €	12.847 €	25.69%	40.68%	12.823 €	25.65%	40.68%	12.780 €	25.56%	40.68%
55.000 €	14.928 €	27.14%	42.00%	14.904 €	27.10%	42.00%	14.861 €	27.02%	42.00%
60.000 €	17.028 €	28.38%	42.00%	17.004 €	28.34%	42.00%	16.961 €	28.27%	42.00%
65.000 €	19.128 €	29.43%	42.00%	19.104 €	29.39%	42.00%	19.061 €	29.32%	42.00%
70.000 €	21.228 €	30.33%	42.00%	21.204 €	30.29%	42.00%	21.161 €	30.23%	42.00%
80.000 €	25.428 €	31.79%	42.00%	25.404 €	31.76%	42.00%	25.361 €	31.70%	42.00%

表头：2010 至 2014 德国所得税纳税表(基本税率)

（续表）

待纳税年收入	2010—2012			2013			2014		
	税额	税率	最高税率	税额	税率	最高税率	税额	税率	最高税率
90 000 €	29 628 €	32.92%	42.00%	29 604 €	32.89%	42.00%	29 561 €	32.85%	42.00%
100 000 €	33 828 €	33.83%	42.00%	33 804 €	33.80%	42.00%	33 761 €	33.76%	42.00%
110 000 €	38 028 €	34.57%	42.00%	38 004 €	34.55%	42.00%	37 961 €	34.51%	42.00%
120 000 €	42 228 €	35.19%	42.00%	42 204 €	35.17%	42.00%	42 161 €	35.13%	42.00%
130 000 €	46 428 €	35.71%	42.00%	46 404 €	35.70%	42.00%	46 361 €	35.66%	42.00%
140 000 €	50 628 €	36.16%	42.00%	50 604 €	36.15%	42.00%	50 561 €	36.12%	42.00%
150 000 €	54 828 €	36.55%	42.00%	54 804 €	36.54%	42.00%	54 761 €	36.51%	42.00%

2010 至 2014 德国所得税纳税表（基本税率）

所有数额计算时间均为一年

美国

按家庭和年收入纳税，实行单一的超额累进税率，采用 10%～35% 六级税率。

2009 年一个四口之家，只要家里的两个孩子都不满 17 岁，年所得即使是高达 5 万美元也不必缴纳联邦所得税。夫妻联合报税的标准减项金额为 1.14 万美元，四口人每人的免税额为 3 650 美元，合计为 14 620 美元。这个家庭的报税收入为 2.4 万美元，应缴纳的联邦所得税金额是 2 768 美元。两个 17 岁以下的孩子每人可以享受到 1 000 美元的儿童免税额，夫妻联合报税可享受到的工作减税额为 800 美元，以上各项减税合计为 2 800 美元，所以不用交税。

三、存在的问题

综合所得税率制度充分考虑了婚姻、家庭负担、捐款支出等因素，更加体现了公平纳税原则。而我国个人所得税无视具体情况采取一刀切的做法虽简单易行，但它没有考虑地区差异，也未考虑家庭总收入以及赡养老人、抚养子女等情况，对收入相同而纳税能力不同的纳税人也适用相同的税率，实际上违背了税收公平原则。主要存在以下问题：

（1）个人所得税征收未考虑中西部、大中小城市房价和物价的差别：一二线城市生活成本比三四线城市要高很多，用相同的减免额不公平。

（2）起征点（3 500 元）未跟随物价指数上涨而增加（德国个人所得税纳税起征点每年随物价指数上涨而增加）。

（3）相同的年收入，月收入不均的职工要多纳税：甲月收入 3 500 元，不需纳税；乙 1—6 月无收入，7—12 月月收入 7 000 元，两人年收入一样多，但乙需纳税 1 470 元。

（4）相同的年收入，夫妻收入不均的家庭要多纳税：甲家庭丈夫年收入 40 万元，妻子无收入，要纳税 7.74 万元，税率 19%；乙家庭夫妻二人各收入 20 万元，只要纳税 5.49 万元，税率 13.7%。

（5）中国公民与外国人纳税减免额不一致：目前我国公民的减免额是 3 500 元，而外国人是 4 800 元，中国公民要比外国人多纳税。

（6）劳务报酬所得、稿酬所得、特许权使用费所得、财产租赁所得的减除费用不合理：本条例的减除费用本来是针对那些没有月工资收入的人员，但 800 元是我国开始实行个人所得税时的数额，目前已增加至 3 500 元。另一方面,目前一些有月工资收入的人员(他们已经享受了每月 3 500 元的减免)也享受了该项减免,由于有减除 800 元或 20% 费用的优惠,甚至有部分人采用多人领取或多月领取的形式逃税。

(7) 未考虑配偶、父母、兄弟姐妹赡养费用,子女抚养和教育费用,房贷和捐款情况:国外对相关支出均有税收减免。

(8) 综合收入高、应税所得来源多的人税负轻,综合收入低、应税所得来源少的人税负重:原因是我国按分类所得进行纳税,不像绝大部分国家按综合收入进行纳税。

(9) 企业债利息收入个人所得税不合理:目前国债、金融债券、银行存款、银行理财产品利息均免交个人所得税,企业债在付息前抛出也可避税。

(10) 年终奖会产生"多拿少得"的现象:先将雇员当月内取得的全年一次性奖金,除以 12 个月,按其商数确定适用税率和速算扣除数。

应纳税额=雇员当月取得全年一次性奖金×适用税率-速算扣除数

该公式应该使用年速算扣除数(月速算扣除数×12),表 6 是月速算扣除数和年速算扣除数对比。

表 6　月速算扣除数和年速算扣除数对比

全月应纳税所得额(元)	税率(%)	月速算扣除数	年终奖(万元)	年速算扣除数
不超过 1 500	3	0	≤1.8	0
1 500 至 4 500	10	105	1.8—5.4	1 260
4 500 至 9 000	20	555	5.4—10.8	6 660
9 000 至 35 000	25	1 005	10.8—42	12 060
35 000 至 55 000	30	2 755	42—66	33 060
5.5 万至 8 万	35	5 505	66—96	66 060
超过 8 万	45	13 505	>96	162 060

由于使用了月速算扣除数,造成多拿 1 元年终奖、多纳几万元税的不合理现象。如表 7 所示,由于未考虑月收入情况,月收入低的职工要多纳税,因为月收入低的职工每月 3 500 元的减免额没用足;月收入高的职工反而少纳税,因为月收入高的职工可能已达到 20% 的纳税线,但年终奖重新按 3% 开始起征,这很不公平(见图 1、图 2)。

表 7　年终奖多 1 元钱多纳税情况

年终奖(元)	纳税额(元)	多纳税(元)
18 000	540	
18 001	1 695.1	1 155.1
54 000	5 295	
54 001	10 245.2	4 950.2
108 000	21 045	
108 001	25 995.25	4 950.25
420 000	103 995	

年终奖(元)	纳税额(元)	多纳税(元)
420 001	123 245.3	19 250.3
660 000	195 245	
660 001	225 495.35	30 250.2
960 000	330 495	
960 001	418 495.45	88 000.45

四、完善我国个人所得税的建议和对策

1. 实行分类与综合结合的混合税制

将工资薪金所得、生产经营所得、劳务报酬所得、财产租赁所得等有较强连续性或经常性的收入列入综合所得的征收项目,制定统一适用的累进税率;对财产转让、特许权使用费、利息、红利、股息等其他所得,仍按比例税率实行分项征收。

(1)按年收入纳税:按年计算,分月预缴,年度终了后3个月内汇算清缴,多退少补。

优点:解决了月收入不均人群的多纳税问题;避免了综合收入高、应税所得来源多的人税负轻,综合收入低、应税来源少的人税负重的现象,解决了年终奖"多发少拿"的现象。

存在的问题:需建立全国联网的个人收入信息系统,杜绝一人多个身份证或户口的现象,在其他城市上缴的税款,需与纳税人居住地所在城市进行结算。

(2)以家庭为纳税单位:按家庭住址纳税,纳税前减免配偶、父母、祖父母和兄弟姐妹赡养费,减免子女抚养及教育费。

优点:按家庭课税能更好地体现公平这一税收基本原则,避免了夫妻收入不均的家庭多纳税现象,减轻了有子女扶养、老人赡养家庭的负担。

存在的问题:需建立全国联网的个人收入信息系统,夫妻如在不同城市工作,需由工作城市向居住地税务局纳税;如果纳税人隐瞒配偶、父母及祖父母收入,如何稽查。

2. 现阶段使我国个人所得税更加公平、合理的建议

(1)由收入免税改为支出免税:取消部分税收减免条款,例如政府特殊津贴、院士津贴、资深院士津贴,省级人民政府、国务院部委和中国人民解放军军以上单位,以及外国组织、国际组织颁发的科学、教育、技术、文化、卫生、体育、环境保护等方面的奖金等。增加子女扶养,老人、兄弟姐妹赡养,捐款,贷款等的减免。

(2)根据物价上涨指数每年增加减免额。

(3)各省、直辖市和自治区按照不同地区的物价差异制定减免额。

(4)我国公民与外国人实行统一的减免额:目前我国公民的减免额是3 500元,而外国人是4 800元,建议统一减免额。

(5)取消劳务报酬所得、稿酬所得、特许权使用费所得、财产租赁所得的减除费用,但对无月工资收入的人员每月减除3 500元或按年收入纳税。

(6)减免企业债利息个人所得税:目前国债、金融债券、银行存款、银行理财产品利息均免税;企业债在付息前抛出也可避税,为了鼓励个人长期持有企业债,建议减免企业债利息个人所得税。

（7）避免年终奖"多发少得"的建议。

① 使用年速算扣除数（月速算扣除数乘以12），可以避免年终奖"多发少得"的现象，图1、2是职工年收入分别为6万元和24万元时，不同年终奖比例的纳税情况。本方案的缺点是未考虑职工月收入情况，对月收入3500元的雇员是合理的，对低收入雇员不够公平（见图1）。

② 企业在12月底发放年终奖时，将年终奖与当年12个月合计收入相加，按职工年收入进行纳税。该方案较为公平，但要求企业在当年12月统计职工全年业绩有难度。

③ 如企业在年初发放年终奖时，将年终奖与去年12个月合计收入相加（不包含去年初发的年终奖），然后按职工年收入进行纳税。

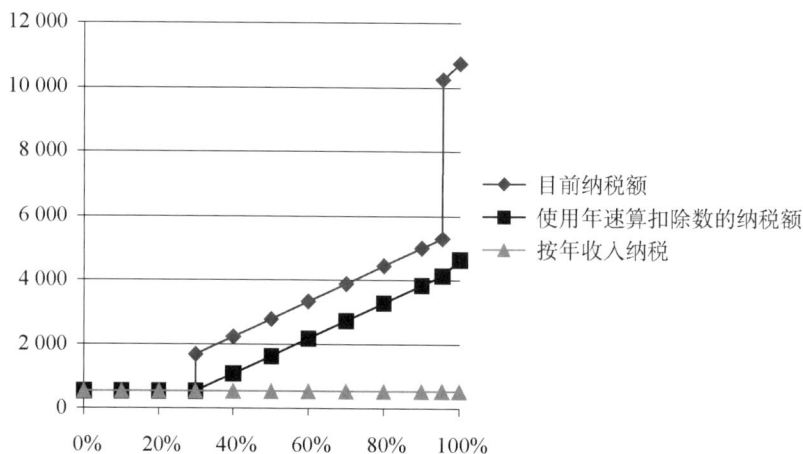

图1 职工年收入6万元时，不同年终奖比例和三种年终奖纳税方案的纳税情况

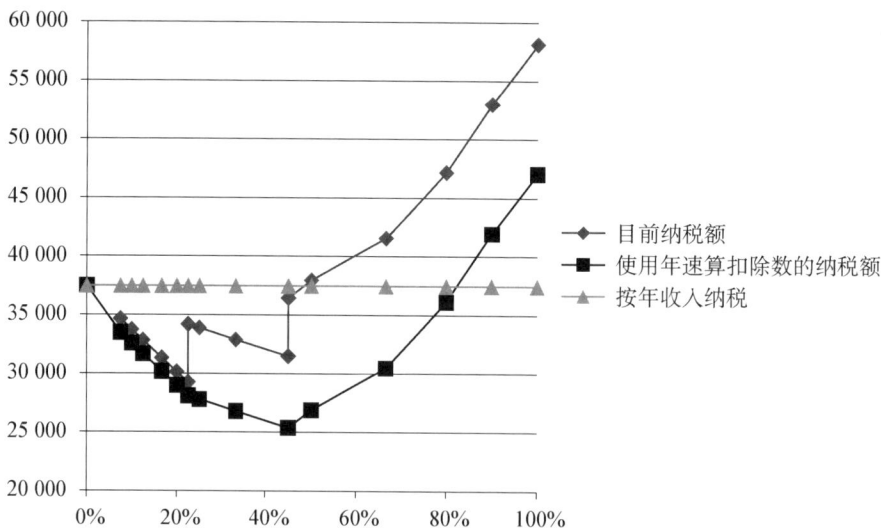

图2 职工年收入24万元时，不同年终奖比例和三种年终奖纳税方案的纳税情况

（九三学社上海市委招标课题，陈　迪执笔，2015年1月）

"高校论坛"论文选登

关于提高我国高等教育质量的一点思考

九三学社上海交通大学委员会

我国的高等教育质量怎么了？从 1977 年恢复高考制度以来，30 多年过去了，是什么影响和制约着我国高等教育质量？许多人都在盼望何时能在我国本土出现科技界的诺贝尔奖得主，但事实上，我国可能离这个目标越来越远。原因何在？十七大报告提出我国未来一个时期高等教育的中心任务就是"提高高等教育质量"。许多部门、许多高等教育的主管人员和专家都在探索和寻找原因。教育部高等教育司张尧学同志就这个问题的思考是：①应建立多渠道投入机制；②如何充分发挥教授在大学的学术与管理中的作用？③人才培养应以能力为主；④通过加大国际交流来提高创新性。这些思考是有益的，我认为是提高高等教育质量的几个重要举措。但是，这只是高等教育层面的一部分举措。影响高等教育质量的因素不只出在高等教育这一个层面上。我们不应该"头疼医头"、"脚痛医脚"。那么更深层次的问题出在哪里？下面提出个人的一点思考。

一、影响高等教育质量的三大因素

1. 社会因素

我不讲那些无关痛痒的因素。事实上，我国社会大环境对高等教育影响非常大。首先是我们大多数家长受周围环境影响，从孩子很小的时候就灌输"考上大学就完成任务"的理念。其次，家长在孩子考大学的时候，想方设法上一个好就业的所谓"有前途"的专业。很少有人关注并照顾到孩子的兴趣。我们经常看到，一个大学生甚至研究生和少量的博士生都不知道为什么选择他的这个专业学习。所以在我国出现了奇怪的现象：不管考什么，大家习惯了主要是"考家长"。

2. 初等教育因素

我国的初等教育非常失败，这甚至就是影响"高等教育质量"的一个最主要的因素。我认为，初等教育失败的主要原因是：学制太长，抓得太紧。之所以会"抓得紧"主要原因在高考制度这个指挥棒上。我不知道一个人能不能长期将弦绷得太紧，初等教育如此之"紧"带来的后遗症就是：上了大学就像"鸟儿飞出了笼"。初等教育的"紧"完全是在家长监督下的被逼无奈,不是个性使然。

这个时期的问题是——该"松"的时候"紧"了。

3. 高等教育因素

高等教育的扩招,主管部门没有足够的心理准备是事实,但不是主要原因。主要原因是:我们再也没有办法像初等教育阶段那样,人为地将孩子关进笼子里。但在高等教育阶段,至少需要将学生的"心"收在笼子里。这就需要将学习兴趣、学习能力、研究能力和社会责任感建立起来。这方面应该遵循高等教育规律,不能"摸着石头过河",更不能"只知其一,不知其二"地引进。将孩子的心收在笼子里的方法就是在高等教育之前,一直将孩子放飞。

这个时期的问题是——该"紧"的时候实际上"松"了。

二、提高高等教育质量需要在解决三大方面的问题上下功夫

1. 怎样解决社会因素方面的问题?

这个问题涉及全民素质的提高和整体社会环境的改变,是一个需要长期艰苦努力的过程。

但是,影响我国高等教育的有些社会环境是可以改善的。例如向全社会灌输初等教育的"松"和高等教育的"紧"才是成才之道,孩子需要各种社会能力,上大学将真正有兴趣的专业作为首选而不仅仅考虑就业,等等。做到这一点需要下决心改变初等教育的内容和方式,改革高考制度。

现在的高考制度适合精英选拔,但现在我国的高等教育招生已经大众化。我相信:指挥棒改变了,社会环境自然会有所改变。

2. 怎样解决初等教育因素方面的问题?

近30年来,绝大多数人以为我国的初等教育很成功。持有这种认识的主要原因是:我国中小学生学得多、学得全、学得深。其实,正是因为"学得多、学得全、学得深",才显得更加的不成功。主要理由为:

(1)"多、全、深"不利于中小学生这个特定时期的身心健康。

(2)那些"多、全、深"的内容充满了重复和重叠,甚至"无用"(因为上了大学以后,那些内容就显得那样的简单)。

(3)"多、全、深"剥夺了中小学生社会实践能力的培养机会(据悉,成为我国经济中上游企业的老板大部分都是那些当年考不上大学的孩子)。

正因为上述原因,所以才会导致现在高等教育教出来的学生基本是眼高手低的、"四不会"的"书呆子"。这里的"书呆子"不是传统意义上的书呆子,只是没有学到真本领的、没有社会实践能力的、甚至没有社会责任心的人。

初等教育亟待改变。改变的方式是遵循这个时期孩子的特点,简化中小学教育,改革高校招生考试制度。具体建议如下:

(1)缩短培养周期,简化教学内容。我们不应该将人的一生最重要的时间过多地浪费在初等教育阶段。这个阶段九年就足够了。

(2)增加启发式、发现式社会教学环节。

(3)改革高考制度(原高考制度适合精英选拔,不适合大众选拔)。在高考制度改革上,我建议:精英选拔、大众选拔并重。

这个阶段就是想方设法让学生在学习上"松"下来。

3. 怎样解决高等教育因素方面的问题？

这个时期的目标就是想方设法让学生在学习上自觉地"紧"起来。

（1）从课程设计入手，强化全员理科课程要求，坚持标准。

（2）真正实行学分制。增加社会实践学分要求，可以学习加拿大滑铁卢大学，要求本科生去企业实践一年。

（3）教授授课。每位教授领衔一门主打课程，坚持标准，建立课程标准题库。这样才能真正实行学分制。反对那些建立课程网站、网络互动学习方式。

（4）宽进严出，尤其适合博士生。这方面只要进行基本水平考试即可，例如博士生报考基础研究学科只需要考"数学基础"（可以命题，也可以自拟，但只就一个问题展开研究）＋"外语"，考工程开发只需考"相关工程开发实例"（可以命题，也可以自拟，但只就一个问题展开研究）＋"外语"。可以先在博士生招生中试行。

（5）增加研究生数量，尤其是研究型大学。提高研究生待遇，尤其是博士生待遇。考虑到我国实际情况，建议研究生阶段要当作国家公务员一样给予待遇。

（6）基础研究和工程开发分离管理，增加基础研究数量。

（7）高校不宜提"产学研"，以戒浮躁。尤其是研究型大学。如果大学搞产业，那就是学校行为，不宜对教授提倡"产学研"。

（8）给基础研究教授每年固定的办公经费和学术活动经费。

（九三学社上海市委第 39 次"高校论坛"，曹珍富执笔）

汽车尾气净化器制造关键技术及成套装备

九三学社上海交通大学委员会

世界上 30 个空气污染最严重的城市 16 个在中国,城市大气污染中 1/2 来自机动车尾气排放。我国汽车产业发展迅速,保有量超过 1.5 亿辆,其中 70% 以上属高能耗、高污染排放车辆。由于我国尾气治理起步较晚,仅通过改善发动机缸内燃烧,无法满足严格的排放法规,导致我国每年 600 多万儿童和老年人因此引发呼吸道等疾病,100 多万人引发癌症等过早死亡。尾气净化器作为污染物排放控制的最后一道防线,已关系到城镇居民的安危。净化器核心技术和制造装备一直为国外垄断。由于进口净化器价格过高,国产的性能差、寿命短、产量低,导致约 1 亿机动车辆尾气不能有效处理。因此,高性能、低成本的新型净化器及其成套制造装备已成为制约我国城市大气污染控制的瓶颈。

实现净化器及其制造装备的国产化,存在以下技术挑战:

挑战一:高性能、低成本新型净化器设计

催化剂和反应器是决定尾气净化效率的两个重要因素,发达国家在催化剂配方研制方面具有 30 年的历史,已研制出成熟的配方,我国则起步较晚。但在反应器结构设计方面,国内外产品存在明显的缺陷,流道内存在尾气流动黏滞区,导致净化器载体中心部分老化快,边缘区域利用率低,这在欧美净化器上由于催化剂性能好,表现并不明显,但国产的催化剂载体上明显导致"黑烟囱"现象——边缘区域颗粒沉积、净化率下降。如何基于我国现有催化剂水平,通过设计新型的优化结构,消除流道速度死区,实现催化剂均匀消耗和最优净化率,让国产净化器达到国际同类水平,是本项目面临的挑战之一。

挑战二:尾气净化器制造成套装备技术

成套引进存在以下问题:国外有完整成套的净化器制造技术和装备,但一条生产线只能制造一个型号的净化器专机产品,生产效率 50 万～100 万套/年。但我国 4 大龙头汽车企业(以 2006 年为例)年产量也只在 30 万辆左右(如上海通用 36 万辆,一汽大众 34 万辆,上海大众 34 万辆,奇瑞 27 万辆),另外每个企业都有 10 个以上的净化器品种,进口一套生产线的价格在 1～1.2 亿元左右,我国大大小小的汽车生产企业有 300 多家。显然,进口装备不能满足我国汽车产业的需求,自主研发是必经之路。自主研发存在以下问题:国外一套净化器生产线只能制造一个型号,我国国情是多品种小批量,需要在同一条生产线上生产多种型号的净化器,组成生产线的每一台设备都能柔性化生产,其复杂程度和难度都远远高于国外。如何设计制造出能够满足我国净化器多品种适应性需求的成套制造装备,是本项目面临的又一重大挑战。

本项目在国家 863 计划、自然科学基金、上海市重大项目等支持下,通过对净化器创新结构设计、自动化柔性生产线制造和在线质量控制等关键技术及装备历经近10年的产、学、研联合攻关,研制成功了我国第一条年产20万套尾气净化器的柔性生产成套装备,满足了我国汽车多品牌对净化器品种多样化的需求,填补了国内空白。已为国内企业制造了8条生产线,为上海通用、大众、奇瑞等公司配套生产净化器200多万套。该研究成果被评为中国机械工业科技进步一等奖,上海市科技进步二等奖。

(九三学社上海市委第40次"高校论坛",刘成良执笔)

大学教育与创新型人才培养

九三学社上海交通大学委员会

培养创新人才是时代的要求，国家的要求，人民的要求。把高等院校建设成为创新人才的培养基地是当务之急。培养创新人才必须建设好创新人才的培养体系，而创新人才的培养体系建设和整体改革目前重在探索办学理念、教学理念、培养模式和管理机制的全方位创新，努力形成有利于多样化创新人才成长的培养体系，不断提高人才培养的质量。

2007年10月12日哈佛校长德鲁·福斯特（Drew Faust）在任职演说中说道："一所大学的精神所在，是要特别对历史和未来负责——而不单单或者仅仅是对现在负责。"一所大学关乎学问（learning），"影响终生的学问，将传统传承千年的学问，创造未来的学问。一所大学，既要回头看，也要向前看，其看的方法必须也应该与大众当下所关心的或是所要求的相对立。大学是要对永恒做出承诺。"

高校的办学理念当以此为宗旨。如果学校领导对办学理念的认识只是停留在口头上，实际在政策和考核上都不重视教学，教师对为人师表、教书育人不是时时放在心上，如何谈得上培养创新人才？因此，纠正对办学理念的偏离，树立对历史和未来负责的精神是教学改革的首要任务。

什么样的人才可以称得上是创新人才？按我们的理解，"知识＋能力＋创新思维＝创新人才"。创新不是空中楼阁，创新也不是随心所欲。创新是科技进步的产物，没有知识不能创新，没有能力不能创新，没有与众不同的创新思维，也无法在实践中研发出新事物。过去对培养体系的要求，如提高观察世界、认识世界、改造世界的能力，如培养发现问题、提出问题、分析问题、解决问题的能力等，都是不可或缺的。

对创新人才的培养可以有不同的模式。因材施教，与时俱进，需要持久不断地研究探索，不可能毕其功于一役。

例如，对于工科学生来讲，以课题带动知识学习，尽早参与课题研究与实验，可以使学生摆脱让人深恶痛绝的被动应试教育的学习方式。

以下，针对培养模式、培养体系中存在的部分问题，提出我们的思考与建议。

1. 克服应试教育的弊病，选拔可造之才

在高等教育尚未普及的情况下，既然要培养创新人才，在招生中就要千方百计地招收可造之才。许多学校在自主招生及计划招生中已做了很多工作。这里的建议是考虑能否通过招生克服应试教育的严重影响。

应试教育的弊病已经越来越严重地在学生中暴露出来。应试教育的不良后果就是：

（1）为了应付高考，偏离教育方针，把许多中小学就应该掌握的知识和技能筛除。这并不是指中小学没有这方面的课程或安排，而是指为了应试，教师和学生包括家长都有意无意地忽略或放弃了那些往往是作为一个有文化的人必须具备的知识和能力。

（2）应试教育导致学生的思维和记忆方式的变化。我校学生普遍存在着"一学就会，一考就好，一放就忘"的情况。不少学生能够在一到两天的时间准备好考试（平时可以不听不读不做），并取得比较好的成绩，但是时隔几个月就把课程学习中应该掌握的内容忘得一干二净。目标既然是应试，所学的知识如何付诸于实践，如何与其他知识融会贯通等深化知识体系的环节也就无暇顾及了，因此也就出现了"高分低能"的现象。

（3）过度的应试教育降低了学生的创新能力。学生把主要精力耗费在应付高考的几门课中，日常生活比较单调、枯燥。家长把学生日常的饮食起居全部包下来，以陪读的方式全力以赴地为子女的高考服务，这已经成为天经地义的社会普遍现象。学生缺乏独立生活的基本能力，也不关心高考之外的任何事情，因此缺乏观察世界、认识世界、改造世界的能力。创新在于有所发现，创新在于实践活动。没有发现的能力和实践的能力，也就没有了创新的能力。

但是高考无法取消，应试教育还会继续存在。现在我们能够有所作为的是，在应试中增加能力的考核，迫使学生、家长和老师注重知识的掌握与应用，思想方法的活跃与严谨，把理念付诸实践并通向成功的能力与意志。因此，我们在自主招生的面试中对学生提出诸如洗衣机的组成、自行车为什么能向前进、冰箱和空调的原理、冰箱能否当空调用之类的问题，无非是考察学生观察世界、认识世界的能力。当然，提问的结果不理想。但是如果把这类问题以及其他与能力相关的问题作为考试的一部分，那么今后的学生就会主动增强在这方面的能力，而且这也会弥补现在应试教育的不足。

现在，虽然在高考中也含有实验能力的内容，但是如果把这些内容一成不变地固定下来，学生只需把这些应试内容背出来就可以顺利过关。这样做还是不能体现学生的真实能力，不利于发现真正的人才。因此在这方面，应该增加自主动手实验以及如何处理实验中出现的问题的考核。

当然对于这种灵活多变的考试，如何体现公平公正则是任何形式的招生中最重要的。

2. 培养满足社会需求的人才

学生毕业以后的出路，直接影响生源和培养体系的建设。

社会对不同专业的人才的需求量是不同的，而且是动态变化的。招生计划和培养计划未必能准确地预测社会的需求。学生的知识体系应该能适应社会的需求，能在社会上获得良好的生存与发展的环境和资源。许多学校针对这种情况开设了选修课、第二专业、双学位等多种培养渠道，拓宽学生的知识体系。但是，中国人民大学唐钧的研究表明，对自己将来的发展做出规划的大学生只占 37.7%，还有 60% 以上的毕业生对自己的发展没有做出规划。号称"工程师的摇篮"的高等院校的毕业生，需要经过职业培训才能找到工作，这无疑是对我国高等教育的尖锐讽刺。正如一些高校毕业生所言，"大学教育与人才市场严重脱轨"。由此可知，大学教育对职业技能的培养所缺甚多，甚至对学生的自我规划也缺乏指导。这些本该是大学生必须具备的能力和专业技能，还是应该由高校来完成。

许多学生在选择深造的机会中，往往最优秀的学生选择直升硕士，二流的学生才选择直接攻博，原因就在于博士生的就业难。讲得重一些，可能就是博士生的培养目标与社会需求有不适应之处。如果不仅要求博士生的研究在理论上有创新和突破，而且要求在社会效益和经济效益上有创新和突破，博士生的出路可能就会好一些，博士生的生源也会好一些。

3. 对本科培养体系的建议

各个高校都有自己的老传统或自己的办学特色，这些都是校园文化和教育传承的历史的积淀，其中有许多如何培养人才的真知灼见。例如,上海交大的传统是"门槛高、基础厚、要求严、重实践、求创新"。我们体会到这是对创新人才培养体系的最好概括,坚持下去必有好处。上海交大的特色则是"动手能力强"。这也是长期以来,人们用一个字——"牛"——来概括交大学子的原因。坚持这些传统与特色,并加以发扬光大,对自己的学校,对建立自己的培养体系是有百利而无一害。建设培养体系要抓根本,下面就我们在长期教学实践中体会到的一些带有根本性的问题提几点建议。

(1)"授之以鱼,不若授之以渔。"通识教育应该从限制修几门通识课程的注重形式转化成注重思想方法,注重知其所以然。任何一门课程,只要能在传授知识的同时,采用合适的方法进行"传道授业解惑"以提高学生观察世界、认识世界、改造世界的能力,那么这门课就是通识的。

有的老师仅满足于对数学公式的推导和证明,而不注意讲解数学公式对现实、对专业的实际作用和意义,这对学生深入理解和灵活运用传授的知识不利。

(2)理论与实践的联系要加强。当初,因为扩招而导致的"大一"做"大二"的物理实验或"大二"才做"大一"的物理实验,这种情况应该禁止和杜绝。在课程中,安排适当的实践性较强的作业对学生的启迪作用是很大的。

例如,在算法课程中,让学生花费一定的时间研究求解一两个NP完全问题或世界难题,对学生全面深入地掌握算法思想和技术是非常有效的。在数据库课程中,最后让学生完成一个多媒体数据库应用的作业,对学生的软件开发能力的影响极大。

再如,学生的本科生研究计划PRP(Participation in Research Program,以下简称PRP)是一个相当好的实践机会,能提高学生自主学习的能力、实践的能力和创新的能力。一至三年级本科学生,也包括少数专业的四年级学生,可以自己申请立项。当然,学生立项须聘请指导教师,提交后须经指导教师审核并获得批准方能申请成功。上海交大的PRP计划目前在研人数2 000不到,相比近万名在校本科生来讲比例还不高。这一形式对于推广学生创新实践活动是非常有益的,建议加大力度,提高学生和老师的参与度。同时在时间的限制方面,适当放宽尺度,让学生在一个项目研发中经历一个较全面的过程。在这一基础上,将会有更优秀的学生参与到更高创新人才的实践活动中。

(3)加强金字塔式的动态培养模式。顶尖人才永远只是少数。但是一流大学应该建设培养顶尖人才的环境,让人才能够冒尖。许多学校做了大量的工作,如办"联读班"、"试点班"、"基地班"等等,但是对科研领域的覆盖还不够,如对基础理论研究的覆盖。在这些班中,如果能实施动态培养,即把不合格的学生随时淘汰出去,让优秀的学生随时能加入进来,既给了有前途的学生以发展的机会,又让落伍者及时另谋出路,就能真正做到人才荟萃,人尽其才。

为顶尖人才的培养应提供更充足的资源,如对大型设备、超级计算机等的使用广开方便之门,给予学生更广阔的发展平台。

(4)注重交叉学科人才的培养。现在学科交叉是最容易出成果的。但是交叉学科的培养也是很难的。如果按统一规定只学140个学分,对交叉学科实在是勉为其难,导致的结果是只学了一点皮毛,无法深入。多的是"万金油",缺的是"金刚钻"。希望在交叉学科的规定方面适当放松限制或延长学制。

(5)利用学校与国际知名大学的协作,鼓励学生出国交流;鼓励学校与国际知名企业建立联合实验室或研究基地,推动与国际知名企业的联合人才培养、技术培训机制。

4. 对研究生培养体系的建议

(1)扩大导师招生的自主权。学生的水平关系到导师的产出。导师在学生录取之前和学生的接触少,了解少,招进来后才知道其不足,就迟了,无法再改变。因此在双向选择之前,应该给导师和学生一段时间,并提供机会增进师生之间的相互了解。

（2）目前有些学校硕士论文及答辩没有成绩评定分类,只有通过和不通过的结论,没有质量上的等级差别,不利于优秀人才培养和督促学生精于学业。现在的硕士生不少人的目标只是找一份好工作,没有论文质量要求会直接导致学生修完学分后就将主要精力放在求职上,最后的论文草草交稿,影响了研究生培养质量。因此建议,对硕士论文答辩增加优良等级的评定。

（3）加强实验室建设,为研究生的科研与创新提供更好的工作环境。一位博士后出站的教师说过一句无可奈何的话:"外国的博士论文是做出来的,而中国的博士论文是读出来的。"意即中国的学生没有实验条件,只有靠看书、阅读资料来完成自己的论文。现在国家比以前富强了,能否在实验室建设上多投入一些。

（4）与国际上的知名大学协作,互派学生,联合培养;与国际知名企业建立联合实验室或研究基地,推动联合人才培养、联合研究课题,给学生提供世界一流的大舞台,拓展视野,抱负全球。

5. 关于重视教学、稳定一线教师队伍的建议

育人是立校之本,是高校持续发展的不竭动力。在创新人才培养体系的建设中,教师是重要的核心环节。没有一流的教师,则该体系的水平也难以有新的突破和发展。没有良好的教学体系作为支撑,学生的创新必定缺乏后劲。学校对发展策略的制定应该通盘考虑,使教学与研究在学校获得相同的发展机遇。而其中教师队伍的稳定成为核心问题。主要表现在:

教学中,长期存在"教授挂名不上课"的现象,在学生中造成负面影响。

资源配置上,不合理的分配体制和资源占有,导致不平等的竞争。"弱势"群体,尤其是许多以教学为主的教师在获得分配资源("985"、"211"等)少或无的情况下,在花费大量精力完成"不上水平"的课堂教学后,却要在同样的水准中去拼课题和SCI考核,不仅疲于奔命,而且成效不显著,进而收入也不佳,工作积极性受挫。

职务晋升中也有不合理的现象。比如,教学系列的教授岗位设置给了引进的以科研为主的人才,而教学为主(或兼顾型)的教师却需要去竞聘研究员。申报教授需要有精品课程,而主持精品课程需要教授的头衔;获得教学名师的教师,晋升职称可得到认可,但申报教学名师一般应具有教授头衔,如此等等,让人无所适从。

实验是培养创新人才的不可或缺的一环。目前对实验室工作不重视,对实验室教师和工作人员的工作不重视已经导致不少实验室的萎缩,而且后继乏人。有的学校对实验工作的工作量考核仅为原来的一半,导致无人愿意承担实验工作。

应该不仅在理念上强调重视教学,而且要落到实处。将学生评教、教学改革、课程建设、优秀教师评选等列入考核分配、晋职等的内容,而且与科研同等权重(对教学型应适当加重),在晋职中给予合理的岗位设置(或者做到按实际情况设置岗位类型,而非仅仅按照领导意志分配设定),重视实验工作,尊重实验室教师和工作人员,制定公正的考核制度,只有让教师和实验室工作人员都能安心于教学岗位,心甘情愿、聚精会神地进行教学,才能真正提高和保证教学质量,从而培养出有知识、有能力的创新人才来。

致谢:参加本课题组成员有钱晓平、陈善本、赵晓东、艾晓杰、蒋丹、曹珍富、陈迪、傅正财、徐勇江、金毅、黄敏、敬忠良、张焰、武天龙、龚汉忠、吴东等,他们为本课题的最后成形定稿提出了宝贵的意见、建议和重要的第一手素材,最后由钱晓平教授整理定稿并作大会发言。对于他们的无私奉献,再次深表感谢!

（九三学社上海市委第41次"高校论坛",钱晓平执笔）

世界一流大学教师队伍建设的目标、内容和措施

九三学社上海交通大学委员会

教师队伍的建设水平是建设世界一流大学的关键要素。"国以才强，校以师兴。"现代大学三大基本职能和国际交往作用的发挥，都离不开一支高水平的师资队伍。无论教学科研、社会服务，还是国际交往，人才是最重要、最根本的条件。只有形成一支结构优化、充满创新活力的教师队伍，才能真正推动高校实现发展目标。

1. 新形势下教师队伍的建设对建设世界一流大学的重要性

随着改革开放、经济发展，国家对教育、科技发展的高度重视，我国的高等教育事业在当前新形势下得到了长足的发展。近年来，国内对高校资金投入加大，高校生源逐步扩招，使得高校的硬件发展尤为迅速。在师资方面，大多数高校都在纷纷引进国内外优秀人才，而且国内几所著名大学，清华、北大、交大、复旦、浙大、南大等都提出了建设世界一流大学的定位和目标。要建设世界一流大学，其中最重要的就是要建设世界一流的教师队伍。正是因为有了世界一流的教师队伍，才能在其中产生世界级的学者，才能不断地处在科研领域引领前沿；也正是有了世界一流的教师队伍，才能培养出世界一流的人才。可以说，有了世界一流的教师队伍，才有可能成为世界一流的大学。

2. 世界一流大学教师队伍的特点

纵观身处世界一流大学的教师团队，首先从教师科研能力角度来看，每年顶级会议和期刊，一流大学中各团队都会有一定稳定数量的高质量论文发表，单从论文的质量、数量就可以表明，该团队正处于该学科的领先地位。而且正因为拥有了这样一批处于学科国际前沿的一流教师，他们对于学术动态高瞻远瞩，使得在对学生的培养引导方面有了更高层次的要求。再从一流大学的学生水平来看，往往在世界一流大学中我们时常可以发现，一些硕士博士都可以发出高水平的论文，能够在某学科中引领前沿。这不得不让我们思考，如何建成世界一流水平的教师队伍？从而可以解决"如何培养世界一流的人才"问题。

3. 世界一流大学教师队伍的建设目标

教研一体——世界一流大学教师队伍，应该是科研与教学二者皆优的人才团队。目前，国内大学教师岗位有科研岗和教学岗之分，要建设世界一流大学的教师队伍，就应该打破藩篱，二者合一。一流的科研人才，不仅要搞好科学研究工作，而且要是好的教育者，担负起发现优秀人才、培养优秀人才的责任。

科研领先——世界一流的教师队伍，应该在各自的科研领域从事前沿性、开创性的创造性科研工作，每年能够在各自领域内公认的一流会议、期刊上发表一定数量的学术成果。

持续发展——世界一流的教师队伍要在各自领域内形成多层次、可持续发展的团队,不断培养新的优秀人才,保证队伍的持续发展。

4. 世界一流大学教师队伍的建设措施

目前我国国内高校教师素质已经有了很大提高,我们预计到 2020 年国内高等教育国际化进程将取得较大的进展,若干所大学将建设成为国际化大学:"985"大学与"211"大学中的若干学院将建设成为国际化学院;外国留学生与外籍教师的数量将大幅度增加;教师的国际培训、国际学术交流将更加频繁与密切;将会由向国外输送学生转至在国内创建国际化平台,由原先学生的国际化转向教师的国际化,由海外华人学者的引进向非华人学者拓展。鉴于此前景,我们认为可以围绕建成世界一流大学的目标,实行分步推进的策略。在 2009—2012 年主要以完善人才资源配置为主,通过引进各学科国际知名优秀学者,逐步建成和完善国内学科团队的基础配置。2012—2020 年完善团队中"自产"优秀人才的培养,并逐步建成学科中引领世界学术潮流的优秀教师团队。具体内容如下:

(1) 引进优秀人才。目前,我国大学在人才引进方面已经取得了较大进展。建设一流的教师队伍,不仅要引进人才,更要吸引人才、留住人才;引进人才不仅要引进华人优秀人才,更要以国际视野引进外籍优秀人才。引进人才只是第一步,重要的是留住优秀人才,切实让优秀人才成为教师队伍的一部分。这方面还有很多事情要做,不仅是待遇、工作环境方面,更要在学术生态、文化生态、学术制度等各方面加强建设,建设一个宽松的、良好的学术环境来吸引人才、留住人才、激励人才。

(2) 培养优秀人才,加快创新团队建设。引进优秀人才只是建设一流教师队伍的一个方面,而不断地培养优秀人才对建设国际一流高校的教师队伍更为重要。通过引进世界高水平人才来带动完善自身的师资队伍才是根本。单纯靠一时引进的人才是建不成世界一流大学的,必须要不断地培养出优秀人才。在目前阶段,可以通过年轻教师的国际化培养来建设教师队伍。

走出去——大学要给有潜力的年轻教师制造机会到国外世界一流大学去研修、去学习,这不仅能提高年轻教师的科研素质,而且能吸收国外世界一流大学的优秀特点。

引进来——大学要积极邀请世界级学者来学校交流访问,通过交流,让更多的教师、学生认知和了解世界前沿科技水平,从而得到激励。通过人才培养,培养出大学"自产"的优秀人才、世界级学者。

(3) 人才流动。世界一流大学的教师队伍,必须是不断而有序更新的队伍。引进国内外优秀人才和培养自己的优秀人才都是人才流动的一种机制。通过人才的有序流动,使得教师队伍持续发展,不断地向更优秀发展。通过人才的有序流动,不断产生更优秀的人才,而且在这个过程中可以向一些国内大学输送优秀人才,使得中国的整体高等教育不断发展。整体高等教育不断发展,才有可能产生更多的世界一流大学、世界一流人才。

此外,还有激励机制、评估体系、社会服务等方面的措施。所以世界一流大学的教师队伍建设措施是一个综合的、复杂的系统工程。

(九三学社上海市委第 43 次"高校论坛",曹珍富执笔)

关于"钱学森之问"的背景与启示

九三学社上海交通大学委员会

"为什么我们的学校总是培养不出杰出人才?"这就是著名的"钱学森之问"。"钱学森之问"是关于中国教育事业发展的一道艰深命题,需要社会各界共同破解。本文从提出"钱学森之问"的由来与背景出发,综合分析了社会各界人士的观点与思潮,并得出了本文作者对"钱学森之问"的一些理解与结论,为求解这一问题提供了一些思考路线与求解方式。

1. "钱学森之问"的由来与背景

2005 年温家宝总理在看望著名物理学家钱学森时,钱老曾发出这样的感慨:回过头来看,这么多年培养的学生,还没有哪一个的学术成就能跟民国时期培养的大师相比!钱学森认为:"现在中国没有完全发展起来,一个重要原因是没有一所大学能够按照培养科学技术发明创造人才的模式去办学,没有自己独特的、创新的东西,老是'冒'不出杰出人才。"

建国 60 年,我国的教育事业规模空前,在"十五"期间完成了符合我国国情的教育大发展,在"十一五"期间提出了教育质量大提高的发展方向。而"钱学森之问"的实质正是关于发展中国家如何发掘与发挥创造性人才的社会功能与价值的问题,是对我国教育事业的最高要求与警示。

其实"钱学森之问",在 20 世纪也由一位英国人提出过。英国著名的科技史家李约瑟曾问:"为什么近代自然科学只能起源于西欧,而不是中国或其他文明?"这就是"李约瑟难题"。它提出了一个悖论:"为什么古代中国人发明了指南针、火药、造纸术和印刷术,工业革命却没有发端于中国? 而哥伦布、麦哲伦正是依靠指南针发现了世界,用火药打开了中国的大门,用造纸术和印刷术传播了欧洲文明!"可以看出,李约瑟难题,就是历史角度的钱学森之问。欧洲能从中世纪的千年落后背景下创建近现代科技,为何近代落后的我国却不能急起直追,培养出自主创新型杰出人才,从而再度成为创造发明的强国呢?

2. 关于"钱学森之问"的讨论

2009 年 11 月 11 日安徽高校的 11 位教授联合《新安晚报》给新任教育部部长袁贵仁及全国教育界发出一封公开信:让我们直面"钱学森之问"! 随后一年多来,社会各界进行了大量的讨论,讨论思考的深度与广度涉及教育事业的方方面面。而其中最受关注的问题主要集中在如下几个方面:

1) 关于学校的讨论

社会舆论认为学校本身就缺乏培养杰出人才的机制,如此才会造成学校培养不出杰出人才的现状。学校的主体是教师与学生,学校培养杰出人才离不开这两个主体。但是现在学校里追逐梦想的大学生们越来越少,而多了不少追求高薪职业发展的学生。同时,由于生源过多、师资稀少而导致教师压力过大、教学质量下降的问题出现。

温总理 2006 年就这个问题请教国内最有名的 6 所大学校长和教育专家,他们的回答是:要培养杰出人才,关键是教师;要将基础教育和高等教育贯通起来;高校大改革大发展起来之后,应该是大提高;做大高等教育,还要做强高等教育。其中,将基础教育和高等教育贯通起来,越来越受到大家的重视。

2) 关于创新的讨论

2005 年钱先生在最后一次有关科技创新人才的培养问题谈话中,提到"你是不是真正的创新,就看是不是敢于研究别人没有研究过的科学前沿问题"。同时专门强调:"学校的精神应该是创新。"而创新观念转变还需要从教育理念着手,即需要一批真正懂得教育规律的教育家来实施教育方针,而不是沿用老一套用行政指令来管理教育、用评估指标来衡量教育的方法。此外,设立客观的人才评估体系,对"杰出"、"创新"这些词语真正予以正确的评估,是创新观念转变的首要条件。

3) 关于文化的讨论

"李约瑟难题"很容易让人想到中国传统文化与杰出人才培养、科技创新之间的关系。学者们指出,人才的答案不在人才上,而是在文化上。有社会责任、理想信仰和探索精神的文化氛围是创新人才成长的土壤。而文化氛围建设又涉及如何重用自主创新型和德才兼备的人才——设立客观的、科学的人才评估体系。针对我国社会上现有的文化意识形态,学者们认为需要重点改变以下几点:以才为本,而不是以财为本;发明家型企业模式取代资本型劳动密集型企业模式,以制度化或税收政策促使投资者将资金投入货真价实的高科技开发项目;学术道德的监督和知识产权的保护体制健全。

4) 关于科学与艺术的讨论

科学与艺术是当今世界最能跨越国界、文化的界限而产生深广影响力的精神创造活动,是国家核心竞争力的体现。钱老在晚年也曾对自己提出的问题提供了部分答案,即大学教育要实现科学与艺术的结合。对创造力的涵养来说,大学之"大"不在于占地面积多么大,经费的额度多么大,而在于学科交叉的潜能有多大,为"大跨度联想"提供的空间有多大。"钱学森之问"提示我们思考:如何为自由的创造提供宽松的条件? 如何把中国文化当中最有助于创新的潜能激发出来?

5) 官方的回答

今年是"十一五"迈向"十二五"的重要转折,也是落实教改纲要的第一年。教育部部长袁贵仁近日就此接受记者采访,介绍了"十一五"期间教育发展的成就。在采访中,针对"钱学森之问",袁贵仁说,要加大教学模式和教学方法上的改革,先试点再推开,注重对学生实施"学思结合、知行统一、因材施教"的培养,让每个学生找到适合自己的教育。同时,他还表示,中国教育有很多优良传统,也有很多成功做法,在人才培养方面也积累了丰富的经验,与国外相比各有短长,不必妄自菲薄。但我们也要放眼世界,认识到教育改革的空间很大,应实事求是地发扬优良传统,借鉴其他国家好的做法和经验,使教育改革更加符合国家建设发展的需要、人的全面发展的需要。而且教育改革与教育观念的改变,短期之内看不到效果,需要长时间的积累。

3."钱学森之问"的一些启示

在综述了"钱学森之问"的由来与背景以及由此而引发的大讨论中的各种观点之后,我们再重新读一遍钱学森之问:"为什么我们的学校总是培养不出杰出人才?"我们可以得出破解钱学森之问的一些有益的见解:

——让教育回归教育的本源,让教育家办学,按教育的规律办学,去除学校一切不符合教育规律的做法与思想;

——高等教育实施精英化的、一对一的教育模式;

——将基础教育、高等教育、社会教育贯通起来，创造杰出人才诞生的时代；

——同时教育与专业教育相结合，培养学生的创造性思维；

——鼓励自由探索的精神；

——祛除浮躁情绪，消除急功近利行为；

——设立客观的人才评估体系，而不是简单粗暴地予以量化；

——为自由的创造提供宽松的外部条件；

——以才为本，构建以创新知识为主体的经济发展模式。

中国的崛起需要有杰出人才。让整个社会成为创新培育的土壤，让整个中国处于创新发展的时代，才有可能会诞生出杰出人才。培养杰出的人才，不仅是学校的责任，也是包括学校在内的所有社会元素共同的责任。

（九三学社上海市委第 44 次"高校论坛"，敬忠良、吴　东等执笔）

关于我国高校自主招生的问题及思考

九三学社上海交通大学委员会

1. 引言

高校自主招生是指高等院校在教育部及其他相关主管部门的宏观调控下,遵循公平、公正、负责的原则,以市场人才需求为导向,从自身教育教学资源的条件出发,独立自主地拟订招生计划和组织选拔录取的招生制度。自主招生是中国高等教育招生改革扩大高校自主权的重要措施。自从 2003 年开始,就允许部分高校拿出一定比例的招生名额,以选拔那些学习成绩并不十分突出、但在某学科领域具有优异才能和发展潜力的学生。

根据教育部要求,自主招生人数不能超过自主招生面试点学校年度本科招生计划总数的 5%。从 2009 年起,生源质量好的高校自主招生比例将不再设定 5% 的上限。对少数特别优秀的考生,高校可以突破原有的考生分数必须达到生源所在地同批次分数线的限制,不拘一格大胆选才,但 2011 年重新强调 5% 的上限。如图 1 所示。

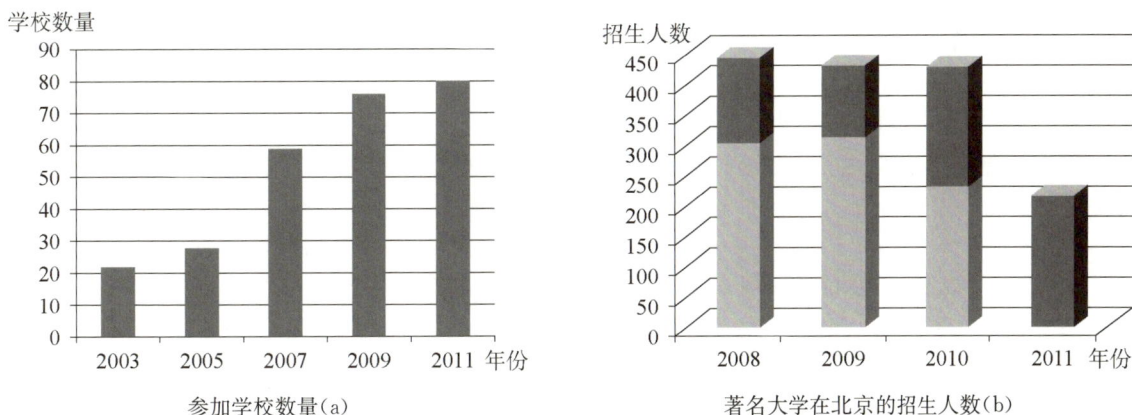

图 1

2. 我国自主招生的现状

随着自主招生学校的增加,学校招生地区的扩大,各校自主招生的压力和成本大为提高,因此联考联盟相继出现。2009 年,清华大学和北京大学自主招生笔试同时打出了"联合牌"。清华大学、上海交通大学、中国科技大学、西安交通大学、南京大学五校组织五校联考,共同命题通用基础测试,这就是民间所谓的"华约";北京大学与北京航空航天大学、香港大学联合举行自主招生选拔录取考试,形成"北约"。今年各联盟又扩充了成员单位,以同济等工科为主的院校也组成了所谓的"卓越联盟"。

以五校联考为例,通用基础测试成绩将获五校互认,各所学校的特色测试也可以在五校之间彼此作为参考。考生可以同时申报两所学校,如果笔试成绩达到两所学校的要求,就可以同时获得这两所学校的面试机会,如果面试通过,那么考生就可得到学校的认定函,在两所学校中择一。如果笔试成绩没有通过,考生还可向第三所学校申请。北大、北航和港大也实行一档多投原则,联合命题,统一考试,共享考试成绩,考生可凭笔试成绩申请三校面试候选人资格。

这种灵活的命题、考试和选拔方式比起学校各自为政、互不相容的方式无疑又迈进了一大步。高校自主招生开始由分散走向联合,也成为自主招生的一种新趋势。

3. 自主招生形式存在的主要问题

从高校自主招生开始策划、试点到开展已近 10 年,可以看到在人才选拔方面的一些可喜成果,可是不断显现出来的问题也在严重影响自主招生的良性发展,亟待深思和解决。

问题一:高校结盟,形成"掐尖"大战

自主招生已成为高中"尖子生"的福音,改变了"一考定终生"的高考单一模式,他们进入名校的保险系数提高,可选择的学校也大为增加。但随之而来的是高校自主招考时间撞车,中学的"尖子生"们不得不在艰难中抉择,同时为了把握更多的机会,在可能的情况下赶考也是免不了的。这个考季是他们最累、最辛苦的一段时间。

因此原本是从考生利益出发的自主招生,却演变为一场更为激烈的考试和抉择。其实吸引优秀的学生入校是每个学校都在追求的,美国大学本科招生和申请就是双向选择,往往一个学生会申请 10 所左右的大学,而同一名学生也往往被多所学校录取。为此,学校录取的人数总是超出实际入学人数,顶尖学校的超出比例会大一些,而普通学校一般不会超出比例过大,主要是因为学生一般不会同时申请多所普通学校。学校每年在 4 月 1 日左右发出录取通知后的一个月内(即学生必须作出是否入学的决定之前),校方会举行相应活动(如邀请被录取的学生和家长到学校参加专门安排的一系列讲座、公开课和演出等;有些学校还免费为学生提供旅费和食宿),使出浑身解数,以吸引被录取的学生真正到校注册入学。

因此,针对这一情况,我们认为学校之间实在没有必要刻意撞车,"掐尖"是学校的初衷,但最后是要尊重学生的选择,关键是用自己的办学理念和学校文化去吸引相契合的人才。

学校的招生工作不能只停留在短暂的考试和录取阶段,学校的宣传和介绍应该是长期的,并且应充分利用各种资源。如美国的名校宣传和介绍主要采用两种形式。一是送上门,即招生办人员在当地校友会的协调下,直接到美国一些有代表性的区域(如纽约长岛、曼哈顿)介绍学校情况、招生要求,并回答听众的问题。美国的顶尖大学在各主要城市和地区都有比较活跃的校友会,这些校友还负责在录取过程中面试申请学生。学校宣传和介绍的另一种形式是利用网络、电话以及当面接待方式展开。以 MIT 为例,其招生办设有专门的网站,全面介绍学校和招生办情况,并通过其博客,及时与申请学生和家长交流互动。博客的博主以本科各年级学生为主,招生办人员为辅,学生博主通过竞选获选。另外,学校几乎全年每天都在固定时段接待来访学生和家长参观校园,同时介绍学校和解答问题。一般学生们在确定是否申请某校之前,若有可能,都会在家长的陪同下参观校园,直接感受校园氛围。

同时考生也应该有自己的想法,按照自己的兴趣和专长进行选择,而不是一味跟风社会潮流。当考生在拥有更大自主权的时候,能用好自己的权利,不要盲目被分数所引导,只有考生的选择多元化,才能给高教发展带来新的生机。

问题二:从"减负"到"素质教育",学生的压力却越来越重

自主招生本是要对奇才、偏才、怪才开一条绿色通道,使他们不至于被高校拒之门外。但事实上大家的"保留曲目"基本都相同:即"综合素质优秀,德智体全面发展,学习成绩高中三年排名均在年级前N"。而自主招生的笔试又成了高三学生的新一轮备战目标,何来"减负"?为备战自主招生考试,学生除了正常的学习外,还要加码,不少同学有每晚自学到凌晨两点的经历。

大学希望招到"个性相符"的学生,高校的招生自主权,是办学自主权的重要组成部分。因为不同的高校各有"个性",高考分数不可能反映它所需学生的特点。然而现在自主招生的现状又能反映什么呢?

那么如何让学生减负,减少考试,以免出现这样的双重应试?

国外名校的录取也需要准备考试等,但其周期比较长,而且考试所占的权重也没我们的高,例如:

(1)高中期间成绩——美国高中学生成绩一般以GPA(Grade Point Average)计算,4.0为最高(但也有学校以5.0或其他数字作为最高分)。

(2)标准考试成绩——这些包括SAT等。SAT包括综合(general)SAT和专科(special)SAT。综合SAT每个学生都必须考,全美国统一,专科SAT每个学生都必须考两门,但具体科目视学生准备在大学选修的专业而定。标准考试成绩占录取比分的10%左右。

(3)推荐信——每个学生一般应提供三封推荐信,其中,两封请高中任课老师写,一份由学校辅导员(guidance counselor)写。学生应尽量选择能为自己写出有特色的推荐信的老师写。

(4)申请论文(Essay)——此类论文一般规定只有500个字,题目由每个大学指定,有的要求写对自己影响最大或记忆最深的一件事或一个人,有的要求谈自己读过的一本书或文章,等等。因为申请同一学校的所有学生一般在上述三个方面(即高中成绩、标准考试成绩和推荐信)大致相似,因此,招生办会重点依靠申请论文来了解和区分各个学生的特性和特点。

(5)其他方面——这包括学生课外活动的参与情况(extra-curricular activities),每个高中都有种种运动队、球队、文艺团体、学生组织等。学生通过自己的简历(resume),反映自己的参与程度,是否在团队里担任领导职务(leadership)等。另外,美国的高中一般要求美国学生在高中期间至少做一定时数的义工(community services),即在非盈利组织机构中做一些事情,这一部分所占录取比分的比例不高,但也不能太差。

可以看到其考试的分布时间长,所占比重有限,然而要得到名校的青睐平时也是要花功夫的。

问题三:创新人才培养体系,如何通过招生引导基础教育

可以看到,虽然考试制度不断改革,然应试之风依旧盛行,从中学、小学甚至到学前。大学的录取方式犹如一根指挥棒,引导着基础教育的着眼点。有调查表明,自主招生以来,高中的教师和学生普遍反映学生自主学习的能力、学生创新能力等都较以往有所提高,这是一种可喜的变化。然而在学业的重压之下,这些努力往往流于形式。

在国外的诸多课程中,有一类课程是和大学课程接轨的,以便学生进入大学后尽快适应所学专业的要求,他们是大学预修课AP(Advance Placement),这些课程的分量比一般课程的重,这类课程(如微积分、物理、生物、经济、世界史、法语、西班牙语)在每门课结束时举办全国性考试,从某种程度上有一点像国内的高考专科考试。准备申请顶尖学校的学生都会选修10门左右的AP课程。高中期间成绩是最主要的录取依据。

我们也逐渐意识到中学和大学教育的脱节。为加强渗透,各校开始和中学之间建立更为密切的联系,如教授讲座、中学生对高校实验室的使用、中学生名校夏令营等。上海交通大学积极探索建立了一个多样化、全方位、分层次、广辐型的中学生创新素养培养体系,即拔尖创新人才早期培养基地,目前已与上海中学、上海交通大学附属中学、南洋模范中学、江苏省常州高级中学等8所名校共建拔尖创新人才培养基地。其中交大附中科技班的学生已在2010年头脑奥林匹克竞赛中获得两项第一名的好成绩。

交大生命学院老师指导的上海中学科技班学生在 2010 年的"上海市青少年创新大赛"中获得一等奖 3 项、二等奖 2 项和三等奖 1 项。率队三夺世界 ACM 全球总冠军的金牌教练余勇教授早在 1996 年起就与江苏省常州高级中学的信息学奥赛团队通力合作,共同训练中学生参加各类国内国际比赛,建立起良好的信息学创新人才的培养和输送体系,2009 年的 ACM 全球冠军队伍中有两位学生就来自于此合作项目,可见在与中学的联合培养中起到了效果。

4. 结论

高考制度的多元化是社会发展的必然,然而目前高校发展的趋同性使各自的特性无法辨识,涌现出来的问题还需综合治理。除上述问题外,诸如公平性的问题、分层的考试录取形势、自主招生规模和形式的问题等都是大众热议的。借鉴先进国家的招生方式,探求适合我国形势的自主招生模式是高校、中学、政府部门和社会大众共同的责任。

(九三学社上海市委第 45 次"高校论坛",蒋　丹执笔)

上海转型发展、促进创新人才培养模式改革的探讨

九三原社上海交通大学委员会

1. 引言

自 2008 年全球金融危机以来,世界各国在新一轮经济竞争中的经济转型已成为主题,转型能否成功将决定谁是未来的经济强国。随着中国在世界经济地位的不断提升,中国正在不断地探索和尝试,并逐步实现经济的转型;上海作为中国经济的"龙头",应在中国经济转型战略中,起到引领、核心的重要作用。

2. 上海转型发展需要创新人才

上海市政府现已采取相应措施,推动经济在平稳发展中实现率先转型;今后上海在产业发展上,要重点推进现代服务业和先进制造业发展,推进高新技术产业化和战略性新兴产业,尤其是要"形成以服务经济为主导的产业结构";积极推进新一代信息技术、高端装备制造、生物医药等战略性新兴产业重点领域研发攻关,着力在核心关键技术上取得突破,为今后经济的再次腾飞打下坚实的基础。

然而,上海要实现创新驱动、经济转型的成功,很大程度上取决于人才的培养和引进,尤其是各类创新型人才的培养。国际经验表明,创新型人才的有效培养与塑造是一项有系统、有规模的社会整体工程;据了解,国际知名的创新型人才集聚区域都是以企业为主体,并依托高校和科研院所,以人才、科技和产业三者相结合的方式组合而成。为此,上海市政府应该确立"人才与科技立市"的观念,充分用好上海现有的众多高校、研究院所和企业的人才资源优势,组织协调好各种资源的通力合作、优势互补、强强联手。

3. 高校在创新人才培养模式上的探索与改革

这些年,上海高校始终紧随国家战略、城市发展和时代要求,致力于创新人才培养的探索与改革。以上海交通大学为例,其始终秉承"本科生教育是立校之本"的办学思想,坚持把"培养一流创新人才"作为学校的中心工作,将人才培养的工作重心聚焦到以质量提升为核心的内涵式发展上;上海交大根据世界各国的经济转型情况以及上海转型发展的需要,实施了一系列的教育教学改革,在抓好现有的本科生教育的基础上,加强对创新型的国际化领袖人才、理科拔尖人才、高端金融人才、工科应用人才的培养,即在创新人才培养模式上采取了多元化、精细化、个性化的分类培养模式,现对交大已实行的四项创新人才培养模式略作介绍:

1) 培养国际化领袖型创新人才

2005年6月,上海交通大学与密西根大学共同签署了建立交大密西根学院的合作协议,给予学院充分的办学自主权,鼓励创新,允许突破:按国际一流大学的通用实践,在师资聘用、晋升考核、学生培养和管理体制方面全面采用新的特区化运行模式;从课程体系到任课教师,从多模式国际化合作到沉浸式国际化学院氛围。其办学宗旨为"建设一流研究型国际化学院,培养创新性领袖型人才",成为国际化一流大学在中国实施国际化人才培养和科研合作的基地,现已培养了两届学生。

2) 培养基础学科拔尖精英人才

2009年,为培养基础学科拔尖人才,上海交大集全校之力创建了致远学院,旨在培养具有全局眼光和扎实基础的理科创新型人才。

致远学院强调培养学生独立提出问题和解决问题的能力,着力发展学生的创新意识和批判性思维能力,注重培育学生善于表达、乐于交流的沟通和合作能力。为实现这些培养目标,学院成立了由一批热爱人才培养的顶尖学者组成的教学指导委员会,并尽力为学生配备国内外、校内外最优秀和最合适的课程教师和科研导师。学院开设由顶尖学者主持的讨论课和专题讲座,并指导学生制订详实的研究计划。学院还会帮助学生到国外一流大学进行学习交流和科研活动。

3) 培养高端金融人才

2009年,上海市人民政府依托上海交大创建了一所按照国际一流商学院模式办学的金融学院——上海交通大学上海高级金融学院。其目的是为实现将上海建设成为国际金融中心的国家战略、满足上海乃至全国金融业发展并与国际接轨的迫切需要,学院以汇聚国际一流师资、培养高端金融人才、构筑开放平台、形成顶级智库作为自己的必达使命。

4) 培养工科应用型创新人才

我国高校在工程人才培养方面也正发生着重要变革。2010年6月,教育部等启动了"卓越工程师教育培养计划",推动工程教育的工程化、国际化,强化实践实习,强调和企业联合培养。为此,上海交大在实施"卓越工程师教育培养计划"中不断改革创新工程教育人才培养模式,将建立校企联合培养人才的新机制,聘请在行业企业第一线研究工作的专家来校授课,各工科学院正计划或推进落实与企业组建联合实验室,或引入企业研发基地落户校园等,这样为学生也创建了具有前沿信息、实战参与的教学实践平台。如我校电子信息与电气工程学院确定了宽口径、厚基础、重实践、强能力的人才培养模式,构建了覆盖6个本科专业的大电类本科教学平台,着重培养学生的创新意识和实践能力。

4. 创新人才培养需要政府牵头组织与扶持

尽管上海高校在人才培养模式上做了多方探索与尝试,但是,离社会和企业对高校的要求还是有很大差距;尤其是现有高校的学科、专业设置和研发课题如何及时、快速地对接上海转型发展的需求,非常需要上海市政府予以指导;只有政府出面牵头、组织、协调及谋划,才能将各方资源、力量形成合力。高校的人才培养改革不仅涉及学科设置、专业调整、培养方案和教学方法,更需思考、探索学校的价值导向、资源配置、教师聘任等体系与机制上的问题。为此,这项改革不仅仅是教育部和各高校自身的事情,更需要各地政府、企业和社会共同参与、扶持和加大财力投入。

因此,上海市政府应该充分调研、掌握各高校的学科设置、人才培养计划和模式的信息,向高校推荐、引入急需的学科、专业、项目和企业,建立政府、高校、科研机构和企业的协调机制,促进各相关创新主体的沟通和互动,将培养创新型人才作为一项具有社会整体性的系统工程。

5. 建议

(1) 首先,政府应该充分利用高校现有的培养人才模式和机制,为学生建立市场急需的学科前沿实习平台,使学生尽早接触、学习如信息技术、高端装备制造、生物医药等战略性新兴产业重点领域的知识和信息;并且,让高校现有的培养计划引入上海转型急需的课程和知识点;同时,针对高校现在教师工程实践背景不足、教学偏向学术化等情况,向高校推荐富有实际工作经验和理论知识的企业工程技术专家,让学生及时了解到目前国内、国际制造业、服务业等前沿信息和实际情况。

(2)其次,如果调研认为高校目前的培养模式还不能满足上海各方面发展的需要,上海市政府应设立专项基金,牵头组织在高校建立为上海经济转型培养急需人才的机制;开设上海经济转型所需的课程、专业,引进相关的师资队伍;在高校建立一批不同专业的创新型人才培养基地,将企业的研发基地引入高校落户,或校企组建联合实验室,使高校的教师与学生能直接参与企业的科研与产品全过程研究;企业的研究人员与高校的教师之间实践与理论能互补,促进高校与企业从自发、松散式的合作,逐步发展成为政府引导下校企优势互补、资源共享、相互促进的有序深度合作,这有利于高校、企业共同、双赢的发展。

结合上海的产业布局和功能定位,构建以高校与企业为共同主体、市场为导向、产学研结合的创新型人才培养机制,积极为各类人才参与科技创新和工程创新提供平台,也是指导学生就业的最好方法。

(3)校企合作人才培养模式,不仅限于在校本科、硕士和博士,还可建立在职工程技术人员的后续再培训,建立博导工作站、院士工作站,形成工程师后续教育的组织网络;要建立鼓励高校、企业及研究机构的高级人才柔性流动的激励政策,以制度加强高级人才流动——即联聘、互聘和兼职的规范管理,推进教师、研发人员、工程师来源多元化的改革,建立规范、灵活、开放的教师、工程技术人员聘任体系,使学生的知识来源具有多样性、开放性和实用性,也有利于工程师后续教育的上水平。

6. 结语

上海高校应借上海经济转型的机会,把握创新人才培养模式改革的机遇,突破传统的人才培养模式,改进教育方法和手段,营造一个宽容、自由、开放的育人环境,为国家、地方培养出具备创新精神和创新能力、可塑性强、适应性强的高级人才。上海的发展与人才的培养是休戚相关的,为此,应由高校、社会和政府一起来促进人才培养的改革,从而进一步推动上海经济转型的深入发展。

(九三学社上海市委第46次"高校论坛",林敏莉执笔)

加强实践教学体系建设，
培养创新型工程技术人才

九三学社上海交通大学委员会

走中国特色新型工业化道路、建设创新型国家对高等工程教育改革提出了迫切要求，加强实践教学建设是推动我国由工程教育大国迈向工程教育强国的重要举措，是培养创新型工程人才目标的重要途径。然而，实践教学一直以来都是高校人才培养的薄弱环节，存在着一系列亟待解决的问题，人才培养模式应向强化工程能力与创新能力转变。

一、实践教学中存在的问题

1. 教学方法单一、刻板、陈旧

灌输性教学仍然是主要的教学方式，师生之间很少交流。实验大多是结合理论课程开设的，教师把实验的内容、操作方法与步骤都写得清楚、翔实，学生完成教学大纲规定内容，掌握基本原理和方法，完全是在教师设定的范围内机械地完成操作。学生虽然也参与了实验教学活动，但实质上是处于被动接受的状态，他们学习的主动性、积极性受到一定的限制。在这种模式下，虽然也强调实验能力的培养，但这种实验能力是被当作技能加以传授的，从而导致学生缺乏创新能力的培养。

2. 学校对实践教学重视不足，产业界参与欠缺

学校对实践教学重视不足主要有两方面因素：一方面，对学校教育质量的评估及对学生的评价主要考核学生掌握理论知识的水平，而对实践能力的考核不够重视，因此在实验、实习时只是走过场，学生不愿动脑筋，更不愿动手，应付过关了事；另一方面，由于实践教学较理论教学难度大而有畏难情绪。实践教学不但需要教材，而且需要实物，还要协调校外企业。教学组织工作较复杂，从实验设计、实验准备到实验报告批改需要投入大量精力，因此教师缺乏实践教学的积极性。此外，产业界没有对高校的实践教学提供足够的支持，少有企业愿意参与大学生实践的活动，实践基地建设面临困难。学生到企业单位实习，需要对方安排，需要对方的指导和讲解，要占用对方的时间、精力以及场地。因嫌麻烦少有企业尤其是私人企业愿意接收大学生实习、实践，即使碍于情面勉强接收也很少让学生真正接触生产实践。

3. 实习与就业矛盾，毕业论文的质量下降

高校普遍实行暑假生产实习和应届毕业生实习，但实习往往是形式主义居多，走马观花，一些学生

其至到有关用人单位盖个实习章应付了事，一般都无助于学生提高生产实践能力。毕业实习是对大学4年所学知识的一次应用与检验，在实践教学环节中占有最重要的地位。按照教学计划，毕业论文安排在第8学期，这一时期学生忙于查询人才供求信息、参加人才交流会、供需见面会、签约、面试等各种就业活动。面对越来越严峻的就业形势，从学校教学管理部门到指导教师，对毕业论文的质量也就放松了要求，降低了门槛，学生基本都能通过毕业论文答辩。毕业实习与就业的矛盾，使学生减少了毕业实习的时间，更降低了毕业论文的质量。

4. 高校教师欠缺工程经历，少有企业专家参与高校教学任务，实践教学内容与产业界脱节

大学教师的招聘最主要看的就是学历，非博士不进已成为许多大学教师入门的条件，而我国的博士生教育重理论、轻实践的现象相当普遍。由于考核大幅度向科研工作倾斜，教师不分岗位都以申请科研经费、发表论文为主要考核指标，致使教师没有精力去探索工程技术创新人才培养的模式和方法，很难产生具有创造性的实践教学成果。目前学校对教师队伍的学历结构、知识结构和职称结构强调较多，而对其工程能力要求不高。教师进修、培训的机会较多，而实验技术人员相应机会较少，长期把实验技术队伍视作"教辅"的观念根深蒂固，影响了实验教学质量。另外，高校实践教学缺少产业界积极有效的参与，少有来自企业的工程技术专家参与高校教学任务，造成实践教学内容与行业标准、企业要求脱节，无法适应经济和社会发展的需求。

二、对实践教学的几点建议

高等工程教育要服务于国家战略需求，服务于行业、企业需求，创新高校与企业联合培养人才的机制，改革工程教育人才培养模式，提升学生的工程实践能力、创新能力和国际竞争力，加快我国向工程教育强国迈进。为此，我们应在总结工程教育成就和借鉴国外成功经验的基础上，进一步更新观念，深化实践教学改革。

1. 重构实践教学体系

实践是创新的基础，应该改变传统教育模式下实践教学处于从属地位的状况。加强实验、实习、社会实践等实践教学环节，保障各环节的时间和效果，把理论教学与实践教学摆在同等重要的位置。要不断改革实践教学内容，改进实践教学方法，对实践课程应改用操作、答辩、综合性研究、项目规划设计来考核。通过循序渐进地指导学生把课堂理论用来分析解决实际问题，启发学生对实际问题的思考，培养学生解决问题的实际能力和创新精神。要加强产学研合作教育，充分利用国内外资源，不断拓展校际、校企之间的合作，加强各类实践教学基地和实验室建设。通过政策引导企业积极参与高校的实践教学任务，高校与企业共同制定培养目标，共同建设课程体系和教学内容，共同实施培养过程，共同评价培养质量，创新校企合作机制。同时，要扩大工程教育对外开放，包括加强与国际工程教育界的交流合作，提升学生的国际竞争力，培养适应企业"走出去"战略的工程人才。培养卓越的工程技术人才需建设高水平的师资队伍，从事实践教学的教师应具备工程实践经历，应聘请一定比例的企业工程技术人员授课。通过面向工业界、面向世界、面向未来重构实践教学体系，着力培养学生的工程素养、工程意识，着力培养学生的工程实践能力、工程设计能力、工程创新能力和国际竞争力。

目前已有一些高校在改革实践教学体系方面做出了积极的探索，起到了一定的示范和引导作用。上海交通大学一直以来非常重视本科生的实践教学，尽可能为学生提供一个更具综合性、设计性和创造性的实践环境，以便使每个学生在4年学习中都能接受多个实践环节的培养，除了"国家创新实验计划"、"上海市创新活动计划"，学校还设立了校级PRP项目，这不仅有利于学生掌握扎实的基本知识与

技能,而且有助于提高学生的综合素质和创新能力。上海交大是率先启动"卓越工程师计划"的高校之一,学校不再是工程教育的唯一场所,企业真正成了工程教育的第二课堂。"卓越工程师计划"学生进企业,不为求职实习,而是接受校企联合培养。目前,已与企业共建了4个国家级大学生工程实践教育基地,包括上海交通大学—上海电气集团股份有限公司工程实践教育中心、上海交通大学—上海通用汽车有限公司工程实践教育中心、上海交通大学—中航商用飞机发动机有限责任公司工程实践教育中心和上海交通大学—新奥集团股份有限公司工程实践教育中心。上海交大六大优势工科的50多名直升研究生,大四毕业前就与上海电气、上海通用、航天八院、新奥能源等多家重点企业签约,读研第一年在交大学习,后一年半到企业完成硕士论文,课题均来自企业生产中的实际问题,指导者则是企业高工与大学教授。本科生层面,交大"卓越计划"各专业组织大二学生赴企业进行"认识实习",大学生第一次接触未来可能的工作场所,及时了解到大三、大四应掌握的工程知识和能力。为保障"卓越工程师计划"的质量,校方规定试点专业课教师应具备在企业从事工程实践的工作经历,要求具备5年以上经历的教师超过半数,新进教师还需先去企业顶岗挂职一年以上。此外,上海交大着力建设国际化工程教育教学优质资源,交大电院、材料学院等试点学院通过与欧洲知名工程师学校合作,探索国际化卓越工程师培养新路径,拟合作学校包括巴黎高科、法国国立应用技术学院(INSA Lyon)等。培养方式:3年交大本科,通过基本理论知识及实践能力学习,打好扎实的专业基础;2年法国工程师学校,包括1.5年法国学校课程学习及研究,半年法国企业实习;1.5年交大工程硕士,包括1.5年国内企业开展项目研究,完成学位论文(企业及交大双导师制),最后获得交大本科文凭、法国工程师文凭及交大工程硕士文凭。

2. 合理配置资源,加强对实践教学的投入

目前,许多高校存在重科研、轻教学的现象。学校的主要资源放在科研条件的发展上,而对实践教学的设备投资和条件改善资助往往与重视教学的口号相去甚远,显著滞后于现代科技的发展,显然这与培养创新人才的目标不相匹配。教学实验不仅需要依据创新理念设计符合学科发展的教学实验项目,而且要与时俱进地给予财力支撑,进行实验教学平台的建设,为学生提供良好的实验条件,并为他们深入学习和探索提供空间和舞台,这是不断提升实践教学质量的有效途径。此外,对从事实践教学教师的考核和待遇也是影响教师工作积极性和教学效果的重要因素之一。

3. 构建科学的实践教学评价体系,加强实践教学考核

应结合学校的实际情况研究建立实践教学质量评价系统,包括实践教学体系、实践教学过程、实验室建设、实践教学管理、实验师资队伍建设和实践教学效果等方面,体现实践教学评价体系的特点,反映实践教学评价的一般规律。这不仅有利于促进学生学习的积极性与主动性,利于指导教师把握教学重点和难点,还有利于推动实践教学改革。加强考核是提高实践教学质量的重要手段,一方面要提高教师投身实践教学的积极性,另一方面要发挥学生积极实践的能动性。对实践教学的评价应制定培养过程控制标准,全面跟踪人才培养质量。

此外,需要将实践教学考核结果与教师评级、岗位聘任挂钩,绩效津贴需要充分考虑实践教学效果。学校政策要向实验教师倾斜,提高教师从事实践教学工作的积极性。改革工程型教师的评聘与考核制度,从侧重评价理论研究和发表论文,转向评价工程项目设计、专利、产学合作和技术服务等与工程实践结合更紧密的方面,这不仅有助于解决教学和科研的矛盾,而且有助于教师把目光投向实践领域。如果教学和科研的矛盾始终无法解决,不仅教育质量无法最终提高,理论与实践的结也永远无法解开,而大学教育中实践教学形式化、理论脱离实际是必然结果。只有切实完善实践教学评价体系,充分发挥教师从事实践教学的积极性,才能真正提高实践教学水平,培养一流的工程人才。

(九三学社上海市委第47次"高校论坛",孙向军、艾晓杰执笔)

云技术＋多媒体技术与教学模式的探讨

九三学社上海交通大学委员会

云技术展示给我们的是这样一种商业计算模型。它将计算任务分布在大量服务器工厂架构的资源池上,使各种应用系统能够根据需要获取计算、存储空间和各种软件服务资源。云计算是集虚拟化(Virtualization)、效用计算(Utility Computing)、IaaS(基础设施即服务)、PaaS(平台即服务)、SaaS(软件即服务)等技术的综合应用。

云技术日渐成熟无疑会变革 IT 行业。有人形象地将其比喻为"好比是从古老的单台发电机模式转向了电厂集中供电的模式"。它意味着计算能力也可以作为一种商品进行流通,就像煤气、水电一样,取用方便,费用低廉。云技术最大的好处在于,对于最终用户只需要配备非常简单的电脑终端、手机或上网本之类的终端设备,而不需要其他硬件购置成本,不需要软件许可证或升级的烦恼,不需要雇用系统管理员、设备维护人员、数据库系统管理人员,不需要租赁设施,没有任何种类的基建投资,无需技术人员培训成本。用户只要连到网上,选择自己所需要的服务菜单,就可以享用各种服务,到时只要依据服务内容和流量表的计价,根据使用情况支付使用费或按月或按年支付固定的订购费即可。在这样的模式下,大量传统行业必然逐步成为夕阳产业,而大量的新兴行业必然成为朝阳行业,以致它将会深刻变革人们的工作方式、公司的经营方式和我们的传统的教学模式。

云技术的逐步实现,可以解决大量网络信息的存储、计算、网络信息传输、资源管理等问题。

随着网络架构的改进,信息社会人们对信息需求的不断增长,真正意义上的 3G 时代必将融入我们的生活、学习、工作之中。全球范围内网络更好地实现无缝漫游,并处理图像、音乐、视频流等多种媒体形式,在线网络同时提供听、说、看、写、实时交互等内容直观、生动、人们喜闻乐见的多种菜单式服务选择方式,使远在不同的国家、不同的地域的人们,享受同等的资源提供给我们便捷的服务,人们足不出户就可以进行面对面授课、就医、项目讨论、电话会议、电子商务等活动。

未来由于 IT 行业架构的变化,使许多行业的体系随之而变,这是信息革命带来的一次变革。随着云技术＋多媒体技术的逐渐成熟,我们教育工作者可以畅想未来大学教学模式的变革:

1. 教育资源的投入变化

(1) 现有体制下,教育资源的投入,不同省市、不同学校大多模式和规格雷同。而未来则可以构建教育系统的云架构,整合硬件、软件、服务、教育信息资源。

(2) 教育人才资源也应该集中投入,构建教育人才层次梯队,这样可以使每个层次的人员配备的实力非常强,每个层次的人才随着经验的不断丰富、教学能力的逐步提高,可以向高层次提升和发展。

2. 教学方式变化

（1）教师课堂教学的模式可以大部分移至网上，教师的一部分任务是集中相同学科教师的智慧制作更有质量和水平的多媒体形式的课件放在网上，当然可以有许多不同侧重方向的课件。

（2）因为课件有文字、音频、视频、交互，而且质量很高，学生又有自主选择性来学，这样的学习和面对面上课相差不是太大。

（3）网上提供了非常丰富的课件资源、教学辅导资料，提供大量的课程清单、课程大纲和要求等。这样我们的教学方式就有了很大的变化，从小教室发展至网络教室，有更大的空间来供学生自主选择学习内容、方式，安排时间。这样所带来的好处是让学生独立思考，久而久之养成自主学习的习惯，充分发挥学习的主观能动性，学生还可以比较不同侧重方向课程的异同，灵活地学习，才能学得扎实，同时按兴趣挑选自己想学的东西，学习效果会事半功倍。

（4）教师任务的重心将转移到给学生指引方向、答疑解惑、进行各种专题讲座、小班讨论、个别对话上，这样的教学方式更人性化，更适合学生的个性化发展。

（5）同时，教学的考核机制也趋于标准化，这样对学生和教师也都是公正和公平的。

（6）学校和教师应该定期检查学生的学习情况，指导、督促和帮助学生调整他们的学习计划。

3. 教育方向转向创新、学以致用、解决实际问题

（1）由于教师将大量用于重复工作的时间节省下来了，就可以组织各种学习型的创新活动，学生必须参加一定量的这种创新活动，尝试完成创新成果。

（2）学生边学习边实践也是学习的配套活动，按计划参加各种学习实践活动，这样的学习才能学以致用，才能为社会的发展和进步发挥作用。

4. 教育对象不受年龄限制，终身教育成为可能

（1）由于社会进程飞速发展，学习将不是学生的专利，学习是人们终身的活动。

（2）当我们在工作中，觉得知识不够用了，必须参加学习活动，给自己充电，以适应社会快速发展的需要。

（3）当我们在生活中觉得有些落伍了，也都可以参加学习活动，丰富自己的生活。

（4）这样的教育环境可以提高全民的素质，使学习伴随着人们的一生。

云计算的架构将全球优秀的教学资源整合，构建资源池，使全人类以极高的透明度共享属于全人类的信息资源，促进人类社会更快的良性发展。我们展望人类教育资源全球共享的蓝图，我们期待云技术＋多媒体技术带来我们教学模式的大变革。

（九三学社上海市委第 48 次"高校论坛"，庄天红执笔）

以石攻玉，依法治教

——学习田长霖高等教育思想随记兼谈完善《办法》的思考

九三学社上海交通大学委员会

在近代高等教育（特别是在工科教育）方面，有两位大师级人物的教育思想让我印象最深：一位是钱学森，一位是田长霖。对于钱学森，有著名的"钱学森之问"。他的教育思想来源于他的亲身体验，包括他受到的北师大附中的教育，以及他在加州理工学院的学习和工作的体会。田长霖是加州大学伯克利分校（UC Berkeley）前校长（1990—1997）。生前多次访问北京、上海（交大）、武汉、西安等地，并受到邓小平、江泽民等国家领导人包括几任国务院总理、副总理的接见。其关于高等教育的谈话对如何办好国内的大学坦诚地发表了不少真知灼见，当时看来不免尖锐，但确是金玉良言，至今仍有重要借鉴意义。众所周知，UC Berkeley 是国际一流大学，全校产生过 70 多位诺贝尔奖与 7 位菲尔兹奖、15 位图灵奖得主。许多重元素是该校的学者发现的，并以该校或它所在州的名字命名，如：锫（Berkelium）和锎（Californium）；或以该校的教授命名，如：铹（Lawrencium）和 Sg（Seaborgium）。UC Berkeley 排名曾列全美国第二；在 ARWU 2012—2013 年版的世界大学学术排名中它排名世界第 4 位。在经过 20 世纪 80 年代中期几年的副校长锻炼后，1990 年 7 月 1 日，田长霖勇于挑战自我也挑战整个美国社会对少数族裔的限制，从 258 名候选人中脱颖而出，成为威名显赫的加州大学伯克利分校 122 年历史上（也是美国有史以来的）第一位华裔（及亚裔）校长。直至 1997 年 6 月辞职，他整整干了 7 年。据全美调查机构统计，美国大学校长平均任期只有 3.2 年。而田长霖的任期两倍于此。他受命于 UC Berkeley 低谷之时，辞职时 UC Berkeley 正达巅峰，田长霖在校长任职期间，促成了伯克利加大各个方面的进步，还开创了许多加州大学、美国乃至世界高校之最。离职后美国总统克林顿在给田长霖的致谢信中说："我谨代表这群因你的远见与贡献而受惠的人，谢谢您在提升教育品质上的全力奉献。你的成就是美国的珍贵资源。"九三中央副主席王文元在评价田长霖时说："他不畏强权，追求人格、国格和学问的统一。"原北大校长陈佳洱说："田先生的成功是中国人向西方人学习的一个范例，也可以看成东方与西方文化相融相和的一个范例。UC Berkeley 的成功，既验证了田长霖的教育理念，也部分地回答了'钱学森之问'。"重温田校长的讲话，结合《办法》与现实，有所体会，汇报如下：

1. 关于"教授（委员）会"

《办法》中第 7 条提到"章程应载明：民主管理和监督机制"，在第 12 条中更具体提及："根据发展需要自主设置各类组织机构如校务委员会、教授委员会、校友会等。章程中应明确其地位宗旨以及议事规则"[1]，1986年1月8日田长霖在对上海市高教系统负责人的报告中说："在美国，大家的共识是哪个学校'教授会'的力量强，哪个学校将来就成为最著名的学校。"[2]。他认为："天时、地利、人和是 UC Berkeley 成功的外在条件；坚持学术本位，充分尊重教授会决定的学术方针是它成功的关键。"教授会掌握全部课程设置，教授会中有经费预算小组，等等。谈到教授的作用，我们真的感到汗颜。记得，有一次交大的许多老教师请校长与他们对话，老教师们对学校的布局和教学房屋资源的分配提出强烈意见，例如学校指令把某学院从甲校友捐赠的 A 楼搬出，搬到乙校友捐赠的图书馆楼 L 办公，L 中原有图书又搬到不按图书馆标准设计的 G 楼，造成资源的不合理使用和浪费，并表现出对甲、乙捐款校友的极度不尊重和对校友捐款热情的极大挫伤。对话基本上起不了作用。老教授的意见成为"说了也白说"的典型。因此要把学校真正搞好，《办法》中的教授委员会绝不能是"点缀"式的委员会，应立下条文规则保证其权力。

2. 院系动力学

《办法》第 10 条指出："可以按照有利于推进教授治学、民主管理，有利于调动基层组织积极性的原则设置并规范学院（学部、系）、其他内设机构以及教学、科研基层组织的领导体制、管理制度。"如何实行？试听田长霖是怎么说的。他在谈到美国高等教育的情况及其发展趋势时说："要简政放权"，"大的政策性方向性的规划要抓得很紧，小的地方全部放下去。"他多次提到"院系动力学"这一概念。所谓的"院系动力学"，是指一个学校、一个学院和一个系都要充分发挥作用。用现在时髦的话讲：原来学校是火车头，拉着院、系走，现在应该成为动车，每节车厢都有动力，形成合力，一起使劲。国内许多大学合并后，机构庞大，个别单位非但不相互合作，还互争资源，甚至反目成仇，形成内耗；学院中的系也是如此。《办法》对此在原则上有所反映，但必须有具体措施防止"合而不和"。如何放权？交大医学院或许是一种行之有效的模式，它有较大的独立自主性。同样并入交大的农学院就没有这种待遇。是否把交大医学院的办学模式推广到其他学院，或部分推广？值得思考！田长霖和钱学森都把教育看成一个"系统工程"。系统中有许多部件，要配合，要互动，才能达到优化，收到最佳效果。

3. 关于高等学校校长的产生方式

拿破仑曾有一句名言：一头狮子率领的一群绵羊可以打败一头绵羊率领的一群狮子。一所大学是否成功，与校长的教育理念、战略眼光和管理能力密切相关。《办法》规定："健全中国共产党高等学校基层委员会领导下的校长负责制。"党委书记当然由上面委派，但校长如何产生？这是一个值得探讨的问题。UC Berkeley 经验的宝贵之处在于它不是只拥有一两个优秀的校长，它的历任校长都是声名卓著、才能突出的领导人。这并非偶然现象，而和加州大学评议会（遴选小组）十分重视校长的聘请有关。以田长霖被聘为 UC Berkeley 校长的过程为例，先在全美范围内由本人报名或被推荐，再层层淘汰。据说当时申请者达 258 人之多，然后由 16 人组成的遴选小组（总校校长＋5 名董事会董事＋5 名教授＋2 名校友＋2 名学生代表＋1 名职工代表）遴选，第一轮淘汰 90% 以上，第二轮再淘汰余下的 70%，最后在 5 个人中选 1 个。事实证明，田长霖不负众望，成绩斐然。要是没有这种遴选制度，像田长霖这种人才就会被埋没，而 UC Berkeley 也不会有如此大的发展。美国能让一个少数族裔的学者掌管学校，起码从这一点上可看出美国教育制度的包容性！以前国内大学校长除同济大学的吴启迪校长是民主选举的以外，其他学校的校长也是像党委书记那样由上级委派的。这样产生的校长不能讲不好，但从本质上讲属于另一类近亲繁殖。我们能否学习由某种形式的评议委员会物色推选校长？或继续推行同济大学吴启迪那样的产生方式？现在我们的大学对副校长张榜招聘，而对原本更应该招聘遴选的校长却是由上级指派。这，不免有些本末倒置，轻重混淆！

4. 关于高等学校规模

《办法》第 7 条提到"章程应载明：办学层次、规模"。现在我们的不少大学有"大学是大楼之谓"的倾向：一曰土地超大，校区分散；二曰院系齐全，应有尽有。一句话："贪大求全。"其结果是特色淡化，效率降低。田长霖在一次讲话中说："我说上海，如果把部委院校全部很好地横向协调一下，这个力量就不得了，用不着每个学校都有管理学院，或者管理系，哪有那么多师资？只要几个学校有很好的管理系，就可以建立起非常强大的队伍。"他是举管理学院为例，其实其他学校和学科也有类似盲目泛滥的情况。一个大学是否非大不可？学科是否越全越好？重要的是如《办法》第4条所说，要"反映学校的办学特色"。《办法》的第7条又说：章程要说明"主要学科门类，设置与调整原则"。如何调整？办大容易，办精不易，做加法容易，做减法难。如要办成加州理工那样，小而精，那真是考验领导的时候了。为彰显领导业绩，纷纷趋大避小，以图立竿见影。资料表明，美国万人以下的名校，除加州理工（学生人数2 100）外，还有普林斯顿（学生人数7 500），UCSF（学生人数7 500），布朗大学（学生人数8 200），罗彻斯特大学（学生人数8 300），Case Western Reserve（学生人数8 800），Rice（学生人数5 400）。全国或者上海能否搞一个或几个"小而精"的名牌大学作为典型，以小制胜？大学合并浪潮中，许多大学成为"新×××大学"。新大学像小教育部，同时还在继续膨胀。例如，上海有法学专业的大学有8个之多，全国有法学院的大学则多达100多个。报载，法学专业学生就业率在亮牌之列！能否借用田长霖关于管理学院的意见："全部很好地横向协调一下，这个力量就不得了，用不着每个学校都有法学院，或者法学系，哪有那么多师资？只要几个学校有很好的法学系，就可以建立起非常强大的队伍。"提高效率，办出特色，这该是《办法》的精髓所在。

5. 关于"高校是主导"的模式

《高教法》第12条说："国家鼓励高等学校之间、高等学校与科学研究机构以及企业事业组织之间开展协作，实行优势互补，提高教育资源的使用效益。"这是系统工程的思想。问题是这些机构间的关系如何？对此田长霖的一个重要观点是："高等学校为主导。"高等教育带动科研，产生新的产业。美国硅谷的成功就是因为有斯坦福大学和加州大学伯克利分校。20世纪80年代，旧金山地区成为生物技术的中心就是因为伯克利有一位诺贝尔物理学奖获得者，他在学校边开了个生物技术公司。美国的航空工业都在洛杉矶地区是因为附近有个加州理工学院。那里有冯·卡门、钱学森等著名教授。他认为，没有高校的科学园区是难以成功的，如早先日本的筑波科学园，没有重要大学在周边。科学院如没有高教系统配合，科研发展就慢。过去苏联的做法是科学院独立存在，当时我国学习苏联，至今仍沿用这个体制。但现在我国科学院系统似乎已意识到这一点，企图有所改变，例如在大办医疗器械企业、研究所的同时成立上海科技大学。这在某种程度上符合田长霖"高校是主导"的思想。回想20世纪30年代（1933、1934），交大有实力很强的电机系，有著名教授钟兆琳等。钟先生与助教褚应璜设计制造了中国第一台交流发电机，并带领9名学生与助教在华成电器厂设计制造出中国第一台电动机，伺后交大一直引领上海电机制造工业的发展。这可以说是高校主导产业的一个典型范例。

以上各点，作为本人学习《办法》以及借学习《办法》之机重温田长霖教授教育思想的体会，供批评指正。

（九三学社上海市委第49次"高校论坛"，庄天戈执笔）

以教育国际化提升我国高等教育软实力

九三学社上海交通大学委员会

1. 引言

　　经济全球化形势下,世界各国都面临产业转移、转型和升级的挑战与机遇,对各方面人才在质量和数量方面也提出了更高的需求,教育国际化成为必然。世界上很多发达国家对高等教育国际化极为重视,最近欧盟委员会为了应对全球化挑战,巩固欧洲在国际高等教育领域的地位,制定了高等教育国际化新战略,强调要吸引更多外国学生,还强调本土学生必须更加努力以应对国际化挑战。

　　我国的高等教育经过"十五"、"十一五"的建设,国家的财政支出用于教育的经费大大增加,新的校舍如同公园,豪华教学楼也出现在校园,其硬件堪称世界一流。然而我们却越来越严重地面临着世界名校的重大冲击,高考的优秀生转投香港大学,优秀的大学在校生出国读双学位和研究生,见图1和图2。学生根据亲身经历也指出我国高等教育的软实力与国际性大学还有很大差距。为此,我们通过2000年以来开展的教育国际化实践的历程和经验,从学生动力、教师投入与教学体系的建设等几个侧面来进行探讨,以期对提升我国高等教育的形象和内涵有所帮助。

图1　上海交大—密西根联合学院

图2　上海交大—巴黎高科集团合作学院

2. 教与学的转变

　　关于教育国际化的定义,美国学者菲利普·阿特巴赫认为,教育国际化是把国际的、跨文化的或全球层面的内容融入教育目的、职能或教学实施的过程。国内学者普遍认为教育国际化意指通过与不同国家的教育机构或国际教育组织进行合作交流、合作研究、合作办学、合作培训以及开展国际理解教育或国际援助等途径,在理念与目标、课程与教学、评价与管理等方面实现融合并有所创新,从而提高国际化人才培养能力的教育发展过程。

深入思考可以看出这两者是有一定差异的,我国对教育国际化的理解更多的是合作,而在合作双方来讲往往是以外方为主导,我们处于学习或者是照搬的地位。确实在很多方面,我们通过这一教育国际化的形式改变了观点,培养的学生更有国际竞争力,比如教与学的转变。

2.1 以教师为中心——传统的教学模式

我国的教师以传道授业解惑为本,主体是教师,我们的授课形式一直以来也与之相配,能适应的就是好学生。学生的学习主动性、创新性始终是个大问题。

老师教多少,不等于学生学多少。改变教学模式,激发学生的学习兴趣,这是通过在国外课堂中学习,并且请国外教师给我们学生上课后得到的观念改变。

2.2 以学习为中心——教学模式的转变

2.2.1 教学内容的改变

为激发学生的自觉性、主动性,在工科的系列课程中引入项目引导的课程内容,通过不同层次的课程项目的实施,使学生从面对经过提炼的简单实际工程问题,逐步过渡到更切合实际的复合工程问题。从而也从掌握解决简单问题的方法和思路,逐步发展到解决复合问题的方法和思路,即逐步培养和提升学生的工程思维及解决工程实际问题的能力。具体通过"工程学导论"、"设计与制造 I"、"设计与制造 II"、"设计与制造 III"及"工程设计"五门课程加以实施。

(1)工程学导论:工程学导论课程是面向大学一年级的工程见习课程。它主要通过课程项目对学生进行初步的工程认知和工程思维训练,同时获取初步的工程经验知识。重点培养学生发现和解决工程问题的思路和方法,强调整个项目的实践过程,而不刻意追求完美的项目成果(即学生可以基于自己的常识制作各自的第一件工程作品原型)。

(2)设计制造 I:面向大学一年级学生,提供工程基本方法和工具,即工程表达、初步的机械设计与制造技术的专业培训,并结合课程项目,运用所学知识和工具。设计制造 I 强调零件级的工程设计与制造知识。

(3)设计制造 II:在"工程学导论"和"设计制造 I"的基础上,围绕一个简单产品的设计与开发,让学生初步体验产品的设计与开发基本思路、原理和过程。设计制造 II 强调简单产品的设计与样机制作。

(4)设计制造 III:进一步将设计与制造理念推向一般机械系统的设计与开发。课程项目面向一实际工程需求中的机械动作,设计并开发一个可以实现指定动作的机械系统。设计制造 III 完成的课程项目,涉及的产品模型应能实现某种运动功能(如能将一物体投放到目标位置),而设计制造 II 的课程项目涉及的产品则是一相对静止的系统。

(5)工程设计:课程强调机电复合产品的设计与开发,它较设计制造 III 课程项目在约束条件及技术难度上有进一步提升。

2.2.2 教学形式的改变

在教学形式上,所有课程项目实施过程中,由 4~6 人组成一个项目团队合作完成课程项目。在课程项目实施过程中对学生进行过程控制,通过对启发性、开放性的工程问题的求解,培养学生的工程思维能力,并激发学生的创新意识和团队精神。阶段性成果以课堂答辩及书面作业的形式展示或提交,以培养学生熟练的书面和口头表达能力,从初级课程项目(如工程学导论)到高级课程项目(如工程设计),对表达技能的培养贯穿于每门课程中。

为拓宽学生的国际视野,部分学生参与海外联合毕业设计,与国际一流大学合作组建联合毕业设计小组,提高学生的国际合作竞争能力。

通过国际交流和学习,在上述几个方面的转变看到的效果,学生的学习动力大为提高,这对于其今后的深造和工作,在能力上都打下了很好的基础。

同时,在这样的教学模式中,教师的投入大为增加,要达到实质性的效果,必须给教师相应的空间和精力从事这样的教学工作。目前高校的考核体制对教师在教学上的投入是个很大的限制,对教学整体效果也有直接影响,所以多年来对教师在教学方面要有适当评价的呼声从未间断。

3. 推出品牌教学成果,提升我国教育形象

一味追随世界著名学校的教学经验,往往会使我们迷失自我。在数字化日益发展的今天,教育国际化可以没有国界,我们可以随时学习哈佛、剑桥的著名课程,同时我们也应着力于推出我们自己的品牌课程,让世界了解我们,也使我们更好地建设自己的高等教育。

大规模开放式在线课程(Massive Open Online Courses, MOOCs)于 2012 年快速发展,可以预见将成为未来教育的主流之一。MOOCs 可以让所有学习者免费使用课程教材,通过网络让全世界有心学习的学生选修课程。除此之外,MOOCs 也融合了在线教育的特质,提供了身处教室的临场感,通过网络平台的设计,提供师生彼此之间各式的互动交流及评量机制,让学习不受时间和空间的限制。

4. 结束语

教育的国际化给我国的高等教育带来了前所未有的机遇和挑战,学习国外的先进教学理念,而不盲从于此,对教学给予足够的重视和评价,我国的高等教育形象才能立足于世界。

(九三学社上海市委第 50 次"高校论坛",蒋 丹、巨永林执笔)

浅议新时期高等教育改革中大学教授的地位、责任和作用

九三学社上海交通大学委员会

1. 目前大学的行政主导作用

众所周知,大学教育的目标为"追求真理,求实创新,传承人类文明,提升人类精神,守护人类尊严"。大学精神就是追求全人类普遍利益、共同生活规范、跨越不同学科的"自由之思想,创新之思维,独立之精神"。

然而当今中国,在几十年高速经济发展的驱动下,各行各业都不同程度地步入了争先恐后、追名逐利的轨道。高等教育也不同程度地渗入了商业化等功利主义气息。与此同时,由于行政系统的主导,大学的创新活力和独立精神受到了制约。首先,在资源分配上,行政机构因掌握着人事权、资源分配权和教师职称评定权而变成学校的主体,而大学教师则因聘期合同制而变成客体,处于被动地位。例如,许多长期奋斗在教学科研第一线、在教学方面非常优秀、倍受学生尊敬的老师却因科研经费不过关而不能晋升高级职称,许多能够长期静下心来进行原创研究的教师在 985 和 211 工程经费分配上得不到重视,在行政主导的推荐各类人才计划方面得不到重视。目前,大学的价值观、大学教师的价值观、大学生的价值观混乱不清,大学的教育目标、大学的使命、大学的精神面临着严重挑战。

为了解决大学的问题,一些大学成立了教授委员会,开始实践"党委领导,行政负责,教授治学"的管理体制。然而在行政权力控制之下,教授治学无实质性进展。一是学术组织变异,学术委员会成员几乎都是学校领导,无行政职务的教授比例很小。这些以"官员"身份进入学术机构的教授们,往往以行政职责主导学术工作。二是学术权力弱化,大多数学术机构很少开展活动,仅仅履行审议和咨询职能。

2. 新时期高等教育改革中大学教授的地位、责任和作用

2.1 大学教授对自己的责任和作用要达成共识

面对大学精神面临的挑战,大学的行政系统需要反思,大学教授也要反思。"坚守大学精神,大学教授应该怎么做?"教授以教书育人为天职,用心智启迪学生之智慧,用德行塑造学生之品格。教授群体决定着一个大学的求真水平。大学教授应该是大学精神的坚守者,文化内涵的传播者,科学知识的传播

者。从教授今天的足迹能预见学生明天的轨迹,教授今天的思路会影响学生明天的出路,教授今天的态度可决定学生明天的高度。

2.2 维护教授的尊严和地位是关键

《国家中长期教育改革和发展规划纲要(2010—2020 年)》为高校体制改革指明了方向。《纲要》指出,政府及其部门要树立服务意识,改进管理方式,完善管理制度,减少和规范对学校的行政审批事项,依法保障学校充分行使办学自主权。特别是要建立大学各级领导遴选制度,由学校教师、知名校友等共同组成遴选委员会,由学校代表大会选举产生,教育行政机关备案。

教授治校是根本。学术自由是"学者不受院校的控制与限制,行使科研、教学的权利"。因此,仅有社会和政府提供外部自由空间还不足以使教授享有学术自由,要实现真正意义上的学术自由,还必须建立教授治校的内在制度,强调教授在学术事务中的主体地位和主导作用。

十八大报告指出,要"加快推进社会主义民主政治制度化、规范化、程序化,从各层次各领域扩大公民有序政治参与,实现国家各项工作法治化"。作为大学的党政系统,应该积极邀请民主党派的大学教授参与学校的重要会议,献计献策、共谋发展。

行政管理是服务。学术自由并非不要行政管理,如果没有相应的行政管理和服务,学校将难以运行。因此,行政权力侧重于学位授予、经费筹措、财产管理及争取社会支持等,与学术权力是一对既相互依赖又相互制约的共生体,但行政权力归根到底是为学术权力服务的,当二者发生矛盾时,行政权力要服从于学术权力。

总之,在我国市场经济体制下,对现有的大学管理体制必须进行改革,只有让学术回归自由,我国高等教育才能真正培养出具有创新能力和独立人格的人才。

(九三学社上海市委第 52 次"高校论坛",姜 淳执笔)

大学文化——从校训说起

九三学社上海交通大学委员会

大学文化以前的提法是"校园文化",大学文化与校园文化实际上是有一定区别的,大学文化更看重的是大学的文化,而不是一般的学校校园文化。

大学文化是大学的文化,它既具有文化的普遍特征,也体现了大学的特征。大学是以培养高层次人才为目标的,培养人才是其基本特征,但不同的人才要求其培养的目标、方式、方法也不相同,这就形成了大学的不同风格。这种固有的标志性特征,使其所形成的大学文化更为人们所瞩目。这种大学文化的多重性应该是大学文化的重要内涵,正由于这种多重性才丰富了我国大学文化的内容。

一、大学文化的特性

大学文化是一种过程,是大学的思想、制度、机制和精神不断发展、沉淀而积累起来的一个过程。这是人群在对知识的传承、整理、交流和创新中所形成的过程。它也是一种目标、信念、理想追求的一个过程,这一过程将会影响人的一生,在人生转折的道路上起着不可替代的作用。

大学文化是一种氛围,主要是靠直觉、听觉和感受。这氛围对人们起着潜移默化的作用。文化是影响人生轨迹和精神财富的一个时空区域。大学文化给了人们阳光和空气,也犹如血液一样提供营养,它能将学生引向具有坚定理想的正确轨道。这种氛围学生在校时可能还不一定能深刻地感受到,但一旦接触社会后会感受颇深。在大学同学的聚会中大家就深深感受到大学时期的美好回忆,这时就能真正体会到大学文化影响的深远。

大学文化是一种绽放,是一种知识的绽放。大学的任务不但是传授知识(教学),同时也应该是创造知识(科学研究)。知识是通过长期积累并延续而得到的,知识的无边界性充分体现在学科的交叉性中,学术研究本身就是各种知识的综合应用。由于环境条件及文化氛围的影响,人类生活方式方面的重大科研成果70%诞生于世界著名大学。有专家估计,人类所需知识的90%来自于最近的50年,近50年所创造的知识比过去近2 000年还要多;估计到2020年现有知识中有30%～40%将被淘汰,而所需的各种知识也正在产生。知识的更新换代也就直接影响了大学文化的强烈适应性。

大学文化的社会性更是其重要的特性之一。大学是培养人的地方,培养的人才应该是爱国、为国家服务、为实现中国梦而奋斗的。因此大学的学术研究、讲授的知识点等均要以社会的需求为己任。美国20世纪最有创造性的思想之一"威斯康星思想"就是:"大学要忠诚地为社会需要服务"。其实大学文化应与社会需求相一致,因此美国大学的选修课制度风行,直接为企业开设网络课程。至今如密西根大学、麻省理工学院等网络课程开设均达到 5 000 门以上,这些课程均来自于企业的需求。20 世纪 80 年代以前美国产品占世界市场的 50% 左右,但到了 90 年代初美国产品在市场的占有率降为 25%,另外 25% 被德国与日本所抢占,美国的国会就发表了白皮书总结过去的经验,提出关键在于设计,即其设计的理念、方法和手段等落后于德国和日本。此后美国的工科类院校均纷纷开设出设计哲理、设计理论、现代设计方法等一系列设计课程,加强培养设计人才。

二、大学文化的重要形式——校训

大学文化存在的形式是多种多样的,如学术研究、学习风气、环境文化、历史的传统文化,但是校训则是大学文化非常重要的形式之一。

校训是学校的灵魂,是学校办学理念的体现,也是学校精神的体现,更是学校价值的取向。校训可谓是高校的一大特色,是这所学校培养什么人的具体表现。古今中外的高校都非常重视校训,当年蔡元培校长就为北京大学制定有校训,耶鲁和哈佛两校校训之争恰好说明它们对校训的重视程度。这两所大学可是一共产生了 8 位美国总统。

哈佛大学的校训:真理。

耶鲁大学的校训:追求光明和真理。

这两校的校训都体现了追求知识、追求真理、服务社会、完善人格的精神。

麻省理工学院(MIT)的校训:手脑结合。

体现了创造精研学术、致用实行、贡献国家、开创未来的实学精神。

普林斯顿大学的校训:为国家服务,为世界服务。

斯坦福大学的校训:自由之风吹拂。

校训形成了不同的学风,产生了各国大学文化,而大学文化又推动了学校的前进。从 1900—1993 年德国大学中就有 95 位诺贝尔奖获得者,成为世界上拥有诺贝尔奖得主最多的国家。世界前 10 位的大学美国就占了 8 所,世界上比较好的大学 70% 在美国。各高校的培养目标就是在校训的指导下而制定的,如美国密西根大学在为国服务的指导下,其培养目标就是培养领导者,培养行业的领导者,培养工程界的领导者。其先进制造中心就能做到这一点。美国的硅谷是由斯坦福大学的一批学生发动起来的,对美国的 IT 领域起到了很好的推动作用。

中国的大学也是有校训的。

北京大学的校训:爱国、进步、民主、科学。

北大的精神:勤奋、严谨、求实、创新,因此北大的学术气氛是非常活跃、自由的。

清华大学的校训:自强不息、厚德载物;即增厚美德,容载万物,具有宽大的胸怀。

交通大学的校训:饮水思源、爱国荣校;这是交大的历史传统。

浙江大学的校训:求是、创新。

三、大学文化的传承、发展和创新

美国的大学始终倡导的一个重要教育思想就是知识的实践性。知识是在实践中得到发展的,课堂上知识的传授和实践中知识的获得是大学教育中的两个重要方面。实践中所得到的知识更容易接受和消化。对实践知识的认识实际上是传统理念和现代特色的碰撞焦点。这种碰撞,如处理不当就会使学校缺乏正确定位、正确方向,使得:

培养目标泡沫化;

培养模式趋同化;

培养手段粗糙化。

这种碰撞为大学文化增加了现代色彩,同时也拓展了大学文化的内涵。麻省理工学院把"通过实验、实践进行学习"作为其教育的信条;密西根大学的加工车间、实验室全天候(24小时)开放,2002年的时候,机械加工的实验室中已经有20台左右的快速成型机,即现在的3D打印机,供学生自由使用。显然我国的大学文化与国外大学相比,有其独特的优点(基础厚实),但似乎还缺少了一些体现现代特点的东西。

在大学文化中不能不提到教师的作用。

教师是大学教育中的主体,教师也是大学文化的创造者、传承者和传播者,在各师范大学的校训中基本均有"为人师表"的字样。大学教师的职责是传授知识、发展知识和创造知识。教师说他是传承者,主要是他在传授知识的同时也在传承大学文化,教师的一举一动均会对学生起示范的作用,将对学生的心灵塑造及价值取向起着引领和启迪作用,学生始终把教师视为楷模。正所谓看在眼里,记在心头。学生在毕业的若干年后往往仍对教师的教学、态度记忆犹新。教师传授、发展和创造知识的过程实际上也是对大学文化的一种传承、发展和创造。

有一位教师在上课时明确地讲"只要考试时能及格,你们可以不要来上课,也可以不交作业"。这位教师只是把自己定格在传授知识上,没有尽到教师的职责,教师也应有责任对大学校园中的糟粕进行批判,树立正气,增强大学文化的正能量。

可以说大学文化是每一个高校的标志物,只要我们传承、发展和创新,那么我国的大学文化会越来越丰富。大学文化的演变深受市场经济、互联网和人们对物质生活需求的冲击,当然大学文化也会在传承的基础上得到不断的重构,希望能有更多一流大学的大学文化出现在祖国大地上。

(九三学社上海市委第53次"高校论坛",蒋寿伟执笔)

情 结 篇

本篇主要收录了九三交大人与九三学社浓厚的情缘、情结。这些作者以朴实的文字、真挚的感情，从自身的经历和不同的角度叙述了自己为什么要加入九三学社和对九三学社的认识，回顾了社组织的温暖，以及对自己的教育和帮助，倾吐了对社组织的深厚感情。在九三交大成立60周年之际，广大新老社员闻风而动，纷纷自愿撰写纪念文章。大家"从我说起"，"从我做起"，每一篇都记录了九三交大人特有的真情实感。特别值得一提的是，98岁高龄的杨槱院士在华东医院住院期间，还特意写就了《我这一辈子》的纪念文章。张重超教授也在中山医院因心血管病住院治疗期间让其女儿联系我们送来了在方格纸上亲笔撰写的纪念文章，真是令人钦佩、令人动情！

　　为了如实反映各个历史时期九三交大人的这种情怀，我们特意把20年前的《九三交大四十年》（内部社史资料）一书中的30多篇纪念文章加以收录，其中不少作者今天已经作古，有的作者当初还是新社员，年轻力壮，如今也已年逾古稀。在今天正式出版的《九三交大60年》纪念册里，又重新原文转载其中的绝大多数文章，就是因为这些文章篇篇精彩，字里行间，真实感人，让人回味无穷！

发扬优良传统，
争取更大成绩

——热烈祝贺九三学社上海交大委员会成立 40 周年

□ 程福秀

　　九三学社始于抗日战争时期，当时它由不少德高望重的学者前辈组成。它的诞生鉴于残酷的战斗，祖国半壁山河沦陷，而蒋介石的军队不仅节节败退，而且排斥异己，竟丧心病狂地搞皖南事变，而汪精卫则公然卖国求荣，组织伪政府，倒向日寇。只有共产党领导的英勇善战的八路军挺进敌占区，组织群众与日寇周旋。他们不怕牺牲、忠心救国的精神，深得广大民众的拥护与支持。九三学社的社员们对于勇敢救国拯民的八路军无限钦佩，故而一直站在共产党一边。经过八年抗战、三年解放战争，终于推翻了压在中国人民头上的三座大山。

　　共产党实行统一战线政策，团结爱国的各民主党派，召集了由各民主党派和无党派民主人士参加的全国政治协商会议，选举组成新政府。1949 年 10 月 1 日，毛主席在天安门城楼庄严宣告中华人民共和国成立，结束了中华民族灾难深重的漫长岁月，开始了中国历史的新纪元，中国人民从此在东方大地站起来了。

　　解放初期，政府一方面帮助资本家恢复生产，另一方面派遣志愿军与朝鲜军队并肩抗击美国侵略军。在教育方面则进行了高校院系调整，大力发展教育。鉴于海峡形势动荡不安，决定将交大迁往西安。在此期间，九三学社作为民主党派之一，应时代的需要，在全国各地的高校发展九三组织，交大九三学社也于 1955 年成立。当时学校几位副教务长朱物华、张鸿、黄席椿以及一些系主任和教授纷纷参加，朱物华副教务长非常积极，许应期教授当选为交大分社主任，经严晙教授介绍，1956 年我参加了九三学社。

　　中国共产党是以马克思主义的理论武装起来的工人阶级先锋队，根据我国实际情况，采取农村包围城市的战略方针，经过几十年的艰苦斗争，最后取得胜利。通过几个五年计划，我国的重工业发展较快，在机械、冶金电机方面有了较好基础，以前完全靠进口的，现在都能自己制造，如发电设备、大型货运汽车、小汽车以及农用拖拉机等，而且还能向国外出口。尤其在国防科研方面，两弹及导弹的发射、卫星的上天，让世人知道，中国科技工作者在中国共产党领导下有能力在尖端科学方面发挥重要作用，进入世界先进行列。十一届三中全会后，中共中央领导更加重视各民主党派，认为各民主党派和民主人士是党的诤友，共同参政议政，休戚与共，同舟共济。在邓小平同志建设有中国特色社会主义理论指引下，我国进行改革开放,经济建设取得了举世瞩目的伟大胜利,人民生活显著提高,绝大部分地区解决了温饱问题,社会安定,市场繁荣。十四大确立了邓小平同志建设有中国特色社会主义理论在全党的指导地位,提出用这一理论武装全党,宣告坚持党的基本路线 100 年不动摇。中国共产党是领导和团结全国各族人民建设有中国特色社会主义伟大事业的核心力量。肩负着历史的重任,经受着时代的考验,其成败关系到国家的兴亡与民族的盛衰,为了永久保持党的优良传统和作风,全心全意为人民服务,就必须加强党的建设,不断提高领导水平和执政水平。中共中央作出《关于加强党的建设几个重大问题的决定》,这是非常明智和重要的决策。各民主党派包括"九三"同样应加强自身建设,采取相应的措施。交大九三组织 40 年来一直听从党的号召,诚心实意跟共产党走,在九三市委领导和校统战部的帮助下,根据不同时期的形势与需要,发动社员同志们对工厂和社会做了不少有益的工作,受到了表扬和称赞,由原来九三交大分社不断发展壮大成为九三交大委员会。九三交大委员会是基层组织,九三社员担负着教育工作,更要言传身教,要让青年学生知道现在的学习环境条件和幸福生活是来之不易的。没有共产党就没有新中国,是千真万确的。鸦片战争后的 100 多年间,帝国主义列强联合起来侵略中华,使之变为他们的半殖民地,并称中国人为"东亚病夫",此耻此辱由谁去雪?也非共产党莫属。因此九三学社的同志们不仅要教给青年学生先进的科技知识,而且必须教育学生热爱祖国、热爱共产党和热爱有中国特色的社会主义,这样才能促进和发展我国经济建设、四化建设,达到技术先进、国家富强,从而永立于世界先进之林。

(原载内部史料《九三交大四十年》,1995 年)

40 多春秋，
饮水更思源

□ 张钟俊

　　我是在 1952 年秋思想改造运动之后由朱物华同志介绍加入九三学社的。思想改造时期批判了不闻政治、学者清高的思想，提高了自己的政治觉悟，认识到应靠拢组织才能更好地发挥自己的才识，并对国家的经济建设作出贡献。

　　自加入九三学社后，通过经常的组织活动和学习有关文件，提高了对中国共产党的认识而最终决定并争取加入了中国共产党，从而实现了在党的领导和九三学社的关怀下为中华民族事业奋斗终身的目标。其后在我的影响之下，我爱人杨媞姝也加入了九三学社，我女儿张文渊也是九三学社的成员，我的一家成了九三成员家庭，可谓对九三学社建立了深厚的感情。我到今天对国家所作出的一些贡献和工作应该说都与党的培养和九三的关怀和教育分不开。

　　最近党中央、国务院在改革开放和社会主义现代化建设的新形势下召开了具有重要意义的全国科学技术大会。全国落实邓小平同志科学技术是第一生产力的思想，实施科教兴国战略，加速全社会的科技进步，从而确保我国现代化建设分三步走战略目标的实现。1995 年 9 月 3 日是九三学社成立 50 周年纪念日，回顾过去，展望未来，再过 15 年我们将跨入 21 世纪。我已是八旬老翁，但决心在党和九三的领导下，努力拼搏，继续开拓创新，在邓小平同志建设有中国特色的社会主义理论和党的基本路线指引下，紧密团结在以江泽民同志为核心的党中央周围，努力把我国的科教改革和发展推向前进，为社会主义现代化事业作出更大的贡献。

（原载内部史料《九三交大四十年》，1995 年）

我这一辈子

□ 杨　檌

前言

听从友人们劝说,住进华东医院已有两个月了。这里是一个单人间。我把家里的电脑也搬来了。开始,我还能自由行动,用一根拐杖支持走 50 米。可是,上星期不慎跌了一跤,右腿受伤。经医生理疗,所幸伤筋未伤骨,但右腿已无法行动了。医生虽叫我多卧床休息,但允许自由行动。我是一个不能闲的人,仍然经常坐在椅子上,阅读书报,写作文章。

毕竟我是一个近百岁的老人了,记忆力和动笔能力都日益衰减。我一生的经历是很丰富和复杂的。我出生于推翻满清帝国、建立中华民国的初期和第一次世界大战末期,亲历了军阀混战、抗日战争和第二次世界大战。新中国成立后,更历经抗美援朝、各次政治运动、天灾人祸、文化大革命十年动乱。改革开放以来,我的活动范围更加广阔了。一直到耄耋之年,仍然笔耕不已。人称我是"劳碌命",但我乐此不疲。

我在此简述一些自己的学习和工作经验体会,可能会对年轻人有一点启发和参考价值。

1. 从小养成良好的心态和生活习惯

十分幸运,我不是娇生惯养的孩子。长辈们对我的管教比较严格,这就使我养成了两个好习惯:

(1) 厉行节约的习惯。吃饭时一粒米掉在桌上,也要我捡起吃掉。一张卫生纸、一块小肥皂也要"物尽其用"。至于节约水电的习惯,从小就养成了。

(2) 自己享受要顾及别人。每次家长带点食品给我吃时,如有同学、同伴在旁,总要平分给大家吃,这就养成了我的"有利益大家分享"的习惯。办任何事,谋得利益顾及对方利益,就能"合作共赢",事业就能更有活力、更好地发展了。为此,我一生得益匪浅。

2. 从幼年开始就受到亲切的爱国主义教育

(1) 1925 年 5 月 30 日上海发生日本和英国警务人员残杀中国工人和群众的"五卅惨案"。在广州,群众聚集在英国侨民聚居的沙面岛,抗议英国人的暴行,又遭到英国军警的枪击,死伤多人。这就是"沙基惨案"。次日,广州群众举行更大规模的游行示威。我当时在广州中山大学附属小学读书。老师带我们(我们仅 8 岁大)跟在大队伍后面,参加游行。当我们快到沙面时,就有人劝我们小学生回校解散了。傍晚,我们在学校门口游玩时,见到游行队伍回来了。队伍中间有多辆大板车,载有死难烈士的遗体。大家以沉痛的心情望着游行队伍离去。这确实是一次深刻的爱国主义教育。

（2）1931年9月18日，日本帝国主义关东军突然袭击沈阳我军驻地北大营，同时进军吉林、黑龙江，很快占领了我东北三省，这就是"九一八事变"。而蒋介石集团却采取"不抵抗政策"。全国人民十分愤怒。各地学生纷纷来到南京，向国民党政府请愿，要求出兵抗击日本侵略者。那时，我在南京的金陵中学就读，不少外来学生就住在金陵中学。我也跟着同学们上街宣传抗日。

（3）这年寒假，我到上海，准备和暂住上海的母亲和弟妹们一同去广州和父亲团聚。正好遇到"一·二八事变"。1932年1月28日，日本侵略军突然进攻上海闸北、吴淞一带，企图占领上海。我驻守上海的十九路军奋起抵抗，得到了上海全市人民的积极支持，重创日军。随后，日军几次增兵，而我军没有得到增援，孤军奋战。由于实力悬殊，被迫撤退。后来，在英、美、法、意诸国的调解下，中国只得接受屈辱条件停战。我家很快也就前往广州了。这是又一次亲历的爱国主义经历。

（4）20世纪30年代后期和40年代中期，我在英国和美国留学，以及20世纪80年代以后出访世界各国，与当地华侨交往，他们的爱国情怀深厚，因为祖国的强弱、富贫与他们的命运和切身利益密切相关。

总之，我一生抓住了爱国与为人民大众服务这个主旨，有意义地、愉快地度过了一生。

3. 一生在异地他乡生活成长，使我养成了强劲的适应能力

（1）过语言关。先要听懂，并逐渐讲一些当地语言。我能够讲比较标准的普通话和广东话。外国语则精通英语，能够听懂一些俄语和德语。

从1955年至今，我在上海工作已近60年了。由于在工作和交往中基本上都讲普通话，上海话能听懂，讲上海话就像别人说的："你讲的像外国人讲的上海话。"

（2）生活习惯：这主要指衣、食、住、行。

穿衣：习惯于当地的服饰。青少年时常穿长袍。后来，基本上穿中山装和西装。我注意整洁，不谋求奢华时尚。很注意节约，不愿意丢弃尚可用的衣物。在英国上大学时，"一个戴粗旧帽子的中国学生"是我的特征之一。但我没有被同学们轻视。

饮食：我喜欢吃陌生的食物。在英国苏格兰求学时，当地有一种羊杂碎、麦片制成的食品haggis（我国香港可以买到）。我是很少能赏识该种食品的中国人之一。不挑食，既尝到了美味，又丰富了营养，可能这是我身体健康、很少生病的诀窍。

住宿：我从来没有谋求豪华的住所，简单的卧室、卫生间、厨房、餐室、工作室，有序安排图书、电脑、电视即可。我到老，还没有私人房产。这也使我适应党和政府的需要，调动到任何地区工作。

行动：在英国大学学习时，我已领到汽车驾驶执照。到上海工作时，有一段时间，每天从高昌庙江南造船所驾驶吉普车往返虹口的住所。但以后，我长期都是靠踏自行车上下班。参加夏秋收割劳动时，我也跟随学校大队徒步下乡。

由于在各个生活方面都能适应，使我得到更多的满足和愉快。即使在困难甚至于被迫害的情况下，仍能达观地对待，而减少苦恼。

（3）如何对待自己处于弱势群体的情况。处于弱势群体，不免被人欺负。一般是难以反抗，因为力不如人。我感到最理智的办法是：不要与人为敌，虚心学习，自我奋斗，做出过人的成绩，就赢得了尊重。当别人有困难时，即使是过去欺负你的人，也不计前嫌，助人一手。这样，逐渐建立自己的优势。这种情况我平生遇到过多次。

4. 青壮年时，不怕劳累，承担责任，赴汤蹈火

（1）大学毕业，回国抗日。1940年春，我从英国格拉斯哥大学毕业。随即赶回祖国，参加抗日战争。我先在云南昆明同济大学任机械系造船组讲师。暑假后就转到重庆民生机器厂船舶设计室工作。该厂

的试用期长达6个月,然后才任命我为副工程师。当时我的制图质量不如那些老绘图员,设计室主任对我训斥有加。但我得到副总工程师、造船界老前辈叶在馥的赏识、鼓励。一年后,我负责的一艘川江船,从燃油改为燃煤装置的任务完成,得到有关方面的赞赏,我的地位才稳固一些。

1941年我转到重庆商船专科学校教书。不久,民生厂厂长邀请我回厂工作任工程师,并同意我到学校兼课。叶老师也鼓励我说:"拿两份工资,何乐而不为。"

1943年在原海军江南造船所所长马德骥的主持下,中国造船工程学会在重庆成立,我担任秘书工作。很快,我就发表了《川江船型之检讨》和《川江枯水船之稳性》两篇论文。前一篇得到了中国工程师学会和教育部的奖励。于是,我就成为造船界的后起之秀了。

初到重庆的2年,日本侵略者空袭严重。后来,美国空军来华参战,日本空军就不能"为所欲为"了。

(2)第二次世界大战末期到美国进修建造海军舰船技术。1944年冬,我应邀参加马德骥组织的"中国海军造船人员赴美服务团",当上了一名上尉级海军军官。我们先到美国东海岸费城的"舰船损伤管制学校"、"锅炉操作学校",纽约的"舰船打捞施救学校",波士顿的"救火学校"等培训中心学习。随后,回到费城海军船厂,参加一艘航空母舰的建造工程。我是一个青年监造官的助手。半年后,该舰下水,我就被调去做一位老年监修官的助手,监修一艘巡洋舰。由于我具有扎实的专业基础和经验,工作用心思考,总想做得最好,因此得到他们的赞赏。于是,我成为"服务团"最优秀的团员之一。我在美国学到的新知识和技术,为我回国后改进我国的船舶修造工作打下了良好的基础。

(3)被任命为有一定权力的主管。1946年初回到上海,随即被任命为海军江南造船所的造船场工程师。当时没有新造船任务,我只好从事修船工作。

几个月后,国民党海军司令部调我到海军青岛造船所任工务课长,有一定的主管权力,工作也很出色。

1948年初我被调到新成立的海军机械学校任教务组长。一年以后,中国解放军取得辽沈、平津、淮海三大战役的胜利。机械学校被迫先迁往福建马尾,后来又迁往台湾左营。我则回到上海,在同济大学任教,等待解放。

(4)新中国成立后,我完全听从党和政府对我的工作安排。1949年4月上海解放,我在同济大学任教,很快就被任命为造船系主任。这年冬天,在一些造船界老前辈的鼓励下,我应旅(顺)大(连)行政公署工业厅之聘去大连,任新的大连造船厂的建厂委员会工务处长。

次年夏天,抗美援朝战争爆发,新造船厂停建。1952年初,我调任新成立的中苏造船公司副总工程师。这期间,我曾奉命前往中朝边境的丹东,协助小型舰艇修理基地的建设工作。1953年冬奉第一机械工业部调令,带领10名造船技术人员前往辽宁葫芦岛,参加筹建渤海造船厂。次年夏天,该厂缓建,我被调任大连工学院教授、造船系主任,并从事新的造船学院的筹建工作。

新中国成立初期的6年间,我的工作频繁调动。我只知服从党和政府的需要,而努力做好工作则是我的责任。

5. 勤劳勇敢,教书育人,在教育界做出榜样

到大连工学院仅6个月,一机部又决定:新的造船学院改在上海建立。于是,1955年初,寒假期间,我带领造船系全体师生前往上海的交通大学报到。我被任命为副教务长,负责筹建造船学院工作。

1956年造船学院成立。但半年后又并回交通大学上海部分。1960年上海和西安两个交大都成为独立的大学。我也成为了上海交大的教务长。此后,我的职务虽有变化,但上海交大教授的职称始终没有变。

(1)以身作则学习苏联教学经验。苏联工科大学本科最后一学期,学生要完成一个"毕业设计"。

1955年我刚调入交大,身负多重重任。我还是利用寒假期间,到天津在冰冻的海河破冰船上住了2夜。回上海后,就以"内河破冰船"为题,利用一切业余时间,3个月内完成了毕业设计。大学聘请了几位著名的造船学者评议、答辩,获得好评。

(2)头脑清醒地对待政治运动。解放初期,就经历了"镇压反革命"、"三反"(反贪污、浪费、官僚主义)和"五反"(反行贿、偷税漏税、盗骗国家财产、偷工减料、盗窃国家经济情报)运动。当然,这些在任何时代都是必要的。

1957年的反右派斗争,我的一些好友也被划为"右派",显然是扩大化了,使国家遭受了巨大损失。

随后,全国范围就兴起了大跃进、共产风、浮夸风、瞎指挥等等运动,完全是主观幻想、弄虚作假、劳民伤财。在这些情况下,我感到我们知识分子需要心明眼亮,沉稳应对。

(3)在动荡的年代仍然热情地坚持教育和科技工作。1958—1966年间可谓动荡年代。我心中只有祖国、人民,抓住一切机会学习、锻炼、实践、探索。

我记得:1958年夏,探测江苏北部大运河能通航的最大船只,探究万吨级远洋干货船的船员居室布置。1959年我和船舶检验局专家沈肇圻一同完成了制定"海船稳性规范"这个重大项目,影响深远。1962年响应教育部号召,开始指导研究生。第一个研究生顾树华开展了"被动式减摇水仓"的理论和实验研究。他的论文得到船舶设计单位的广泛应用,他的试验装置也延续应用了多年。

1965年夏,我带领4位教师和20多名毕业班学生到上海浦东的海军船厂和该厂的优秀技术人员合作完成了一艘公安巡逻艇的设计。一年后,该艇建造完成,取名"沄州"号,赢得了公安部门的赞许。

(4)文化大革命十年动乱,我的学习、工作热情仍然很高。可能由于我为人厚道、平和、没有敌人。文革开始后,虽然我被认为是"反动学术权威",但不是批斗对象。1966年秋和1967年夏,我仍能跟着其他教师去奉贤县丁夏八队参加稻谷收割劳动。后来,党中央下达"复课闹革命"指示。虽不允许我对学生讲课,我还是编写了讲课教材,帮助批改作业。

1968年春,全国"清队"工作开始,我被定为重点审查对象,不许回家。后来,准许我在校内自由走动,看大字报、听广播和从事指定的各项劳动。此外,就是应对外来调查人员的要求,写了不少历史情况的资料。当然,我只写实际情况,绝不听从来调人员的摆布。一年半以后,通过一个针对我的小规模的批判会,就放我回家了。

这一年冬天,我跟随学校一批教师到上海浦东的上海船厂,从事开发设计一种新型万吨级干货船。几个月后,教师们基本上都回校闹革命去了。我和另一位教授张轶群留下,帮助船厂校核该厂建造的"风光"号万吨级干货船的稳性和强度。为此,我写了《关于万吨级远洋干货船的主要尺度》和《关于万吨级远洋干货船的稳性》2篇文章,得到了船厂技术人员的赞许。

1972年冬,我被安排到安徽凤阳上海交大的五七干校劳动锻炼。晚上还到为失学女童和残疾儿童办的夜校教书。

次年春天,我回到上海,连续从事几种船舶和几项造船规范的研讨工作以及《船舶名词术语》的制定工作等。

文革的最后两年,我则应上海船舶运输研究所之邀到福建、广东去调研5 000吨经济型干货船的开发研究、设计。该型船于1979年建成投产。

文革十年,我一心为党为国努力钻研,取得了不少成果,为以后的工作打下了更扎实的基础。

6. 改革开放以后,承担了科教兴国和参政议政的双重重任

(1)不忘造船,继续做出贡献。国家的改革开放方针确立以后,我国造船业从"微利保本"变为"有利可图",甚至于"利益丰厚"了。这就吸引了众多投资者从事船舶工业的建设。我国船舶工业飞速发

展,20年间就超越了日本、韩国成为世界第一造船大国。但要成为造船强国,在科学技术和管理上领先世界则还要有一个很长的、艰巨的创新发展过程。

在这方面,我只做作了两个方面的贡献:一是将计算机应用于船舶设计,二是把工程经济学应用于船舶与水运系统的技术与经济分析工作。第二项任务有重要意义。许多科技人员对经济学无知,向国家领导提出错误的重大工程的建议并得到采纳,造成了国家的重大损失。

1980年我63岁,当选为中国科学院院士。1981年国务院学位委员会成立,我被聘为学科评议组成员兼船舶工程(含海洋工程)学科组组长。随即被评为首批博士生导师。回学校后,我花了两年时间,阅读、分析了欧美大学造船学科的几篇著名博士学位论文。1984—1995年间我和上海交大、大连理工大学和大连水产学院的几位著名教授合作培养了5名博士生,他们的研究课题分别是:"长江集装箱船江海直达运输"、"沿海原油运输"、"沿海煤炭运输"、"船舶总布置设计和仿真软件系统"、"渔船和渔船队的技术和经济分析"。大家都应用了当代数学和信息技术的新成就分析各自研究的问题,得到了同行的好评。

(2) 兴办民办高校。1992年上海交通大学、清华大学、北京大学(后来还有复旦大学)的离退休教授在有关方面的支持下,在上海兴办了"杉达(谐音三大)学院"。我被聘为首任院长。该校在董事长李储文和常务副院长袁济等的务实努力和上海浦东新区政府的支持下解决了建校资金和地产等重大问题。现在该校已是我国著名的民办高校。

20世纪末,浙江嘉兴南洋职业技术学院成立。院长潘斌原是上海交大领导干部。我被聘为名誉院长。现该校已是当地的著名高校。

(3) 用心参政议政。从1986年开始,我历任九三学社上海市第十、十一、十二届委员会主委,第八、九届九三中央委员会副主席;第五、六届全国人大代表,第七、八届全国政协常委,第六、七、八届上海市政协副主席。1996年基本引退。在职期间,我多次向人大、政协提出多项提案和建议。20世纪90年代中叶,我组织江苏、浙江、上海九三学社的专家们,用了一年时间,对长江三角洲地区的经济发展进行调研,在全国政协八届四次会议上提出"长江三角洲地区经济要走合作发展的道路"的呼吁。在政协和九三学社的刊物上,我发表了多篇文章。

参政议政20年,我接触了众多有影响的人物,使我眼界更加开阔,思想更加深入,对我的价值观、人生观和世界观都产生了深刻的影响。

(4) 参加中国共产党。这可说是实现了我的平生愿望。中国共产党是为解救劳苦大众奋斗的,我愿为此而贡献终生。1997年6月我被批准加入中国共产党,感到非常光荣。有的人问我:"你入党图的是什么?"我只能说:"实现了我的愿望和对后辈有好的影响。"

7. 晚年专心于船舶史的研究和科普读物的写作

20世纪60年代,我曾撰写了《中国造船发展史》,这是一篇有广泛影响的论文。船舶航行于五湖四海,是世界经济、政治、文化交流的重要平台。研究古代中国船舶不懂得中国历史不行。为此,我阅读了范文澜的《中国通史简编》和《二十四史》中有关船舶的章节,还有《宋会要辑》和《太平御览》的一些章节,《天工开物》和《龙江船厂志》我也是仔细阅读的。

至于探索外国船史,也要学点外国历史。我手头就有两部头的《世界简史》和《大英百科全书简编》等书可查阅。

(1) 通俗、科学的船舶史写作。当前已出版的船史著作似乎比较杂乱。我感到最好简明扼要,易读易懂。至于科学性,就要做到:"不唯上,不唯书,只唯实。"我是本着这个原则做的。

最早推出的是世界性的《帆船史》,很快又写出了《轮船史》。西方国家出版了很多类似的书,但基本上只谈西方的成就。我则补充了不少东方船的特点。出版人对两书提出了要增加一些补充内容,他以为我的写作到此为止。实际上,这仅是我写科普书的开端。两书于2005年出版。

2007年,我和陈伯真教授合作编写出版了《话说中国帆船》。这本书在科学分析上,又使人有耳目一新之感,因而得到了同行广泛的赞扬。

(2)关于"郑和下西洋"史实的探讨。郑和下西洋是我国古代航海的一次壮举,而且与西方航海家的侵略、殖民、统治、剥削行径完全不同,影响巨大。但历来讲述郑和航海功绩的不实之词不少,主要有两个方面:一是郑和宝船的大小,一般认为是万吨级大船。我考证后则认为是:最大的不过是几百吨的、便于人力操驾的船。二是郑和的航海功绩。许多人认为郑和开辟了一些印度洋航线,甚至说郑和船队到达了美洲。我考证:这些都是无稽之谈,郑和只是遵循东南亚人、印度人和阿拉伯人早已开辟的航线到达各地的。

(3)为增强国人的海洋意识,出版了《人、船与海洋的故事》。传统上,一般人认为中国是大陆国家。实际上,我国沿海的"东夷"是我国沿海诸民族的一部分。21世纪是海洋世纪。目前,我国与一些国家激烈的领土之争也在海洋上。但我国许多人的海洋意识淡薄。为此,2010年我和陈伯真教授合作编写出版了一本30万字的《人、船与海洋的故事》。

8. 最近的写作

来到华东医院以后,关怀祖国和人民大众之心仍然高昂。每天从报刊、电视、电脑得到的消息也够我学习、思考了。这期间也写了两篇文章。

(1)《〈社会主义核心价值观〉有关文献读后感》。这是中宣部和文明办发布的:爱国、敬业、诚信、友善、自由、平等、公正、法治、富强、民主、文明、和谐24个字。我没有参加过任何学习班,理解肯定是很肤浅的。今年五四青年节,习近平总书记号召青年们要自觉践行《价值观》。我根据一生经历,对这24个字谈了自己的体会。盼望同志们批评指正,使我能够活到老学到老,就感到很幸福了。

(2)《谈教育》。我毕生从事教育工作,一向认为教育是立国之本,教育关系到国计民生和国家的前途。我感到目前的应试教育,至少浪费了孩子们3年的宝贵时光,甚至于影响到他们的德智体美健康发展,必须改革。一个因材施教、灵活的、多样化的教育体系是我们的努力方向。

我还提到一个爱读书的学习型社会,才是有发展前途的社会。

结束语

这篇文章总结了我一生的学习、工作经验和教训,以期启发后辈更好地学习成长。希望大家能够心明眼亮,善辨好恶美丑。

今天,我们祖国正进入一个千载难逢的好时代。我国有了一个愈来愈得到人们赞誉的好领导班子,他们爱党、爱国、爱人民。中国日益团结崛起,一个实实在在的"中国梦"正在形成。

九三交大
40 周年有感

□ 陈铁云

　　我于 1955 年夏参加九三学社,亦是九三交大支社成立伊始,距今已整整 40 年了。回想当时,正值 30 余岁的壮年,且响应祖国的召唤回国参加工作不久。对当时的新鲜事物常常理解不深。自从参加九三学社以后,在交大得以和一些与我一样从旧社会过来的教师一起学习党的各项方针政策等等。由于大家的经历有很多相似之处,得到启发不少,效果很好,得益匪浅,使我能跟着党的步伐前进,在人民教育事业中发挥自己的作用。

　　十一届三中全会以来,祖国改革开放。我有机会多次出国进行学习交流,阔别 30 载得以与当年的老同学、老朋友重聚。由于十年动乱,我与他们之间在业务上、生活水平上都有一定的差距。但我心里还是很踏实的,因为我为祖国而工作,教的是中国学生,想的是如何抓紧时间,加倍努力尽快提高教学水平,做出科研成绩,把失去的时间抓回来。至今我所指导的研究生中已有 13 名获得博士学位,30 余名获得硕士学位。其中有些在国外攻读博士学位和博士后的都获得了指导教师的高度评价。生活的真谛不仅仅是洋房、汽车,不是索取而是奉献。九三学社对我的人生观的形成起了一定的作用。现在我已是年过古稀的老人,我仍在指导两名博士生和一名硕士生,已公开出版了 10 本专著,其中译著 3 本,教材与专著 7 本,并主持两项科研项目。我的愿望是在我有生之年继续为祖国教育事业尽一份绵薄之力。

（原载内部史料《九三交大四十年》,1995 年）

我的一点
回忆与体会

□ 李锡玖

最近受九三交大委员会的约稿,我写一点对过去九三工作的回顾,深感为难,因为我虽然做过一段时间的工作,但是并没有什么成效。

在我加入"九三"开始工作的初期,我的确有一些想法,通过做点实事把团结知识分子的工作做好,使交大的九三成员在科研和教学工作中能够起一些作用,做好校党委和校领导贯彻知识分子政策的助手。我当时认为要做好这个工作,必须从为知识分子做点实事着手,尤其是要帮助做好成员中关系到切身利益的实事,比如住房问题、生活待遇问题、职称问题甚至还有成员家庭的一些琐碎问题,等等。如果能够解决这些问题,那对教师心情舒畅、更加积极地为教学工作可能有好处。

此外,为成员做实事工作中,还要做些政治思想工作,有很多成员非常关心国内外的各种政治经济形势的发展变化,以及想正确了解、认识党的各项政策,所以就必须组织一些报告会、座谈会、讨论会,使社员参加大会后或多或少地及时解决一些思想问题,这项工作对知识分子来说也是很重要的。

在做实事工作中,当然还有很多事可做,比如组织各种社员的活动需要经费,这就要搞些科技咨询、办学等活动,而且通过这项工作,也可为社会做些服务。

除以上各项工作外,也应当注意做些老年社员的工作,如离退休社员活动等。

多为社员、为社会做些实事,我认为是在基层组织中很重要的事情。

还有作为一个党派,很重要的是如何做好参政议政工作,在学校中如何配合校领导团结好知识分子,办好学校,以及对上级领导部门有什么好的建议,也应当做些转达工作。

以上这些我在那段工作中,也多少做过一点,但是可以说没有什么成绩。

总之,我体会到在九三交大的工作中,应积极争取校党政领导的支持,在调查研究、实事求是的基础上,配合校党委多做些团结知识分子及做些有利于社员、学校、社会的实事。

(原载内部史料《九三交大四十年》,1995 年)

在社组织的
关怀下成长

□ 吴　镇

九三上海交大委员会自 1955 年成立到现在,已经有 40 个春秋了。在这 40 年中,虽然经过了十年动乱时的风风雨雨,但是雨过天晴,在党的"长期共存,互相监督,肝胆相照,荣辱与共"的方针指引下,特别是在"建设有中国特色的社会主义"这一新的历史时期,受到改革开放后祖国的经济建设突飞猛进的形势鼓舞,我社的工作也有了蓬勃的发展。社员的人数已达 180 多人,是开创时的 10 倍,而且人才济济,在教学、科研等各个方面都做了不少有意义的工作,对社会主义建设事业作出了应有的贡献,一再受到市、校各级组织的表扬。我作为一个入社已 30 多年的老社员,看到我校"九三"事业的兴旺发达,感到无比的自豪。

我长期担任基础课程的教学工作,在党的教育和培养下,40 多年中,在思想上不断有所进步,在业务上不断有所提高,在工作上也朝乾夕惕,不敢稍有懈怠。每当有一些成绩,总是得到我社组织上的关怀和支持。我曾有好几次被邀在委员会组织的座谈会上发言,《九三上海社讯》也曾多次对我作过介绍,使我倍受鼓舞,增强了我前进的信心。

我自 1988 年退休以来,经常得到社组织和同志们的关心、爱护和照顾,使我继续生活在一个温暖的大家庭中。我也尽可能地参加社组织的所有活动。在过组织生活时,经常能得到很多信息和听到大家的发言,使我能跟上时代的步伐,增强了对党的事业必然会取得胜利的信心。

缅怀过去,展望未来,相信在新的历史时期,我们一定会克服前进道路上一个又一个困难,走向新的高峰。我们广大的社员也一定能够发挥出更大的聪明才智,为社会主义事业作出更大的贡献。最后,让我用我们已故的九三学社的创始人许德珩同志的一句名言"为共产主义事业生死以之,奋斗到底"与大家共勉。

(原载内部史料《九三交大四十年》,1995 年)

增强民主党派
的责任感

□ 范祖尧

1980 年 10 月是一个令人高兴和难忘的日子。从那时起，我被正式批准加入了九三学社，转眼已经整整 15 个年头了。在这里，我要深深感谢两位入社介绍人给我政治上的导引，他们就是我们机械系的贝季瑶、楼鸿棣教授。这两位老前辈都是热爱祖国、弘扬民主与科学、治学严谨、学术造诣高、德高望重的知名教授，他们对我政治上和业务上的影响是深远的，也是不能忘怀的。

回顾过去，10 余年的社员生活，最大的收获是自己的党派意识增强了，参政议政的能力和水平提高了。在入社以前，我是一个普通的大学老师，整年、整月忙碌于教学与科研工作，在高教的园地上默默地耕耘着，而对于政治、党派方面的意识则非常淡薄。入社以后，通过社史的学习，社内各项活动的教育，社内老同志的帮助，我对民主党派的性质、任务、作用逐步提高了认识，并增强了作为民主党派一员的光荣感和责任感。特别在我担任七届市政协委员以及当选为十届徐汇区人民代表以后，我深深感到，作为一名民主党派成员参加两会，不同于其他的政协委员和人民代表，必须具备民主党派的参政议政意识及光荣感和责任感，这样才能充分发挥民主党派在政协和人大中的作用，发挥民主党派参政议政的作用，从而提高自身参政议政的能力与水平。根据这样的想法，我在七届政协期间，与"九三"文教方面的几位政协委员，非常注意发挥民主党派作用的问题。为了做好参政议政工作，充分准备提案与大会发言，我们自行组织、自行选题、自行调查，开展了高教界热点问题的调查研究。这样的调查研究方式当时在市政协还没有先例，我们提出后得到市政协教育委员会的赞同和支持，而且后来发展为"九三"与市政协教育委员会合作开展专题调查研究。这种民主党派与政协工作委员会合作的方式，得到了市政协领导部门的肯定和赞赏。我们提出的调查报告也得到了好评，其中有一项提案还被评为优秀提案。这是积极参政议政、发挥"九三"群体作用的结果，这也为我"九三"争得了荣誉。

我还十分热心于"九三"高校八基层组织联席会议活动的策划与组织，通过它研讨了高教界当前的热点和共同关心的重大问题，为"九三"参政议政提供了材料。这样既发挥了民主党派的优势，也体现了"九三"群体的作用，从而提高了参政议政的水平。另外，在 1987 年，在大学生反思期间，上海交大曾召开了一次别开生面的谈心会，有 11 位"九三"的专家、学者与 100 多位交大的大学生们进行交谈，会上就知识分子问题、共产党领导下的多党合作、民主党派特别是九三学社的作用等问题，展开了坦率的交流和生动的疏导，谈心会开得气氛热烈而融洽。作为这次谈心会的发起人和主持人，通过会上的交谈，我不仅受到很大的锻炼，而且得到了一次生动的党派意识的教育，这是我加入"九三"以来思想上收获最大、受教育最深的一次活动。通过这次会议,我深深体会到,"九三"作为一个党派,不仅应该发挥作用,而且也确实能够发挥作为党的诤友的作用,这使我对参政议政也充满了信心,如果没有一点党派意识,就不可能召开这样的谈心会,也不可能开好谈心会。

参政议政和民主监督是民主党派的一项重要任务,是多党合作的一项重要内容。这 10 余年来,我深深体会到要做好党的诤友,做一个名副其实的民主党派成员,必须加强党派意识,加强民主党派的责任感。我今后将继续向这个方面努力,做一个热爱九三组织、热心九三工作、关心九三活动的九三人。

（原载内部史料《九三交大四十年》,1995 年）

九三交大
60周年有感

□ 曹树登

2015年是全面深化改革的关键年,是全面推进依法治国的元年,又是"十二五"的收官年,"十三五"的谋划年。在这历史节点年,迎来九三交大60周年。昨天的事今天的史,今天的事明天的史。铭记历史,展望未来。

一、同济师生情

杨樨、程福秀、林宏铨、赵介文、范恂如、金士峻、张铁群,在同济教书,我在同济读书。在"教"与"学"中结下了师生情。

解放前,在反迫害、争民主、反对迁校台湾等革命斗争中,得到了老师们的同情、支持。

解放后,1950年,欢送杨樨先生支援东北建设。我在欢送会上发言,引起大家一阵笑声。

同济师生情,已成历史,铭记在心,至今不忘!

二、交大"九三"情

1956年调来交大,在"阶级斗争为纲"的年代,师生重相见,讲公事多,谈心事少。在校工作20多年(1956—1979),既不知道交大有"九三",更不了解在同济任教的老师大多是"九三社员"。

"文革"初期,我与"九三人"的三个故事:

其一:"文革"开始,"现行反革命帽子"到处乱扣。程福秀老先生(九三交大支社主委),给我看他在笔记本上写的:"保卫毛主席,保卫党中央",把"卫"字错写成"卩"字,招来大祸临头。经我向红卫兵解释,得到谅解,解脱了对老先生的压力。

其二:毛泽东思想宣传队,刁难老先生,进行笔试,我是考场工作人员。发现赵介文老先生(九三老社员),考卷上有错,暗中指正。交卷时,老先生免受一场耻笑!

其三:"文革"进入"清队"。林宏铨老师(九三交大支社副主委)、李介谷(九三交大老社员)和我被关在一间隔离室(牛棚)。林老师知道我在同济是共青团员,还对我做思想工作。"文革"结束后,林老师申请加入了共产党。

重温 40 多年前的故事,我与"九三情",渊源流长,永不会忘。

1979 年九三交大支社恢复组织活动,有社员 47 人。目前,健在的只有 9 人:杨榓、周淑玉、王嘉善、金士峻、胡盘新、沈杏玲、李介谷、吴际舜、陈大荣。

1980 年经樊应观、陆行珊介绍,我参加了交大九三,成了"九三人"。

现将在基层为社员服务,为九三工作的往事述评如下:

1. 为社员服务,关心社员生活,从小事做起

● 见朱物华老先生,晨七点去广元西路取牛奶,反映给校办,解决了朱老取牛奶的麻烦。

● 为杨榓老师家介绍钟点工,解决了二老日常生活的困难。

● 为程福秀老师国外回来,办理临时看病手续。

● 为骆美伦老师协调与邻居安装空调的纠纷,改善了居家养老环境。(有陶关源同去)。

● 为李惠亭老师办理晚间急诊车费报销,并告诉他以后有困难另想办法。

● 范恂如老师住院,曾多次去探望,见他能看报,就带去《九三交大社讯》,让他了解社情。

● 三支社社员张宗正患重病,不能及时住进医院,电话告诉姚允办好入院手续。

● 七支社社员家中发生不幸事,申请补助未果,及时给予"雪中送炭"。

● 今年五月,老主委范祖尧老师去世。应享受健在时 8 个月的补发工资。曾向教退协、统战部反映,尚无回音,维护社员合法权益不是一帆风顺。

2. 为社工作,乐于当配角

1)为正、副主委开展社务工作

(1)协助程福秀主委,总结恢复组织活动 3 年来的工作。向校党委汇报,经党委副书记陆中庸批示,印发全校党总支,关心各民主党派恢复组织的活动。

(2)经统战部牵头,配合林宏铨副主委,拨乱反正,落实知识分子政策。走访在"文革"中被冲击、被抄家的老社员,清理被抄家物资,归还原主,维护了社员的权益。

(3)配合副主委范祖尧召开首批退休社员座谈会并进行家访。家访中,印象最深的是:老社员勤俭持家,生活有规律,家具陈旧,居住条件较差。退休社员有三怕:一怕物价上涨,二怕晚间突发病,三怕被人遗忘。及时总结了九三交大开展老年社员工作的情况,向来交大开会的高校九三作介绍,并向市老龄委汇报。

(4)配合副主委陆行珊开展《社章》学习。陆行珊参加社中央修改《社章》讨论后,带回来修改的《社章》,我去复印发给支社组织学习。妇女委员洪光彧说:"入社多年,还是第一次看到《社章》。"通过《社章》学习,加深了对社的认识:"九三学社是民主党派、参政党,不是群众社团,更不是俱乐部。"

2)协助宣传委员开展宣传工作

(1)"交大九三"30 周年(1985 年)、40 周年(1995 年),在徐汇校区报刊宣传栏,开展了两次较大型的宣传活动。版面设计和制作都是宣传委员陆行珊、李顺祺负责,亲自动手。我提供资料和场地。这样的宣传,在校内是首次。展出时,围观的人不少,扩大了"九三"在校内的影响,但展出时间短,长期效果有限。可惜"展板"未曾摄影留念!

(2)《九三交大社讯》创刊于 1988 年,现已出版多期。是兄弟院校创办最早的《社讯》。《九三交大社讯》能坚持到现在 27 年,是历届宣传委员进入角色、认真负责的结果。李顺祺为《社讯》规范化打下了基础,龚汉忠、吴东、黄敏历届宣传委员对《社讯》进行了不断的改革。应届副主委,将《社讯》邮寄居家的老社员,方便了他们对社的了解。凡事开头难,创刊之初,既缺钱,又缺人,打字、油印、校对、发行都是我操办,直到改铅印,李顺祺接班。

（3）交大科技咨询处成立于 1985 年 4 月。参加的成员有：陆行珊、林依藩、施仲篪、李锡玖、曹树登。陆行珊主持，林依藩提供开办费和项目，施仲篪落实任务。当时缺会计、出纳。托我所在单位老会计代管（每月 30 元），我做出纳，待王力勤来后特交给她。历届参加咨询处的同志都能进入角色，承接任务。特别在杨宇兴任期内，工作出色。做到"三多"：项目多，效益多，为开展社务活动提供经费也多。

（4）《九三交大四十年》：于 1990 年 11 月 20 日，成立"社史调查组"：周淑玉、朱泳春、刘若萍、王力勤、曹树登。李顺祺入社后他也参加。李顺祺是出版能手，负责筹划、封面设计、终审定稿。周淑玉是《九三交大四十年》亲历者，她和刘、朱三人负责内查、外调收集史料，王力勤和我整理大事记。《九三交大四十年》问世，为今天出版《九三交大 60 年》打下了基础，提供了史实。并向校领导筹集了经资 2 000 元，出版 300 册。

三、结束语

在庆祝九三交大成立 60 周年之际，以实际行动做好第七届委员会的换届选举，提出几点建议：

（1）充分酝酿，发扬民主，发动全体社员投入换届选举。应届委员、支委要做大量深入细微的工作，才能搞好换届选举。

（2）选"有情人"，即对九三交大有深厚感情的人，当选后，才会主动进入角色，敢于担当；选"有能人"，即有民主协商、做党派工作能力的人；"选闲人"，即在做好本职工作之余，尚有时间开展社务活动的人，有利于克服两者间的矛盾。

（3）加强思想建设、组织建设是搞好基层工作的永恒主题。思想建设，要解决组织入社，思想也入社，时时想到自己是"九三人"；组织建设的重点是支社建设，民主生活常态化，这是一个老大难。期盼新一届委员会、支委会和全体社员共同努力来解决。

（4）重复几句老话，落实到行动，即"九三工作是群众工作，是做人的工作。众人拾柴火焰高，千斤担大家挑，首先自己要挑"。

"热爱九三组织，树立九三人的荣誉感；热心九三工作，树立九三人的责任感；参加九三活动，树立九三人的使命感。"

祝九三交大成立 40 周年

□ 李介谷

九三交大成立 40 周年，而我的社龄也差不多有 40 年了。回忆当初参加"九三"时，电机系支社算是一支主要的力量，但却不到 10 人，我当时很高兴能有这样的机会追随各位长者，得以聆听教诲。40 年风风雨雨，目前迎来了改革开放的新时代，"九三"像整个国家一样进入了欣欣向荣的时期，一大批年轻的英才已成为我们的新社员和新同志，我们一起在中国共产党的领导下为建设我们的祖国而贡献各自的力量。因以言志：

·七　律·

风雨沧桑四十载，

敢将余年惜朽衰？

弱冠闻道附骥尾，

皓首穷经翊新栽；

参议政治鼓与呼，

相照肝胆诤为戴；

盛世难得勉奋起，

共创璀璨新时代。

1995 年 8 月夏日

（原载内部史料《九三交大四十年》，1995 年）

"九三"指引
我前进

□ 胡盘新

屈指算来,我加入"九三"已近 40 个年头了。回顾过去,感到自己的成长和进步都离不开"九三"。1949 年,我毕业于交通大学。在我念书的 4 年中,国民党反动派疯狂地反共,进行内战,大肆掠夺,民不聊生。当时的交大,是学生爱国运动的"民主堡垒"。生活在这样的环境下,受到爱国和民主思想熏陶,我也积极地参加了不少学生运动。上海解放后,即进入华东人民革命大学学习。不幸后来病魔缠身,在病榻上一躺就是 4 年,1953 年才来到交大工作。由于社会在飞速发展,无论在政治上还是在业务上,我都落下了一大截。当时自己还年轻,有抱负,总想在业务上要迎头赶上,政治上也要努力进取。但在当时的历史条件下,对于像我这样出身于剥削阶级家庭的一般知识分子,要争取做个党员,谈何容易。有时也想当个党外布尔什维克吧,那也是一种自欺欺人的想法。在这迷茫彷徨的时候,"九三"组织张开了双臂,经化学教研室杨祖贻老师的介绍,于 1956 年接纳我成为一名九三社员。

入社以后,我积极参加组织生活。通过九三社章和社史的学习,使我认识了九三学社的性质。学习了党的统一战线政策,明确了民主党派应是党的助手,于是对学校的各项工作,积极提建议,谈看法,发挥民主党派的作用。在九三组织的帮助和教育下,使我懂得了生活和工作的真谛,感受到组织的温暖。我学习老社员默默无闻、勤奋工作、以身作则、无私奉献的精神,广泛联系群众,共同为我国的教育事业作出贡献。

40 多年来,我兢兢业业,坚持在教育第一线,把交大物理教研室引向全国先进水平,受到上海市高教局和国家教委优秀教学成果的奖励,教研室成为上海市普通高校先进集体。编写的高质量的教材,成为全国发行量最大、影响面最广泛的优秀教材之一。我还应上海市和国家教委有关教学机构之聘担任了一定工作等,为全国工科物理教学尽了微薄之力。

由于同志们的信任和帮助,我在九三基层担任了一些工作,团结社员同志,共同进取,把九三人的优秀品质传、帮、带给新同志,和党总支密切配合,做好党的助手作用,所在支社曾被评为校先进支社。

现在我已退休,虽然离开了工作岗位,但没有离开九三组织。我没有忘记"九三"对我的教诲,还要继续努力,发挥余热,为党和九三学社的伟大事业作出新的贡献。只有力争做一名够格的社员才能不辜负我社前辈对我的指引和教导。

(原载内部史料《九三交大四十年》,1995 年)

"九三"是所好学校，
"九三"是个温暖的家

□ 严济宽

　　九三学社是抗战胜利后由一批爱国的高层知识分子组成的一个民主党派，由于高举爱国、民主与科学的旗帜，深受广大知识分子的敬仰与爱戴，我想加入九三组织的愿望很早就有了，但由于种种原因，被批准吸收却已是1987年的事了。记得刚参加"九三"不久，不少熟人和朋友问起我为什么参加"九三"，我的回答是：参加民主党派可约束自己，好为社会多作些奉献；加入民主党派后可以多一些学习机会，有利于增长见识。自从加入"九三"以后，在老前辈、老同志的影响、感召下，在日常的社务活动中，特别是通过各种学习（在我们"九三"内部，学习是抓得很紧的，不管是党中央文件、邓小平文选，还是重要的报纸社论、校党委的工作纲领和计划等都要布置学习，真是校事、国事、天下事，事事要学习），自己无论在思想作风上，还是政治认识上都得到了很大的提高，感受较深的是学习的自觉性增强了，目的性明确了。

　　9年来的社员生活使我深深地体会到，作为一个民主党派，"九三"要发扬与党亲密合作的优良传统，要心诚意悦地拥护和接受党的领导，坚定地走社会主义道路，在同级党组织的领导下，充分发挥自身的特点和优势，主动积极地开展各项工作。这几年来交大九三工作之所以开展得较有声色，除了九三组织自身建设搞得较好（如有一个团结奋进的领导班子，有定期的委员会工作例会和各个支社的组织生活会，经常组织社员参加各种学习和活动等）以外，主要的是得到了交大党委的重视和支持（如经常听取意见和建议、交流信息、通报情况、安排学习、组织活动等）。我感到中国共产党领导的多党合作和政治协商制度是马克思主义和中国革命的具体实践相结合的一个创造，它不同于一些资本主义国家的多党制或两党制，也不同于一些原社会主义国家的一党制，是符合中国国情的社会主义政治制度，其特点就是一党领导、多党合作，一党执政、多党参政。中国共产党的领导地位是在长期革命斗争中自然形成的，也是现实的社会政治条件所决定的。作为民主党派，坚持接受中国共产党的领导，坚持走社会主义道路，在当前建设有中国特色的社会主义宏伟事业中，是有广阔的活动空间的，是可以大有作为的。共产党与民主党派之间既不是执政的与在野的关系，也不是相互对立、相互倾轧的关系，而是为了一个共同的宏伟目标而建立的亲密的合作关系，是一党领导、多党并存、互相监督的关系。这些基本道理虽然早在建国初期的共同纲领中就已明确，但真正成为自己的思想观点，并对此有较深刻体会却是在我加入九三组织后这几年中逐步积累形成的。

　　第二个感受较深的是九三组织是一个温暖的大家庭。社员们个个都热诚坦率、乐于助人，同志间互相关心、亲密友爱。大家都在各自的本职岗位上勤勤恳恳地工作，默默无闻地奉献，好人好事层出不穷。

"九三"同志都是业余闹革命的，是不计工作量的，但每个同志都具有强烈的责任感、使命感，都愿意为国家、为社会多做一些，多奉献一些。正是由于这种精神，才使得我们"九三"这个组织在当前市场经济条件下仍具有很强的凝聚力、感召力，各项工作得以顺利开展。

这里我想着重谈一下九三组织对自己的关心和爱护。1993年4月初的一个中午，我拖着疲乏的身体在家休息，因为晚上还有个重要活动要参加。我躺倒在沙发上不久即迷迷糊糊地睡着了，突然走廊里那架老式电话机大响起来，我一个翻身来不及穿好鞋子即向电话机扑去，突然脚下一滑摔倒在地板上，一阵疼痛直刺心头，我只感到右腿酸痛，颤抖不止，此时电话铃也已终止了。我坐在地板上头靠沙发再小憩片刻，试图重新站起来，可是腿痛得厉害，再也站不起来了，晚上的活动只得取消。

两小时以后我儿子回来将我送进医院，经检查系股骨颈骨折，需进行手术治疗。这真是晴天霹雳！我躺在干部病房里心里有说不出的烦躁，成天胡思乱想，考虑的是如何吃最小的苦头达到最大的治疗效果，最好能不开刀，若非开刀不可，则要力求损伤最小、恢复最快而又后遗症最小。因此选定治疗方案是关键——是拉伸，还是打钉子，还是干脆换一个人工关节？在我入院之初正值东亚运动会在上海举行，医院里很多外科、骨科医生都奉命前往现场值班，因此没立即给我做手术，这也给了我一段缓冲时间来稳定情绪和咨询治疗方案。

这期间九三组织、统战部以及校、系、所的领导都到医院来看望我，使我感动不已。特别是"九三"的领导同志大多年事已高，自己行动也不方便，还多次来医院看望我，并为我的治疗方案专门去拜访该院的九三组织，寻求帮助。对一个焦急的病人来说，这真是莫大的慰藉。不知是由于环境污染所致，还是人的寿命普遍延长了，近几年来上海市老年人骨折的发病率逐年增加，而股骨颈骨折又是老年人的常发病，因此这种骨折在他们骨科医生看来可说是司空见惯、小事一桩。

可这对我来说却是件头等大事，我活到60多岁还从未住过医院、挂过盐水呢，这下要躺在无影灯下动手术，思想上紧张极了。正当我终日惴惴不安的时候，该院九三组织的负责人口腔科主任医师陈仪大夫来病房看望我了。她已是个头发斑白的老医生了，平时工作非常忙。我和她素不相识、非亲非故，她来关心我的病情完全是"九三"同志的关系，她是受组织委托来的，这使我感到强烈的震动。这是组织的温暖、同志的情谊啊！当了解到我的思想活动后，她拿了我的X光照片亲自跑到楼下骨科门诊室挨个地请教各个著名骨科专家，询问最佳治疗方案，待得到需要换人工关节的结论后，再来病房详细告诉我，这下我完全放心了，对她的热心帮助感谢不止。此后她经常抽空来看我，做我的思想工作。

回想起动手术那天上午，当我被护士小姐扶倒躺在手术台上时，面对着巨大的无影灯，心中紧张极了。那只是电视镜头中见到的场面，现在轮到自己了，真不知怎样度过此劫。正在这时，手术室的电话铃响了，一个声音传过来：交大的那位教授进来了吗？我心想这种时候能打电话进来的准是陈仪大夫了，她在我最紧张的时候传来了组织的关怀、同志的情爱，真使我激动不已。我就是在这种组织温暖的关怀下迷迷糊糊地被麻醉过去，手术飞快地进行着。由于手术进行得顺利，我恢复得很快，这期间陈仪大夫还多次来慰问我。手术后不到4周即出院，3个月后就可以上班，不到半年已可单独出差外地、正常工作了。

回想起在医院的日日夜夜，我总忘不了陈医生。病愈后曾几次前去医院看望她，总因她太忙找不到她。有一次去看她，她正聚精会神地为病人做手术，不便打扰。直到去年冬天我去该院体检时，才向她当面道谢，而她却笑笑说：不用谢了，我们都是九三人嘛！这是一句多么简洁、多么朴实的话，它包括了所有组织的爱、同志的情。是啊！我们都是九三人，要相互关心爱护，要相互鼓励帮助，要为人民多做好事，要为社会多尽责任。陈医生以她的实际行动为我树立了一个榜样，九三人这个光荣称号将永远激励并鞭策着我奋发前进。

（原载内部史料《九三交大四十年》，1995年）

科技咨询工作
的几点回顾

□ 施仲麓

九三交大科技咨询工作正式开始于1983、1984年间,是由当时的副主委陆行珊副教授牵头搞起来的。当时为启东地区完成了几项技术中介,收到了一些经济效益。从此,有了经济来源的支社组织活动就逐渐丰富而活跃了。1985年,在陆行珊、李锡玖等同志的努力下,我科技咨询处获得了税务登记和经营发票。在这段不短的时间内咨询工作有成功,也有失败。虽然在上海高校的民主党派中我们交大的咨询活动搞得最早,而且有一定影响,但和今天社会上许多成功的兄弟单位相比,在科研力量、产品开发、有力的领导核心等方面就稍嫌不足。

下面谈几点我几年工作中的体会:

1. 自感不足,"英雄无用武之地"

我们高校教师几十年从事教学活动,尽管也下工厂,到生产第一线带学生实习,自己搞科研,但是,在解决工厂的实际生产流程中的疑难问题、提高产品质量,以及与工厂科技力量就地开发新品种等方面,我们教师往往显得软弱无力。讨论生产问题时只能理论上说这说那,厂方听了都觉得不能击中要害。"老师们谈得都很好,但我们不知怎样去做",这就是厂方的回答。

1986年我们大兵团去浙江天台县开展科技咨询门诊活动,结果一个有效的协议、合同都未拿到。1988年去江西省铅山县进行分门别类的咨询活动,同样效果不大。这次吸取了去天台县的经验,分别组织了机械、化工、电机、动力等几个攻坚小组,并带了10多个科研产品项目下去,半年内双方各派代表来往访问、座谈,最后也无有效的项目落实。

2. 技术鉴定、技术评审,发挥了教师的专长

1987年应杭州富阳县矿产公司邀请,我咨询处组织了船制系教授罗得涛、林宏铨等老先生,以及动力系陆行珊副教授等有关教师带上仪器,在美丽的富春江上为一艘矿砂船进行了稳心、船体最大倾角和起重吊杆最大应力的测定和分拣,帮助矿产公司向造船厂指出在设计和制造上存在的问题,并说服造船厂进行了赔偿。在这项活动中充分发挥了教师们的理论水平和教授们在本行业中的声誉,最终取得了经济、社会双效益。

因为这项活动的影响,嘉定县也邀请我们为他们自行设计的小港码头吊车进行技术评审。当时由于各种原因,我们转而介绍给本校兄弟民主党派去完成,同样也取得了效果。

3. 科技咨询工作的作用是"把科技转化为生产力"

在上述活动中,我们是紧紧抓住这个目标进行工作的,但是在这方面我们始终还找不到一条成功的经验,今后我们要继续努力寻觅这方面的成功之路。

4. 科技公司是科技活动行之有效的组织形式

我校九三学社也成立了公司,应该向社会上有经验的公司学习。据悉,它们之所以能取得成功,都具备以下几条:

(1) 有一支强有力、组织得很好、专业面广的科技队伍。人数在精,不在于多,人员要稳定。

(2) 有力的领导班子。领导者是专业面广、实践经验丰富的积极分子,他们都有较强的奉献精神。

(3) 在开展一般咨询活动(技术评审、技术服务、技术中介等)的同时,要看准市场需要,为本公司开发一项拳头产品,精心研制,精心推广,逐步树立公司在科技领域中的形象,并一步步巩固阵地,开拓新的市场。

(原载内部史料《九三交大四十年》,1995 年)

我与"九三"

□ 陆行珊

　　九三学社是中国共产党领导的爱国统一战线中的民主党派之一。1944年底,一批学术界爱国人士,为坚持团结抗战和争取民主,在重庆组织了民主科学座谈会。1945年9月3日,为纪念抗战和国际反法西斯战争的胜利,把这个座谈会定名为"九三座谈会"。1946年5月正式成立九三学社。那时虽然人数不多,但它和其他各民主党派在一起发挥了不小的社会影响。

　　1949年,共产党领导全国人民打败了反动派,推翻了三座大山,建立了新中国。不少人认为,在共产党的领导下,可以一帆风顺地奔向社会主义,民主党派已无存在的必要,但是党中央和毛主席提出:有些知识分子阶层需要民主党派去做联系、团结、教育工作,效果可能更好,于是各民主党派又重新开展了活动。那时的九三交大支社只有几位教授。我是在1956年底才参加的。解放初,我原想自己从旧社会过来,出身于资产阶级家庭,只想明哲保身,少问政治,在党的领导下,尽力做好组织安排给我的工作就可以了。通过一系列运动,使我认识到,在阶级社会里要明辨方向、认清形势、做好工作,必须依靠组织的引导、教育和帮助。"九三"所提的"民主与科学"比较切合自己的思想实际,成员的思想也比较接近,所以就参加了。

　　通过学习和各种活动,使我在自身思想改造方面有所进步,有所提高。

　　1979年各民主党派重新恢复活动。九三交大支社在帮助党落实政策,如政治平反、退赔抄家物资、落实住房等问题上做了一些工作,获得了社员的信任。为了更活跃地进行社务活动,增强凝聚力,社组织开展了科技咨询,增加了活动经费,还经常就社员关心的热点问题组织专家作辅导报告,组织社员参观、交流等,增进了社员之间的友谊。1985年为争取高级知识分子退休的合理待遇向党提出了改进建议。这一切都表明九三学社这一组织是可以很好地发挥作用的,会受到社会和成员的重视的。

　　当前,在市场经济条件下,有许多问题有待搞清。大家希望九三组织能帮助社员澄清模糊思想,提高认识,使社员更有信心、更有朝气地投身到祖国的四化建设中去。这也是社组织锻炼、提高自己政治能力的好时机。我们应坚持创社时的"民主"与"科学"精神,为中国的腾飞,为世界变得更加和平繁荣而作出新贡献。

　　　　　　　　　　　　　　　　　　　　　　　　(原载内部史料《九三交大四十年》,1995年)

历史谱新篇·
日月换新天

——我与九三交大

□ 刘　勤

我大学毕业后，到四川綦江工作时，就听说有九三学社这个政治党派，但知之不详，印象不深。待解放后，我从美国归来，才知道民主党派在我国社会主义建设事业中占有重要的地位，发挥着很大的作用，而九三学社就是这样的一个民主党派，其社员以高级知识分子为主。从此，我对九三学社逐步有了认识，同时也了解到该学社在国家事务中所起的参政议政作用。

我刚回国时，在大连工学院工作。后来先后调到北洋大学（现天津大学）及东北工学院，最后到上海交大工作。当我刚进交大时，社会上正在开展"大鸣大放"的运动，使我深受感动。恰在这时有人介绍我参加了九三学社，我非常高兴，认为参政议政、报效国家的时机到了。所以在一次九三小组会上，我怀着这种心情，进行了毫不保留的发言，对当时政治上的优点进行了肯定，对存在的缺点提出了意见。真是畅所欲言，十分开心。发言后，小组上无任何反应，我的心里虽有点喜中带忧，但还是很平静的。

当反右开始以后，大祸突然临头了。在大会和小会上，对我进行了几次批斗。我被迫承认了所谓的"错误"，所以未戴上右派帽子。虽然如此，我的精神上却受了很大的打击。从此以后，我不敢再在政治上发表任何言论。所谓"参政议政"对我来讲已经成为一句空话。

史无前例的"文化大革命"开始后，首先对我的右派思想进行了清算，使我不知所从。我以为要对我进行"判决"了，因此，日不思食，夜不安枕。

"四人帮"被打倒后，好似雨过天晴，苦尽甘来。一切均向着正常状态转化。特别是在改革开放后，民主党派的参政议政作用真正提高到了主要的地位。现在有小组活动，逢年过节也有全校性的大规模的活动。作为一名九三学社成员，我感到十分光荣。我酷爱我国的古典诗词，曾创作诗词400余首，并创立"科学词"这一新词的派别。每次在全校性"九三"大会上，我都要朗诵一首我的应时之作，经常能博得全体社员的喝彩，我高兴到了极点！在本文结束之时，我写了下面一首词，来表达我的心情：

《水调歌头》（咏改革开放）

改革又开放，气势撼山川。英明治国良策，如箭出弓弦。运用真知灼见，创立中华模式,历史谱新篇,潜力大开发,日月换新天。

本世末,小康户,有何难?明灯指路,身跨鞍马手扬鞭。掌握高精技艺,摆脱空虚愚昧,增产有源泉,风暖春光媚,花朵满枝端。

(原载内部史料《九三交大四十年》,1995 年)

我的成长与"九三"息息相关

□ 周天宝

时间过得真快,九三交大已经成立 40 周年了。

我踏进"九三"大门,还是刚出校门工作不到 1 年的时候,只知道"九三"是以高级知识分子为主体的民主党派,与大知识分子相处,自感多有不足。

经参加组织生活和小组学习讨论,感到九三社员都热爱祖国,并学有专长,默默无闻地在各自的岗位上,一丝不苟地为祖国、为人民努力奋斗工作。

九三组织有着光荣的革命传统并充满着民主和科学的思想。九三人中间好多是著名的专家、学者、教授和政治活动家,彼此都非常关心,非常亲切,毫无高人一等的优越感,使大家感到九三组织的温暖。

"九三"前辈脚踏实地的朴实作风,是当时刚参加工作的年轻人很好的学习榜样,同时也是培养我的工作作风的一个好起点和基础,至今不忘。

九三交大的发展过程,也是我工作的成长过程,我工作至今的一些成绩,都是在组织和前辈的良好作风的影响下取得的。

当时交大的各民主党派人员没有现在这么多,所有的活动和学习讨论,经常以联合形式出现。这些日常工作,由各党派的年轻人干,起初我只是跟着学,后来逐渐一起参加。我做过原支社的组织委员,搞过一些行政事务工作,但组织给我的帮助和教育却要多得多。我也把这些帮助和教育联系落实到平时的实际工作中去,做出了一些贡献。

由于"九三"的前辈们,平时表现均很好,所以自己亦经常督促自己——作为一名九三社员,平时的言行绝不能影响"九三"的声誉。我虽已退休,但九三组织经常关心我,大家一起过组织生活,大家一起学习谈心,让我增加了不少活力,我愿九三交大在新的形势下能为社会做出更多的贡献。

(原载内部史料《九三交大四十年》,1995 年)

相识·
相知·相融
——我为"九三"献绵薄

□ 王道平

　　我是 1984 年在上海交通大学参加九三学社的,回顾 10 多年的社组织生活,收获是很大的。特别是刚入社时的几次全体社员活动使我感触很深,社内的老专家朱物华、程福秀、徐桂芳等老同志,不顾年老体弱,积极参与,他们对社的工作认真负责,对社组织关心、信任和支持,使我深受感动。他们的言行举止、真知灼见,使我对"九三"有了深刻的认识,并增加了我对"九三"的自豪感和自信心。记得一次我们社组织老专家去吴江盛泽的一家工厂咨询,"九三"老一辈严谨求实的作风、执着奉献的精神、高尚无私的情操,使我受到深刻的教育和鼓舞。

　　1984 年我入社时,体育系只有我一个九三社员,因而我参加图书馆和机关小组的组织生活,以后又编在科技外语系小组。不管在哪里过组织生活,社员们都能互敬互亲,敞开心扉,自由发言,无拘无束,心情舒畅。1985 年我第一次为"九三"工作,当时社组织要搞宣传专栏橱窗纪念"九三"纪念日,党委宣传部给了我们校门口一长条宣传栏,我作了精心的设计、布置和美化,从内容到形式都非常好,生动地介绍了九三学社的历史,反映了我校九三社员中学部委员、博士生导师在各条战线上的光辉业绩,收到了很好的效果,受到当时社组织的赞赏和肯定。我认真对待九三工作,把"九三"的任务时刻挂在心头。我还发展了体育系积极进步的 4 名副教授和 1 名讲师成为社员,以后体育和数学系合并成立支社,又配合发展了几名数学系的高知入社。九三交大基层委员会成立时,我得到广大社员的信任,被连续两届选为委员会委员。在委员会中委员们互相信任,亲密无间,大公无私,处处顾全大局,严以律己,宽以待人,使我深感九三组织的无比温暖。在主委范祖尧教授的带领下,我分工负责宣传工作。《交大社讯》从第四期开始,内容和信息不断增多,栏目逐步扩大,出版周期不断缩短。在 14 期以前,《交大社讯》都是打印成本,阅读很不方便,我早有想法,能否办成小报的形式,便于阅读。从 15 期起,我用手抄成小报的样式,然后制版印发,一改过去的本式为小报式,终于实现了理想,真是"只要功夫深,铁杵磨成针"。这一工作也得到了曹树登同志和李顺祺同志的大力帮助和关心,他们对改版起了决定性作用。

　　作为一个民主党派的成员,应该不断进取,以九三人的形象做好本职工作。我是分管教学的系副主任,一直勤勤恳恳地工作,多次获得学校教学优秀奖和教学改革和建设成果奖、首届亿利达优秀教师奖等,还撰写了论文著作 30 余篇,因此而获得学校颁发的突出贡献证书和政府特殊津贴证书。体育系自

1990年建立了七支社以后，由于社员们在系工作中发挥了重要作用，受到党总支格外的重视，在系的重大问题上，系总支和行政都事先征求九三社员的意见和建议，每学期期终都要召开民主党派成员的会议，感谢民主党派成员为系工作所作的努力。我在做好本职工作的同时，还积极参与社会工作，担任上海市体育总会委员，全国高校研究生体育研究会副理事长，并参与交大和上海市高校体育学科高级职称的评审工作。在社会工作中，我处处不忘九三人的形象。

回顾我参加九三学社10多年，在热爱"九三"思想的指导下，做了一些应做的工作，在实践中加深了我对"九三"事业的热爱，更多地丰富了我热爱"九三"的内涵。但我做的与流失的岁月相比，还是太少，然而，社组织却评我为交大九三学社优秀社员，推选我为代表，参加九三学社上海市代表大会，让我担任社市委文教委员会委员，我感到受之有愧，我要在委员会的领导下，同心同德，再接再厉，努力工作，为交大和交大九三作出新的贡献。

（原载内部史料《九三交大四十年》，1995年）

不辜负"九三"
给我的一片爱心

□ 周淑玉

　　我一直把参加"九三"作为自己政治生活中的一个重要方面。回顾自己参加九三组织 40 余年来曾参加过的支社委员会工作以及无数次的组织生活、活动等,使我受到了很大教育。

　　有一件事,让我印象比较深,就是关于交大迁校问题。1955 年 5 月,党中央决定交大西迁。大家表示拥护,且在自己的岗位上积极做好迁校的准备工作。1957 年 4 月,全国开展整风"大鸣大放"时,交大正在讨论迁校问题,大家对迁校的不同意见展开辩论,最后,校务委员会扩大会议提出了一个综合性意见。6 月 4 日,周总理亲自主持召开国务院会议,讨论交大迁校问题。他提出:总的原则是求得合理安排,支援西北的方针不变,并提出三个方案。后又经全校讨论,建议交大分设上海、西安两个部分,得到国务院的批准。在整个讨论过程中,九三支社委员会多次召开全体社员大会讨论。九三上海分社也曾指示,希望交大支社能从第一方案(全迁西安)作考虑(当时校党委是以争取全迁的方案在做工作)。对此,大家展开讨论,当时有位支委表示,他虽不赞成第一方案,但若政府决定,他愿无条件服从(后来他去了西安工作)。当决定交大分设两地后,上海分社的几位领导邀请交大全体社员座谈迁校问题,有位社员(系主任)在谈到校内讨论新方案时,还存在看法不一致的地方。他表示,目前应当行动一致,不同意见可以保留,大家同心贯彻迁校新方案。会上经大家讨论,最后鼓掌通过以下决议:响应上海分社号召,坚决拥护交大领导的决定,并以实际行动贯彻执行,在党的领导下,团结所联系的同仁,为实现这个决定而努力。根据迁校方案中专业设置的情况,很多同志主动表示长期去西安工作,其中有教务长、副教务长、系主任、室主任等社员。当时有位社员(教研室主任)所在的专业不西迁,但他本人写信给校长,表示衷心拥护校委会决定的迁校方案,个人志愿前去西安,不拘任何教学工作,为光荣伟大而且艰巨的建设西北任务贡献一份力量。当时校刊报道了支社对迁校讨论的情况,及该同志的信(注:后来该同志确去西安工作过),这些同志的行动对新方案的实施起到了很好的推动作用。

　　"文革"期间,许多社员受到冲击、迫害。在困境中,他们对共产党的信念不变。如有一位同志在"文革"期间,在精神上和肉体上受到摧残,以致留下病痛。当他在回顾当时的思想时说:"在'文革'逆境中,也始终认为热爱祖国、听党的话、跟党走是永远正确的。""对我搞残酷斗争、无情打击的做法,不是真正共产党人的行为,我坚信总有一天,党会为我平反,医治我的创伤。"粉碎"四大帮"后,有一次我们在一起开会,遇见时,他高兴地告诉我,党委已给他彻底平反了,且登上了报,表示没什么可说的了。在支社恢复组织生活后,他又积极参加支社工作。1982 年,上海分社指示"九三"各基层组织对知识分子政策落实工作进行深入检查,交大支社随即对"文革"期间社员中的遗留问题作了调查了解,协助党委督促检查落实政策。该同志在这一方面做了不少工作。

1986年初,校领导要我参加编写《交大党史大事记》(1949年5月到1987年)工作。我在查阅资料的过程中,特别从校刊上看到登载了不少关于九三支社活动的报道。如1955年4月30日交大支社正式成立和迁校过程等。我萌发了要把这些资料收集起来的想法(有些已编入《交大党史大事记》)。1990年底,我完成了《交大党史大事记》的编写工作后,向九三基层委员会有关同志提出编写九三交大组织大事记的建议,很快得到了基层委员会的同意,并于1991年初组织了几位同志,一起按时间进行收集整理。我负责整理的是"文革"前部分,由于"文革"的原因,支社的工作计划、总结、记录等已全部丧失。因此,除了从校刊等查阅外,还必须到九三市委机关去查。在另一位同志的协助下,我翻阅了《上海社讯》及市委机关其他同志提供的资料,使这部大事记内容尽可能完整。

1995年学校决定编写"校志",其中有一章是"民主党派"。九三基层委员会领导提出要我参加执笔,我愉快地接受了。根据校统战部提出的一些具体内容,在广大社员的支持下,我花了不少时间,到1994年11月底已整理出一份材料,以后还要写成"志稿"。

我是一名参加共产党多年的党员,又是一名参加"九三"较早的社员,这些年来,通过九三组织生活及各项活动,受到了很多的教育,又得到了很多关怀。我想,我虽离休了,但在有生之年,能再为九三交大组织做点有意义的事情,也是我的心愿。我一定不辜负"九三"给我的一片爱心。

(原载内部史料《九三交大四十年》,1995年)

"九三"给我
信心和力量

□ 童祖槛

　　在经历了30多年的教学和科研战线上的辛勤耕耘之后,忽然想起在人生道路上似乎还缺少点什么,需要寻找一种精神上的支柱和组织上的归宿。这时,以弘扬民主和科学为宗旨的九三学社向我伸出了热情的手,经老社员的介绍、帮助和自己的努力争取,终于在1989年11月25日这一难忘的日子加入了九三学社,我感到莫大的光荣和幸福。

　　入社为自己提供了一个绝好的学习机会。众多的老社员都是一些热爱祖国、弘扬民主、献身科学、严谨治学,而且在学术上有很高造诣和站在科学研究前沿的有名望的高级专家和教授,他们德高望重和一身正气的形象本身就是对我们进行言传身教的榜样,使自己感到要努力向老一辈九三人学习。其次,社内经常组织国际国内的形势报告,对当时发生的重大事件(例如海湾战争)分析得十分深刻、入木三分;还及时传达党的方针政策,使我们更好更深地理解改革开放和发展经济的深远意义,紧跟形势,协助党做好各项工作。委员会又经常组织社员外出参观和考察,我们不但游览了祖国的大好山河、名胜古迹,同时又看到了上海这几年新的市政建设的辉煌成就,以及老百姓生活水平的普遍提高,使我们感到欢欣鼓舞。

　　入社之后,我还深深地感到社组织对社员在思想、生活和健康等各个方面的无微不至的关心。碰到工作上和思想上的困难,社领导和老"九三"会给予热情和诚挚的鼓励和帮助。每月一次的组织生活中,大家都能坦率真诚地陈述自己的意见和感受,并互相从中得到启发、帮助和提高。每逢佳节,委员会总是组织活动,大家欢聚一堂,交流情谊。对年老体弱的社员还上门探望和慰问,使社员们倍感亲切和温暖。

　　加入"九三"之后,九三学社给了我精神支柱,给了我信心和力量,还给了我很多很多。自然,我也要成为一名"合格"的九三人,向"九三"前辈学习,为民主和科学献身,为建设具有中国特色的社会主义祖国多作贡献。

（原载内部史料《九三交大四十年》,1995年）

回眸历史，坚定信仰

□ 张重超

20 世纪 80 年代后期，全国开展大规模的志书撰修工作。中共上海市委统战部（简称市委统战部）成立了以赵宪玉部长为主任的《中国民主党派地方组织志》编纂委员会（简称上海党派志），组织各民主党派参与编写。我有幸为编委会委员之一，并任《九三上海志》分编会（简称《九三志》）主编。听了几次关于志书编修工作的辅导报告，了解了这次编修志书的目的和意义、编修原则与要求。《上海民主党派地方组织志》是破天荒第一次，不是修而是要编出来。要从各党派在上海成立组织的那一年起到 1992 年为止，时间跨度很大，大多数党派的创立已有半个世纪左右的历史，要写好上海党派志都感到责任重、难度大。各党派的共性问题是能了解党派详情的老辈同志所剩无几，在这半个多世纪里又几经折腾，办公场所一搬再搬，人员流动性大，档案资料不知散落何处，心中无数。这次撰写的党派志，是众多专志之一，现在抓这项工作，正是"抢救"这段空白历史的有利时机，意义深远，写好这部党派志，深感荣幸，义不容辞！

1983 年我加入了九三学社，1987 年底参与社市委的领导工作。至《九三志》编写起步时还不到 3 年时间，对社史知之甚少。除社章外，只读过许德珩主席 1984 年出版的《为了民主与科学》回忆录和 1945 年"民主科学社读会"参与者之一、社市委副主委笪移今教授撰写的《九三学社的缘起与在上海的斗争》两本书，虽能为《九三志》的编写提供一些重要的史料，但按市委统战部与各民主党派共同讨论的编写框架，还有许多工作要做，尤其是一些重要的史实还需深入发掘。

1953 年我自交大毕业并统一分配在交大任教。在向苏联学习一面倒的形势下，学校发展迅速，交大两迁，上海造船学院成立。工作不久，不少青年教师都是教学、行政工作"双肩挑"。由于工作需要，常面临着教学专业方向的多次变动、行政岗位不时更迭的多个第一次。我始终服从组织分配，并把"千里之行，始于足下"，"天下无难事，只怕有心人"作为人生的座右铭。前一句话告诫我：凡事有了目标任务，就要脚踏实地、一步一个脚印地去做，目的一定会达到，任务一定会完成；后一句话勉励我：要虚心地学习，用心地做事，勇于面对困难，边干边学，困难一定会向你低头。此时，这两句座右铭同样也鞭策我去面对困难，努力完成《九三志》的第一次编写任务。

征得主委会同意，我聘请了两位已离退休的社市委机关老同志加入《九三志》分编会，并适时调配机关现职干部参与工作，所需经费申请市委统战部统一落实报销。分编会全体同志不懈努力，跑市图书馆、到市档案馆，翻阅故旧书报杂志和尘封多年的陈旧档案，召开社员座谈会，发动社市委及基层组织以及社市委机关各处室发掘有关史料。通过这些活动,为《九三志》的编写提供了丰富的材料,经综合分析,编写了多个重点专题资料长篇。然后再归纳汇总撰写了《上海九三志》的三大部分:九三大事记、九三学社上海市委员会和九三人物(《上海党派志》也是这三部分:大事记(综合)、各民主党派志和人物志)。《九三志》第二部分含概述及七章36节。两位老同志在《九三志》编写过程中发挥了骨干作用,我只撰写了概述及第一章组织。各党派市委按期完成的初稿交《上海党派志》编委会进行综合与编辑。前后历时约八年的首部《中国民主党派上海市地方组织志》最终于1998年付印出版。

《九三志》编完了,由于是第一次,必然会留下一些问题。因为"宜粗不宜细",有些问题在志书中一笔带过甚至略去不提;又因"先易后难",容易的,有充分资料可佐证的已经纳入(但受到社中央和中共上海市委重视的"李宝善事件"却因故未能入志),而有些一时难以有解的问题或涉及全社的问题,只能留待后人修志或在社中央编志时解决! 目前只能说声遗憾了。

编写《九三志》,是我又一次全面学习社史的良机,深受教育。那时正值交大社组织成立40周年,我将编志后的几点感受以"追求·奉献·服务"为文刊于《九三交大四十年》,以志纪念。

九三学社1945年于重庆成立,为纪念抗日战争胜利,将"民主科学座谈会"改为此名。一年之后的1946年,迁至上海的26名社员成立了上海分社。1949年中华人民共和国诞生后社组织发展迅速,九三学社交大支社就是在大发展的1955年建立的,16名社员均是交大的知名教授和骨干教师。

岁月如歌,往事似水流逝。在政治大潮的裹挟下,九三学社同其他民主党派,从中央到地方至基层组织与共和国共命运、同呼吸,成长道路并不平坦。1957年的反右斗争,党派成员莫名其妙地被戴上资产阶级知识分子的帽子,有的因诤言逆耳更被划为右派分子,忍辱负重20多年;人祸天灾的三年困难时期,不得不忍饥挨饿,度日如年;在荒唐的"文化大革命"十年中,绝大多数社员都被视作资产阶级反动学术权威而遭到无情的批斗、残酷的迫害,甚至命丧黄泉。民主党派被迫扫地出门,停止了一切活动。在这20多年的黑暗岁月中,肉体与灵魂不断经受着冲击与折腾,然而他们仍然默默地坚守本职岗位,尽心尽力地扮演着自己的角色,经受一次次的磨炼。

是什么高尚的品德鼓舞着他们支撑到今天? 是什么力量推动着他们默默坚守? 是他们入社时的企求:爱国、民主、科学。这是九三学社弘扬的精神,是九三人的灵魂,更是九三人不变的信仰!

当前,民主、科学已深入人心。中国需要民主,中国需要科学,更需要爱国情怀。我们九三人坚定信仰,不断加强灵魂的自我修炼,坚守爱国、民主、科学的精神家园,在社会全面深化改革创新、实施民主宪政的洪流中勇往直前!

发扬"九三"精神，
永葆青春活力

□ 陈之炎

岁月悠悠，时不我待。自大学毕业至今，倏忽近 30 年。昔日风华正茂的年轻人，如今已是白首花甲。多年来，我埋首教学科研，乐业敬业，心无旁骛。

改革开放的国策如一股春风吹遍神州，我国进入了一个以实现四个现代化为中心任务的全新历史时期，前途一片光明。正是这个时候，我找到了九三学社。九三学社民主与科学的精神使我振奋，令人景仰。它反映了知识分子的科学信念，代表了知识分子的民主要求。在"九三"的旗帜下，一批学术上博大精深、为人刚直不阿的知识分子精英，在艰苦的条件下为祖国的教育科技事业、为民主与科学作出了自己应有的贡献。在他们的感召下，在我知天命那一年正式申请加入九三学社，并于 1986 年 1 月获得批准。我倍感自豪，也感受到温暖。

九三学社有许多老先生。有些我认识，过去我对他们是执弟子之礼，谦恭有加，有些则是久闻其名而无缘识荆的。如今，同在"九三"大家庭中，除了师生之谊、长幼之序外，更多了同志之情。我们对国家大事、教学科研、社会热点等问题进行了广泛的探讨，各抒己见，敞开心扉，畅所欲言。他们严谨治学的态度、诲人不倦的精神、忧国忧民的胸怀，使我获益良多。

九三学社是中国共产党领导下高举爱国主义与社会主义旗帜的知识分子政党。从加入"九三"的第一天起，我便有强烈的党派意识与责任感。深感在"九三"有了前辈开创的道路，但还需年轻人不断补充与加入，才能永葆其青春活力。我在基层组织工作中，积极发展新社员，其中有我的师长，也有中年骨干教师，也有年轻的硕士。

1991 年至今，作为"九三"的代表，我受聘为校监察处特约监察员，协助校纪委和监察处开展行政监察与政纪教育检查工作。这是一件很光荣的任务。作为共产党的"诤友"，我不隐瞒自己的观点，敢于直言，积极参加组织的调查研究工作，发挥了一定的作用。

参加"九三"9 年多来，我感受到组织的温暖和同志们的关怀，也感到作为民主党派的一员，除了搞好教学科研等本职工作外，还应业余"闹革命"，积极投入各项活动，为发扬光大"九三"的民主和科学精神，贡献微薄的力量。

（原载内部史料《九三交大四十年》，1995 年）

与党同心同德，
发挥更大作用

□ 张馥宝

在 20 世纪 50 年代进交大任职时，我还很年轻。当时我知道教研组中有两位中年教师朱春咏、胡盘新先生是九三成员。他们的业务、言行、品德一直受到大家的敬重。我校德高望重的朱物华副校长、杨槱教务长也是九三成员，我所景仰的物理学家周培源教授等都是九三成员。当时我就暗下决心：今后一定要争取成为九三成员。直到 20 世纪 80 年代中期我终于有幸参加了九三学社。第二年三八妇女节，九三市委要在会上表彰一批先进妇女代表。我校刘若萍同志非常热情地推荐了我。她认为我长期从事基础课教学，站在教学第一线，工作既平凡又辛苦，并积累了一定的教学经验，因此将我这样一位教师推荐为先进妇女一定具有代表性。结果在 1989 年三八妇女节，我受到了九三市委的表彰。这是我第一次受到市级单位表彰。接着由于我的教学科研项目"OEF 教学理论"的发表，并在我校两个大班中试点成功，此后又在上海市几个大专院校中推广获得一定效果，学校又推荐我作为我校代表获得了"1989 年上海市劳动模范"称号。

自从参加九三组织后，我的社交活动变得丰富多彩了，每月中旬的九三妇女论坛、九三妇女插花等活动使我除了学校同仁之外又结识了社会各界的九三妇女，活跃了思想，陶冶了生活情操。1993 年我参加了上海市第六届九三社员代表大会，进一步加强了我的参政议政意识，使自己在政治思想方面得到锻炼。作为九三成员，我感到无上光荣，也深感责任重大。衷心祝愿我九三组织能和党同心同德，在实现社会主义、共产主义，振兴民族、振兴国家的进程中发挥出更大的作用。

（原载内部史料《九三交大四十年》，1995 年）

时时想着
这份情

□ 刘若萍

1986年我参加九三学社之前,已经和"九三"有了30年的感情,九三人的形象在30年前就给我留下了一个美好的印象。

在20世纪50年代,我因家庭问题和社会关系,一直被人另眼看待。那时,是教研组的九三人向我伸出温暖的双手,我也从此留心并开始观察起这些九三人,结果发现他们一个个都是好样的。当时教研组的九三人有杨祖贻、孙璧姝、黄玉岚三位老师。但因自己年纪还比较轻,同时对民主党派不怎么了解,因此将他们所给的"九三"申请表格放进了抽屉里,一放就是30年。对"九三"的这份情一直深深埋在心里,在我担任九三委员会委员工作时,还时时想着这份情。由于对"九三"的深情,在我的影响下,弟弟和弟媳有5人在自己的单位参加了"九三"。

1986—1991年,在九三学社上海市第六次代表大会上我被选为九三市委候补委员,并担任九三市委妇委会委员。

1987—1990年,我被选为九三交大支社委员,1990—1993年被选为九三交大委员会委员,负责妇女和联络员工作。

九三交大女社员先后被评为九三市委1990年、1992年先进集体,我本人被评为1990年、1992年九三妇女工作积极分子,荣获社市委的表彰和奖励。

在我担任妇女工作之后,做了以下几件事:

(1)印发调查表了解情况。九三交大女社员共有22人,据统计,1979—1989年,参加国际会议和出国讲学的有16人次,获部、市级奖励的有5名,共有12个项目获部、市级奖励。其中,孙璧姝获1983年度上海市三八红旗手称号;张馥宝教授获1990年度上海市劳动模范称号;王美娟高级建筑师获1985年北京市建委优秀设计二等奖和1987年国家教委优秀设计三等奖,1989年获国务院科技成果奖;丁澴副教授1982年获上海市科协科技奖,1987年获国家教委科技一等奖;胡廷永副研究员1982年获国家科委自然科学三等奖,1989年获中国科学院自然科学三等奖;王正方研究员获1985年、1987年上海市劳动模范称号,1991年12月获国家科技发明二等奖,1993年获国家科技发明专利优秀奖,1991年获国家"七五"攻关优秀成果奖。

(2)多次组织九三交大女社员参加九三市委妇委会的各项活动,譬如:1991年8月参加由九三市委妇委会组织的市政建设和地铁一号线人民广场工地劳动;花卉组的艺术插花学习班;"松身功"锻炼;积极参加"九三妇女论坛";推荐九三交大有成就的女社员在"九三妇女论坛"上向全市九三女社员介绍先进经验,其中,张馥宝的"教书育人"和王正方"科技是第一生产力"的报告受到众人的欢迎;1991年向九三市委妇委会介绍九三交大女社员在教学、科研、基建工作中的成绩,在"九三妇女成果展"上,用文字、图表、照片等多种形式作了介绍。

(3)加强九三交大女社员与外界的联系,达到相互学习和联络感情的目的。参加由基督教女青年会和九三市委妇委会举办的1991年元宵联欢会;参加全市九三女社员在森林公园的"绿满人生路"的植树留念活动;参观妇女第一教养所和中美合资的露美庄臣家化厂;1992年暑期九三市委妇委会在筹建家政礼仪学校的过程中,交大女社员冒着酷暑前往相助。从家政礼仪学校的第1期开始到第10期,我自始至终全身心投入,时间有一年半。1995年我又被聘为该校的副校长;1993年的三八妇女节,组织交大女社员参加地铁一号线部分段的通车活动,地铁公司的赵美珍高级工程师随车现场讲解,深受广大女社员的欢迎。

(4)关心九三交大女社员,时时想着女社员。物理系有位女社员,几十年来一直坚持在基础课的第一线上,教学上很有成绩,在全国、全市高校系统基础物理教学同行中有一定的声誉。1989年我以九三交大妇委会名义,将她的先进事迹上报九三市委,她被评为九三妇女工作积极分子,1990年被评为"校三八红旗手",后又被评为"上海市劳动模范"。

五系有位女社员,文革后期调往某中专学校任骨干教师,她的九三组织关系仍留在交大。这位在交大毕业并留校工作多年的女教师是在不得已的情况下,怀着对交大的一片深情离开交大的。又如九三交大的几位退休女社员,她们也是怀着对交大的依恋之情退休的。我们每次活动首先想到的就是她们,除了书面通知,再加上电话通知,热情地邀请她们,使她们感到九三交大委员会没忘记她们。

(5)积极为九三市委妇委会和九三交大的妇女工作穿针引线。譬如,"九三妇女论坛"两周年活动,是在我们交大女社员的积极建议下,而安排在交大举行的。由于我们的努力,与会人数超过200人。

(原载内部史料《九三交大四十年》,1995年)

我加入
"九三"的感受

□ 王美娟

  九三学社是我国 8 个民主党派之一,而且绝大部分成员是高级知识分子,作为一个 20 世纪 50 年代国家培养出来的高级知识分子,我能加入这样的一个组织,觉得很欣慰和自豪。

  九三组织在政治上、生活上时时关心着每一个社员。委员会经常组织社员学习党的方针政策,传达党和国家的重要方针政策。主委范祖尧教授平易近人、温和谦逊、踏实认真、热诚处事、乐于助人,是我们"九三"的好领导。他在上情下达(把党的重大方针、政策和校领导的重大决议传达给每个社员)和下情上达(把下面社员的具体要求和困难反映给上级领导)方面做了很多工作。九三组织在生活上对社员的关心无微不至,举很具体的一件事为例,如前一阶段社会治安不好,九三交大组织就为社员家里安装铁门,从登记到安装不到两星期,很快落实又做得很好。这种关心社员、及时给社员送温暖、雷厉风行的作风很令人感动。还有很多热心于九三工作的好同志,如妇委会的刘若萍同志,九三妇女委员会工作开展得很活跃,与她的热心忘我的工作是分不开的。"九三"还经常组织社员进行参观活动,学习了解我国特别是上海改革开放的一片大好形势,增强了大家建设有中国特色的社会主义的决心和信心。每逢佳节,社里总要搞些活动,大家欢聚一堂,使生活既有意义又充满无限情趣。对年老体弱的老社员或病号,支社也是时时送去温暖。记得我刚入社的那年,不慎脚腓骨骨折,范忠龙同志自己身体也不好,还拿着水果来看望我,使我很受感动。社员们都感到"九三"确实是我们自己的家。作为一个九三社员,有责任为这个家添砖加瓦,使这个家更有活力。

(原载内部史料《九三交大四十年》,1995 年)

我向往
"九三"精神

□ 陶关源

　　我是工科生,我渴望民主自由,喜欢科学。20世纪80年代末,希望自己有个政治归宿,我选择了九三学社,因为她的宗旨是民主和科学。入社后学习了九三学社社章社规,也看了有关资料,也耳闻了许多著名老教授、老科学家的故事及辉煌业绩,印象深刻,我敬重他们,崇拜他们。20世纪90年代初,民主党派发展迅速,队伍不断壮大,就交大而言,组织机构作了相应调整,学校层面上,1990年5月,成立了第一届九三学社交大委员会,学院或系一级成立了支社,委员会委员兼任支社负责人,我参与了第一届、第二届委员会工作,兼任六支社负责人。6年中与老前辈接触多了,感受到了他们人品好,工作好,又平易近人,讲话言简意赅,没有多余的废话与套话。现在回想起来有几件事让人印象深刻,很受感动。其一,主委范祖尧老教授虽年岁已高,但许多事情仍亲历亲为,他统领委员会全局工作又在社市委任文教一职,又有许多教学工作,十分繁忙,但从来不说忙!只是默默无闻地工作着,每次委员会会议或是社员大会,布置工作仔细、周详、分工明确,而支社活动从不缺席。我非常愿意在他的领导下做事,也告诫自己要多做事,尤其是小事、琐事、跑腿的事,比他小10多岁的我,是应该的。其二,下属支社活动,那时按照章程、社规,过组织生活,都能定时、定期,社员不论年老、年轻,都能自觉参加,会前有主题布置,会议有记录在案,有话则长,无话则短,很少有冷场。不能参加者都会事先告知。其三,每逢酷暑来临,不管路长路短,慰问老社员的送清凉活动支社一次不拉,及时登门拜访。老社员见了我们很开心,我们也感到很开心,很温暖,尤其在家的老社员虽身在家中仍心系交大及九三,问长问短,十分关切。其四,入社后许多老教授、老科学家的一举一动、一言一行潜移默化地影响着我。就以我们的朱物华副校长为例,一位受人尊敬的胖老头,在交大华山路大门口常见他徒步上下班,身体硬朗,步态稳健。论他的年岁和级别早已够格坐专车接送了,而且学校早已为他配了车。近来得知,他宁可徒步也不愿坐车。为此,有一次竟然特地绕学校徒步返家,旋即又折返学校,一去一返安然无恙证明他不需要坐车。再有,他有三子,长子考取了交大,朱老怕人闲言碎语有"瓜田李下"之嫌,对家人说,次子不许考交大。结果次子进了清华。上述二则,足见朱老高风亮节的品格和魅力。

　　其实,许许多多老前辈身教言传的事唾手可得。万千闪光点的聚集,足以潜移默化地影响着人们,感召着人们。

　　6年中,我在组织工作中也遇到一些让人困惑不解的人和事。20世纪90年代初,很多新社员入社,委员会也及时召开迎新会,请人介绍社史、社章,进行入社教育。毋庸讳言,极个别新社员入社后极少参加社务活动及支社组织生活,也从不打招呼。此事,我一直嘀咕着,但碍于情面没能及时指出,所以也有点自责和歉疚。众所周知,九三学社不是沙龙,不是俱乐部,是政治团体,有组织,有章程,有权利,有义务。如果长期不参加活动有违社章、社规。我在想,入社到底为什么?要九三这块招牌有何用?疑问多多。我们都知道,入社更多的是奉献,尽义务,而不是权利。要升官发财找错了门。此类事确实影响了九三学社的整体形象和声誉,值得吸取教训。由此及里,我想说说九三学社与社员的相互关系。

九三学社能有今天的影响力和如此壮大的社员队伍,都是昨天万千社员发挥正能量的结果。九三成立之初,以科学民主座谈会形式出现,为纪念 1945 年 9 月 13 日抗日战争和国际反法西斯战争胜利,1946 年 5 月 4 日正式成立九三学社,最初理事只有 16 人,可想而知人数之少。现在全国有 12 万多名社员。这正是当初老社员们用自己的品格、声望、业绩,点点滴滴日积月累的结果,可以说是星火燎原。榜样的力量是无穷的,雪球会越滚越大,几十年来,九三学社走上了一条良性循环的道路。九三学社牌子响了,自然会有更多的有识之人加入。据我所知,以前文艺界九三学社社员不多,现在廖昌永参加了,歌唱得好,口碑好,知名度高,相信今后会有更多的文艺工作者入社。如果每位社员都发挥正能量,无形中也会提升九三学社的整体形象,因果关系一目了然!

感谢信任，搞好工作

□ 徐树中

　　我参加九三学社的时间不长。入社不久，就被选入九三交大委员会，并负责三支社工作。委员会让我和杨于兴同志一起分管科技开发，我感到担子很重。这是委员会和社员同志对我的信任，我决心努力把工作搞好。

　　九三学社是知识分子较集中的民主党派。不少社员在教学上有很丰富的经验，在科研方面很有成就。如果组织起来，各自发挥自己的特长，在科技开发和八技服务（科技咨询、技术开发、技术转让、技术服务、技术培训、技术承包、技术中介、技术入股）方面做些工作，对国家、对社会将是一份不小的力量。尤其是刚退休的同志，还可以继续做一些工作，多作贡献。委员会于1994年初决定筹建上海久通机电科技公司，全体社员都给予极大的关心和支持。经过半年多的努力，到1994年9月才把必要的手续全部办妥，正式宣告上海久通机电科技公司成立。

　　有了个三证齐全（企业法人营业税照、科技经营证书、税务登记证）的公司，仅具备了运行操作的最基本条件，如何办好公司还是大有学问的。上海久通机电科技公司总经理徐俊荣、副总经理曹树登、刘若萍三位同志，在九三交大委员会的领导下，在全体社员的支持下做了大量的工作，花费了很大精力。目前公司困难还不少，但只要大家能齐心协力，拧成一股绳，共同克服困难，前景还是美好的。我决心与广大交大九三人一起，把公司办得更好！

　　　　　　　　　　　　　　　　　　　（原载内部史料《九三交大四十年》，1995年）

积极参政，勤奋工作

□ 熊世德

我是在 1982 年任上海市闵行区政协委员城建工作组副组长后不久参加九三学社的。我始终感到，有了这样的组织作后盾，无论是工作、学习、写文章等都有一种精神动力时刻在支持着我，不知不觉会产生一种社会的责任感。

长期来写了不少提案，最有代表性的要算《闵行的高架轻轨势在必行》的提案。在这提案前后我还做了不少调查研究工作，因为我的专业就是城市规划专业以及建筑学专业，因此写这提案是最恰当不过的了。为此又在报纸和有关会议上进行了宣传。提案很快得到了各方面的支持、肯定，闵行区各界和我们交大翁校长也十分关心，设法在市人大、市政协会议上进一步提出。提案得到了各方专家和舆论的大力支持，最终得到了上海市政府的认可，决定通过集资建造闵行高架轻轨并和上海地铁相通！消息传来，我高兴万分，庆幸上海西南地区当然也包括交大闵行校区将有较大的发展。

促使这一轻轨的建设非一人所为，这中间包括市府领导的明察和其他有关部门和广大有关专家不断努力的结果，我只不过是其中的一分子。我认为这是我完全应该做的，我感到有一种实实在在的欣慰。

我是一个马上就到 60 岁的人，由于坚持体育锻炼 40 年，身体强壮，精力充沛，经医生全面体检，从外表到内脏基本上像 40 岁左右的人，每周一次 5 000 米长跑能轻松地拿下……由于身体好，能应付繁重的日常工作。

除了在交大完成历年的教学任务，我经常是超工作量，有时一人顶 2 人、3 人。曾得到班主任奖，教学一、二等奖，最近还获得吴绍璘大奖。以上的提案等工作都是在百忙之中完成的。由于按"三好"努力，得益匪浅，我深深感到自己虽近"黄昏"，但"夕阳"无限好！

（原载内部史料《九三交大四十年》，1995 年）

以九三先辈为榜样，
做一名合格的交大九三人

□ 杨于兴

　　我是1989年正式加入交大九三学社的，当时提出申请并非一时冲动。像我们这个年龄段的知识分子，经历颇为丰富。我的童年正处在中国人民最苦难黑暗的敌伪时期，家仇国恨，一言难尽。我的父亲本是上海一所女子中学的国文教师，由于课堂上有抗日倾向的言论而被捕入狱，受尽折磨后从此一病不起，含恨而死，当时我才九岁。在家乡，我也亲眼目睹了法西斯日寇残暴欺辱和杀害中国老百姓，那些惨不忍睹的情景至今历历在目。抗战胜利后，中国人民本以为可以国泰民安、安居乐业了，然而国民党蒋介石又挑起内战，再次把中国人民投入水深火热之中。直至新中国成立后，中国人民总算站起来了，但以后的一系列政治运动，特别是大学时期的反右和随后的文革运动，严重地挫伤了知识分子的积极性。正是这些经历使我有一种情怀：多么渴望祖国能迅速强大起来，并深知我们知识分子应承担的责任。所以，我更认同九三学社提出的"爱国、民主、科学"为宗旨的理念。自从参加九三学社后，通过组织生活和学习文件，使我了解了九三的过去和现在。九三学社是以科学技术界高、中级知识分子为主体的具有政治联盟特点的政党，她聚集了许多卓有成就的科学家、院士和德高望重的社会精英，他们是一群追求真理的爱国知识分子，他们走过了与中国共产党风雨同舟、荣辱与共、肝胆相照的历程，为新中国的创立、发展和建设作出了巨大贡献。尤为令人感动的像邓稼先、王淦昌等一批九三先辈，他们忧国忧民，近百年来，中华民族在抵御外侮时获得的最惨痛的教训就是六个字："落后就要挨打"，为此，他们隐姓埋名、不计名利、废寝忘食，在极其艰苦的条件下，奉献自己全部的聪明才智，乃至生命，为国防现代化建立了丰功伟绩，他们的美名将永远铭刻在共和国的史册上。所以，加入这个具有光荣传统的组织是我人生中非常正确的选择。我将永远以九三先辈为榜样，不断鞭策自己，争取做一个合格的交大九三人。

　　蒙社员们的信任，1993年我被推举为九三学社交大委员会委员（兼五支社主委），具体担任科技咨询部主任，它的任务主要有两个：一是发挥九三交大的科技优势，以它为平台，为上海地区乃至江浙等地区的工矿企业服务；二是为九三学社交大委员会提供部分活动经费。对于这个工作，我从被动到认真负责，从陌生到熟悉，前后担任了二届共八年整。在这期间，凡各地工矿企业来我咨询处要求协助解决的各类技术问题，我总尽力组织有关教授、专家前去帮助解决，无论项目大小，只要我们能解决的都热情接待，因此，受到有关工矿企业的好评。除了许多小项目外，完成的较大项目有：浦东国际机场大厅弓形梁的残余应力分析，宝钢2030大型冷轧辊表面疲劳剥落机理的研究，卢浦大桥的残余应力分析以及有关启东电网建设等项目。还有我科技咨询处与嘉善县科协签订了三年科技协定，为嘉善全县的乡镇企业出现的有关技术问题提供咨询。这些项目不仅为九三委员会提供了充足的活动经费，同时也产生了良好的社会效益。作为一个民主党派，总要开展一些党派的活动，像八校联谊会、每逢国庆(兼中秋)和春节全体社员的聚会、春秋二季部分社员参加的参观访问活动；当我社社员生重病(或大病)时，委员会领导总会带点慰问金(或慰问品)前去表示关爱，年底对一些曾为我社作出过贡献的老领导、老前辈等送温暖等活动的开支；这些加起来是笔不小的数目，如仅靠社员缴的会费和统战部的资助是很难应付的，而科技咨询处的收益正好填补了所有空缺。我们交大九三科技咨询处的人员配备十分精干，只有我(主任)、吕华(会计，后姚允美接班)和王力勤(出纳，后陈雪芬接班)三人，除了极少的交通贴补外，分文不取报酬，完全志愿服务，在大家的努力下，基本完成了委员会交给我的任务，为此，我在1993年和2000年两次荣获市优秀社员称号。

对我个人来说，2001年是不堪回首的一年。我长期患有慢性肾炎，也许我不太在意，还像平常人一样承担教学、科研和实验室的各项任务，又兼任了九三科技咨询处的工作，长期的劳累终于让我的身体垮下来了。那是初秋的一天，我突然昏倒在交大铁生馆，救护车送医院检查，结果令我无法相信，我已患了尿毒症。正是病来如山倒，从此，我浑身无力、经常呕吐，接下来就是生不如死的透析治疗，体重从130多斤下降至100斤不到，感觉生命走到了尽头，对生活也失去了信心。在这段日子里，幸好有老伴整日陪伴，统战部的领导、九三交大委员会的有关领导们和同志们及时来看望我，安慰我，鼓励我，使我树起了战胜病魔的信心。2002年12月3日是我重生的日子，让我终生难忘，当肾移植手术成功后我被推出手术室的那一刻，隔窗看着焦急等待的家人和同事们，我激动得热泪盈眶。我的重生是在许许多多好人的无微不至的呵护下成功的。我很庆幸正好生活在这个美好的时代，我要感恩，感谢无私帮助过我的好人们，特别要感谢统战部刘银芳部长、交大九三沈灏主委等领导们多次来我家看望我，使我感到交大九三学社是一个温暖的大家庭。我要珍惜，珍惜今后活着的每一天。我的重生，使我对生命的意义有了新的理解，活着不仅仅为了自己，更是为了去关爱需要帮助的人，特别是无私帮助过我的好人们。

如今，我已步入古稀，又因长期服用抗排异药，所以免疫力十分低下，身体出现了好几种并发症，体力大不如以前，做事力不从心。我虽做不到像九三先辈那样"生命不息，奉献不止"，但作为一个普通的交大九三社员，我仍将积极参加九三交大组织的有关活动，必要时，反映社情民意，建言献策，最后尽一点绵薄之力。

沿着"九三"前辈的足迹前进

□ 陈恒足

一个人的生活历程，往往是波涛起伏的。在加入"九三"之前，我既没有参加过少先队，也未能参加共青团。虽然从13岁起我就在共和国的旗帜下茁壮成长，1949年共和国刚刚成立，我进了中学，经历了镇反、土改、抗美援朝及肃反等运动，与党同心同德，1955年进了大学，但是这以前由于所谓的海外关系，没有资格入团、入党。在这种情况下，心里很不平衡，有时自命清高，认为自己的思想觉悟不比别人差，你对我歧视，我就做党外布尔什维克；有时也很自卑，总觉得低人一等。

1976年10年浩劫结束，党的统一战线的法宝重现光芒，"长期共存，互相监督，肝胆相照，荣辱与共"的大政方针得到恢复，各民主党派恢复了正常活动。在这时我学习了一些民主党派形成的历史，九三学社的一些老前辈给了我极大的影响，于是我作为知识分子的一员提笔申请加入九三学社，不久获得了批准。从此以后，心里比较踏实，在九三学社及支社的领导下，能及时了解到国家大事，有了一定的参政意识。再加上十一届三中全会以后，套在我头上的枷锁——"确有证据的嫌疑分子"帽子被摘除，我的工作环境有了比较大的变化，我在交大附属工厂先后担任科长、副厂长。1987年奉组织调动，到基建处任副处长、处长，主持学校基本建设工作。这10年来，交大是国家重点建设的几所大学之一，由于国家投入的资金较多，学校面貌发生了极大的变化，在校学生翻了一番，建设了一个闵行新校区。成绩的取得是由于上级领导机关和校领导的正确决策，各兄弟部门的支持，基建处全体同志的努力，当然这中间也有我的一份心血。

1985年我被吸收为中国共产党党员，我不会忘记"九三"多年来的培育。现在，我既是九三社员又是中共党员，我想九三交大的同志也会感到高兴的。

今年是九三交大委员会成立40周年，我当在委员会的领导下进一步密切联系群众，在本职工作上多干实事，为教育的振兴和祖国的富强作出应用的贡献。

（原载内部史料《九三交大四十年》，1995年）

我是"九三"
新社员

□ 邬静川

　　九三学社,我由陌生到崇敬,是通过亲身接触到的或所见所闻的九三人言行之后逐渐积累起来,最终形成对"九三"整体的崇敬。在大学时代,交大有不少名教授在学生眼里是敬业乐业、业绩卓著、治学严谨、诲人不倦的杰出典范。他们看似平凡、谦逊,却随处闪现出高尚与博学。细观察,方知好些是九三人,给人印象深刻。在过去,自己把九三人当作心中的偶像,可望而不可即。

　　30多年后的1993年,在这个世纪一次巧合的特殊年份里,我成了一名"九三"新社员,内心格外兴奋,感到特别有意义。入社2年来,在"九三"这个大家庭里,我的感受是很深的,也是多方位的。首先,通过社章学习和社史教育对九三组织的性质有了进一步的认识。九三的前辈早在20世纪40年代就高举起"民主和科学"的大旗,团结了一大批爱国知识分子,为民族振兴和国家富强作出了巨大贡献,受世人尊敬。前辈的业绩,激发了我作为一个九三人的自豪感和学习、继承前辈,要为"九三"争光的责任心。

　　我对九三组织的一些活动,特别感兴趣。这种融思想性于形式活泼多样的活动中的做法,效果极佳。如看浦东活动,每到浦东某个大工程处,"九三"兄弟支社同志接待之热情,讲解之详尽,令人感动。我们也为不同战线上九三人作出的巨大成就而欢欣鼓舞。这类活动,实实在在使我们体验到上海改革开放的巨大变化和成就,生动而又深刻。又如每逢佳节的大型欢聚活动,济济一堂,气氛特别亲切温馨。每当看到90高龄的朱物华前辈步履艰难地由人搀扶着早早步入会场,而且自始至终精神抖擞地与其他社员一起活动,此情此景,令人肃然起敬。前辈们爱社如家的精神,正是"九三"具有巨大凝聚力的基础,也是我们新社员需要不断锤炼之处。

　　"九三"的妇女工作也很有特色。每年三八节的座谈会是必开的,而且主委范祖尧教授再忙也会赶来参加。记得有一次范教授上完两节课后匆匆赶来,赢得会场内一片掌声。刘若萍老师对妇女工作特别热心,多次组织"九三"女同胞参观市政工程,观光地铁,参加妇女论坛活动,使我们的视野开阔了许多。陈碚利老师身体不好,但她心中总关心着"九三"姐妹的种种动态:点滴的进步或小小的成绩,总会得到她及时的祝贺与鼓励;碰到困难或遭遇挫折时,亲切的安慰和贴切的关怀,会丝丝温暖人的心。正是这种平易近人、细致入微的工作作风,使入社不久的我,时时感受到"九三"是个和谐温暖的大家庭。我以能融入这个大家庭为荣,并努力向老社员学习,多作贡献,无愧于"九三人"的光荣称号。这就是我作为一个新社员的心声。

(原载内部史料《九三交大四十年》,1995年)

"九三"真是个
温馨的大家庭

□ 陈碚利

　　早在 20 世纪 50 年代,我从姑父周敦年教授那儿对九三人有了一点了解。他当时与林佳媚同志在一起研制新型高效避孕药,由于在工作中取得了可喜的成绩,联合国有关部门邀请他前往八国访问,回国后他立即将各种礼品和用剩的外汇如数上交。有一次,邢台地区发生地震,他又向领导表示要把自己的积蓄捐出来救灾。我问姑父:"您是党员吗?""不,我是'九三'的!"在以后的风风雨雨、坎坎坷坷的日子里他总是相信党、相信群众,和党同心同德,数十年如一日。

　　我在交大任教后,也接触到一些"九三"的同志,他们热情、诚恳、乐于助人,给我留下了深刻的印象。不久我就加入了"九三",和同志们一起探讨振兴中华之道,并以老同志的奉献精神为榜样,为同志们做点实事。如组织中老年教师健身舞学习班、报考研究生学员复习班等,得到了大家的好评。但比起好多老同志所做的事,这都不值得一提。有人说我傻,外语老师那么"抢手",你却为这些事耗费时间,但我觉得大家受益就是我的收获。如果每个人都能按"我为人人"来做实事,就会增强组织的凝聚力。要弘扬"给予",那么"索取"就会暗淡无光。

　　两年前,我因胸部肿块进中山医院做手术。由于病情严重,九三市委副主委孙曾一教授闻讯立即赶来病房探望,并拜托主治医生们要多加关注,刘若萍、陶关源、王力勤等同志都前来看望我,使我感到有了组织的支撑,我一定不能倒下去!同时,学校党政领导和数不清的同志都以各种方式对我表示关心,增加了我与疾病作斗争的勇气,我咬紧牙关忍受各种难熬的治疗。终于我慢慢地恢复了,而且重新走上了讲台。我深感,"九三"真是个温馨的大家庭。

回顾后半生——
"九三"人要讲真话

□ 赵成学

人老常忆往事。今年纪念九三交大 60 年,我也回顾入社 31 年的后半生,不胜感慨。欲说后半生,先允我交待前半生 44 年。

我出生于重镇张掖,祖籍湖北襄阳官僚世家。父亲曾是时任甘肃省主席的冯玉祥将军的部下。父亲借曾公(国藩)家训"吾儿,只可做大事,不可做大官"教诲我们兄弟四人。母亲常言"人活脸,树活皮","不用的人用三遍,不走的路走三遍",是教我们自尊自爱,诚实守信,为人处事留有余地。家庭是第一学堂,父母是首任教师。父母的谆谆教诲影响了我一生。

1958 年,我由张掖中学毕业保送入西北大学化学系,1962 年毕业即考取中科院北京化学所研究生(四年制),导师为蒋锡夔教授(院士)。次年,因学科调整随导师入上海有机化学所继续学业。1966 年毕业(校副博士学位)前"文革"开始,导师大多关"牛棚",研究生大多留所工作。至 1980 年被选派为留美访问学者的 14 年中,先后从事有机氟化学、自由基化学、高分子合成及改性领域的应用、军工、基础研究项目,具备了扎实的理论功底,练就了娴熟的实验技术,以导师为首荣获国家自然科学三等奖(1982)。其间刻骨铭心的是 1970 至 1975 年,由我实际负责的"701"国防任务,是由党委书记单线联系的易燃、易爆、剧毒、非常规操作的非常项目。整整 5 年,豁着性命,肝脾俱伤,没有奖金,不发文章,不著简历,全组 10 多位同志无怨无悔。

大学毕业到留美前的 18 年中,我 10 次申请入党都石沉大海。

留学美国犹他大学两年半获得的最大收获是,鉴别两种社会制度,政治上大臻成熟。俗话说,他乡日久即故乡,留美多年而不归也在情理之中。人各有志,我义无反顾按期回国,不只为老婆孩子盼团圆望眼欲穿,研究所和导师等我接班;还因为我认定:虽然人才全球流动是大势所趋,但祖国苦难百年,而今复兴必须"一个萝卜一个坑"地充实人才若干百年,留洋间接贡献和海归直接服务大不相同。这就是我与同行、学生、子孙、亲友交往中秉持至今的——中华学人价值观。回国至退休,26 年,在一所(上海有机所,1982—1988)和两校(华中理工大学,1988—1996;上海交通大学,1996—2008)的教学科研实践,以及 1984 年入社后 31 年的社务活动,都充分验证了海归直接奉献于国、于家的应有价值。

以下是我九三社员的后半生。1982 年 8 月回国不久,在有机所第 11 次提交入党申请。当时"海龟"不多,各党派都投来善意。因九三学社"民主与科学"宗旨的感召和她在科学院各所中的深刻影响,不久我就被九三热情接纳,并于次年任该所支社主委,直到 1988 年初酝酿提名社中央委员候选人的当儿,被华中理工大学特聘为化学系有机化学教研室主任教授,年底任该校支社主委,并于1990年起先后任九三湖北省委常委、省政协委员和中华全国总工会执行委员。1996年,为免步入老年沪汉两地家庭分居,忍痛辞去以上全部职务,被引进上海交通大学任有机化学主任教授,后任本校九三委员会副主任委员至2000年(60岁)卸任。如今,满75岁,社龄31年,还在为学校操一点心,任全校实验室安全督导。

我当社员与国家改革开放的时间几乎重叠,中国知识精英早已分裂,其中部分已与社会主义彻底决裂。我非党员,但初衷未变,仍追随共产党和中国特色社会主义。中国共产党成就大业,犯过大错,部分受害者至今不能原谅,历史影响深远,且腐败严重;习主席反腐万民称颂,能否最终取胜待历史鉴证。党必须严整,党政领导必须改弦。但共产党毛泽东将贫弱中华建成第二强国的现实不容抹杀。中华崛起的路还长,党不领导谁能? 不搞社会主义往哪走? 这就是我,一个老社员的政治取向,越老越清楚,越老越坚定!

社员的本份是搞好本职工作,在一所两校心无二致地当个称职教授。先后主讲"有机化学""物理有机""有机化学实验""顺磁共振波谱""自由基化学""化学专业英语""涉外文秘英语"等课程,受到所、校内外研究生、本科生和青年教师的赞誉,获宝钢优秀教师奖、白玉兰优秀教师奖,"有机化学"被评为交大A类课程和上海市精品课程。当交大化学系主任退回差生家长为求儿子免于除名的贿赂,作为研究生导师和学位答辩组成员,纠正概念错误和严判学术不实之举,落了个化学化工学院"学术杀手"的"美名"。

所在一所二校均是国际知名的学术机构,但在我任职的初期,二校的有机化学都去设教研组,几乎没有科研。有了我这个正教授,就开设了教研室。招人、开课、找钱、招生、建实验室,从头开张,有多难! 有学校的信任和支持,在国内一流工科院校把与其地位不相称的有机化学基础学科补建齐整,这就是我这个不愿辜负名师指教、名所培养的"海龟"的用武之地。20年间,由我负责建成了两校的有机化学硕士点,几次牵头冲击应用化学博士点,培养出大批研究生,带领研究生和青年教师完成了NSFC、国家"863"、省市、学校和国际合作研究课题近20项,在有机氟化学、自由基化学、顺磁共振化学应用、高分子氟化改性及有机合成诸领域发表SCI论文百余篇,曾荣获国家自然科学三等奖、教育部科技进步二等奖、农业部及上海市科技进步奖多项。把有机化学教研室建成与学校地位基本相称,并为其继续提升打下了坚实的基础。如今华中理工大学的有机化学已今非昔比,上海交大的有机化学在工科院校已名列前茅,两校现任教授都称我为"老爷子"、"老前辈",甚至"奠基人",这正是我老一辈的历史责任,也是实至名归的评价。至于我个人,因为有上述的业绩,曾多次应邀在国际学术会议上做专题报告,曾在美国、法国、日本及国内近40所大学、研究所和知名公司访问讲学,享有一定的声望。

科学研究和教书育人,是我生命的大部分,是在本职岗位上对党和九三的共同事业的区区奉献。除此外,我还做了近15年的社内基层领导:配合党在各个时期的中心工作,按照我社上级指示开展日常工作,和社内同志一道,在政治风云突变的关口,明辨是非,站稳立场,不跟风不添乱;为历次政治运动中卷入冤假错案的社员平反而奔波呼号;1986年劝阻有机所研究生到上海人民广场游行;1989年学潮中到武昌火车站劝阻学生进京,劝阻学生上长江大桥静坐;在反腐斗争中向纪委举报违法的人和事;动员社员捐款捐物赴鹰潭扶贫助学,赴南平慰问灾民。长期不懈地组织社员关心国家大事、自我教育及娱乐身心活动,增强凝聚力。积极慎重发展新社员,我在一所两校先交朋友后介绍入社的中高级科教骨干不下一个排。经我直接参与建立的有武汉高压研究所支社,由小组扩建的有上海有机所支社和上海九三交大五支社(化学化工学院并材料学院)。

回首做群众的前半生和做社员的后半生,做成的事有限,该做而没做的不少,没做好的和做错的就更多。不论怎样,唯有讲真话,我这一生都做得不错。但唯有讲真话才是我一生起起落落的直接原因。

高三时家贫如洗,病中老父遭房东凌辱,扬言今生学法惩办欺压百姓的恶人,被团支书认定反党,受到团支部批判;1958 年 9 月刚进西北大学就赶上大炼钢铁,化学系师生土法炼锗,半年不上课,我愤言:我上大学不是来当泥瓦工(砌土炉),被当做反大跃进的典型,在全系十届国庆墙报被点名批判;1960 年"三年自然灾害"期间,反映农村实情被批右倾;最严重的是,文革后期,万家墨面,竟敢在 1974 年初"批林批孔"骨干学习班上做长达 40 分钟的长篇发言,反驳形势大好的假大空话,例举钢铁工业 10 年徘徊(工业),15 年超过英国赶上美国的指标落空(科技),农村干部多吃多占(农业),等等,因此闯下大祸,全所批判,戴上"两个否定"的罪名,革掉课题组长职务。1976 年"四人帮"垮台,次年我被彻底平反,一夜之间成为反对"四人帮"、坚持"三要三不要"、又红又专的英雄人物。我自知以前不坏,如今也不是这样的。我婉拒恢复课题组长职务,婉拒补偿。所幸是同事们认识了我,诚实勇敢讲真话。正派的干部就支持我,让我先后在九三、人大、政协、总工会和学术行政岗位上做点事;我确实也努力地、认真地做了一些事。在这些岗位上,我一如既往讲真话。例如,1987 年九三上海市委召开迎新年干部大会,有位九三老前辈(著名院士)例举美国圣诞节路有冻死骨的报道,盛赞国内形势大好和社会主义优越性,我对此当面提出不同看法,全市委个别组织人员散后会对我个别表示惊讶。事后我有点后悔,很可能老人是被整怕了呢。又,1995 年离开武汉前,在扩大的省委会上,针对我社一些领导同志已沾染上讲假大空话的恶习,在临别建言中说:"民主党派要参政议政,为党排忧解难,也要讲真话,吐实情。为讲真话掉脑袋也不过留下个碗大的疤!"就这个人头,本性难移顺。

　　实事求是,讲真话,关系国家兴亡。到如今,老百姓虽乐见讲真话的官,但讲真话的官还不够多,因为自古谏官多灾多难,殃及家人也是常态。禀承父训,不做大官,也做不了官,想做大事没有做成,只做了点小事。但今生所幸是讲真话守住了做人的底线,保住了人格,追随鲁迅先生,力求做一名在党外为党工作的学人。

中国·九三·交大人

——献给九三交大成立 60 周年

□ 王殿臣

中国九三交大人，
顶天立地赤子心；
对祖国忠心赤胆，
对人民无限忠诚。

中国九三交大人，
九三宗旨记在心；
为民主奋力拼搏，
为科学勇于攀登。

中国九三交大人，
为人师表有良心；
桃李芬芳满天下，
呕心沥血育后生。

魂牵梦萦 "九三"情

□ 李顺祺

我和九三学社中央委员、社市委常委李新洲教授情谊很深。7年前,有感于挚友的一片厚爱,我在他的介绍下,欣然跨入了"九三"大门。

加入了九三学社,方知天地之广阔,使命之崇高。她帮我挣脱"小我"的牢笼,忘其鄙近,与社会融为一体,将我引向光明之路。

我的论文《理论物理必须解决物理问题——评理论物理学家李新洲的学术思想》发表不多日,出乎意料,原社中央主席周培源先生于1991年9月9日给我写了一封长信。信中肯定了我的观点,并作了四点精辟和深刻的论述。为了报答周先生对我的殷切期望,我又写了《敬答周培源先生》一文,刊登在《九三上海社讯》(1991年第6期)上,文中我再次强调"一个理论物理学家如果整日沉湎于数学公式推导,而不去追求新的理论框架,则是不可能获得突破性进展的"。作为一名九三社员,我要再次感谢周先生送我一张他亲自在美国拍摄的爱因斯坦照片。那时,我在周先生家作客,告别时想不到周先生拿出一张约莫12英寸的爱因斯坦着色照片送我,说是作个纪念。我知道,这张照片是周先生为爱因斯坦照的相片中最称心的一张,又是这么大的,尽管万般喜欢,也不敢轻易接受。稍作迟疑,我对周先生说:"先生亲自为爱因斯坦拍的照片,当为珍品,大的我无论如何不好意思拿,如果有小一些的,我也一定把它珍藏好,作个永久纪念。""那也好",周先生随手从书橱中取出数张让我挑,我选中后,先生在照片背后留下了笔力刚劲的三个大字——周培源。九三人都说,周先生对培养和提携后者倾注了巨大热情。通过以上两件小事,在我这个小人物身上也得到了印证。

在过去的年代,青少年的偶像雷锋,曾激励和鞭策过整整一代人,斯情斯景,历历在目。然而,曾几何时,"雷锋精神过时论"又困惑国人,使榜样蒙尘。出于编辑的社会责任心,我与上海交大出版社另一位同志策划、编辑了《雷锋故事新编》一书,并请杨尚昆同志作序。书出版后,在不长的时间内印了190余万册,在社会上引起了轰动效应。经济效益暂且不提,我为在平实中能寻觅到自身价值而感到欣慰——因为我事事处处没忘自己是九三人。

1993年我有幸当选为徐汇区人大代表。说实话,其间最令我动情的还是九三组织对我政治上无微不至的关怀。九三交大委员会主委范祖尧教授出差回校的第一件事是跑到校统战部,询问我们"九三"的李顺祺是否当选。当晚,我接到范教授的祝贺电话,一时难以自控,竟唏嘘不已。平生以来,我得到这样深层次的组织温暖该说是不多的,我再次为自己是九三人而感到自豪。

　　过组织生活我敢于亮思想、说真话、提看法,得到了组织上的好评。优秀社员的称号、社市委社务工作积极分子的称号、社市委党校参加全脱产的中青年干部培训班我都有份。九三交大委员会原组织委员曹树登先生亲自找出版社党总支介绍我的思想情况,并多次希望我能积极考虑加入中国共产党。入党的问题我自有思想,此点暂且不说,但曹先生对我政治上的关心和培养是终生难忘的。九三组织,胜如亲人! 我在校内及社会上经常流露出对"九三"的浓郁情感,这无意中也影响了周围的同志,迄今我已介绍过好多位同志入社。

　　九三组织的形象是高大的,这就要求每个社员具有良好的素质,且能时时刻刻注意自身形象。我想九三人应具有一套处世准则,诸如志向高远、公正无私、嫉恶从善、诚实守信、不善空谈、淡泊明志、戒奢节俭、豁达大度等等,也理应像前辈们一样,"先天下之忧而忧,后天下之乐而乐"。我愿以此为座右铭,自励励人。

　　我决心和所有的九三人在一起好好学习,勤奋工作,以充分体现自身价值。路是不平坦的,山路更是崎岖难攀,然而只要真情在,事终有成!

（原载内部史料《九三交大四十年》,1995 年）

做一个合格的
交大九三人

□ 侯志俭

　　"九三"，我对这个政党的认识是从对九三社员的认识开始的。尤其是我交大九三老社员，多年来甚至几十年来，为人正直，待人真诚，处事认真，不求名利，上进好学，处处体现出一种优秀的品质和崇高的精神。通过这自身的形象树立了"九三"的光辉形象。我想，由这样先进的人员组成的政党一定是我所追求的。近朱者赤，近墨者黑，这正是我参加"九三"的主要动机之一。

　　自我成为一名九三社员以来，九三人的形象始终激励、约束着我。激励我努力提高自身的政治、业务素质；约束我遵守社章，遵纪守法，淡泊名利，做好岗位工作，做一个合格的交大九三人。只有自身具有较高的政治素质，才能积极参政议政，与共产党肝胆相照，为国家的政治建设贡献力量，充分发挥参政党的作用；只有努力提高自己的业务素质，才能更好地为我国科学技术和教育事业的进步服务，为我国生产力的发展和精神文明建设作出贡献。

　　"九三"主要由科技、文教界的知识分子组成，从政党总体看，人员层次高，素质好，而我也正是服务于科技、文教的岗位上。在现代化建设中，科学技术是关键，教育是基础。我们正在面向生产，面向社会，开展科技服务，为提高全民族的科学文化水平而努力工作着。正如邓小平同志所说，国家国力的强弱，经济发展后劲的大小，越来越取决于劳动者的素质，取决于知识分子的数量和质量。所以，我们"九三"，我们每一位九三社员，应该也有能力为使我国成为富强、民主、文明的现代化国家作出应有的贡献。

（原载内部史料《九三交大四十年》，1995 年）

父亲、母亲和我
都是九三人

□ 张文渊

　　2015年是一个特别值得纪念的年份,我们九三学社自1945年9月3日成立以来,已走过了70年的路程;而我们九三上海交通大学委员会,自1955年4月30日成立以来,今年也正值60周年。在这漫长的岁月中,九三人跟随着中国共产党,高举"民主与科学"的旗帜,为了国家的繁荣昌盛,民族的兴旺发达,努力奋斗,自强不息,在各自平凡的岗位上工作着,奉献着。

　　2015年也是我的父亲张钟俊院士诞辰100周年暨逝世20周年的年份。他于1915年9月23日出生在浙江嘉善魏塘镇的一个书香门第,祖父是杭州浙江一中的高中英语和数学教师。父亲从小天资聪颖,思维敏捷,兴趣广泛,屡屡跳级。1930年9月,15岁的他考入国立交通大学,1934年7月以优异的成绩从交通大学毕业,获电机工程学士学位;同年9月,获得中美文化教育基金会的奖学金赴美国留学,进入麻省理工学院电工系攻读研究生课程;两学期后,即在1935年6月获得MIT硕士学位,并在1937年12月顺利拿到MIT科学博士学位,并作为麻省理工学院第一个博士后副研究员留校工作。1938年夏,父亲接到祖父家信,得知日军占领了杭州,全家逃难到了江西,陷入水深火热之中,国破家亡。23岁的父亲怀着强烈的爱国之心,本着科学救国的梦想,毅然放弃了美国的优越生活和工作,提前回国为抗战作贡献,他是1934年交大毕业同级同学中第一个海外留学回国的。同年10月,他经香港回到上海,再次婉拒了美商上海电力公司的高薪聘请,11月离沪进川,开始了执教的生涯。他先后在武汉大学(迁至乐山)、中央大学(迁至重庆)电机系当教授。1939年底,父亲与交大校友一起筹建交通大学重庆分校,被聘为教授,并任电机系主任。1942年2月,学校新设置电信研究所,他担任所长。1943年秋,开始正式招收研究生,课程设置参照美国哈佛大学和麻省理工学院,他亲自授课和指导研究,自1943至1949年,共24人顺利毕业,几乎占到民国期间中国培养的工程硕士总数的一半。毕业的学生解放后都成为了国家科技和教育界的栋梁,其中数名也当选为科学院院士。

　　1945年,抗战胜利,父亲返回徐家汇上海交通大学执教,仍然由父亲担任电信研究所所长。1948年末,麻省理工学院院长亲笔来信,邀请他去美国担任该校电工系教授,父亲心向祖国和人民,婉拒了对方的盛情邀请,留在了母校交大,选择在上海迎接解放,迎接新中国的到来。1953年,父亲毫不犹豫在交大加入了九三学社,成为了"九三人"。从此,处处以九三人要求自己。他总是以饱满的热情投入到研究和教学中,学术上永不满足,勇于开拓创新,求真务实,重视理论与实践相结合,作为学科建设的先行者和科学前沿的引领者;在教学上,他始终坚持高标准、严要求地培养研究生,言传身教,坚持以"爱国心"

"事业心""责任心"教育学生,讲究"实""严""新"三个字;生活中,他既关心学生们的日常生活,也关心学生们的精神生活,经常请研究生来家做客吃饭,还会力所能及地资助经济特别困难的学生。每次买新书看完后,都会把书有针对性地送给学生或青年教师。父亲心胸宽广,乐于助人。父亲经常会收到和接待来自五湖四海的来信和来人,只要有利于祖国科学事业发展,只要对方渴望学习,他都会毫不保留、亦师亦友地回复、探讨、接待和传授。父亲的性格单纯朴实,乐观开朗,生活简朴,知足常乐。在文化大革命期间,虽然被冠以莫须有的罪名,饱受折磨,被隔离审查达一年之久,被扣发三年多的全额工资,但是,他对祖国的热爱始终不变,对党和政府的信心始终不变,鼓励我们子女要到祖国最需要的地方去经历风雨,开阔眼界,奉献青春,接受工人、贫下中农再教育。他相信冬天会过去,春天一定会来到,抱着对未来生活的乐观态度。

1976年,四人帮垮台,1978年我国从"文革"动乱走向安定和发展,百废待兴,拨乱反正,改革开放的大幕拉开,春天真的到来了。此时,父亲虽已两鬓挂霜,却浑身充满青春的活力。为了夺回失去的时光,他将所有时间和精力都用于他热爱的教育及科研上。他每天清晨5点就起床,开始准备一天的科研和教学工作,只要工作需要,就马不停蹄地出差。当家人和学生心疼他的身体劝他少操心、多休息时,他总是动情地说:"与其享清福,我还不如累死在岗位上。"1989年后,在海外的弟弟妹妹考虑到父亲年事已高,可以休息休息,享受天伦之乐,在中国、美国两边住住走走,几次写信想替父亲母亲办绿卡,但父亲拒绝了,说他的事业在中国,他的根也在中国。

1995年,父亲已80岁高龄,他仍像年轻人一样活跃在教学和科研的舞台上。他要抢时间,在有生之年为中国的自动化和系统工程发展,为母校交大能与国际接轨跨入世界一流高校行列做出自己的贡献。只要不倒下,就千方百计开拓合作,扩大学术交流,他的日程总是排得满满的。就在去世的1995年最后半年的岁月中,他还是在"奔跑"中度过的。6月初,在杭州浙江大学交流;6月底,在三峡参加第二届亚太地区控制与测量学术会议;8月中,在沈阳作为会议中方主席参加中韩双边学术交流会;8月底,在天津参加智能自动化专业委员会成立大会和颁奖仪式;9月,在杭州参加浙江大学自动化国家实验室验收及攻关项目鉴定;10月初,在北京参加科学院院士增补大会;10月末,在长沙参加中国智能机器人研讨会;11月中,在交大徐汇校区登上教二楼4楼,为自动化系全体研究生作长达三小时的报告"如何培养自己成为一个跨世纪的高级技术人才";11月末,在南京东南大学和航天大学接受聘书和交流。然而,就在南京受寒感冒回沪后,他病倒了,12月4日住进了华东医院后,他还不忘工作,不忘指导学生论文,不忘学校的"211"工程。他坚信1996年4月8日,他能和全校师生共庆母校百年生日,将完成的两本中英文论文集向校庆献礼,他有信心做跨世纪的人。但是,在1995年12月29日晚间,因肺炎加剧,气管堵塞,他满是遗憾,不甘心地离开了。至今我和我的女儿仍记得,离去的那刹那,他眼眶中滑落出那珍珠般大的泪滴……就在那前一刻,父亲还充满希望地对我和我的女儿说:"会好起来的,明天一定会比今天好,还有很多很多事要去做。"在生命旅程的终点,他心中念念不忘的除了自己的家人,还有他的学生、事业和国家的美好将来。

父亲不愧是一个"九三人",正是在父亲的感召下,我的母亲,杨媞姝,在执教的上海财经学院加入了九三学社,也成为了"九三人",母亲非常积极地参加九三各项活动。

抗战时期,父母亲在重庆相遇、相知、结婚,并在1943年诞下了我。为了纪念在重庆小龙坎九龙坡交大出生的我,取小名"龙龙",因为是女孩,加了"王"字边旁,叫"珑珑"。抗战胜利,1945年,我们一家三口从重庆搬迁到徐家汇上海交通大学,父母都在交大执教。我的少儿时代都在交通大学的校园内度过的。那时,经常听到父亲提起老一辈九三人——朱物华、许应期、赵富鑫、陈学俊、周志诚、程福秀、杨槱等教授的为人和学术水平。在我心目中,他们都是一些有学问、有骨气、有高尚情操的爱国爱民的"九三人"，我心想：长大以后我也要加入九三学社。1961年7月，高中毕业的我以数学满分考入上海交通大学电机系，1966年毕业正值文化大革命开始，父亲被怀疑是美国特务，在家里经历了2天的抄家之后，父亲也被专案组带走，隔离审查。我也受到了牵连，去大连造船厂报到被拒绝，在苦苦交涉、哀求和等待了一个月后，还是被退回到学校，等待重新分配。最终我被分配到石家庄车辆厂当工人，一周劳动7天，劳动强度巨大，生活艰苦，8小时上班结束后，还要政治学习，进行防空洞演习和军训直至夜晚。但是我还是坚持了下来，是父亲无形中引导和培养了我良好的心态，潜移默化地教导着我们要不求虚荣，清白做人，吃苦耐劳，踏实做事，不断学习，对未来充满希望。在工厂当了8年的第一线工人，我吃苦在先，勤奋虚心好学，和工人师傅们打成一片，每年都被评为五好职工，还被选派上做工宣队队员呢。

1975年1月，我被调到了北京，结束了夫妻分居生活，进入交通部水运研究所，从事港口电气自动化的设计和科研工作。1985年8月，我以访问学者的身份赴美，在美国德克萨斯州立大学阿灵顿分校进行微电子控制技术研究。两年中我克服了语言困难，如饥似渴地学习和参加科学实验。1987年8月，我如期归国。当时有些人以种种理由想留下，但是我只有一个选择：中国才是我的家，我要像父亲一样。1988年5月，回国不到一年，在北京交通部水运研究院，我加入了九三学社，从此我也成为了一个"九三人"。我以"九三人"来要求自己，将满腔的热情，用学到的先进科学技术，投入到交通部攻关项目中，先后主持参与了10余个项目。其中获得全国科学大会奖一项，交通部科技进步二等奖两项，三等奖四项。同时，我还主持参与了10余个港口电气部分的国际投标、招标项目，均取得了成果。1994年，我回到上海，在上海交通大学自动化系任教，主持了上海科委重点攻关项目三项，分获上海市科技进步二等奖和三等奖，带研究生10余位，并在核心杂志发表学术论文40余篇。回到母校后，深得九三交大领导的培养和社员的信任，曾任九三学社上海市委员会妇委会副主任两届，上海交通大学九三委员会妇委会主任两届，上海市妇女联合会执行委员一届及上海交通大学委员会三支社主委。2003年底退休后，现任上海交通大学九三委员会三支社退休委员。

2015年是一个特别值得纪念的年份，正值九三学社成立70周年，上海交大九三委员会成立60周年，我父亲张钟俊院士诞辰100周年、加入九三学社62周年。今年，是我的本命年，也是我加入九三学社27周年，我要像我父亲一样，拥护共产党，高举"民主与科学"的旗帜，自强不息，活到老学到老，葆有一颗充满活力、纯净的童心，学会感恩和宽容。

祝福我们的祖国更加强盛，愿我们的母校上海交通大学迈入世界一流大学。祝九三学社生日快乐！

"九三"是个
大熔炉

□ 陈雪芬

　　原先作为一名群众，我对九三学社并无多大印象。由于在高校工作，与九三成员接触较多。在工作、交谈的过程中，我发现大凡九三成员，其工作责任心都很强，对人诚恳，总给人以一种亲切感。渐渐地，我对"九三"产生了兴趣，从有意无意地关心"九三"情况，到主动了解"九三"活动，并寻觅"九三"有关资料阅读。"九三"的先驱者早在"五四"运动期间为祖国科学事业、国家的繁荣发展、人民的自由民主进行了不懈努力。在抗日战争及国际反法西斯战争期间，他们为民族复兴，为人民民主、自由，冒着生命危险与共产党人并肩战斗，进行了一系列的反独裁、反饥饿、反迫害的抗暴斗争。在新中国成立之后，"九三"又高举社会主义建设的大旗，作出了不可磨灭的贡献。1966年，在中国大地上刮起了一阵席卷全国大地的"文革"的狂风，使"九三"许多老一辈同志深受其害。由于历史暂时的颠倒，革命者变成了"反革命"，社会主义事业的建设者成了"牛鬼蛇神"。尽管如此，狂风过后，反而更使人能看清真假，"九三"的大旗更显风采。从"九三"一大批爱国知识分子身上，我看到中国知识分子严谨求实、执着奉献、艰苦朴素、廉洁奉公的光辉形象。

　　历史像一面镜子，真实而清晰地展现了"九三"的业绩。在对"九三"不断深入了解的同时，我要求参加九三的愿望也随着时间的推移而不断地增强。1993年初我终于如愿加入了九三学社，成为名义上的一名社员。为什么说是名义上的社员呢？因为我觉得与一名名副其实的九三社员相比，自己无论在思想上还是在行动上都有很大距离。要真正成为一名光荣的九三社员还需花大力气，进行不断的努力。入社不久，正逢支社改选，由于同志们对我的信任，选我当了支委，这对一名入社不久的新同志来说是个很难担当的工作，但我很乐意地接受了同志们的委托。因为担任支委工作就有更多的机会接触老同志，可以向老同志请教、学习。同时与同志们的接触必然也就多了。再则，由于工作关系，必然与各界人士有较多的联系，也就有更多的机会宣传光大"九三"精神，同时也有机会发现要求参加"九三"的社外积极分子，有利于吸收新生力量，扩大九三组织的影响。正因为如此，我很珍惜九三组织的每一次活动，将它视为吸收营养、完善自己的机会。包括每一次的组织生活，社员们无拘无束地自由发言，我就像在一个温暖的大家庭中，静听长辈教导一样，受益匪浅。

　　我们机关支社成员分散于10多个单位，每有活动就会增加不少工作量。但我并不将它看作负担，而把每次的通知、联系、家访等工作视为向同志们，特别是向老同志学习、讨教的机会。因此，工作越忙乎,心情反而越舒畅。"九三"是个大熔炉,全身心的投入,会使人焕发出新的力量;"九三"是所大学校,造就了一批又一批的九三人。他们是社会主义革命和社会主义建设的生力军。作为一名九三社员,我要继承我社的光荣革命传统,献身于祖国的社会主义宏伟大业。

(原载内部史料《九三交大四十年》,1995 年)

彩虹之桥

□ 沈　灏

　　我生于 1945 年,与"九三"同龄,又正好在 1993 年加入"九三",对九三学社怀有天然的深厚感情。九三学社高举"民主"和"科学"两面大旗,发挥科技与教育人才荟萃的优势,面向社会,面向中小学生,开展科普活动,这是一项意义深远的长期工作。作为九三学社上海市委科普讲坛报告团成员,作为九三市委与上海中学共建科普教育基地的特聘专家,我多次为中小学生作科普讲座。2013 年,参与由上海市教委主办、九三上海市委科普讲坛等单位协办的"科普校园行"科学家巡讲活动,留下了难忘的美好回忆。

　　参加"科普校园行"活动,安排我去演讲的两所学校的名字都与"虹桥"有关:一所是"虹桥路小学",另一所是"虹桥镇中心小学"。我又正好家住虹桥路,于是,我的演讲就以"虹桥"破题。

　　虹桥镇位于漕河泾镇西北,明朝正德年间渐成集市,蒲汇塘横贯全镇,跨塘建有一桥。据传说,夏季雨后,在桥上可见西天彩虹,由此得名虹桥;镇因桥名,虹桥镇之名由此而来。

　　1901 年,有关当局越界筑路,因其临近虹桥镇而命名为虹桥路。1907 年,在虹桥路西端建设军用机场,顺理成章地取名虹桥机场。如今,当年的小型机场几经改扩建,已成为年出入旅客数千万的大型国际机场。改革开放以来,关于"虹桥"的传奇还在继续:20 世纪 80 年代建设的虹桥开发区,本世纪建成的虹桥商务区,特别是虹桥交通枢纽,地下、地面、空中,三维综合,连接四方,飞向世界。"虹桥",见证了上海在现代化道路上飞速发展的辉煌历程;"虹桥",已成为新上海的亮丽标志。

　　为中小学生作科普讲座,目的就是要在学生幼小的心灵和科学之间构建起一座彩虹之桥。

　　科普工作,看似简单,其实不易。要把高深的科学知识、深刻的科学思想,用学生最容易接受的方式讲授,深入浅出,生动有趣,引人入胜,浅近而不走样,严谨而富有趣味,这对于演讲者来说,是多么令人神往,多么富有挑战意味!通过科普讲座,激发学生学习科学的浓厚兴趣,帮助学生养成良好的学习习惯,引导学生掌握正确的思想方法,培养学生欣赏科学美的初步能力,又是何等的意义深远!通过与青少年学生相互间交流沟通,演讲者自己的思想得到升华,心理也将变得年轻,而不知老之已至。

情系"九三"

□ 李柏盛

　　我是一名九三学社的新社员。尽管入社的时间不长，但是，学社给我的印象却非常深刻，"九三"早就在我心中扎下了根。可以说，参加"九三"是我多年的夙愿。

　　那还是在上大学的时候，交大的九三支社曾给我留下美好的印象。九三成员大多是有知识、有建树的教授学者，学生时代的我追求事业和学问，而将他们尊为偶像，奉为楷模。文革以后，我有幸从大三线重返母校深造，又亲身感受母校教师的风范，亲眼目睹老一辈的知识分子在经历磨难以后仍然忍辱负重、默默耕耘的敬业精神，令人十分感动。他们"吃的是草，挤出来的是奶"，我的导师吴际舜老师就是这样的一头"牛"。后来我知道他也是一名九三成员，我对"九三"的印象又加深了十二分。九三人是那样高尚，又是那样朴实。从此，我心中萌生了一个愿望：我也要加入这样的组织！1993 年 10 月，这个愿望终于实现了，我的心情万分激动。

　　入社以后，九三交大委员会和上海市委分别召开迎新座谈会，由老社员向我们介绍社史，组织我们学习"九三"的光荣传统。通过座谈和学习，特别是老同志和新社员之间真诚的发言和交流，在我的脑海中留下了极其深刻的一幕。我为自己能成为一名九三人而自豪。入社一年多来，我生活在这个大家庭里，亲身感受到祖国给我的种种温暖。它从政治上、生活上时时关心着我们每一位社员。在组织生活上，支社同志们一起学习文件，畅谈国家大事，大家敞开心扉，自由发言，无拘无束。交大委员会经常组织我们参观考察，了解我国改革开放的大好形势，增强我们对社会主义的信念。每逢中秋或元旦佳节，委员会总要搞联谊活动，大家欢聚一堂，特别是对老社员嘘寒问暖，令人倍感亲切。

　　我参加"九三"的时间虽不长，但今后的路还很长。这辈子与"九三"的情缘是割不断了。入社就意味着奉献，我要以"九三"的老前辈为榜样，发扬光大"九三"的光荣传统，为"九三"尽心尽力，使我们这个大家庭，乃至整个中华民族更加兴旺发达。我将为之奋斗终生。

（原载内部史料《九三交大四十年》，1995 年）

努力做个好社员

□ 金 英

九三学社是一个以"民主与科学"为宗旨的政党,为了建设具有中国特色的社会主义,坚定不移地贯彻"以经济建设为中心,坚持四项基本原则,坚持改革开放"的基本路线,九三学社在爱国主义、社会主义的旗帜下,团结全体社员为巩固和发展社会主义事业、建设社会主义物质文明和精神文明贡献力量。

正值九三学社成立50周年和九三交大建社40周年即将来临之际,我被光荣地批准入社,成为一名九三学社的新社员,我的心情非常激动。在参加"九三"以后短短的一段时间内,通过参加社组织的学习和各项活动,我亲身感受到组织无微不至的关心和温暖。在组织和老社员的帮助下,促进和帮助自己不断成长。我认识到九三学社作为一个参政党的光荣使命。我社在校党组织的关怀和支持下,近40年来,在贯彻学校中心工作等方面发挥了很大的积极作用,起到了一个参政党基层组织应起的作用。作为一名新加入的社员,我一定要继承发扬老社员的优良传统、作风和美德,努力在交大九三组织中发挥自己的作用。

最近,九三交大委员会在组建"上海久通机电科技公司",它是我社新成立的一个面向社会的公司,也是委员会为全体社员办的一件实事。能有机会参与这项工作,更好地为社会服务,我感到很光荣。我要积极投入工作,尽自己一份力量作出贡献。作为一名九三社员,不仅在本职岗位上要努力工作,作出成绩,还要积极参加九三组织的各项活动,努力做个好社员。

(原载内部史料《九三交大四十年》,1995年)

我与"九三"
二三事

□ 吴　东

　　我是1992年12月28日被正式批准加入九三学社的。但是,我与九三人的交往,与九三学社的情谊,却早在20世纪七八十年代就开始了。

　　记得在1979年我进入上海科技出版社《自然杂志》编辑部工作时,我正担任《自然杂志》"科学家传记"专栏编辑,在组稿采编工作中,使我有更多的机会与各个科学领域的专家、学者接触,我与"九三人"自然也接触频繁起来,感受也更多了。我经常看到九三学社的著名学者、专家茅以升、周培源、严济慈、金善宝等人的来信、来稿,一篇篇达到或超越国际水准的论文和综述文章,一封封热情洋溢、扶植新学科、新理论的信函和稿件,每每激动着我的心。从那时起,在我的心底里就有了"九三人"的光辉形象:他们大多是科学人,也是秉性耿直的坦诚人;他们大多是爱国者,也是为民主、科学的无私奉献者。

　　记得,有一次去北京组稿,正好遇见金善宝的学生王连铮教授。当时作为《自然杂志》编辑的我,当然也不放过了解和采访"九三人"的机会,听了王教授数小时的介绍,深深地被金善宝教授的事迹所感动。他在学术上的执着追求,他对祖国的热爱和奉献,他那踏实认真的学风和谦逊和蔼的态度,使我脑海中"九三人"的形象,更为具体,更为生动,更为伟大。我决定要在《自然杂志》上发表金善宝教授的传略。我这样做一方面是为了向广大读者介绍他在农业科学领域里所作的卓越贡献,另一方面也是为了让更多的人来学习"九三人"爱祖国、爱人民、爱科学事业的崇高品质。我想,科学家的成就是全人类的财富。我宣传他们,是为了让更多的人们,特别是为了让青少年一代向老一代科学家们学习,学习他们对于科学事业的热心,像他们那样热爱祖国,勇攀科学高峰。同时,从中我也领悟到九三人的"九三"精神不就是主要体现在讲"民主"、求"科学"么?

　　我还清楚地记得,几年前我曾采访过交大的九三人——张钟俊教授。他15岁入大学,24岁当教授,33岁写就了世界上第一部阐述网络综合理论的专著……他在祖国的电信事业、自动控制理论、工业大系统理论等诸多领域,都有杰出的突破性研究。张教授既是一位开拓者,又是一位始终战斗在科学最前沿的学术带头人。在他身上,我同样看到了"九三人"的形象。我曾多次采访过张教授,他给我留下了极深的印象。为了让更多的人了解九三人、学习九三人,我特地请张教授的博士生韩正之教授撰写了一篇张教授的传略文章,发表于《自然杂志》。尔后,我有幸又为张教授先后编辑出版了两本专著——《张钟俊教授执教五十周年纪念册》(由江泽民主席题辞并题写书名)和《张钟俊教授论文集》(中文版第三卷),得到了众人的赞誉和同仁们的好评。

"九三人",时时处处在我的身边出现;"九三"精神的光芒,时时处处在我的眼前闪现。我热爱"九三",崇敬"九三",向往"九三";而今,我不仅是已经有 23 年"社龄"的"九三人",而且我在已经退休 8 年后的今天,能为我们《九三交大 60 年》纪念册的编撰和正式出版,做出我应尽的义务和贡献,我感到无比兴奋和自豪!

时间过得真快,转眼间,九三交大走过了整整 60 年,我也是一个"奔七"的人了! 今后,我作为"九三人"更要以身作则,严以律己,时时处处想到自己是"九三人"的一分子。我决心像老一辈"九三人"那样,在今后的退休生活中,仍然要继续学习,努力为"民主与科学"的"九三"精神永驻人间、发扬光大,而做出自己应尽的微薄贡献。

我与"九三"

□ 武天龙

在纪念九三学社上海交大委员会成立 60 周年之际,不经意间,我发现自己加入九三已有 18 年。一路走来,伴随我的是更多的激励和工作其中的欢乐。从社员到上海农学院支社主委;并入上海交大后担任第八支社主委、上海交大委员会副主委、九三学社上海市委委员;同时担任闵行区二、三、四届政协委员、政协闵行区教育委员会副主任等。回顾自己的成长历程,自己每前进一步,都凝聚着九三同志的心血,是他们鼓励我、鞭策我、培养我、教育我。"民主与科学"的精神促使我为九三组织的发展壮大、为党和国家的政治协商会议工作献一份微薄之力。

在担任农学院支社主委 16 年的时间里,我和各支委合作努力使基层支社成为一个温馨的家。第八支社有 34 位在职教师,是委员会中在职教师最多的支社。我们积极开展基层组织活动,每年 2～3 次的集体活动使大家敞开心扉,畅所欲言,谈工作经验,谈改革开放成果,谈家庭和社会,谈人生。支社做好组织发展工作,使优秀青年教师愿意加入九三,在这里大家能够每时每刻都感受到九三充满亲情、友情、真情。支委坚持在春节、九九重阳节等对老社员和有困难的社员进行慰问,形成氛围融洽和谐、思想新颖活跃的大家庭。在九三市委的领导下,通过组织到四川、贵州、河北、浙江等省的社会服务活动,广大社员对社会主义新农村建设投入满腔热情,多人次被评选为市和中央的社会服务先进个人。支社积极宣传年轻教师,培养年轻干部,其中推荐到各县团级挂职锻炼的有 4 人次,这些社员政治觉悟高、业务能力强,素质修养好,成为组织建设的后备人才。支社组织社员开展政治交接学习教育活动、专题讲座等,学习中国特色社会主义理论,2 次被学校党委评为民主党派的先进集体。

九三是参政议政的大舞台,我作为政协委员就要代表学校和九三积极地开展政治协商、民主监督、参政议政。我在参加闵行区三届的政协期间,通过广泛深入的调研,以提案、建议、调研报告等形式,反映群众关心的热点、难点,反映自己在建设中国特色社会主义中的所思、所想、所感。先后撰写了《依托我区大专院校、科研单位科教兴区》、《缓解龙南路(新镇路——七莘路)段》、《加快构造以企业为载体的产学研联盟——"科教强区"的几点建议》、《关于加强与整治七宝商业区及其七宝中学附近治安的几点建议》、《关于加强"三区联动"共建紫竹科学园区的社区建设建议》、《在新形势下进一步深化区校融合,推动"三区"联动发展》、《转变闵行区百强村经济增长方式》、《关于建立群众锻炼场所的提案》、《关于提前应对我郊区农业用工紧缺的提案》等调研提案 20 个。其中《加强七宝地区宠物、道路等城市管理》对七宝人行道建议设立汽车禁行杆,有效地使人行道地砖保持良好状态,被政府采纳和实施。《建设与国际大都市相适应的闵行区农村的建议》被评选为区政协 2006 年度优秀提案,本人被评选为 2007—2008 年度闵行区政协活动积极分子,履行了一个政协委员的职责。

回顾自己的成长过程,离不开九三组织的关心和指引,离不开广大社员的信任和支持,更离不开党的教诲和关怀。我小小的一颗水滴,只有融合到九三组织奔腾不息的大江之中,汇入到中国共产党领导的多党合作的社会主义事业波澜壮阔的大海之中,才能发挥作用、贡献力量。我为自己是一个九三社员而自豪。

交大九三学社
与江南丝竹

□ 姚卫平

　　江南的"丝竹"、福建的"南管"、潮州的"弦诗乐"、广东的"粤曲"、北方的"弦索",都称为"丝竹"音乐。凡用丝弦发声的乐器统称为"丝",凡用竹制的乐器统称为"竹"。起源于唐(唐代诗人曹松曾有"千宣绮罗浮画辑,两州丝竹会茶山;眼前便是神仙事,何必须言洞庭间"的诗句),至清广泛流传,1945年后大盛。

　　江南丝竹乐队,少则二至三人,多则十来人,乐器以笛子、二胡为主,其次是琵琶、小三弦、笙、秦琴、箫、反二胡,清代之后才逐渐加入扬琴,有时也加入拍板、荸荠鼓等。

　　学者冯英子曾言:非江南山水,不能产生江南丝竹;非江南丝竹,不能衬托江南山水。它们相得益彰,是民族的财富,国家的瑰宝。平民百姓喜爱,文人雅士钟情,可谓雅俗共赏。古人称,"听丝竹之声,而天下治。"说明了它平和中正、陶冶德行的特性。

　　上海开埠700年,江南丝竹的流传已300余年。上海地区的江南丝竹艺人,曾悠坐于城隍庙的湖心亭茶楼,赏景品茶,演绎丝竹上百年,成为上海老城厢一道独特的风景线。作为上海的迎宾形式,传统江南丝竹的演奏者们曾为30多个国家的高级外宾演出过,其中包括英国女王、日本首相、德国总理等。

　　作为交大九三学社的一员,我从2000年起开始接触江南丝竹,2003年底同上海一批民间传统江南丝竹的爱好者在徐汇区长桥街道建立了一个江南丝竹的活动基地,收集、整理和录制了大量江南丝竹(2006年5月底,江南丝竹被国务院正式列入国家首批非物质文化遗产保护名录)的音像资料,并录音、撰文和主编出版发行了纯民间采集的《江南丝竹》音乐CD及文字专集(中英文,上海交大电子音像出版社出版,2007年上海书展首发)。2009年初,成立了具有独立法人地位的民非组织"上海江南丝竹保护发展研究所",到目前为止,研究所的在册会员已经超过300人,下属两支丝竹乐队,三个传承基地,并设有中国音乐学院上海地区唯一的民乐考级机构。2014年11月,我们的江南丝竹团队由市非遗保护办领导带队,代表上海市参加了马来西亚国家艺术节。2012年底,研究所被评为"上海市先进社会组织",今年,我个人被评为"上海市2010—2014年度江南丝竹保护先进个人"。

　　回顾十九年来保护发展江南丝竹的过程,交大九三学社有两位社员不可不提。一位是艾晓杰老师,他利用九三学社的网站在宣传江南丝竹方面做了大量的工作,每次搞江南丝竹较大的活动,一般隔天就可在交大九三学社网站上看到相关消息,然后是上海市九三学社网站和九三学社中央网站上延续报道,如今社会上关于徐汇区长桥街道的江南丝竹信息报道,绝大部分由艾晓杰老师首先报道。艾晓杰老师的长期努力对江南丝竹的传播和引起政府有关部门的重视方面起到了不可替代的作用。

还有一位汪俪社员。为了帮助民间传统江南丝竹出版音乐 CD 专辑,在交大出版社工作的汪俪社员付出了巨大的努力。这张 CD 收录了十几位上海市顶级民间丝竹高手即兴演奏的 7 首传统曲目,由于民间传统江南丝竹的特殊人文习俗,录制工作推进缓慢,7 首曲目从 2004 年起录,到 2007 年才完成,是真正的民间传统即兴现场演奏版。汪俪社员在文字编辑、校对、排版和封面设计等方面精益求精,令人钦佩。令人印象深刻的是该音乐 CD 光盘配有一本小册子,其中文字需要汉译英,由于文字数量不多,但是涉及音乐、民俗文化、民族乐器技巧、传统曲目介绍甚至艺术哲学等内容,当时的最强翻译机构"CHINA DAILY"在溢价 50% 的情况下也不愿接手,她给我们介绍的几家翻译机构也都不接,是汪俪社员克服了种种困难,想尽一切办法最终圆满解决了问题。在 2007 年的上海书展上,这张江南丝竹音乐 CD 专辑出版了,出版社还在书展上搞了现场首发仪式,当晚的上海电视新闻称"江南丝竹进书展提高了书展品味"。如今,汪俪编辑的这张江南丝竹音乐 CD 专辑几千张早已经发售完了,不少出了国,大部分散入民间,她的努力功德无量。

交大九三学社与首批国家级非物质文化遗产项目江南丝竹结下的不解之缘还在继续。

记我们与
"山里娃"的一段情

□ 印 飞

　　我是 1989 年加入九三学社的。后来我担任过九三交大五支社的主委,也担任过委员会委员,负责社会咨询和社会服务方面的工作。在我的记忆中,早在 1998 年 9 月,曾经代表九三交大委员会,前往江西等地参加扶贫帮困工作的动人场面,至今还历历在目……

　　在 1998 年 9 月 11 日的《联合时报》上,通讯员刘国昕曾发表了一篇报道,讲述了《交大教授与山里娃的故事》:

　　在记忆的长河中,随着岁月的流逝,许多事情也许就像大浪淘沙,转瞬即成过眼烟云。但某个人,甚至某句话,却会烙印在记忆的深处,永不磨灭。8 月 24 日,贵溪塘湾坞圩小学二年级的邓丛同学说:"也许我以后考不上大学,但我会永远记住赵爷爷的话,做一个对社会有用的人。"

　　赵爷爷何许人也? 上海交通大学化学化工学院教授赵成学。这天,他和交大的其他 9 位同事辗转千里,从上海来到江西贵溪山区古镇塘湾,将九三学社上海交大基层委员会会员个人捐助的一万元现金和一批图书、文具,亲自交到 20 名特困学生和 20 名优秀学生手中,爱心生生不息,知识代代相传。

　　九三学社上海交大基层委员会的教授们心中有个夙愿,就是能为革命老区的孩子们尽一份绵薄之力。于是,他们就委托印飞副教授办这件事。当年 7 月,印飞通过邮局"114"台查到九三学社江西省委的电话号码,及时与之联系。江西省九三学社主委、副省长黄懋衡得知此事后,建议他们定向捐助鹰潭灾区。因为当时鹰潭遭受史无前例的特大洪灾不久,不少孩子正面临着辍学的境况,而拥有 3.2 万人口的塘湾古镇遭灾尤甚。于是在九三学社鹰潭市委员会的积极配合下,引出了交大教授与山里孩子手拉手、心连心的佳话。

　　8 月 24 日,上海交大的沈灏、赵成学、印飞等 10 名正、副教授,冒着 39 摄氏度的高温,风尘仆仆地赶到了塘湾。他们除了向江贵良等 20 名优秀生和余金凤等 20 名特困生分别捐助 100 元和 400 元外,还给每人送上一本交大纪念册、一幅纪念照和一封情意殷殷的信。而 20 名特困生则另外得到一张捐助教师的照片。在照片背面,这些教师不仅写上了诸如"祝××同学好好学习,天天向上"的字句,还留下了自己的通信地址,希望孩子们在未来的学习生活当中,将每一次进步的喜悦,每一分生活的忧愁,告诉远方素未谋面的亲人。

　　捐赠仪式后,教授们还与孩子们及部分家长进行了座谈。沈灏,这位交大的"金牌教授",向孩子们介绍了学习的科学方法及技巧等。58 岁的赵成学教授,刚刚坐了 46 个小时的长途火车赴甘肃老家奔丧回上海，又马不停蹄地坐在山村的教室里与孩子们谈心。他站着大声说，许多年来，我从来没像今天这样激动和沉重。因为我也是从贫困地区走出来的穷孩子，是我的祖国和我的母亲，加上自身的努力，才使我站在了大学的讲坛上。他现身说法，希望孩子们能同样在逆境中奋起，成为无愧于祖国、无愧于家乡的人。年轻的印飞副教授说，作为一名清贫的教师，在经济上资助孩子们是有限的，但在精神上、知识上、思想上的资助则是无限的。是啊，人间真情，无论高低，无论贵贱，同样都是永恒的。

临开车了，教授们还拉着孩子们的手说着贴心的话，还在抓紧时间合个影。乡音虽然难懂，但心灵却是相通的。龚俞峰同学贴着沈灏教授的耳朵悄悄地说："沈爷爷，你们交大好漂亮，明天我也要读交大。"

多么感人的心里话，至今想起那些山里娃，心里总会荡漾起一股激情——我们，作为九三学社的一员，永远和中国共产党心连心，同舟共济，为扶贫帮困，作出我们应有的贡献！

我与九三学社的情结

□ 林敏莉

　　我是20世纪90年代末加入"九三学社"的,近20年来,随着参加学校和上海市九三学社的各项活动,与"九三"的情结也越来越深了。作为辛亥革命——黄花岗七十二烈士(林尹民)的后裔,我一直比较关注国家的发展和变化,而九三学社则给我提供了参与国家政治经济和社会生活等领域的参政议政平台,让我有机会在做好本职工作以外,又多了为国家尽义务的渠道。

　　加入"九三学社"后,通过参加学校统战部组织的党外人士学习班和社市委举办的参政议政培训班学习和讨论,我逐渐认识到参政议政工作的重要性,并逐步参与到这项工作中去。近年来,我先后参加的参政议政工作有:①2011年4月撰写的《高校高端人才引进规范管理的思考》信息,获得了国家中组部和人社部的重视,在国家制订高端人才管理办法时被单独约见调研,听取意见。②2011年10月作为"九三交大委员会"的代表参加了社市委举办的高校论坛,撰写了《上海转型发展、促进创新人才培养模式改革的探讨》论文,被编入高校论坛的论文集,并得到了大家的好评。③2012年,我主持申报和撰写的《高校国有资产管理体制现状、问题及改革探讨》课题,获得九三学社上海市委重点课题的立项,该课题组还有主委助理吴东、副主委陈迪参加;这是九三学社上海交通大学委员会近10年来第一次获得社市委的重点课题,该课题结题后被社市委评为三等奖。④2012年8月撰写了《关于上海海关检查邮寄物品文明服务的建议》的社情信息,获得了上海海关的重视和反馈,使他们及时发现了文明服务方面的问题,并妥善予以处理解决。

　　我根据自己的经历体会到,我们国家的执政党——共产党对各参政党派的建议、提案是非常重视的,采纳度比较高,所以,这是一条很重要的参政议政的途径,应该很好地珍惜;当然,要尽责任做好这项工作,需要做大量的调查、研究、学习等工作。

　　我参与参政议政工作的另一条途径是:2012年,我被"九三交大委员会"推荐参加社市委的专委会——社会与法治委员会(简称社法委),并担任了社法委的副主任;我不仅参与了社市委组织的系列论坛,还作为评委多次参加社法委申报重点课题的研讨和评论,从中受益匪浅,不仅增长了其他领域的知识,又得到了锻炼,同时也为社会尽了自己的微薄力量。

　　2015年9月3日是抗日战争和世界反法西斯战争伟大胜利70周年的纪念日;今年也是我校九三学社上海交大委员会成立60周年的重要纪念岁月,我们九三交大委员会是一个团结、友爱的集体,通过经常组织一系列参观、学习、交流等活动,使"交大九三人"既增长了知识,也增进了友谊,又倍感大家庭的温暖与欢乐,我们要珍惜今天来之不易的和平环境,为学校、为国家的强盛与发展,作出自己应有的贡献。

"九三"
伴我成长

□ 许 洁

  工作将近 30 年以来,我一直审慎地看待任何党派。九三学社,作为中国的民主党派之一,被许多人所知晓,但深入了解的并不多。对于我而言,在我正式加入九三学社之前,我只不过是从新闻报道中偶尔了解到九三学社这个民主党派。对九三最初始的喜欢缘自身边的同事、九三学社上海交通大学七支社的主委黄敏老师、社员金毅老师等。从他们每次组织生活回来后的畅聊中得知:九三时常开展些什么活动;科技界、政界、其他各界中有很多九三的杰出人物;更感受到九三人参政议政的积极性,人与人之间的相互平等和尊重,活跃清新和谐的九三人气息……

  于是,我主动了解了九三学社的发展历程,以及九三学社与中国共产党的关系。九三学社是以科学技术界高、中级知识分子为主的具有政治联盟特点的政党,是接受中国共产党领导、同中国共产党通力合作的亲密友党,是进步性与广泛性相统一、致力于中国特色社会主义事业的参政党。九三学社与党的关系是:九三学社从抗战后期到新中国成立,从建国初期到党的十一届三中全会,从新的历史时期到现在,在各个不同的历史时期,九三学社和九三人始终在中国共产党的领导下,与中国共产党通力合作,完成了具有各个历史时期特色的各项工作,并做出了应有的贡献和成绩。在此过程中,九三学社也不断地成长和壮大起来。

  上述的学习和了解,既萌发了我加入九三学社的愿望,又增添了我加入九三学社心情的忐忑与不安。在精英知识分子云集的九三,平常如我的入社申请能被批准吗?需要等待多久才能得到被批准入社的答复?如果被批准入社,作为新人的我应该做些什么、能做些什么?

  在九三学社上海交通大学委员会七支社主委黄敏老师的推荐下,经历了几个月的漫长等待、考验和期盼后,2009 年 7 月 27 日,我荣幸地被正式批准加入九三学社。那是喜悦的一天,当我打开信箱看到九三学社上海市委员会的批准入社信函时,激动之情难以言表,那天我反反复复地阅读着批复。自那以后,我就开始了我的九三旅程。

  作为新社员,我积极参加九三学社组织的各种会议和活动。每次参加九三活动时,我都尽量用眼睛细细看,用心慢慢品。然,即便如此,我知道我的状态还是属于被动型的:觉得自己是新社员应该以学为主,觉得以自己对九三的初浅认识还不足以有充分的发言权和行使权……

  随着参加了九三学社组织的一系列活动,例如:参政议政、提案递交、上海交通大学民主党派新社员培训班、九三社章社史学习、参观活动等等,通过九三学社上海交通大学委员会七支社支委的推动,通过与七支社全体社员们共同参与的组织生活、讨论、旅游等等,使我这个新社员对九三学社有了进一步的了解和认识,对九三这个大家庭有了深深的喜爱和依恋。

七支社支委的推动是循序渐进的:先让我毫无负担地参加一些集体的会议和参观活动,通过互动相互熟悉:熟悉组织,熟悉流程,熟悉人员,感受到大家庭的温暖、爱、和谐。然后就让我参加上海交通大学民主党派新社员培训班,通过听取其他社员的参政议政提案鼓励我参政议政的意识,最后是投入各类评选和征文等活动。这非常适合慢热型、被动型的我逐步融入九三这个温暖的大家庭。通过九三学社的教育培训,我更充分地认识到中国政党制度形成的历史必然性和现实生命力,提高了接受中国共产党领导的自觉性。当一个人的主动性被激发起来后,那么后续的那种持续性的积淀与爆发一定是令人欣喜的。

感谢九三学社对我的培养与帮助。时光会变,但我对九三的感恩之心永远不会改,对中国共产党的忠贞之心永远坚定。伴随着共和国、九三的成长,我,这个九三新人,也一定会茁壮成长!

"九三"
促我成长

□ 陈　莹

　　2015年是九三交大成立60周年,也是我国重新将9月3日设立为中国人民抗日战争胜利纪念日的年份。

　　因为是"九三"的一员,我自然会更关注了解"九三"的历史。九三的成立和发展是和抗日战争的历史大背景紧密联系的。九三学社的前身是民主科学座谈会,1944年底,由一批爱国忧民的重庆科技、文教界人士发起组织。1945年9月3日这天,日本政府正式投降的消息传到了中国国内,举国欢庆抗战终于就此结束,当时,为纪念抗日战争和国际反法西斯战争的胜利,"民主科学座谈会"特意将名称改为"九三座谈会"。后来,为使座谈会成为永久的组织,在毛泽东同志的鼓舞和推动下,又将"九三座谈会"定名为"九三学社"。

　　千禧年后,中国大地市场经济的浪潮越来越高涨,我受命组建运营昂立广告公司。整天没日没夜地想着怎么赚钱,怎么让公司运作得有成绩,可以每年向董事会交上漂亮的答卷。记得2002年初春的一个下午,吴东老师来到了我的办公室,和我聊起"九三学社",这是我第一次知晓中国民主党派之一的九三学社。

　　打那以后,我开始主动地关注起九三学社的各类信息,主动留意和了解党和国家有关政治经济领域的方针政策。这些了解也帮助我更好地把握时代的脉搏,促进企业的发展壮大。

　　2003年6月20日,经过组织审批,正式加入了九三学社后,有幸和各支社社友们有了一同学习交流、开会研讨、旅游交友的机会,大大提升了我对九三学社的了解,也大大增进了我对九三学社的感情。大家在一起,既是老师,又是朋友,让我真切感受到九三交大是一个充满温馨和智慧的团体。而且每一次相聚,都能从那些教授、学长、同辈们身上收获人生宝贵的财富。至今印象深刻的是沈灏教授对"科学"和"民主"的认识和阐述,既深入浅出又睿智隽永地指明了我们"九三"人的使命。

　　一晃,我已入社近13年,回望这一路走来的历程,也经历了一些风雨,但正因为接触到了九三学社,在九三交大的民主宽松、科学智慧的氛围之中,促使我去阅读学习,上至马列主义毛泽东思想的理论著作,下到政府的工作报告;促使我一直思考人生的核心价值观,思考政治经济现象背后的逻辑缘由;促使我这些年来学会端正心态,和谐处事,微笑待人,踏实工作,理性思考。

　　虽然现已人到中年,正向着老年挺进,但梦想还在,对新生事物的学习热情依旧,对未来社会的发展依旧充满信心,这也许就是九三精神赋予我的,我已成长。

"九三"的正能量

——九三学社成立 60 周年有感

□ 管新潮

　　我有幸于 2002 年 4 月正式加入九三学社。10 多年来的亲身感受与经历,都已证明在九三学社这样一个大家庭里充满着无尽的正能量,无论是在举行组织生活的过程中,还是在参政议政的实践中,或是在帮助困难群体的行动中,还是在完善政策的建言中……正是这些正能量的存在,使我自信这一当初的决定是完全正确的,我为自己加入九三的这一正确决定而感到自豪与骄傲。

　　一个国家,当其中的个体或群体都已汲取了正能量,整个国家就会变得富强、民主、文明、和谐;一个社会,当其中的不同群体都已展现出正能量,整个社会才能显现出自由、平等、公正、法治;作为社会个体存在的一个人,只有真正感受到并展现出正能量,才能变得积极、自信、乐观、向上,才能对社会、对国家充满大爱。国家、社会和个人的正能量都是无比的重要,缺一不可,相辅相成,共同推动着国家和社会的进步与发展。

　　作为一个社会组织群体的九三学社,其正能量的体现与展示是多方面的。

一、组织正能量

　　每一次当我们过九三组织生活的时候,支社的相关负责人会提前通知社员,提前联系活动场地,提前安排活动议程,提前到场进行活动布置,等等。在九三学社里,岁数比较大的老同志人数也不少,他们有时出一趟门并不是很容易,这就更需要其他社员的关心与爱护。每一次的活动都组织得那么井然有序,那么认真细致,那么富有成效,让人不由自主地对这样的组织生活产生认同感,进而产生责任感和使命感。这是一种组织正能量,其重要作用就在于使每一位社员都拥有真正的归属感,自愿为九三的发展与壮大献计献策,作出自己应尽的贡献。

　　组织正能量的关键在于:组织活动是否周详严密,与会者是否能够畅所欲言,人们是否能够得到公正平等的感觉,是否能够赋予人们相应的机会……组织正能量可以唤起一个个体对一个组织的信赖与关爱、责任与使命。九三的组织活动所具备的这一特征,使人不知不觉地希望融合到这样的组织之中。

二、知识正能量

交大的九三社员都来自不同学院、不同学科,拥有不同的专业知识。他们的不同知识背景使得九三学社内部的各种知识成为了九三的一个显著特征,这是一个使人智慧、引人入胜的特征。

在社会的发展进程中,知识一直都扮演着最为重要的角色,知识在任何历史阶段都发挥着至关重要的作用。想要获取知识,就必须通过学习,不断的学习才能使人拥有充足的知识,立足于社会。显然,加入九三也是一个学习知识的过程,尤其在今天的知识经济时代。九三的知识特征不仅表现在各位社员的身上,还表现在社员之间对各种知识的相互传播上。知识使人进步,知识带来效益,知识提升价值,知识升华心灵——知识正能量使人受益无穷。

三、精神正能量

积极的精神状态蕴藏着巨大的正能量,这种精神正能量会使人积极向上,对工作充满激情,对生活充满热情,对他人充满感激之情。当一个组织的领导有着良好的精神状态,整个组织的成员都会为之士气昂扬、充满生机:遇到困难时不气馁,面临压力时不放弃,迎接挑战时不退缩,取得成就时不骄傲。不能不说,我所认识的九三学社领导正处在这样一种精神状态之中。

由于九三学社的特点,作为其领导只能是付出多、回报少,操心多、享受少。但是,每一次领导的表现都在证明他们的所作所为都是心甘情愿而为之,不在乎报酬,不计较得失。这种精神状态对九三社员的感召力是巨大的。作为其中一员,我也不知不觉地深受影响,觉得为工作多一些付出并不是吃亏,而是一种结合自身能力的享受,是一次进步。

九三学社是一个充满着精神正能量的组织,它以自身为榜样,召唤着人们的心灵。

四、行动正能量

九三的许许多多社员都在为我们国家的发展与壮大出谋划策。只要是有益于社会的可持续发展,有利于人民生活的安康,他们就会义不容辞地提起笔,提交出一份份智慧的结晶。一份提案或一个建议的完善,都需要投入巨大的时间和精力,它关系到社会的方方面面,需要可靠的知识、严谨的思路、灵活的方法。他们正以自身的行动体现出并传送着九三社员的行动正能量——一种令人感动、充满智慧的正能量。

总而言之,上述的组织、知识、精神和行动四种正能量正无时无刻地体现在九三学社的整个组织之中以及每一个社员的身上。

我作为九三的一分子,虽然限于能力和精力,无法与九三学社的其他优秀社员相比,但也愿意以他们为榜样,多尽力所能及之力,多做有益于九三学社发展之事。就较小范围即九三交大七支社而言,愿作为新主委的副手,一同促进七支社的可持续发展。组织好每一次的九三组织活动,学习好有利于社会的知识,保持积极奋进的精神状态,多付诸传播正能量的行动。

善小而为，
集腋成裘

——在参政议政中体现自身价值

□ 张小英

在来上海之前，只是听说过"九三"这个组织，知道它的成员大多是高级知识分子，至于做什么，并不是十分清楚。偶然的机会，有幸结识了几个"九三"的朋友，看到他们说的话，做的事，都是自己一直想说，一直想做的，就这样走近了"九三"，并荣幸地成为其中一员。

作为60后，虽没有经过1960年的大饥荒，也没有经过文革和上山下乡，但是看着哥哥姐姐们的经历，也仿佛身临其中，亲身经历了大量国企破产重组的阵痛，迎来了改革开放的春天。

40年的人生历练，使我明白，我们每个人的成长过程和我们国家的命运是休戚相关的，国富才能民强。

加入九三学社后，我的生活变得充实而丰富，我们支社组织会员到太仓考察农家乐；到辰山参观植物园；并在支社领导的倡议下，为交大老社员颁发荣誉证书，在九三交大委员会中弘扬老九三社员的精神。一系列丰富多彩的组织生活增强了支社成员的凝聚力，在潜移默化中，我越来越意识到：作为一名九三社员，要积极地参政议政，确实起到监督执政党的作用，为祖国的发展献言献策，做基层群众的喉舌，把人民的呼声传递上去。

加入九三学社后，过去不注意的事情，更确切地说是过去虽然注意了可是也没有办法向相关部门反映的事情，现在我都会收集起来，等到每次提议案时把它整理出来，通过组织向上反映。去年，我听小区的邻居、菜场的阿姨还有单位的同事，常常提起孩子上学的问题，大家都反映孩子上学不方便，借读费用太高，等等。在去年的提案中，我就相关问题提出了议案，提出了平等读书的权利，孩子应该以父母的实际居住地选择读书的学校，参加中考、高考应该以学籍为主，而不应该片面地以户口决定孩子的命运，硬性规定孩子在户籍所在地读书考试，使得千千万万的家庭骨肉分离，而且不利于孩子的身心健康发展。提案递交上去后，可喜的是今年我就从新闻上看到，小学生就近入学的公告。我知道这些事情不能一蹴而就，只要有改变，就是进步，在明年的提案中我要继续呼吁，让每个孩子平等地参加高考！

2011年，九三交大委员会组织了九三学社上海高校论坛，论坛的论题是"钱学森之问"。在这个论坛上，各高校的九三代表各抒己见，就中国的教育体制及机制所提问题深刻中肯，从根本上剖析了应试教育的弊端，探究中国为什么没有人获诺贝尔奖的根源。参加这个论坛后，我受益匪浅，能亲耳倾听这些九三精英的精辟思想，对我而言是精神上的升华。我庆幸能加入这个优秀的组织，成为其中一员。

在参加九三学社后，我感觉自己最大的收获就是生活更加充实了，活着不仅仅是为了自己，依靠组织我可以把我和我听到的声音传达出去。通过提案改变我们的生活，提案使生活更美好。

古人云：不积跬步，无以致千里，不积小流，无以成江海。

每个九三人就是抱着这样的理念，把自己听到的、看到的百姓疾苦放在心上，通过我们的组织，把合理的诉求通过提案的方式表达出来，使我们的生活逐渐发生改变。希望通过我们的共同努力，使我们的祖国在中国共产党的领导下，走向更大的辉煌。

"九三",让我
慢慢靠近你

□ 汤莉华

　　我不喜欢政治,多年来混迹在群众中亦颇为逍遥自在、悠然自得。某天,我那定居海外的闺蜜说了一番话对我产生了影响,她曾经是一名共产党员,出国后就脱离党组织了,她感觉有些孤单,她说个人的力量是微薄的,党派是一个人在社会中的依靠。我听过之后颇受触动,便找来民主党派的介绍材料作为休闲读物,随便翻翻。看到"九三学社"的时候,感觉有些亲切,首先她的命名不似一个党派,而更像一个学术组织,其次她倡导"民主与科学",继承和发扬了五四运动精神,与我信奉的"独立之人格,自由之思想"异曲同工。

　　后来我得知交大就有九三学社委员会,甚至我所工作的图书馆就有4位社员,其中我熟识的黄敏老师竟然还是主委,原来九三学社离我并不遥远,加入九三学社的想法渐渐在脑中成形,最终付诸行动。2013年5月我提交了入社申请书,中间经历一位负责相关工作的老师退休,审批的时间比通常情况要久一些,2014年7月我正式成为九三学社的一员。

　　到目前为止,我还是一名新社员。从我内心的感受来说,也感觉自己只是一名新社员。我需要通过一次次的组织活动,慢慢学习、慢慢熟悉、慢慢靠近九三学社。

　　可能是受惠于黄敏老师的"权力"吧,我提交入社申请书之后不久,就被推荐参加"2013年上海交通大学第12期党外中青班"和"2013年上海交通大学民主党派宣传信息工作骨干研讨班",通过学习和交流,我真正了解到"民主党派参政议政"不只是中学政治课本中对于"多党合作和政治协商制"的注解,更不是一种表面文章,校级民主党派的议案可以直接通达地方政府甚至中央政府。在中青班的培训中,统战部陶燕敏部长特意请来了已退休的民盟委员韩正之教授,韩老师向我们娓娓讲述他作为民主党派一员的经历,讲述他年轻时如何误打误撞加入民盟,如何在思想上从幼稚走向成熟,如何将社区的问题形成能够改善百姓生活的议案,以至于退休后仍然以反映社情民意为己任,甚至已经成为了他生活的一个习惯。韩老师言辞恳切,态度亲和,如同春风化雨,使认真聆听的我在不知不觉中受到了感染。

　　也许成长和改变就在这不知不觉中,我开始留意社区中的一些问题,去询问身边的朋友和同事,了解某个问题是否普遍,再探索问题发生的原因,寻求解决的方法。至今我还没有提交过议案,有时候我会想,当需要我去反映社情民意的时候,我会珍惜这样的机会,会为身边的人说话,为大家说话,为老百姓说话。

　　2014年7月,统战部组织中青班学员去安徽泾县考察,随行的还有各民主党派的委员近60人,那是一次愉快的学习和交流经历。一行人来自不同的院系或机关单位，年龄层次跨度从50至80年代，专业背景也是千差万别。我们这样一行人，虽然有领导，但是感觉不到领导的威严，尽管我几乎不认识其中任何一个人，但是每个人给我的感觉并不生分。日间我们参观了皖南事变遗址，游历了桃花潭风光，晚上中青班学员就围坐在一起交流心得。会议气氛是轻松的，每个人都说出了内心的想法或体会，没有空话大话，也不矫揉造作，朴实无华的言语之间潜藏着真诚。记得其间有一位青年教师说：加入民主党派的人，都是没有政治野心的人。我心中不禁暗暗赞同，也许正因如此，不相识的一批民主党派新人聚在一起，才有如此的默契与融洽。

2014年11月，九三学社组织了一次秋季社会考察，80余名社员共赴浦东参观龙美术馆，这是我第一次参加九三学社的集体活动，也能感受到同样的融洽氛围。据说这次考察是大伙儿翘首以盼的，有些社员已经退休，就盼着能够借机聚一聚。果然在开往浦东的一路上，大家仿佛许久未见的好友，相互交谈甚欢，车厢内嘈杂如闹市。我很喜欢这种自自然然的热闹，简单中流露出真情，这种志趣相投、历经岁月洗礼而弥足珍贵的友谊令我这个比较而言的年轻人心生羡慕。

就这样我带着一份好奇心，和着一份亲近之心，慢慢走近九三学社，没有世俗的纷扰杂念。在走过青葱岁月之后，寻求更开阔的视野，希望和不同专业的同仁携手回馈社会，替大众说说话，为老百姓做一点儿事。

我与"九三"
这些年

□ 汪　俪

　　我是2001年底加入九三学社的,当时我和吴东老师在同一间办公室。经吴老师的介绍和努力,我被特批加入了九三学社。非常荣幸的是,第二年,我被选为徐汇区第十三届人大代表,我想这与我是九三社员的身份有极大的关系。

　　加入九三后,我被分在第八支社(现在改为第七支社)。我先是在支社任组织委员,负责通知社员开会、寄送社讯等事项。每次支社过组织生活,我都要打一圈电话,除了有些生活在国外的老社员,大部分都能一一通知到。这也帮助我熟悉了支社的各位老师。老师们对我都非常友好,让我感觉九三就像一个温暖的大家庭。

　　后来,我又担任支社的宣传委员。每次支社活动,我都要写一份简要的信息,发表在下一期的《交大九三社讯》上。有一段时间,我还负责过社讯的邮寄。近几年,《交大九三社讯》每一期都由两位宣传委员负责征稿、排版等事宜,我也很光荣地担任过两期社讯的责任编辑。

　　2013年,有两位同事经我和吴东老师的介绍加入了九三学社,成为九三社员。

　　2014年,支社变更,因为一支社老同志较多,很多活动无法开展,我和七支社的其他一些社员被分到了一支社,并担任参政议政委员。于是我开始学习写社情民意。2014年写了10来条社情民意,其中有一条《为了保护儿童健康,建议针对儿童手机制定更严格的产品标准》的信息还被社市委采纳了。收到采纳通知的信时,我感到由衷的高兴。年底,为了鼓励我这个新任的参政议政委员,九三学社还把我选为"参政议政先进",这对我既是鼓励,又是鞭策。

　　加入九三后,我的进步是巨大的。以前我对政治生活毫无概念,加入九三后,才知道我们也可以以自己的专业知识为这个社会的建设出谋划策。在九三学社,我看到了很多老前辈,他们朴实无华、品格高洁、默默奉献,是我学习的榜样。

　　一转眼,加入九三已有14个年头,而九三交大也迎来了60周岁生日。

　　14年里,我参加了大部分九三的活动,参加过好几次八高校联席会议,做过支社的组织工作、宣传工作、信息工作,对参政议政从一无所知到渐渐参与其中。九三,让我结识了很多志同道合的社员,也让我的生活变得更加丰富多彩。

　　在九三交大60华诞之际,我衷心地希望九三交大能越走越好!

为国为民，
献计献策

——珍惜宝贵的参政议政渠道

□ 荣正通

加入九三学社后，我在政治上最大的感触是终于有渠道发出自己的声音了。在"被代表"十几年后，我终于有机会能够就社会上存在的各种现实问题向党和政府提出一点建议，同时我的建议终于有可能"上达天听"了。对此，我感到一种前所未有的激动。我第一次感觉到"公民"一词沉甸甸的份量。

经历了明末清初的血雨腥风，眼看着数以百万计的明朝百姓惨死在清军的屠刀下，顾炎武在《日知录·正始》中振聋发聩地提出："保天下者，匹夫之贱，与有责焉耳。"200多年后，眼看中国人面临着亡国灭种的危险，梁启超提炼了顾炎武的思想，响亮地提出"天下兴亡，匹夫有责"的口号。中国的知识分子自古以来拥有忧国忧民的爱国主义传统。三国有诸葛亮的"鞠躬尽瘁，死而后已"。唐朝有韩愈的"赤心事上，忧国如家"。北宋有范仲淹的"先天下之忧而忧，后天下之乐而乐"。南宋有陆游的"位卑未敢忘忧国"。明朝有顾宪成的"风声雨声读书声，声声入耳；家事国事天下事，事事关心"。清朝有林则徐的"苟利国家生死以，岂因祸福避趋之"。现在的中国正处于改革开放后的关键时期，改革已经到了深水区，到了不得不啃硬骨头的时候。在这种情况下，国家的富强、社会的稳定、人民的幸福需要广大中国知识分子挺身而出，向党和政府积极献计献策。

既然我已经光荣地加入了以科学技术界高、中级知识分子为主体的九三学社，就不能再默默无闻地继续"被代表"下去了。在社会主义建设的新时期，九三学社致力于发展和完善业已确立的中国共产党领导的多党合作和政治协商制度，继续参加国家政权，参与国家大政方针和国家领导人选的协商，参与国家事务的管理，参与国家方针、政策、法律、法规的制定和执行，遵循同中国共产党"长期共存、互相监督、肝胆相照、荣辱与共"的方针。作为九三学社的一员，我要力所能及地尽到参政议政的责任，及时向党和政府汇报人民群众的呼声，并且提出解决相关问题的可行建议。加入九三学社后，我很快便有幸参加了信息骨干培训班，由此了解到信息可能发挥的重要作用，学会了如何通过写信息来反映社情民意。在与交大九三学社老社员的交流学习中，我逐渐学会了如何更客观地观察社会问题，如何提炼出最具可行性的政策建议。

去年夏天，我在工作中亲身了解到香港青少年的祖国意识已经淡薄到何种地步，于是郑重地写下了我的第一份信息，建议政府充分利用博物馆的文化育人功能，通过安排香港青少年参观内地的优秀博物馆来提高他们的文化认同和民族认同。后来,我在一次国际学术交流中得知了关于新疆少数民族分离势力此起彼伏的重要原因,于是把相关民族宗教问题专家的观点以信息的方式提交给政府。去年年底,当深圳市政府出尔反尔,突然宣布汽车限购政策,并且悍然使用警力破坏正常的市场交易秩序后,我在第一时间提交了反对汽车限购的信息。我认为,地方政府即使必须控制汽车总量,也不应该采取车牌拍卖的方式,而应该采取摇号的方式。因为车牌拍卖是标准的"嫌贫爱富",是只有富人才能参与的游戏。它剥夺了穷人的道路行驶权,加剧了社会的阶层分裂和仇富情绪。政府每出台一项政策,首先要保证公平,而不是追求效益。虽然我知道因为巨大的经济利益,那些执行汽车牌照拍卖政策的地方政府不会同意自断财路,但是我还是义无反顾地提交了这条信息。这是因为如果连我自己都不敢为切身利益说话,那么还会有谁为我的切身利益说话?

鲁迅在《呐喊》自序中写道:"假如一间铁屋子,是绝无窗户而万难破毁的,里面有许多熟睡的人们,不久都要闷死了,然而是从昏睡入死灭,并不感到就死的悲哀。现在你大嚷起来,惊起了较为清醒的几个人,使这不幸的少数者来受无可挽救的临终的苦楚,你倒以为对得起他们么?""然而几个人既然起来,你不能说决没有毁坏这铁屋的希望。"我一个人的力量是微不足道的,但是全国人民的力量正是由十几亿普通人的力量汇聚而成的。我相信,只要每一个人都敢于通过合法的途径提出合理的诉求,现实生活中的很多社会问题都有希望得到解决。随着社会矛盾的缓和与社会断层的弥合,我们的祖国在中国共产党的领导下会变得越来越美好。

追 思 篇

由于篇幅有限，在这里仅仅选编了 10 位 60 年来已故九三交大人中的优秀社员。以生平简介和照片，反映他们平凡而伟大的一生。以此，作为当今活着的九三交大人，对已故的老一辈九三交大人的深深追思和怀念！

程福秀（1907—1998），字毓山，山西稷山人。

中国电工界的著名元老与电机设计先驱，上海交通大学教授。1933年毕业于山西大学电机工程系。1936年留学德国，1939年获不伦瑞克工业大学特许工程师学位，1942年获得斯图加特工业大学工学博士学位。后任柏林通用电气公司（AEG）设计工程师、斯图加特工业大学科学助教。

1948年回国，历任同济大学教授、电机系代系主任。交通大学电工器材制造系副主任兼电机教研室主任，上海交通大学电机工程系主任，电工及计算机科学系主任，机械电工部电工技术类专业教材编审委员会副主任，《辞海》编委会电学分科主编，上海电机工程学会第二、三、四、五届副理事长，上海市第五届人大代表等。20世纪50年代初，程福秀翻译出版了多本电机设计专著，主编了第一本全国统编电机设计教材，开拓了中国电机设计事业。

徐桂芳（1912—2010），浙江温州人。

数学家，上海交大数学系原系主任，教授。1924年，就读于温州联立商科学校（今温州二中前身）初中，后到上海大夏大学附中读高中，高中毕业后考取上海交通大学数学系，1937年毕业后回到温州。1946年受聘于交通大学，1956年随交大迁西安，先后任西安交大校务委员会委员、数学系主任、陕西省数学会副理事长。1985年退休后，任上海交大名誉教授、应用数学系顾问，西安交大数学系名誉系主任，中国计算数学学会名誉理事。发表数论、计算方法文章多篇。1956年，编译出版了《积分表》。先后主编《高等数学》、《纯幻方的构造原理和方法》等学术著作。

贝季瑶（1914—2004），江苏苏州人。

我国机械制造领域的资深教授。1936 年留学美国，1938 年获美国麻省理工学院机械工程硕士学位。1938 年底回国，1939 至 1945 年历任资源委员会中央机器厂第五厂厂长、中央机器厂协理，同时担任西南联合大学兼职教授。1945 至 1947 年担任资源委员会上海机器厂厂长。1947 年 8 月起任交通大学教授，1956 年被评为国家二级教授，1990 年成为全国首批享受国务院特殊津贴的专家。他是我国现代机床与工具制造业的开拓者和奠基者之一，在机械制造、精密加工工艺和磨削学等方面有很深的造诣。他竭尽毕生心血，为国家培养了大批杰出的专家、学者、教授。

王兆华（1914—2004），江苏苏州人。

1935 年毕业于交通大学电机工程系。1939 年获英国伦敦大学帝国理工学院机械工程硕士学位。曾任资源委员会驻纽约办事处、中央电工器材厂工程师。建国后，历任东北工业部电器工业管理局、第一机械工业部设计总局工程师，哈尔滨工业大学动力机械系主任，上海交通大学教授、动力机械研究所所长，上海市工程热物理学会理事长。九三学社社员。长期从事汽轮机原理的教学和研究，专于叶片机械气动热力学。主编《蒸汽轮机》。

朱麟五（1902—1985），又名朱瑞节，浙江嘉兴人。

著名热力工程专家。1926 年毕业于南洋大学电机科，1928—1930 年留学英国，毕业于孟德斯鸠茂伟电机厂工程师培训班。回国后长期从事发电厂建设和教育工作。解放前，曾设计过大中型电厂多座，对发电厂的设计、建造、运行和检验，具有丰富的经验，尤其擅长锅炉的检验业务，在上海发电厂热力工程领域享有盛名。同时，长期从事教育工作，历任大同大学、交通大学教授，电机系、动力系主任。1959 年任上海交通大学工程物理系主任。1962 年任上海交大船舶动力系主任。

范恂如(1918—2012)，上海南汇县人。

他出生在一个教师家庭，从小聪颖好学，刻苦向上。小学毕业以优异成绩考入上海中学初中部。初中毕业后，为了减轻家庭负担，考入公立的交通部吴淞商船专科学校附属高中部，高中毕业后进入学校的轮机专科学习，这是当时国内唯一一所培养造船航运事业专才的高等学校。一年后的1937年，"八一三"淞沪战争爆发，日本侵略军占领上海，学校被迫解散停办。于是范恂如毅然投笔从戎，参军抗战。1939年6月，为了中国造船航运事业的发展，也是抗战的需要，国民政府决定在重庆恢复商船专科学校。范恂如听到消息，立即千里迢迢，跋山涉水，绕道昆明、遵义等地，克服了很多困难，赶到重庆继续学习。1942年从商船专科学校毕业后，在民生公司、招商局工作。由于工作出色，1945年被公费选送到英国格拉斯哥大学进修深造。1947年回国后，先在招商局的远洋轮船上担任轮机长，1949年到同济大学造船系担任教师，从此，投身于祖国的高等教育事业，一直工作到1995年退休。

孙璧媖(1918—2014)，女，北京人。

上海交通大学著名的物理化学教授，中共党员。1935年保送入燕京大学，1939年毕业，专业为生物化学，1939至1940年在协和医学院进修学习，1950年，到唐山交大从事化学方面的教学，1955年调入上海交大，1962年被上海交大任命为解放后的第一位，也是当时唯一的一名女教授。她先后担任基础部化学教研室副主任、冶金学院物理化学与分析化学教研室主任等职。1979年，任应用化学系首任系主任。她的成就卓著，主持研究的"铝合金牺牲阳极"获1980年上海市重大科技成果奖。发表学术论文近20篇，著有《物理化学》。曾担任上海市腐蚀学会常务理事、中国太阳能学会光化学专业委员会主任委员、教育部全国工科院校物理化学教学委员会委员。1960年被评为上海市教育战线先进工作者，曾任上海市妇女联合会常务委员、上海市第七届人民代表，1962年、1964年、1966年被评为"上海市三八红旗手"，1979年、1983年被评为"全国三八红旗手"，堪称德艺双馨，1988年退休。

方俊鑫（1920—1988），安徽婺源（今属江西）人。

我国著名的固体物理学家，首批博士生导师。1920 年 10 月出生在婺源县江湾乡荷田村。1944 年毕业于中央大学物理系。九三学社社员。1959 年加入中国共产党。历任复旦大学副教授、教授，上海交通大学教授，国务院学位委员会第二届学科评议组成员，中国物理学会光散射专业委员会副主任，上海物理学会第五届副理事长。从事高真空技术研究和固体元激发与光导波微观理论研究。著有《光波导的微观量子理论》，与谢希德等合著《固体物理学》。

范祖尧（1924—2015），江苏吴江人。

上海交通大学教授、博士生导师。20 世纪 80 年代初加入九三学社，相继担任九三学社上海交通大学第六届支社主委和第一、二届委员会主委及九三学社上海市委第十一、十二届文教工作委员会主任；曾任第十届徐汇区人大代表和第八届上海市政协委员。

1980 年 10 月对于范祖尧来说是一个难忘的日子，从那时起，范祖尧光荣地成为一名九三学社社员，迄今已整整有 35 个年头了。在入社以前，范祖尧是一个普通的大学教师，整年忙碌于教学和科研工作，而对于政治、政党意识，十分淡薄。对于九三学社范祖尧有较深的印象，抗战期间，他在重庆读书，对九三学社"崇尚民主、信奉科学"的精神，已有所闻，很是赞赏。同样，在交大工作期间，周围的九三学社社员也给他留下了很好的印象，学校里的朱物华、杨槱以及系里的贝季瑶、楼鸿棣等都是热爱祖国、热爱党、弘扬民主与科学、治学严谨、学术造诣高、德高望重的教授，在教育界有很高的知名度，他们对范祖尧在政治上和业务上的提高有着深远影响。入社后，通过社章社史的学习，参与各项活动的教育，社内老同志的表率作用及社组织的热忱帮助，范祖尧对九三学社的性质、任务和作用有了进一步的认识和提升，并通过具体的实践，提高了民主党派工作的责任心和参政议政的能力。范祖尧虽已退休多年（2015 年 5 月 31 日去世），但他的九三社员的身份始终不变，他对九三学社怀有的深厚感情始终如一。范祖尧教授任职期间，坚持党的领导，履行参政党的职能；加强基层组织的自身建设和思想建设，发挥九三组织在基层的作用；围绕高校教育体制的改革和深化、建言献策等方面做了大量的工作，积累了宝贵的经验。他对九三组织的真挚情怀和对社务工作的倾心投入，可以概括为六个字——"用心一，念持恒"，实在是令人敬仰！

吴　镇（1922—2007），江苏江阴人。

　　著名力学教授，中国共产党党员、九三学社社员。1940 年考入交通大学电机系，1945 年毕业后留校任教。1962 年起任副教授，1980 年起任教授至退休。历任上海交通大学船舶与建筑工程学院理论力学教研室主任、工程力学系副主任等职。从事理论力学、分析力学等工程科学的基础技术课程教学达 40 余年，著有富有特色的高校工科核心课程教材《理论力学》、《分析力学》和英文版的《理论力学纲要》等著作。为交大工科各个专业多种学时类型的理论力学课程教学，作出了重大的贡献。为此，他获得了"上海市教育战线先进工作者"、"上海市劳动模范"和"全国造船工业系统劳动模范"等殊荣。曾兼任国家教委高校工科力学教材编审委员会（现为力学教学指导委员会）委员、上海市高教局高校工科力学协作组组长、上海市力学学会常务理事等职。

九三交大 60 年大事记

九三交大 60 年大事记

（1955—2015 年）

1955 年

1955 年《上海社讯》第三期刊登了"交大支社筹委会 1954 年度组织生活总结（摘要）"，内容分三个部分：①一般情况。②收获及作用（对社员的思想改造及业务工作有一定的推动作用）。首先，每次组织生活内容都围绕学校的中心工作进行，行政领导布置重要工作（如工作量办法、三年计划等）前，先通过民主党派的组织生活展开讨论，初步酝酿统一民主党派成员的思想认识后，再在各教研室中开展工作；其次，组织生活中经常联系思想，再加以社员参加分社的各种活动，思想上都有一定的提高。由于组织生活与工作及思想结合，社员感到组织生活对自己确有帮助，很重视组织生活。③存在缺点：每次组织生活前的准备工作较差；计划性不够；自我批评有一些，但批评不够展开；对政治理论学习中遇到的问题及国家政策讨论较少。

1955 年《上海社讯》第四期，以"我社交大支社召开会议，讨论如何解决学生负担过重问题"为题，对 3 月 27 日的支社会议作了报道。联系学生负担过重的问题来检查教学工作中存在的资产阶级唯心主义思想。讨论中大家认为，在教学中未从学生的实际情况出发的主观主义严重存在。通过讨论认为，高教部规定的学生学习时间不得超过 54 个小时的指示是正确的，要克服"只管教，不管学"的偏向。通过讨论，大家在思想认识上提高了一步，对贯彻高教部指示增强了信心。

1955 年《上海社讯》第六期刊登了赵富鑫同志撰写的《参加慰问中国人民解放军工作后感想》一文。

1955 年 4 月 30 日下午，召开了九三交大支社成立大会，参加大会的有全体社员、市分社负责同志，以及校党、政、民盟、工会、团委、学生会代表等 30 余人。

筹委会主任朱物华致开幕词，支社筹委会委员赵富鑫代表支社筹委会作两年来工作总结，指出支社在党和分社领导下，两年中有了一定的发展，成员从 3 人增到 19 人，在教学工作与思想改造方面发挥了一定作用，成员通过组织生活与政治学习，在思想上也有了提高，同时也指出支社工作还存在不少缺点。

分社主任委员卢于道在会上讲了话。陈石英副校长在讲话中指出：支社在教学工作上是积极的，对教学改革工作起了一定的推动作用。党委第二书记万钧指出：两年来党和九三的关系是正常的，联系是密切的，党的意图的贯彻，得到了九三学社的协助。

最后无记名投票，选举朱物华、赵富鑫、林宏铨、陈学俊、陆庆乐 5 人为支委。

1955 年《上海社讯》第五期报道了"交通大学支社成立大会简记"。委员分工：主任委员，朱物华；秘书，林宏铨；组织委员，赵富鑫；宣传委员，陆庆乐；学习委员，陈学俊。

1955 年《上海社讯》第六期报道了中国科学院学部委员成立大会于 6 月 1 日在北京举行，我支社朱物华、周志宏当选为技术科学学部委员。

1955 年《上海社讯》第十期作了如下报道：9 月 17 日交大支社举行小组会，座谈参加肃反运动的体会，提高了革命警惕性，政治觉悟和工作积极性有了显著提高；在开展批评与自我批评的基础上，大家思想沟通，消除了个人之间的误会与隔阂，在一定程度上克服了个人主义和自由主义。

11 月 28 日，分社举行社员大会，选举出席第一届全国社员代表大会代表，我校张鸿获选。

12 月 7 日，分社委员、交大支社主委朱物华调哈工大任教务长。

1956 年

2 月，在九三第一届全国代表大会上，朱物华当选为社中央委员。

2 月底，我校张鸿出席中国民主青年联合会中央委员会会议。

7 月 15 日，九三上海分社举行社员大会，选举第五届委员会，交大杨棨获选。

8 月 6 日，上海市一届四次人代会召开，我校社员参加的有朱麟五、张鸿、朱物华、周志宏、陈大燮。

9 月 22 日，举行学期第一次支社大会，欢迎 20 多位新社员，并布置支社这学期的工作计划，党委邓旭初副书记、船院李仲祥副书记应邀参加。会上，两校党委书记对交大迁校工作及船院教学工作作了说明，希望交大支社在推动迁校工作和教学工作中发挥更大的作用。市分社副主委笪移今介绍了社的历史，并阐述了共产党与民主党派长期共存、互相监督的方针的重要意义。新近入社的教务长陈大燮发表了入社以后的感想，朱麟五也谈了对社的工作体会。

1956 年《上海社讯》第八期报道了交大支社讨论迁校工作的情况。支社与民盟交大支部于 9 月 29 日联合过了一次组织生活，支社有 20 多人参加。首先邀请党委副书记邓旭初讲话，他对交大搬迁西安中的问题和情况作了说明与介绍，然后大家发言。同志们在肯定交大为了服从整个国家利益搬迁西安的正确性后，还认为在目前阶段会遇到一些暂时的困难，如某些专业不结合工业基地和招生等。同志们还建议行政为了使交大今后能担负起更艰巨的任务，要保持实力，不能因迁校而削弱力量，并抓紧西安新校舍的基本建设。最后支社主委许应期号召同志们在进一步认识迁校的意义后，尽量向周围群众进行宣传解释，很好地完成这次迁校工作。

10 月 12 日，我校选举徐汇区人大代表。社员楼鸿棣当选。

12 月 12 日，党委召开民主党派联席会，会上党委书记彭康作了关于目前形势及我校当前工作——教学、科研及迁校的报告。许应期、严晙、周志宏等对目前形势及学校工作发表了自己的看法和意见。

1957 年

3 月 3 日，分社举办第七次科学报告会，由我校电气自动化装置教研室主任、社员蒋大宗讲"生产过程自动化"。

1957 年《上海社讯》第三期报道了交大支社小组生活的情况：在支社最后一次小组会议中，讨论了《中共中央统战部关于民主党派工作的几个问题的意见（草稿）》。会上首先由支社副主委陈学俊就文件的内容作了传达，严晙同志将分社学委会扩大会讨论这一文件的情况作了介绍，同志们在讨论中就民主党派存在的必要性问题结合自己参加民主党派的实际体会发表了意见,最后讨论了本学期支社的工作。

3月23日,支社讨论迁校工作。会上主任委员许应期和组织委员何金茂都谈到了民主党派在过去有着光荣的历史,今后应在高校工作中继续发挥积极作用,程福秀、朱麟五等也发了言。在两个小组的讨论中,对迁校工作提出了若干建议。

6月10日,校党委召集九三学社的同志座谈周总理关于我校迁校的报告。严晙、沈缄、朱麟五、陆修涵、黄席椿、陈学俊等发了言。

6月21日,支社召开会议讨论迁校问题,传达九三上海分社的建议与指示。分社希望交大支社也能从第一方针(注:坚持搬西安)来考虑,并希望九三支社作为一个政党应表示拥护政府的态度。陈大燮、何金茂等认为作为一个政党,对迁校这个重大问题应表示态度,对政府决定应该拥护。何金茂表示,他虽不赞成第一方针,若政府决定,他愿无条件服从。陈季丹、李惠亭等都希望能订出具体的支援计划进行研究,裘益钟提出对支援西安问题,一定要有保证。

7月3日,九三上海分社邀请交大全体社员座谈迁校问题。卢于道主持会议。支社副主委陈学俊介绍支社从1955年决定迁校以来的工作情况。严晙介绍目前校内讨论迁校新方案的情况,并认为虽在迁校问题上看法还有不一致的地方,但目前应当行动一致,不同的意见可以保留,大家同心贯彻迁校新方案。张鸿介绍九三西安交大小组对迁校讨论的情况。一医副院长颜福庆、同济谢光华、财经学院副院长褚凤仪、二医副院长倪葆春等同志讲了话。

最后卢于道根据同志们的建议,提请会上通过决议,响应分社号召,坚决拥护交大领导的决定,并以实际行动执行。

7月10日,校党委邀请工会、民主党派、各系负责人参加会议。党委副书记邓旭初说明我校开展反右派斗争学习的步骤与安排问题。

8月7日,校党委邀请学校行政、各民主党派、工会负责人参加会议,研究反右派斗争下一段的工作问题,决定自8月10日全校性斗争告一段落,转入深入细致的工作。

9月11日,校党委召开民主党派、工会联席会议,研究如何把我校整风搞好的问题。

11月10日,校党委召开民主党派和工会干部会议,座谈整改。临时党委副书记胡辛人主持,杨栖、单基乾等发言。会上胡辛人对民主党派提出要求:应动员所属成员重视并积极参加整改;除在各自行政岗位积极参加整改外,希望着重在改善党群关系问题上向党多提批评和意见;多注意收集有关全校范围内应采取的措施方面的意见和建议。

1957年《上海社讯》第十三期以"交大九三、民盟组织举行联合会议,号召成员积极投入整改运动"为题作报道。会议由杨栖主持,党委副书记胡辛人和党委王耐辛参加。会上介绍了学校整改工作发展情况,并传达了民主党派中央对各基层组织的指示,号召大家加强自我改造,要在整改运动中得到锻炼,并起带头作用。要求进一步主动取得党委的领导,对学校的行政措施提出建议和意见。并指出民主党派应该更广泛地联系群众,团结在党的周围。胡辛人在会上讲话,着重提出三个问题:民主党派性质问题,对整改的意义与认识,民主党派活动与要求。

1958 年

1958年《上海社讯》第二期以"交大社员响应党委号召,热烈拥护勤工俭学革命倡议"为题作报道。交大党委扩大会于2月6日向全校师生员工倡议:"厉行勤工俭学,实行半工半读;是学校又是工厂,是学生又是工人。"倡议提出后,立即振奋了整个交大,各部门纷纷开会讨论表示衷心拥护,支社社员对这空前未有的壮举亦表示热烈拥护,并决心为"勤工俭学"事业贡献自己的一切力量。

社讯还刊登了分社科学文教委员会副主任委员、交大教务长陈大燮同志的《畅谈西安交大贯彻勤工俭学方针的动态》一文。

3月15日下午,民盟支部、九三支社联合举行整风动员大会,党委副书记邓旭初、九三分社卢于道、民盟市委吴兆洪到会作了重要指示。支社主委许应期在整风动员报告中指出,民主党派整风是在国内及我校反右斗争取得胜利的基础上进行的,是在"双反"后大跃进的形势下进行的,这次整风要彻底清除右派的影响,进一步坚定地接受党的领导,改变政治立场。整风的方针是按照解决人民内部矛盾的"团结—批评—团结"的方针进行的,是一次既要严肃认真、又要和风细雨的思想教育运动。邓旭初同志作了发言,卢于道、吴兆洪在会上相继发言,杨槱、张钟俊等在会上也发了言。邓旭初希望民主党派成员多考虑如何将自己改造成为工人阶级知识分子,如何贯彻教育与生产劳动相结合的方针,搞好教学和科研。

6月3日下午,民盟支部、九三支社整风领导小组召开全体同志大会,并邀请盟、社外一些同志参加。

整风领导小组组长薛绍清代表领导小组对一批同志进行表扬,这些同志在这次运动中本人检查得比较深刻,对盟、社内的同志能积极进行帮助,对运动起了一定的带头推动作用,其中交大支社有杨槱、许应期、周志宏、周惠久、沈缄、陈铁云、潘介人、陆行珊等。会议对九三、民盟三位同志进行了严肃批评和热情帮助。

1958年《上海社讯》第六期,以"交大九三和民盟召开深入整风大会表扬一批积极进行自觉革命的同志"为题对上述会议作了报道。

《上海社讯》第九期报道,第六届市分社委员会中我校有许应期、杨槱两位同志。许应期任常委、宣传部长。

市分社出席九三学社第二次全国社员代表大会的代表中,我校有沈缄、林宏铨。

《上海社讯》第十期以"交大社员参加教育方针的辩论,部分教师主张实行半工半读"为题作了报道。文中指出,为了深入贯彻党中央教育结合生产劳动的方针,在交大各系、各教研组展开了热烈的讨论,校内又一次出现大字报的海洋,我社社员和交大师生一起投入这一学习运动。

1958年交大支社组织成员:主委:许应期,副主委:陈学俊,组织委员:何金茂,学习委员:李惠亭,宣传委员:周志诚。

1958年改选后为:主委:杨槱,副主委:程福秀、林宏铨,宣传学习委员:许应期、周志诚,秘书:周淑玉、樊应观,分部委员:杨祖贻,组织委员:沈缄。

1958年,支社共有社员66名,其中12名社员不久去西安工作。

1959 年

2月20日,校党委召开民主党派座谈会,交流我校1959年的工作情况,会上党委副书记邓旭初对我校1958年的工作作了回顾,并谈及了当前工作和1959年的工作计划。杨槱等同志发言,与会同志认为1958年确实是不平凡的一年,形势发展很快,运动一个接着一个,许多工作又都是新的,需要摸索经验,争取"更大的跃进"。还提出应发挥民主党派的组织作用,动员每个成员,团结群众,积极参加总结工作。

2月22日,上海市社会主义学院第一期开学,支社许应期参加。

1959年《上海社讯》第三期报道,5月17日,交大支社与同济支社在交大联合过组织生活,交流提高教学质量方面的经验与体会。

1959年支社对党委关于知识分子问题的几项措施提出了意见,包括有关对系主任、教研室主任办公时间问题,对保证5/6时间放在教学、科研上的意见,以及提高科学技术水平问题等。

11月底,九三等5个民主党派成员50余人开会,由九三支社主委杨槱主持,讨论如何投入到反右倾、鼓干劲、进一步开展增产节约运动中去。九三有杨槱、许应期、朱麟五、周志宏、陆行珊、孙璧媖等发言。谢邦治校长在会上讲了话。

1960 年

3月8日校刊报道:冶金教研室主任孙璧媖(女)当选为1960年上海市三八红旗手。

4月5日,支社召开社员大会,校党委苏宁同志和市分社副主委毛启爽同志出席会议并讲话。苏宁同志对当前民主党派的工作作了重要指示。会上还讨论了1960年支社工作计划,准备大干4、5月,迎接全国文教战线群英大会及社中央会议。

4月25日《上海社讯》报道:在市工业会议形势的鼓舞下交大支社举行了四次支委会,学习讨论了党委邓书记的报告,经过反复务虚、认清形势和明确任务后,表示坚决要实现党委提出的技术革新、教学革命及大搞科研全面跃进的任务。支委会决心提高领导水平,改进工作方法,把社的工作向前推进一步。

5月14日,上海市召开教育、文化、卫生、体育、新闻等方面社会主义建设先进单位和先进工作者代表大会。我校参加的九位同志中有九三社员孙璧媖(并获上海市文教先进工作者称号)。

6月18日,我校各民主党派和部分老教师举行集会,热烈座谈,一致拥护福建前线中国人民解放军反美武装示威,怒斥瘟神艾森豪威尔的阴谋活动。支社主委杨槱在会上发言。

7月,周志宏教授作为特邀代表出席全国文教群英会。

10月27日到12月底,在校党委领导下,我校九三、民盟、民革、民进、农工等5个民主党派组织召开了"神仙会",这一活动是继中央和本市召开的知识界"神仙会"之后进行的,参加者113人(其中无党派人士19人),以系为单位分组,共召开大小会议20次。基本做法是:在进行充分思想动员的基础上,自己摆问题,自己议论问题,自己解决问题。最后又学习了中央统战部长李维汉"学习毛主席著作,逐步改造世界观"的报告,进行巩固和提高,会议期间,就合作共事、教研室主任与党支部关系、青老关系、发挥中老年教师作用等方面交流了看法。

1961 年

2月,中央通知批准我校等7所工业高等院校划归国防科委领导。校党委考虑到交大在国内国际的地位,为有利于开展统一战线的工作,团结学校知名度较高的知识分子,故申请允许我校民主党派继续活动。经上级批复同意民主党派继续开展活动,但停止发展新成员。(我支社从1961年至1966年"文革"前未发展过新社员。)

7月,支社组成成员如下:主委:杨槱,副主委:程福秀、林宏铨;宣传学习委员:许应期、周志诚、金蕊、贝季瑶,秘书:周淑玉、樊应观,分部委员:杨祖诒,组织委员:沈缄,聘请秘书:周天宝。

4月27日至5月24日,上海九三举行第二次社员代表大会,选举上海分社第七届委员会,我支社杨槱任委员和组织部副部长,许应期任宣传部部长。

10月朱物华教授任我校副校长。

1962 年

6月,周恩来总理携邓颖超到上海视察工作,在科学会堂会见本市文教科技界知名人士。我支社周志宏参加。会上周总理畅谈党的方针和大好形势,勉励上海知识界积极发挥作用,为国民经济的调整、巩固、充实、提高作出贡献。

7月25日市委批复:周志宏教授担任我校副校长。

1963 年

3月,孙璧媖同志被评为上海市三八红旗手。

4月,辛一行同志参加社会主义学院第五期学习。

1964 年

6月20日,校党委召开民主党派负责人会议,由党委副书记苏宁主持。会议指出,在民主党派中开展回顾检查运动很有必要。因为在1961、1962年出现反复,知识分子改造存在两面性。

9月10日,《解放日报》刊登上海市出席第三届全国大民代表大会名单,我支社有朱物华、周志宏两位。

11月3日,苏宁同志主持召开民主党派领导人会议,研究回顾检查运动及打算。支社负责人程福秀在会上谈小组会情况,如对思想改造的态度、教育思想、三年自然灾害的反复、与党的关系等。苏宁同志讲话指出,各民主党派回顾检查从酝酿至今已近3个月,进一步提高了认识,端正了态度,在务虚基础上作回顾检查,其性质是社会主义教育的组成部分,挖掉封建主义、资本主义、修正主义的根子,把社会主义革命进行到底。

12月24日,校党委召开民主党派双周座谈会,由党委副书记张华主持。主委杨櫀谈了参加九三上海市代表大会的收获。

张华同志听取九三、民盟负责人的意见后说,九三、民盟市代表大会开得很成功,回顾检查运动很必要、很适时。几年来,由于主客观原因,在知识分子中出现了反复,思想改造放松了。客观上,有修正主义、背信弃义及工作上出现某些缺点的原因。前几年国家出现暂时困难,通过传达讨论,使大家认识到反复的严重性和加强思想改造的迫切性。

1965 年

12月初,校党委为了让年老体弱的老教师接受"阶级斗争的教育",组织了39名老教师去上海县莘庄人民公社参观"四清"运动,主要参观了"清经济"的过程,历时43天。我支社有沈緘、陈铁云等14位同志参加。

1978 年

3月18日至31日,中共中央召开全国科学大会,周志宏、朱物华、阮雪榆(1983年入社)被评为先进个人。

7月12日,中共上海市委任命朱物华为交大校长,周志宏为交大副校长。

在上海市科技大会上受到表扬的有朱物华、周志宏、杨槱、朱麟五、张钟俊同志。

10月27日,校党委副书记刘克同志代表党委为遭受林彪、"四人帮"迫害的同志平反昭雪,其中九三交大社员有杨槱、张钟俊、林宏铨、骆美轮、张美敦(1983年入社)、朱咏春、李介谷。

《上海交大》校刊1978年11月18日报道:我校学术委员会成立,由27名委员组成,九三社员任职的有:主任委员:周志宏;副主任委员:杨槱;委员:金悫、朱麟五、张钟俊、程福秀、楼鸿棣、贝季瑶、王兆华、阮雪榆(1983年入社)。

《上海交大》校刊1978年12月15日报道:我校教学法委员会成立,九三社员吴镇为副主任委员。

9月29日,我校校务委员会副主任、党委书记邓旭初率领上海交大赴美访问团一行12人访问美国。其中九三社员有张钟俊、金悫、陈铁云三位教授。

当时中美尚未建交,这是解放后第一个高校访问团。这次出访是经党中央副主席邓小平批准的,在出访前受到王震副总理和六机部柴树藩部长的接见。代表团在美国的48天中访问了20个城市、27所高校、14个科研单位和生产单位,受到各接待单位、交大在美国校友及华裔学者的热烈欢迎。

12月,上海交通大学1978年度先进工作者名单公布,其中九三交大社员有:三系裴益钟、六系楼鸿棣、十系吴镇、机关曹树登(1980年入社)。

12月,先进个人名单:周志宏:1978年全国科学大会先进个人;朱物华:1978年全国科学大会先进个人;阮雪榆:1978年全国科学大会先进个人。

1979 年

1月24日上午,我校民主党派举行春节茶话会,同时宣布恢复组织活动。中共上海市委统战部党派处领导同志,民盟、九三上海市负责人,学校党政领导等参加了会议,并讲了话。市民主党派负责人宣布了九三交大支社领导成员名单:

主任委员:杨槱;副主任委员:程福秀、林宏铨;委员:金悫、周志诚、贝季瑶;秘书长:周淑玉、樊应观。
支社共有社员47人。

3月,九三交大社员孙璧媃同志被评为全国三八红旗手。

3月9日,党委副书记夏平同志在全校大会上宣布,在六机部召开的造船工业战线先进单位和先进个人大会上,工程力学系理论力学教研组组长、副教授吴镇同志被授予"劳动模范"称号。

4月14日,中共030支部通过了吴镇副教授入党。

6月23日,原造船系副教授、九三交大社员魏东升同志的追悼会在上海龙华火葬场举行。魏东升同志是在1968年受"四人帮"迫害致死的。

8月10日,六机部发出《关于推荐和遴选中国科学院学部委员候选人通知》。我校被正式批准的三位学部委员中有我支社社员杨槱、张钟俊。

我校首次评选优秀教学奖,有92名教师荣获1978—1979学年优秀教学奖,其中九三交大社员有王嘉善等。

9月,我校评出13位教职工先进人物参加上海市建国30周年表彰先进大会。九三交大社员有吴镇、王嘉善。

10月中旬,朱物华、杨槱、程福秀赴北京参加九三学社第三届全国社员代表大会,中央首长叶剑英、邓小平、李先念等同志接见了代表。

11月6日，九三交大支社召开会议，向全体社员传达九三学社全国社员代表大会精神。

1980 年

1月，上海九三第四届社员代表大会选举产生第九届委员会。杨槱同志任分社副主任委员。

1月25日，我校选区选出徐汇区第七届人大代表三名，其中有我支社社员周志诚教授。

2月1日，九三交大支社召开会议，向全体社员传达了九三上海分社第四届社员代表大会精神。从选举出席分社第四届代表大会以来，支社活动已从过去与其他民主党派的联合活动形式改变为支社单独开展活动。

1980年春节，支社委员与校统战部同志一起看望了长期患病的颜家驹、刘国庸同志，又看望了生病的金悫、蔡有常同志。

4月29日，市人民政府召开上海市劳动模范大会，我校被评为劳动模范的有两位，其中一位是我社社员吴镇同志。

5月9日，六机部党组通知：接中组部4月19日通知，中央书记处第十四次会议批准上海交大5位同志的职务任免，其中有：朱物华、周志宏任顾问，免去其校长、副校长职务。

5月24日下午，我校在新上院700号隆重召开大会，宣读中央任命。党委书记邓旭初同志在讲话中，高度评价朱物华、周志宏两位老校长对我国的教育、科研事业作出的贡献，以及他们近来主动提出让贤是一种高尚的风格和品德。

5月9日，九三交大支社召开全体成员大会，讨论本届委员会工作总结，酝酿改选下届委员会候选人名单。

5月13日，支社改选工作完成，新的支委会名单与分工如下：

主委：程福秀；副主委：林宏铨、樊应观；组织：周淑玉；学术：裴益钟、金悫、吴镇、贝季瑶；学习：周志诚、王嘉善；秘书：周天宝。

中秋节前，校统战部召开民主党派成员、部分老教师、归国华侨、台湾同胞茶话会。我社全国人大代表杨槱、政协委员周志宏出席了会议。

1979年学校优秀教学奖获得者中，九三社员有胡盘新。我校民主党派已十几年停顿了组织发展工作，在本学期开始发展新成员。

10月，九三交大支社发展名单如下：机械工程系范祖尧、洪致育，应用化学系李静一，实验室管理科曹树登，以及任能容等。

12月，曹树登：1979—1980年被六机部评为华东地区工业学大庆先进个人。胡盘新为1980年学校优秀教学奖获得者。

1981 年

3月，九三交大社员孙璧媖教授被评为校三八红旗手。

3月，我校学报新编委产生，其中，九三交大社员任职的有：编委会副主任：杨槱；委员：方俊鑫、范祖尧。

6月5日下午，校党委召开由民主党派成员及部分老教师共50余人参加的座谈会，会上党委副书记陆中庸同志传达了党委"学习贯彻陈国栋同志讲话精神,清理思想情况总结"的主要精神,并听取意见,共同商量学校工作。

11月21日,召开社员蔡有常教授在交大教学工作55周年暨90寿辰纪念会,校教务处、校工会、九三交大支社、六系领导和同志们专程为他祝寿。

1981年,经国务院审批同意一批我校可以授予学位的学科和导师。九三社员担任博士研究生导师的有:

船舶设计制造:杨槱教授;船舶结构力学:陈铁云教授;自动控制:张钟俊教授;机械制造:贝季瑶教授;固体物理:方俊鑫教授。

1982 年

1982年,我校学位评定委员会成立。据《中华人民共和国学位条例》及其实施办法的有关规定,经六机部审批同意,我校学位评定委员会由21位同志组成。其中,九三社员有:朱物华,科学院学部委员;周志宏,科学院学部委员;杨槱,科学院学部委员;张钟俊,科学院学部委员及三系学位评定委员会主任;楼鸿棣,六系学位评定委员会主任。

4月22日,九三学社上海分社召开基层干部会议,对落实知识分子政策的调查任务作了统一布置。支社即向党委统战部汇报。校党委通知各党总支支持此项工作。4月28日召开九三支委扩大会议,学习有关文件,领会精神,统一认识,拟订了具体的工作步骤和方法,接着召开了支社全体成员大会,布置、动员进行调查工作。这次调查研究中,由于反复宣传了党的政策,工作做得较细、较深,发现了一些问题,有助于落实知识分子政策。市分社的王祖寿、沈平同志自始至终亲临指导。经过39天的调查工作,于1982年5月30日将全部调查材料上报市分社。

在检查落实党的知识分子政策的调研工作中,支社协助校党委采取边检查、边落实的做法,深入实际,实事求是,解决了许多问题:

(1)政治上落实政策的情况:有冤假错案15人,已全部复查平反;错划右派1人已改正。

(2)安排使用的情况:有9人担任全国或市级学会的正、副理事长;1978年以来,已提拔者9人,有21人提升了职称(其中晋升教授的2人,晋升副教授的19人)。

(3)生活上落实政策的情况:近5年调整困难户住房有5户。填表提出困难的有37人,属于落实政策的33人(其中19人已由学校解决),困难户4人,这些都是公房。至于私房被占的有5人,其中1人在杭州的私房已基本解决,1人放弃其家乡的住房,尚有3人大的私房归还问题学校仍在联系中。生活上遗留的问题,主要是住房问题。

8月16日至22日,在北京召开九三学社中央六届二中全会,中央委员朱物华出席。会上增选常委32人,其中有杨槱同志。

11月12日,校党委统战部向民盟、九三、民进等民主党派领导成员传达了中共中央(82)42号文件,并进行了学习讨论。中央决定撤出派进民主党派的共产党员,体现了党对民主党派的信任和支持。大家表示要在党的领导下,真正做到与党"肝胆相照,荣辱与共"。

12月18日下午,校党委中心组开会热烈欢迎我校出席全国人大和全国政协的代表和委员回校,人大代表杨槱、政协委员周志宏、阮雪榆到会畅谈了参加会议的体会。

1982年九三交大支社组织情况:共有社员69人(男66人,女3人)。职务情况:教授23人(包括学部委员4人),副教授31人,讲师6人,高级工程师1人,工程师4人,干部4人。支社成员担任行政职务的情况:现任校院领导、顾问的有 3 人,担任系正、副主任,研究所所长和顾问的有 12 人;担任教研室、研究室正、副主任和行政部门负责人的有 13 人。

1983 年

2 月 5 日,校党委召开全校民主党派迎春会,党委书记邓旭初介绍了改革方面的情况。

2 月 8 日,校党委统战部马惠民同志及九三支社王嘉善、曹树登同志代表支委会慰问了 8 位年老体弱的老社员:金悫、蔡有常、潘介人、颜家驹、王兆华、周志宏、孙江东、赵介文。

2 月,我校 44 位老教师喜获为祖国培育人才、执教 40 年荣誉证书。其中我支社同志有:朱物华、周志宏、朱麟五、杨槱、张钟俊、金悫、赵介文、唐济楫。

3 月,孙璧媖同志被评为 1983 年全国三八红旗手。

4 月 14 日,九三上海分社召开社员为四化建设服务经验交流会,会上 5 位同志发言,我支社阮雪榆在会上作了介绍。

4 月 23 日,上海政协六届一次会议闭幕,我支社阮雪榆被选为政协常委。

4 月底,在上海市八届一次人代会上,我支社杨槱被选为市人大常委。

5 月 8 日,校统战部组织民主党派人士参观南汇县横沔公社社办工业及一条街。

6 月,我校九三社员杨槱任全国六届人大代表,朱物华、阮雪榆任全国六届政协委员。

7 月 1 日,支社召开社员大会,回顾总结了自 1979 年恢复组织活动以来的工作,民主选举了新的支社委员会:主委:程福秀;副主委:陆行珊、林宏铨、范祖尧;组织:周天宝;宣传:金士峻;妇女:丁澴;秘书:曹树登;委员:贝季瑶、周志诚、王嘉善、吴镇、樊应观。

8 月,市分社布置选举参加社中央第四届全国社员代表大会的人选。由于时间较紧,又是暑假期间,支社决定采用邮寄投票的方式,寄出选票 68 张,收回 61 张,90% 的社员参加了投票。

9 月 3 日,在九三学社成立 38 周年之际,支社假植物园召开迎新会。九三上海分社副主委笪移今同志讲了九三社史,交大支社第一任主委朱物华教授介绍了交大支社的发展过程。

9—10 月,支社组织社员讨论学校 1983—1990 年发展规划。9 月 28 日,校统战部召开我校各民主党派成员会议,副校长朱雅轩同志介绍了规划的制订经过和主要内容。会后,支社组织了讨论会,参加人数 31 人。10 月中旬,支社将讨论情况及综合意见汇报统战部。我校将办成全国重点大学,既是教育中心,又是科研中心,力争尽快进入国际先进行列。对此,大家深受鼓舞。

11 月 12 日,市第五届政协委员、市力学学会副理事长、我校工程力学系名誉系主任、九三学社社员金悫教授病逝,享年 85 岁。金悫教授追悼会于 11 月 25 日下午隆重举行。

11 月 28 日,支社召开新社员座谈会,副主委陆行珊传达了宋垄同志的报告精神,阐明九三学社的性质、特点和任务。

12 月 3—14 日,九三学社第四届全国社员代表大会在北京举行。在这次大会上,杨槱、朱物华当选为九三学社第七届中央委员。九三交大支社出席大会的有:陆行珊、杨槱、朱物华、阮雪榆。

12 月 30 日,支社召开庆祝 1984 新年茶话会,出席第四届全国代表大会的代表传达了会议的精神。会上,杨槱同志、朱物华同志讲了话。

1984 年

1 月 5 日,我校选区有三位教师当选为徐汇区第八届人民代表大会代表,其中有我支社的张重超同志。

3月18日,通过民主协商,九三交大支社推选出8名代表参加九三上海分社社员代表大会,他们是陆行珊、范祖尧、周志诚、樊应观、沈杏苓、高尔安、林依藩、金士峻。

3月,支社对1983年改选支委会以来的社务工作作了回顾总结,写成《关于发展组织、巩固组织工作的汇报》。

交大支社5年内发展了新社员33人(不包括交大分校的新社员),《自然杂志》社转来1人。现有社员81人,比"文革"前增加了72%。支社社员中,担任中科院学部委员的有4人,正副教授59人,讲师、工程师19人,干部3人。支社社员中:男社员74人,女社员7人,中共党员10人,退休社员5人。社员中,担任社中央常委兼九三上海市委副主委的有1人,社中央顾问1人,社中央委员1人,担任全国和上海市有关学会正副理事长的有10人。社员中被选为全国、上海市和区人大代表、政协委员的有9人。

3月,支委会对在巩固组织方面采取的措施及工作经验进行总结:①发挥支委会的作用,健全组织生活,开展多种形式的社务活动是巩固组织的关键。②围绕党委、学校的中心工作和上一级社组织布置的任务组织学习是巩固组织的有力保证。③把社史、社章教育同组织生活和关心社员、病访、家访结合起来,是巩固组织、团结社员、教育社员的有效途径。④发挥委员会正副主委的核心作用,以及组织、宣传、科技委员的配合作用和热心社员的骨干作用是发展组织、巩固组织的重要条件。

4月,交大校友总会暨上海分会成立,朱物华教授被推选为首任校友总会会长。

4月3—6日,九三学社上海分社召开第五次社员代表大会。这次会议将"上海分社"改名为"九三学社上海市委员会",选举了第十届九三上海市委员会委员。

4月6日召开九三上海市委第十届第一次会议,杨槱同志任第一副主委。

4月13日,支社召开支委及组长会议,陆行珊同志传达了上海分社社员代表大会的精神。

5月4日,校统战部组织九三支社等民主党派成员去嘉定县马陆公社参观访问。

9月,交大支社举行九三学社成立39周年庆祝会。

9月,翁史烈校长召开民主党派成员座谈会,老教师们为教改献计献策。

11月,我校研究生院成立。应用物理系九三社员方俊鑫教授在研究生院成立大会上代表导师发言。

12月28日,九三交大支社举行1985年元旦联欢会,有社员50人参加。

1985 年

1月,校教师学衔授予试点领导小组成立,翁史烈校长任组长。领导小组成员中有九三社员两人:杨槱(副组长之一)和张重超。

3月,交大9位教授执教40年,受到表彰。其中有九三交大支社社员五人:陈铁云、单基乾、吴镇、孙璧媃、吴硕麟。王正方:被评为1985年上海市三八红旗手。

4月19日,我校九三、民盟、民进、农工各民主党派联合举行统战理论与政策报告会,中共上海市委统战部顾问杨叔铭同志来校作报告,并邀请校部分部处长、系(院)总支书记、政治教师,共近300人参加。

4月,九三交大支社经过酝酿筹备,成立了九三交大科技咨询处,主要成员有陆行珊、林依藩、施仲箎、李锡玖、曹树登等同志。从此,为九三交大开展活动提供了经济来源。

5月31日,支社召开全体社员大会。九三上海市委冯覃燕同志介绍了深圳观感及当前九三学社工作,校统战部卢积才同志谈了有关老教师退休问题。

6月15日,上海市第一届人大代表、上海市第五届政协委员、我校动力机械工程系著名教授、九三学社社员朱麟五同志病逝,享年83岁。

9月4日,九三交大支社在图书馆教师阅览室举行纪念大会,纪念九三学社建社40周年。

九三学社交大支社由1953年的社员10余人发展到86人。在86名社员中,正副教授64人,其中博士生导师11人,学部委员4人。校党委副书记陆中庸代表党委出席会议并讲话,向九三交大支社致以热烈的祝贺和崇高的敬意,希望九三交大支社一如既往,在教学、科研和体制改革中作出更大的贡献。

9月,我校隆重集会庆贺首届教师节。

1984—1985学年获奖教师名单及研究生优秀指导教师名单公布。我支社陈大荣、李介谷、王学文、方俊鑫、孙璧媃等五人被评为研究生优秀指导教师。

10月31日,九三学社上海市委召开表彰大会。九三交大支社被评为上海市先进集体。支社有五位同志被评为社务工作积极分子,他们是张重超、贝季瑶、沈杏苓、高尔安、曹树登。

12月7日,九三上海市委召开纪念"一二·九"运动50周年座谈会。当年参加这一伟大爱国运动的朱物华等三人在会上畅谈体会。

12月7日下午,学校召开茶话会,热烈欢送51名老教师光荣退休。我支社社员中光荣退休的有樊应观、范恂如、周志诚、林宏铨、金士峻、罗德涛、任能容、杨代盛、蔡有常、赵介文、程福秀、李惠亭、吴硕麟、单基乾等14位。

12月25日,九三交大支社元旦联欢会于徐汇区政协礼堂举行,到会者有78人。

据12月29日《上海交大》报报道,我校10位教授被聘为国务院学位委员会学科评审组成员。其中有我支社范祖尧教授(机械工程学科)、方俊鑫教授(物理学科)两位同志。

12月,我校应用数学系、九三学社社员唐济楫副教授获中国数学学会颁发的50年工作荣誉证书。张重超:1985年获社市委"社务工作积极分子"奖。

1986 年

2月22日,支社召开欢迎新社员大会,九三上海市委苏怀一、黄益君到会祝贺。

1986年三八节,我支社有范荣良、张馥宝两同志获校巾帼英雄奖。

3月15日,九三学社上海市委举行第十届三次全体委员(扩大)会,选举杨槱为九三学社上海市委常委、主任委员。

4月18日,校党委统战部邀请各民主党派支委以上干部20余人,座谈了党委关于回顾总结7年来我校改革的问题,并听取了与会同志的意见和建议。

到会同志认为,新党委根据中央指示,从我校实际出发,动员全校教职工对7年来的改革进行回顾总结,充分体现了发扬民主、走群众路线的新风尚。作为民主党派,应本着16字方针的精神,参加这次回顾、总结,在此基础上,为把我校改革继续向前推进而贡献力量。

4月20日,在上海市政协六届五次会议上,九三学社中央常委、上海市委主委、我校船舶与海洋工程研究所所长杨槱教授被增选为市政协副主席。

5月18日,支社组织交大九三成员去嘉兴南湖中共一大会址参观访问。

6月17日,支社在校教师活动中心为周志宏、程福秀、孙江东三老祝寿。有49人出席,校领导陆中庸同志讲话祝贺,九三市委胡忠泽同志参加了祝寿会。

9月4日,校党委根据中共关于新时期对民主党派工作方针任务的指示精神,与各民主党派负责人就本学期工作要点,特别是校领导体制改革问题,进行政治协商,充分交换意见。

各民主党派负责人提出我校领导体制改革的核心是:发扬民主,健全法制,废除人治,要努力做到党政分开,精兵简政,下放权力,提高效率,使决策民主化、科学化。并对如何搞好领导体制改革提出了建议。

党委副书记陆中庸同志要求各民主党派参加改革,支持改革,在改革中作出新贡献。

9月,学校召开第二届教师节庆祝大会,一批教师受到表彰。我支社王嘉善同志获教学优秀一等奖,刘炽棠和王志成两位研究生导师获表彰。

9月12日,支社召开全体社员大会。范祖尧同志宣布了新一届支委会分工事项。校统战部卢积才同志传达了中共中央19号文件。

9月19日,复旦、同济、交大三校九三支委座谈会在我校召开。会议讨论如何学习、贯彻19号文件,有34人参加了经验交流会。交大统战部卢积才同志、九三市委秘书长张叔英、宣传处处长苏怀一、组织处处长胡忠泽、科教处金荣昌参加了座谈会。

10月底,支社组织交大九三成员到淀山湖活动。

12月,支社成员几年来在科研上获国家科委、上海市科委技术进步奖的有8项。参加这些项目并获奖的社员有李介谷、陈铁云、张钟俊、张重超、阮雪榆、陈恒足、严名山、吴炳荣等8人。

12月,部分学生上街闹事。在此之前,我支社曾召开支委会,明确提出:全体成员要坚守岗位,做好教学、科研工作,在自己的岗位上做好学生思想工作。部分九三社员参加了教授座谈会和民主党派座谈会,并在"告回学书"中签名,表明维护安定团结的态度。全校签名的31位教授中,九三成员占三分之一。

12月28日,我校举行盛大的学术报告会,祝贺我国冶金界的先驱者周志宏教授从事冶金工作70周年。1986年12月28日也是周老90寿辰。

1986年底,交大支社共有社员113人。其中男社员100人,女社员13人;获高级职称者92人,占支社成员的81%。在支社成员中,中共党员10人,已离退休的成员27人。本届支委会成员11人,正副主委4人,小组长10人(有3位支委兼小组长),支社成员分成四个小组开展活动。

1987 年

1月4日,学校在教师活动中心庆祝朱物华教授85寿辰,同时庆祝朱物华教授执教60周年。江泽民市长莅临,畅叙师生情谊。

1月,我校有27位教授被国家教委批准列入《中国名人词典》(教育界部分),其中我支社社员有朱物华、周志宏、杨槱、张钟俊、范祖尧、方俊鑫、阮雪榆。

2月,九三交大支委会总结一年来在支社思想建设方面的工作经验:一是寓思想工作于社务活动之中,组织社员参观老一辈革命家的故居、纪念馆;二是请进来,根据形势发展的需要,为社员宣讲国内外形势和社史教育;三是派出去,参加九三市委、市委统战部举办的学习班讲座;四是为社员订阅报刊,如组织订阅《联合时报》《团结报》和社刊等;五是搞好家访和节日团聚,及开展个别谈心活动等。思想建设的实质是要解决组织入社,思想也入社,树立一个九三社员的光荣感和责任感。

2月,作为新的社务活动安排,开展高校九三支社的校际交流。年初,在上海师大召开了七所高校九三支社成员座谈会,学习讨论了中共中央19号文件,交流了民主党派如何做学生的思想工作,反对资产阶级自由化。

3月12日,九三上海市委举行十届五次全体委员(扩大)会议,增补张重超为政协学委会九三学社分会副主任。

3月17日,上海市人民政府举行"上海市1986年度科技进步奖、科技战线先进人物授奖大会",阮雪榆获"上海市优秀科技工作者"称号(全市共14名)。

5月,王嘉善同志的教书育人优秀事迹受到学校表彰。

6月18日下午,九三上海市委邀请一批专家学者杨槱、卢鹤绂、笪移今、苏祖斐、顾恺时、汤定元、张叔英、詹同、李新洲、张绍麟、吴鼎,以及九三交大支社范祖尧、贝季瑶、张重超、王嘉善、陆行珊等教授专家与我校六系近百名学生举行交心谈心会。九三社员谈心交心,六系学生兴味盎然,从前辈良师的言谈中深受教益。

6月30日,九三上海市委召开纪念建党66周年座谈会,阮雪榆、刘祖慰等发言,强调只有拥护党的领导,走社会主义道路才能救中国。

9月,在由市教育工会和高教局联合举办的上海市高校教书育人成果发布评选活动中,我支社副主委、应用数学系教授王嘉善同志荣获上海市优秀教育工作者称号,并荣获上海市高校教书育人一等奖。

9月18日,九三交大支社在校招待食堂会议室召开社员大会,祝贺周志诚、李惠亭、王振亚、赵介文四位教授80寿辰。来宾有九三市委张叔英,交大校党政领导人陆中庸、卢积才、范祖德及校内兄弟党派代表。

11月4日,九三上海市委第十届委员会第七次会议增补我校张重超同志任九三上海市委副主任委员。

12月,国家自然科学奖励委员会聘中科院学部委员、我校张钟俊教授为第十届委员。

12月26日,市高教局召开表彰大会,我校有10位教师获"市先进教育工作者"称号,其中有我支社李介谷教授。

1988 年

1月,周志宏教授捐赠2万元设立周志宏奖学金。

1月22日,九三交大支社在徐汇区政协礼堂召开社员大会,会议回顾总结了支社1987年的工作。

1月27日,上海市民主党派基层工作经验交流大会在市政协礼堂召开,我支社范祖尧主委作主题为"做好学生思想、政治工作,促进自身思想建设"的发言。

1月30日,九三学社高校系统八个支社(交大、复旦、同济、上海大学、上海科大、上海师大、外语学院、海运学院)在上海大学举行联席座谈会。旨在加强横向联系,交流情况,并结合十三大文件的学习,针对九三学社上海市委去年工作的情况及当前开展的工作进行回顾和展望。九三上海市委副主委、副秘书长和组织处等负责同志参加了会议。

2月1日,支社召开科技咨询工作会议。

2月15日,校统战部与支社委员去华东医院慰问周志宏、蔡有常、楼鸿棣、赵介文4位老社员。

3月,九三交大支社女社员首次集会庆祝三八妇女节。王正方被评为1987年上海市三八红旗手。

3—4月,九三交大支社社员中有4人任上海市第七届政协委员:九三市委杨槱同志当选为市政协副主席;杨通谊、阮雪榆两位同志当选为市政协常委,交大支社主委范祖尧同志当选为市政协委员。有2人当选为上海市第九届人大代表:九三市委副主委张重超同志当选为市人大常委、市人大主席团成员、市人大教育科学文化卫生委员会委员,潘介人同志当选为市人大常委。

4月10日,杨槱同志被选为第七届全国政协常务委员。

3月20日,九三交大支社委员会编发"九三学社交大支社《简讯》第一期"。《简讯》编者在发刊词中指出,自从党的十一届三中全会以来,尤其是在党的十三大召开以后,中国共产党对民主党派的地位、作用和任务,提出了新的内容和要求。其要点是民主党派成员在社会主义初级阶段如何积极投入到改革开放的洪流中去,发挥民主党派在新时期实现"一个中心、两个基本点"所赋予的任务。第一期《简讯》中还刊登了《交大支社1988年上半年工作要点》,期望全体社员支持,共同努力,把支社工作办好搞活。

4月,九三交大支社推选第十一届九三市委委员候选人和第六届市社员代表大会代表。共选出市委委员候选人3名,市社员代表大会代表9名。

5月7日,支社组织50多位社员赴吴淞海军基地参观,受到海军基地负责同志的热情接待。参加这次活动的老社员有朱物华、杨槱、陈铁云、林宏铨、罗德涛、范恂如等,校党委副书记陆中庸、党委办公室主任卢积才和统战部副部长李绪桂同志也一起参加。

6月15—18日,市九三第六次社员代表大会召开。杨槱当选为九三学社上海市第十一届委员会主任委员,张重超当选为副主任委员兼秘书长,刘若萍当选为市候补委员。

8月27日,市九三第十一届委员会第一次会议任命范祖尧为文教工作委员会主任。

9月,支社各小组在国庆节与中秋节前分别组织活动,气氛热烈。各小组的讨论话题主要包括:①当前经济形势与物价问题;②教育事业当前的困难;③希望组织生活要制度化。

10月28日下午,支社邀请上海国际问题研究中心、台湾研究所所长胡冀台先生来校,与支社同志就台湾问题及国内经济形势问题进行座谈、对话。会议由范祖尧主持。

12月,应用物理系教授、固体物理学家、博士生导师、我支社方俊鑫同志因病于12月10日逝世,终年69岁。追悼会于12月24日举行。

1989 年

1月6日,陈铁云教授70寿诞学术论文报告会在校教师活动中心举行。

1月8日,九三学社第五次全国代表大会闭幕,我支社杨槱、张重超当选为社中央委员;杨槱并当选为九三社中央常委、社中央副主席;朱物华、周志宏当选为社中央参议委员会常委。

2月,我校4名年轻教师晋升为教授,其中有我支社女社员计算机系教师潘锦萍(1965年复旦大学本科毕业)。

3月6日,支社举行三八妇女节联谊会。支社范祖尧主委介绍了市政协会议情况。张馥宝、洪光或两位同志分别介绍了各自在岗位工作上的体会。校统战部部长李绪桂同志到会,向九三女社员致以节日祝贺。

3月17日,九三上海市委召开庆祝三八妇女节表彰大会,我支社有张馥宝、洪光或两位女社员被评为九三上海市委三八红旗手。

3月,支社有李传曦、胡盘新、严济宽、李锡玖4位社员被评为九三上海市委社务工作积极分子。

4月8日,我校机械系为贝季瑶教授75寿辰举行庆祝会。

4月,上海市民主党派和工商联召开表彰大会,我校"九三"、"民革"受表彰,九三交大支社被评为先进集体。

5月18日,支社召开当前形势座谈会,到会者27人。会上,范祖尧同志介绍了最近的形势发展和学校的情况。张重超同志介绍了市委的态度和各高校情况。

1989年春夏之交,九三交大社员关心国家大事,与党同心同德,积极做好本职工作,做好政治思想工作,从中得到了锻炼,经受了考验,同时也深刻认识到自身思想建设的重要性。

支社在工作总结中指出,1986年的学潮、1989年春夏之交的各地动乱风波和在北京发生的反革命暴乱,使我们清醒认识到国家的稳定至关重要,必须维护安定团结,必须反对资产阶级自由化,拥护党的领导,推进社会主义现代化建设。作为高等学校的教师,教书育人、做好学生政治思想工作是教师培养合格人才的一项重要内容,也是开展政治思想工作的重要形式,要以高度的责任心深入探讨和加强这项工作。

7月1日,支社召开社员大会,支社主委范祖尧同志总结本学期工作,并热烈欢迎新社员。九三市委副主委张重超同志传达了党中央领导的讲话精神。

9月12日,支社召开社员大会,庆祝国庆40周年。

11月23日,支社召开会议传达九三上海市委关于交大等七校一局首先成立基层委员会的决定。

1990 年

1月5日,交大支社召开"1990年迎春社员大会"。社市委副秘书长和校领导陆中庸、卢积才、统战部部长李绪桂等同志参加大会并讲话。九三交大支社主委范祖尧同志作了1989年工作总结和1990年工作计划的报告。有96人出席会议。

3月7日,交大支社召开学习中共中央十四号文件社员座谈会。会议由副主委王嘉善主持。根据十四号文件精神,结合九三交大支社1990年工作计划,讨论了九三交大基层组织如何发挥作用的问题。张重超介绍了民主党派学习情况和个人体会。范祖尧介绍了市政协第一期学习班情况。施仲篪、任仲岳、洪光彧、曹树登同志在会上发了言。

3月8日,女社员参加校统战部召开的三八妇女节庆祝活动。九三交大支社有11位女社员参加。校党委副书记王宗光、市政协委员、兄弟党派的代表在会上发言。我支社社员、市劳动模范张馥宝介绍了她的先进事迹。

4月4日,刘若萍同志参加社市委举办的基层干部学习中共中央十四号文件研讨会,并在会上交流了原九三交大支社的工作要点,得到与会同志好评。

5月6日,组织社员到松江、嘉定活动,参加社员41人。

5月18日,召开"九三学社上海交通大学第一届委员会选举大会"。选举结果:范祖尧、王嘉善、严济宽、曹树登、王道平、陶关源、张美敦、施仲篪、刘若萍、王治洋和李锡玖11人当选为委员会委员。

5月22日,召开第一届委员会成员全体会议。推选范祖尧任主任委员;王嘉善任常务副主委,分管宣传、学习、文教、妇女、联络;严济宽任副主委,分管组织、科技咨询;组织:曹树登,兼管离退休工作;宣传:王道平、陶关源;文教:张美敦、陶关源;学习:李锡玖;科技咨询:施仲篪、王治洋;妇女和联络:刘若萍,并报社市委审批。

5月29日,举行"九三学社上海交通大学第一届委员会及各支社成立大会"。出席大会祝贺的有九三市委主委杨槱,副主委兼秘书长张重超,社市委副秘书长、组织处处长胡忠泽,九三复旦、同济委员会也派代表到会祝贺,交大党委副书记陆中庸到会祝贺并讲话。

6月6日,委员会召开第一次全体委员会议,建立制度,明确分工,修改补充1990年工作计划。原支社与委员会商讨了移交问题。

6月12日,各支社组织委员会议,布置社中央两个文件的学习,明确巩固组织与发展组织的关系,统一加强自身建设的认识和工作安排。

7月17日,各支社主委汇报交流会,介绍支社成立后的活动情况,明确支社工作的重点:首先要健全组织生活,增强支社活力和凝聚力。

7月28日,委员会第二次全体委员扩大会议,传达朱镕基市长赴港讲话(录音)、市政协暑期学习会议以及社市委宣传工作会议的精神。各委员汇报近期工作打算和具体措施,参加会议的有25人。

8月28日,委员会第三次全体委员会议,督促检查移交工作情况,酝酿健全委员会的组织机构。主委传达校党委本学期工作要点、中共中央十号文件精神和国家教委工作会议有关领导的讲话。

9月4日,委员会召开"庆祝九三学社成立45周年座谈会",邀请社市委副秘书长胡忠泽宣讲社史。老社员周淑玉介绍九三交大支社35年来的发展过程。1988年以来入社的新社员48人出席了会议。

9月,《九三交大社讯》第一期(总第四期)报道了九三支社三年工作总结、委员会的成立和组织分工等情况。

9月12日,召开委员会第四次全体委员会议。讨论如何开展三个节日(国庆、中秋、教师节)的活动,提名王道平为市委文教委员会委员、李士颖为市委政法委员会委员、沈德和为市委经济委员会委员。

9月20日,委员会举行全体社员"迎国庆、庆中秋座谈会"。张馥宝同志和沈德和同志介绍了先进事迹。会上还有一支社主委金德贤、十支社主委曹树登汇报了过组织生活的情况,社员严名山介绍赴苏观感,刘勤同志谈赴美国和泰国讲学的情况。

10月9日,组织召开第三次组织工作会议。介绍委员会成立以来的社务活动和各支社的变化;讨论了健全组织生活的问题,发展社员的标准、程序问题,以及评选先进支社、优秀社员的条件问题。

10月16—20日,王嘉善、金德贤两位同志参加社市委基层工作会议。通过学习,对"民主党派是参政党,是反映人民群众意见、发挥监督作用的重要政治力量"取得共识,并将会议纪要(摘要)印发给各支社组织传达和学习。

10月27日,召开委员会第五次全体委员扩大会议,研究九三高校八基层联席会议的筹备工作。王嘉善、金德贤汇报了参加市委基层工作会议的体会,科技咨询组介绍了移交情况,陶关源详细介绍办学工作移交存在的问题。

11月8日,九三高校八基层在交大举行第七次联席会议。与会者有100多人。会议的中心议题是"10年以来高等教育的回顾与发展",8校均有代表作专题发言。下午部分代表参观了交大闵行校区。

11月13日,委员会召开中青年社员座谈会,听取他们对发展社员标准的意见。大家一致认为态度要积极,要掌握标准和代表性以及本人自愿的原则,按发展程序办事。

11月20日,举行社史调研组、部分老社员座谈会,安排工作内容、进度及分工。社史调查已收集了不少资料,老支委周淑玉同志和王力勤同志两次去市委收集有关九三交大支社的资料。调研组成员有周淑玉、朱詠春、刘若萍、王力勤,曹树登任组长。

11月21日,召开正副主任委员碰头会,组织、咨询委员参加。研究八校联席会议纪要内容,讨论科技咨询方案;充实、调整七支社、八支社支委分工。张美敦代理八支社主委,增补顾瑞龙担任支社宣传工作;七支社组织委员和宣传委员适当调整。

11月24日,召开委员会第六次全体委员会议。研究八校联席会议纪要的落实工作和咨询工作章程。调整七、八支社支委工作并上报社市委备案。由组织组起草委员会成立以来的工作和经验体会。决定1991年《民主与科学》由委员会赠阅。

12月4日,委员会及四支社联合举行"社员出访、探亲归国座谈会"。出访归来社员刘祖慰同志和探亲归来的周祺同志、李汉卿同志介绍出国观感。共有 35 人参加会议。

12 月,科技咨询处成员四人去江西铅山县洽谈任务,参观了有关乡镇企业,签订了技术合作协议。

12 月 11 日,召开委员会第七次全体委员扩大会议。主委范祖尧传达校党政领导人事变动。张美敦同志传达由校党委传达的朱市长讲话。对市住房改革方案进行了讨论。讨论国内形势问题。社史调研组汇报了社史调查工作进展情况。通过了四位同志的入社申请。

12 月 22 日,召开委员会第八次全体委员扩大会议。主委范祖尧宣读了在国外的社员程福秀、沈伟琴给全体社员的来信;汇报了 12 月 29 日社市委召开八个基层委员会交流会的发言,对发言稿进行了讨论补充;咨询组王治洋同志汇报了铅山之行的详细情况;妇女委员刘若萍汇报了开展妇女工作的情况和评选三八红旗手的条件;九支社支委王志成同志汇报了出席社市委宣传工作会议的内容。大家对搞好铅山县全面科技合作提出了不少好的建议和意见,并讨论了春节联欢会的工作。

1990 年 12 月 29 日,九三交大委员会有 12 位委员和支委参加了社市委召开的基层委员会工作经验交流会。同济、复旦、化工、中科院、纺织局等委员会的代表在会上交流了经验。社市委秘书长传达了社中央八届三中全会精神。九三交大委员会在会上介绍了开展组织生活会的情况和措施,以及经验与体会。陈铁云:1990 年被国务院侨办、全国侨联授予"全国优秀归侨、侨眷知识分子和企业家"称号。

1991 年

1 月 8 日,各支社组织委员会议,有 8 位同志出席。会议由曹树登主持,他介绍了社市委有关会议的内容,并回顾了 1990 年组织发展和自身建设的情况。最后商定了春节茶话会的形式。

1 月 18 日,委员会召开支社主委会议,有 12 位同志参加。范祖尧主委传达了校党委召开民主党派负责人会议的内容,回顾总结了委员会成立以来的工作,讨论了评选先进支社、优秀社员的条件,研究了召开春节联欢会的筹备工作。

1 月 21 日,社史调研组开会。各自介绍收集和整理材料的情况,然后布置安排下学期的工作分工。

1 月 28 日,委员会召开迎新联欢会,有 85 位社员参加。副主委严济宽主持会议。主委范祖尧作了年终总结报告;社市委副秘书长胡忠泽传达了社中央三中全会精神;张定海副校长谈了学校发展规划和经费情况;社市委主委杨槱以社员的身份讲了话;新社员代表魏善鹤在会上发言,组织委员曹树登介绍了组织生活经常化的情况。

2 月 22 日,召开第九次委员会例会。讨论学校 1991 年工作要点,征求委员们对校"八五"规划的意见,研究了铅山咨询工作和配合统战部组织庆祝三八妇女节活动。

2 月 25 日,学校召开民主党派负责人座谈会,讨论我校"八五"规划和十年规划。大家对培养学生德育放在首位、机关管理改革、重点学科建设、闵行校区建设以及规划中指标既不要保守又不要冒进等方面,提出了意见和建议。翁校长对民主党派积极和认真的态度表示赞赏,并表示今后还将召开这样的座谈会听取意见。

3 月 6 日,召开第十次委员会扩大会议。副主委王嘉善传达了社市委 1991 年工作要点;主委范祖尧传达了翁校长在民主党派负责人座谈会上谈校"八五"规划的内容;结合社市委工作要点讨论了九三交大委员会 1991 年上半年的工作安排。

3 月 7 日,校统战部组织民主党派女同志参观浦东开发区和南浦大桥。在南浦大桥总指挥部听取了总工程师的介绍,并到大桥工地参观。然后过隧道到浦东,在陆家嘴金融贸易区开发公司观看录像,了解开发前景,并上顶楼俯瞰陆家嘴地区。

3月11日,支社组织委员会议。11位支委及3位委员到会。布置了1991年有关组织建设方面的工作:继续健全组织生活;落实评比工作;做好社史调查;收好、管好、用好社费;做好组织发展工作;拟定每季召开一次各支社组织委员会议。会上还讨论了如何发动社员开展科技咨询工作,以及对春游活动安排的建议。

3月21日,上海市委统战部、市委组织部及市政协办公厅由统战部茅副部长率组来我校检查统战工作执行情况。校统战部长李绪桂主持民主党派正副主委座谈会,九三有范祖尧、严济宽参加。

3月19日,朱镕基市长对市大大代表、政协委员作形势报告,主要内容有国际形势、上海经济形势、"八五"规划和十年规划、开发浦东等。我校范祖尧参加会议。

3月19日,委员会召开新社员谈心会,有7位同志参加。曹树登介绍了委员会工作,学习徐采栋在九三社中央八届三次全体会议上的工作报告;讨论评选优秀社员的条件;听取新社员对委员会、支社的希望、建议和要求。

3月22日,委员会在包图东厅举行报告会,邀请国际问题研究所樊明荣研究员作"海湾战争后的中东形势"报告,并邀请兄弟党派及学生参加,会后报告人还就提出的问题作了解答。

3月26日,校统战部在新上院600号组织民主党派成员听取校党委常委叶敦平同志的"国际形势和上海经济形势"报告。

3月30日,召开第十一次委员会例会,主委范祖尧传达了3月19日朱镕基市长对人大、政协代表的报告精神。各位委员汇报有关组织、宣传、咨询、妇女、学习和办学方面的工作。最后,确定了春季参观活动的筹备组,由主委范祖尧负责召集落实。

4月30日,召开委员会第十二次例会,范祖尧介绍了九三上海高校八基层联席会议的预备工作及市政协会议的情况,并讨论通过两位同志的入社申请。

5月5日,委员会组织35位社员参观昆山、角直。

5月6日,正副主委开碰头会,研究当前的主要工作。

5月19日,委员会组织20位社员参观周庄、大观园。

5月24日,委员会召开总结委员会和支社工作的座谈会。副主委严济宽主持会议。会上布置了支社成立一年来的小结工作,并听取大家对委员会工作的意见和建议。

5月28日,召开委员会第十三次例会。主要酝酿委员会成立一年来的工作小结,各委员通报了近期开展工作的情况。

6月14日,校党委邀请民主党派负责人参加"纪念中国共产党成立70周年"座谈会。会议由统战部李绪桂部长主持,与会同志谈多党合作,忆风雨同舟,发言十分热烈。党委分管统战工作的副书记王宗光同志参加了会议并讲了话。

6月20日,召开老社员庆祝"七一"座谈会。20世纪50年代入社的部分老社员陈铁云、李介谷、辛一行、朱詠春等参加了会议,他们畅谈个人经历,表达了对共产党的热爱。

6月21日,召开老支委庆祝"七一"座谈会,历届老支委朱物华、林宏铨、李传曦、曹树登、周淑玉、王嘉善等参加了会议。在会上,老支委们畅谈了"长期共存,互相监督,肝胆相照,荣辱与共"的16字方针,并谈到九三学社一定要搞好自身建设,才能承担起参政党的重担。

6月23日,召开新社员庆祝"七一"座谈会,有10位近两年来入社的新社员参加,他们谈了加入九三学社的体会和感受,议论了如何树立九三人新形象,并表示了继承九三学社民主与科学精神的决心。

6月28日,召开委员会第十四次例会。交流工作情况,布置7月份分工家访和评选等工作。会议还按照党委要求对统战部李绪桂、刘银芳给予评估。

7月17日,召开委员会第十五次例会,学习江泽民"七一"讲话,副主委严济宽传达了全国高校党建会议的精神。会议正式决定成立评选小组,由各支社推选一名社员组成。并决定通过学校工会以九三交大委员会的名义向灾区捐款1 000元。

8月24日,召开评选优秀社员的选举会议。副主委严济宽谈了这次开展评选工作的目的及要求,组织委员曹树登介绍了评选工作的经过,各支社代表都介绍了本支社所推荐社员的优秀事迹。最后通过投票初步选出6名优秀社员。

8月27日,召开委员会第十六次例会。会上王道平介绍了上海市委统战部赵定玉部长在社市委学习班开幕式上的讲话,赵部长在讲话中重点谈了苏联形势的变化。曹树登汇报了社市委组织工作会议精神,布置了社市委及基层的换届改选和推荐后备队伍的工作。副主委严济宽汇报了评选工作进行的情况。在会上委员会通过6位同志当选为优秀社员,其余13位社员表扬。并议定九支社、十支社为先进支社,予以表彰。同时表扬一、六、七支社。最后,还商定在9月中旬举行庆国庆、迎中秋茶话会。

9月10日,主委范祖尧召集部分社员就苏联形势剧变进行座谈,社员们主要围绕着这次事变属于什么性质、苏联形势对中国有什么影响和教训、如何正确对待等问题谈了各自的看法。有13位社员参加。

9月19日,交大委员会假招待食堂二楼会议室召开"庆国庆、迎中秋"茶话会,有100多位同志到会。社市委何克诚、胡忠泽,交大党委书记何友声、副书记陆中庸等同志也到会共庆。会上宣布了先进支社、优秀社员的表彰和表扬名单,并颁发了奖状。何克诚、陆中庸讲了话。

9月28日,委员会召开第十七次例会。主委范祖尧介绍了社市委文教工作委员会会议上王生洪同志的讲话,会上讨论了下学期委员会的工作打算。

1991年"敬老节"这天,校统战部专门组织各民主党派80岁以上的老教授参观南浦大桥,我社朱物华、单基乾、李惠亭三位老先生参加了这一活动。

10月25日,委员会组织24位离、退休老社员到龙华烈士陵园参观。上午参观新开放的龙华烈士纪念馆、原龙华监狱,下午游龙华公园、龙华古寺。

10月29日,委员会召开第十八次例会。副主委王嘉善传达了市委统战部召开民主党派参政议政经验交流会的情况,以及学校党委中心组学习会上李家镐同志所作经济形势的报告。会上委员们通过了"大事记"初稿。

11月19日,各支社组织1991年入社的新社员谈心会,组织委员曹树登主持会议。会上介绍了委员会成立以来所开展的15次主要活动,然后听取支社组织委员和新社员对组织发展的意见及入社的感受。共有15位社员出席。

11月30日,委员会召开第十九次例会。副主委王嘉善介绍了社市委学分会、高校基层负责人会议及校落实"八五"规划会议、校季度座谈会的情况。各分工委员汇报了各自工作的开展情况。

12月16日,委员会召开第二十次例会。主委范祖尧传达了学校一年来纪检工作的情况和李鹏总理在上海的一系列讲话。接着,商讨选举出席市第七次代表大会代表的办法,并着手筹备迎春茶话会。

12月27日,各民主党派联合邀请交大社科系肖国风教授作有关苏联演变的报告。范祖尧主持了报告会。当天尽管大雪纷飞,仍有100多人参加。

12月28日,校统战部举行迎春茶话会,九三约有40位社员冒着大雪参加了茶话会。会上翁史烈、何友声介绍了学校各项工作情况,各党派的负责人均发了言。晚上,统战系统联合举行"迎春联欢晚会"。张馥宝:1991年上海市劳动模范;周淑玉:1991年被市委党史研究室表彰为"上海市党史工作先进个人";忻洪福:1991年被上海市高教局评为"上海高校群众体育先进个人";王道平:1991年九三交大优秀社员;王志成:1991 年九三交大优秀社员;李顺祺:1991 年九三交大优秀社员;刘若萍:1991 年九三交大优秀社员;朱惠霞:1991 年九三交大优秀社员;李介谷:1991 年被上海市高教局授予"先进教育工作者"称号。

1992 年

1 月 8 日—16 日,委员会召开两次例会,主要讨论了代表大会的选举问题,通过投票选出 10 名代表候选人,讨论了 1991 年工作的总结。还通报了高校八基层会议筹备情况及为朱物华先生举办 90 华诞、执教 65 年的庆祝活动。

1 月 25 日,校中心组会议传达在南京召开的全国教育工作会议精神及七所高等学校有关深化校内体制改革的汇报。交大已被国家教委批准为第二批改革试点单位。九三主委范祖尧参加会议。

1 月 25 日,九三交大委员会在招待食堂二楼会议室举行全体社员迎春茶话会,在会上通过投票,选举出 8 位社员作为出席九三上海市第七次社员代表大会的代表。

会议由主委范祖尧主持,副主委王嘉善回顾了 1991 年委员会的工作及 1992 年的工作打算。校领导王宗光、统战部部长李绪桂参加会议并讲了话。会上,社员李顺祺、王正方发了言,刘勤朗诵了他的新作。

2 月 17 日—29 日,国家教委组织长江三峡工程考察团,九三有张重超、范祖尧参加了考察。

2 月 20 日、2 月 24 日,委员会两次召开扩大会议,副主委王嘉善传达了校综合改革方案精神,委员们围绕综合改革方案进行热烈的讨论。根据会上提出的意见和建议,整理出书面材料上报校统战部。

3 月 5 日,交大党委为迎接上海交大第六届党员代表大会的召开,对党委抓思想政治工作、学校工作的领导、民主党派的领导、党的自身建设等方面征求意见。九三范祖尧参加并提出了意见和建议。

3 月 7 日,为庆祝三八妇女节,校党委统战部组织民主党派女同志到上海影城观看电影。

3 月 10 日,交大委员会女社员在老干部活动室举行庆"三八"茶话会,有 18 位女同志到会。刘若萍主持会议。会上王美娟、潘锦萍、王正方发言,校统战部李绪桂、社市委妇委会秘书钱姐妮、交大委员会范祖尧、曹树登等到会祝贺。会上还向女社员赠送礼品。洪光彧:1992 年被国家教委评为教委直属单位"七五"期间基建先进工作者。

3 月 12 日,各支社组织委员到会,主要研究 1992 年的组织发展工作,酝酿社市委委员候选人提名问题,并商讨组织、建设管理方面的工作。

3 月 16—21 日,徐汇区召开第十届人民代表大会第三次会议。范祖尧参加会议,张重超列席会议。

3 月 23 日,召开委员会例会。主要讨论八高校联席会议的中心议题,并通过对社市委委员候选人的提名。会上讨论了 1992 年开展春季参观活动的原则和方式,还交流了学习邓小平同志南巡讲话的体会。

3 月 26 日,九三上海高校八基层在上海科技大学举行第七次联席会议,共有 103 人参加,交大委员会 8 位委员及校统战部张力同志出席会议。九三市委、市政协、市统战部、市教卫办的领导也参加了会议。上午,交大、同济、海运、化工 4 所学校的代表作中心发言,围绕综合改革谈了各校的做法。下午分组讨论了管理体制改革难度最大的是什么、物质条件是不是改革的关键问题、综合改革如何促进校风建设等问题,最后九三市委秘书长何克诚作了总结讲话。

4 月 14—15 日,九三上海市委在佘山举行学习中共中央(92)2 号文件讨论会。交大委员会派王嘉善同志参加。会议通过深入学习中央文件精神,使与会者进一步理解了邓小平同志讲话的重要意义,深刻感受到老一辈无产阶级革命家、党中央、国务院对上海的改革和发展所寄予的厚望,并坚定了对"一个中心、两个基本点"的基本路线方针和对改革开放的信念。大家都觉得会议时间虽短,但收获不小。

4月29日,召开退休社员座谈会。委员会邀请几位1991年退休的社员进行座谈,了解他们的想法要求,并向每位社员赠书一本。

5月5日,交大党委统战部请白同朔副校长在老干部活动室介绍全国人大会议情况,九三也派社员参加。

5月30日,委员会例会。范祖尧介绍校第六届党代会情况。党代会开幕式有市教卫党委书记刘克和市委组织部长罗世谦到会祝贺,交大各民主党派主委也应邀参加。党委书记何友声代表党委作了学校11年来的工作报告。最后选举党委委员。范祖尧还谈了黄菊市长在市政协会议上讲话的主要精神。

6月25—28日,九三上海市第七次社员代表大会在市政协举行。我校有8名社员出席,他们是王治洋、王道平、王嘉善、印飞、严济宽、林依藩、张美敦、张馥宝,杨樨、张重超、范祖尧、刘若萍作为当然代表参加,朱物华教授是特邀代表。我校党委书记王宗光莅临大会开幕式祝贺。会议举行了4天,并选举了新一届的市委委员。

6月30日,召开委员会例会。传达市第七次代表大会精神及有关文件,并决定召开一次全体社员会议,及时向社员传达大会精神,同时谈了委员会上半年的工作,咨询组谈了筹建技术开发服务部的设想。

7月10日,委员会在老干部活动室召开社员会议,由范祖尧向社员们传达了市第七次社员代表大会的有关文件。委员会对上半年工作作了小结。40多位社员出席。

7月11日,校统战部召开座谈会,听取民主党派负责人对学校深化改革、上水平和增效益的意见,统战部部长李绪桂主持会议,党委书记王宗光就住房改革、科技产业、闵行校区的改革等发表意见,我九三委员会范祖尧、王嘉善、严济宽、王治洋、曹树登等参加。

7月18日,召开委员会例会。委员会安排了暑期的慰问活动。通过了咨询部新办"技术服务开发部"的承包协议书,该部由施仲簋负责,挂靠九三交大委员会。

8月27日,召开委员会例会。范祖尧传达暑假期间在学校中心组扩大会议上校领导关于学校改革进程报告的精神和国家教委会议情况。

9月9日,九三交大委员会假招待食堂二楼会议室举行九三中秋团圆茶话会,有100多位社员出席。范祖尧介绍了社务工作情况和学校改革形势,社市委副主委张重超、社市委副秘书长胡忠泽讲了话。社员任仲岳、刘祖慰、沈德和、刘勤等发了言,会上还向每位社员赠送礼品。

9月15日,市委统战部研讨"教宣体制改革问题"课题组举行首次会议,由民进负责,九三、民盟、民革参加。九三由文教委员会主任范祖尧参加,并担任高教组副组长。

9月14—25日,校统战部委托党校举办党外干部读书班,九三交大委员会派范祖尧、严济宽、王治洋、李顺祺、王道平参加。在读书班上,市府施惠群作经济报告,市委统战部秘书长吴汉民作新时期统一战线工作的报告。结业典礼上,市委统战部部长赵定玉参加会议并讲话,校党委书记王宗光、副书记徐凤云也讲了话,范祖尧谈了参加读书班学习的体会。

9月26日,召开委员会例会。范祖尧介绍了参加校党外干部学习班的学习情况,以及社市委社庆座谈会和中秋茶话会的情况,王嘉善、曹树登分别传达了社市委组织工作和联络工作会议的精神。

9月30日,交大教代会开幕,民主党派组团参加会议,九三委员会由范祖尧参加,并担任民主党派代表团团长及教代会主席团成员。

10月17日,九三高校八基层在上海师范大学举行第二轮第二次联席会议,中心议题为"高校改革如何适应市场经济"。九三交大委员会有范祖尧、严济宽、曹树登、刘若萍、李锡玖、张美敦、施仲篪、陶关源、王道平等参加,校民主党派办公室张力同志也参加了会议。范祖尧就交大管理体制改革、发展校办产业、住房改革和教学科研改革作了中心发言。

10 月 31 日,召开委员会例会。委员们学习中共中央十四大文件,并畅谈了体会。会上经讨论通过了新社员的入社申请,以及咨询处提出的分配方案。

11 月 11 日,召开组织委员会议。一、八、九、十支社的组织委员到会。曹树登传达了社市委组织工作会议精神,明确以后组织发展不搞百分比,但仍要坚持"在工作中发展,发展为了工作"的原则,并重申了发展的程序。会上布置各支社对社员的基本情况进行调查、统计。

11 月 26 日,召开委员会例会。会上通报了刘银芳同志任校统战部副部长,小结了九三交大委员会开展工作的情况及校统战部提出的建议,以便在统战部召开的民主党派负责人座谈会上作介绍。并决定春节前搞一次大型座谈会。

11 月 29 日,校统战部召开民主党派负责人座谈会,会议由李绪桂主持,九三委员会正副主委范祖尧、严济宽、王嘉善参加。范祖尧在会上汇报了九三自身建设、咨询工作、校统战部为民主党派创造条件等三方面的情况,以及存在的问题和不足之处,并向校统战部提出了建议。

12 月 31 日,召开委员会例会。负责组织、咨询、妇女、宣传工作的委员均对一年来开展工作的情况作了总结,并决定在社员大会上向社员汇报。会上讨论了春节座谈会的会议议程,通过了年终表扬的各支社积极分子名单,共 18 人。

1993 年

1 月 9 日,九三交大委员会举行迎春茶话会,九三市委何克诚、蔡瑶同志参加,校党委常委叶敦平、党委办公室主任王永华、统战部部长李绪桂也到会。有 93 位社员参加茶话会。

2 月 12 日,召开委员会例会。主要讨论换届选举工作,强调新班子要年轻化。老社员程福秀从德国来信,他特别关心交大的发展情况,希望交大能在全国名列前茅。

2 月 2 日,委员会召开扩大会议,具体布置各支社换届改选工作,希望在 3 月底完成。

3 月 13 日,召开委员会例会。继续讨论及布置换届改选工作,并将咨询工作提到议事日程。

4 月 24 日,召开委员会例会。传达社中央副主席赵伟志在上海的谈话要点:①组织发展工作要注意年轻化;②可以主动找代表人物参加组织;③党派要参与经济工作和经济建设。会上还讨论了学校工作,提了不少意见和改进措施。

5 月 15 日,召开新支社联席会议。讨论内容:①推选委员会人选;②综合介绍八个支社选举情况,新支委平均年龄有所下降,活力增强;③通报 5 月 14 日党委王宗光同志与各民主党派负责人的讲话。

5 月 29 日,召开委员会例会。传达及讨论市教育工作会议精神、全国经济通报会情况、学校中心组会议内容等,并讨论委员会换届选举日程安排。

6 月 19 日,召开九三交大第二届委员会换届选举大会。九三市委何克诚、胡忠泽、李国钧同志参加,党委书记王宗光同志出席会议,各民主党派派代表列席了会议。社员 70 多人参加选举,未到会的社员都各自委托他人代为选举。大会顺利选出了新委员,成员有徐树中、陈磊利、杨宇兴、张美敦、严济宽、范祖尧、陶关源、王道平、李顺祺、王志成、杨思远(后杨调上海大学,增补陈捷)等 11 人。

6 月 24 日,召开第二届委员会第一次会议。讨论委员会分工,新老班子的工作移交,确定下半年度工作打算。

8月6日,召开委员会例会。传达社中央工作会议精神。各委员针对教育工作展开讨论。

9月3日,召开委员会例会。讨论反腐倡廉及成立老年社员工作小组。

9月25日,假招待食堂二楼会议室召开庆国庆迎中秋社员大会,出席社员共120多位。张美敦同志介绍了委员会新老委员的交接工作,各委员谈了下半年的工作打算。

10月,委员会组织社员参观吴江县同里开发区。

11月6日,召开委员会例会。范祖尧同志传达全国政协会议精神和朱镕基同志讲话,进一步讨论创办公司事宜。

12月3日,召开委员会例会。决定召开老年社员座谈会,主要议题是交大如何上水平。

12月4日下午,在总办公厅二楼会议室召开老社员座谈会。范祖尧同志传达校党委王宗光书记及叶敦平常委有关学习邓选的讲话。会上老社员对交大如何上水平等问题提出了宝贵意见。

12月,洪光彧1993年被市侨联评为1991—1992年度上海市侨联"爱国奉献"先进个人。

1994 年

2月2日,召开委员会以及各支社的支委联席会议,范祖尧同志传达学校开学后的工作要求,以及全国统战工作会议的精神。

3月5日,召开委员会例会,讨论上海久通机电科技公司申办事宜及安排三八妇女节活动等。

3月19日,召开咨询工作及上海久通机电科技公司筹备会议。

4月2日,召开委员会例会,讨论社员的春季活动(参观浦东、新外滩)及九三高校八校联席座谈会的安排。

5月6日,召开委员会例会,讨论上海久通机电科技公司集资及各支社的认购数,讨论新社员入社。

5月13日,组织社员访问张江高科技园区开发公司,以及外高桥保税生产资料第一交易市场。

5月24日,上海久通机电科技公司有关人员讨论集资细则。

6月3日,召开委员会例会,讨论九三交大成立40周年的纪念活动,小结委员会一年来的工作情况。

6月11日,召开上海久通机电科技公司筹备会议,进一步讨论公司的人事及体制。

7月1日,召开委员会例会,推荐跨世纪人才,讨论校志中有关"九三"的文章。

7月2日,召开校中心组会议,对阮雪榆教授当选首届中国工程院院士表示祝贺。

8月12日,召开委员会例会,讨论组织发展、《九三交大社讯》稿源及《九三交大四十年》征稿。

9月2日,召开委员会例会,讨论教师节和中秋节活动的安排。

9月17日,委员会召开迎中秋暨上海久通机电科技公司成立大会(出席:社市委及校领导6人,社员115人),宣布上海久通机电科技公司人员的组成。

9月28日,召开各支社的宣传委员会议,研究和讨论了《九三交大社讯》的组稿,以及《九三交大四十年》一书的框架和细节。

10月7日,召开委员会例会,传达学校中心组会议内容及精神,讨论校志"九三"部分的撰写工作。

11月2日,委员会组织30余位离退休老社员参观鲁迅公园举办的大型菊花展览会及人民广场。

11月8日,召开委员会例会,李顺祺同志汇报为期一个月的市委党校(1994年第二期党外中青年干部学习班)学习的情况,讨论新社员入社。

12月3日,召开委员会例会,范祖尧同志介绍交大申请进入"211"的准备情况,讨论如何培养骨干,做好换届准备工作。

12月17日,委员会成员参加九三高校八基层联席座谈会。

12月9日,委员会召开1994年入社的新社员座谈会。

1995 年

2月18日,委员会召开扩大会议,出席人数29人(包括新晋升正教授的社员)。主要议题:①总结过去一年来的工作,部署1995年的工作;②1995年上半年要做好市及学校的评先进工作,并成立了领导小组,人员为严济宽、王志成、王力勤;③传达中央统战部副部长的报告精神。

3月4日,召开委员会例会,组织三八妇女节活动,汇报《九三交大四十年》一书进展情况,进一步落实评先进工作。

3月7日,妇女社员庆祝三八节,出席人数21人,座谈会开得欢快融洽。

4月7日,召开委员会例会,传达校中心组会议精神,讨论春季社员参观活动,会议决定由各支社自行组织。

4月21日,召开各支社支委及组织委员会议,进一步落实评先进工作,介绍上报社员的先进事迹。

4月22日,在同济大学召开八基层联席会议,中心议题:九三学社高校基层的组织建设。

5月30日,召开上海久通机电科技公司会议,讨论公司发展事宜及集资还本等。

6月10日,召开委员会例会,主要内容:①学校如何上水平;②布置暑期工作;③传达叶敦平同志讲话。

8月25日,召开委员会扩大会议,出席人数22人。主要内容:①漫谈学校近期的科研、教学改革及上水平等问题,社员发言热烈;②委员会各组的汇报。

9月3日上午,九三上海市委在美琪大戏院召开"纪念九三学社建社50周年大会"。会上宣读了1995年度社务工作先进集体和积极分子表彰名单。九三学社上海交通大学委员会被评为"九三学社上海市委社务工作先进集体"。王殿臣、李顺祺、沈荣瀛、杨于兴、侯志俭、曹树登6位社员被评为"九三学社上海市委社务工作积极分子"。

9月5日,召开委员会例会,主要内容:①节日的活动安排;②《九三交大四十年》一书的资金来源;③为迎接1996年学校百年校庆,要求广大社员做好本职工作,为学校多作贡献。

9月22日下午,九三交大委员会在校工会俱乐部举行"迎国庆,庆祝九三交大建社40周年"全体社员大会。会议由主委范祖尧教授主持。九三市委领导、校党委书记王宗光同志及我社部分社员在大会上发了言。大会宣读了有关我校的1995年度九三学社上海市委社务工作先进集体和积极分子的名单:王殿臣、沈荣瀛、杨于兴、侯志俭、钱晓南、徐俊荣、李顺祺;以及1995年度九三交大优秀社员的名单:陈碚利、陶关源、陈雪芬、王仁龙、顾希知、王道平、王志成、刘若萍。

1996 年

4月,在交大百年校庆中,广大社员积极捐赠。在为灾区赠衣物等诸多献爱心活动中,九三社员均积极参加,并提出加强学科建设和发挥学科群作用、创建一流水平学科、提高研究生培养质量、扩大国际学术交流、办好两个校区、发展校办产业等建议,为学校"上水平,创一流"积极献计献策。4月30日,委员会组织出版了《九三交大四十年》一书。王生洪、杨槱、王宗光、翁史烈为该书题了词。

坚持出版《九三交大社讯》；以"九三交大人"为题，制作了12块版面的宣传栏。

5月，委员会完成了支社改选，支社由原来的8个调整为7个，支委平均年龄从58岁下降到49岁。

8月，侯志俭被增补为九三市委委员。

8月9—11日，为了提高基层干部的素质，委员会在江苏启东举办了基层干部学习班。

1996年内发展新社员8名。现共有社员199名，高级职称占80%以上，平均年龄为59岁。

9月，选举产生了第三届委员会。第三届委员会委员的平均年龄从62岁下降到51岁。侯志俭任主委；沈灏、李顺祺、沈荣瀛任副主委。

11月，委员会被评为"1995年度九三学社上海市委社务工作先进集体"。范祖尧教授赴京参加各民主党派工商联为两个文明建设服务经验交流会，并获个人先进奖牌。6位社员被评为"九三学社上海市委社务工作积极分子"，11位社员被评为"九三上海交大委员会优秀社员"。

12月，在"211工程"申报中，九三部分教授参加咨询和预审，提出加强学科建设和发挥学科群作用、创建一流水平学科、提高研究生培养质量、加大国际学术交流、办好两个校区、发展校办产业等建议，为学校"上水平，创一流"积极献计献策。

1997 年

2月24日，委员会召开悼念邓小平同志座谈会，缅怀邓小平同志的丰功伟绩，表达九三社员对邓小平同志的怀念之情。

6月25日，委员会召开40人参加的座谈会，迎"七一"，并庆祝香港回归祖国怀抱。

8月，九三学社交大委员会副主委李顺祺调任上海大学出版社副社长，增补博士生导师赵成学为委员。

9月，九三学社上海市第八次社员代表大会选举产生了九三学社第十三届上海市委员会，侯志俭、沈灏当选新一届市委委员，侯志俭当选副主委，杨槱被推举担任名誉主委，张重超任顾问。上海交大有6位社员担任九三学社上海市各专业委员会的主任、副主任、委员和顾问等职。

9月26日，委员会召开社员大会，庆祝中共十五大胜利召开和国庆48周年。

11月8—13日，九三学社第七次全国代表大会在北京举行，杨槱、张重超、阮雪榆和沈灏出席，阮雪榆和沈灏当选九三学社第十届中央委员会委员，杨槱被推举为九三学社中央名誉副主席，与会代表回校后传达了大会精神，委员会组织全体社员学习会议重要文件和学习社章。

12月，本社社员在1997年中，立足本职，积极奉献，有3位社员被聘任校教学督导，20余人获教学、科研和教材等各种奖励。

12月，1997年发展新社员22名，年底共有社员208名。

1998 年

4月，召开全体社员大会，响应九三市委号召，为福建南平建校赈灾捐款，共筹资金近万元支援灾区。五支社社员通过去江西鹰潭地区进行捐资助学活动，架起了一座通向江西贫困地区的爱心桥梁；并以赈灾助教为题，制作了两个版面的宣传栏。

5月，九三上海交大委员会积极承办九三市委老年工作委员会的"老年茶座"会议和九三市委研究室的"人才资源第二次开发"座谈会。

6月和12月,举办社市委九三学社八高校基层联席会议,赵成学、印飞分别在会议上介绍上海交大开展社务活动的经验。九三交大委员会每月坚持委员例会,讨论社务工作与学习。

12月12日,杨樾、沈灏赴北京参加九三学社中央委员会工作会议。

12月,出版《九三交大社讯》第33期。

12月,广大上海交大九三社员立足本职,积极奉献,黄根余等7位社员在教学、科研及论文方面获得各种奖励;沈灏等4位社员获优秀教师奖;陈铁云等6位社员获"优秀博士生导师"称号;时钟荣获"1998年度国家教育部跨世纪优秀人才培养基金";1人获上海交大先进,1人获上海交大"三八"红旗手称号。

12月,1998年,共发展新社员20名,年底共有社员232人。

1999 年

1月21日,沈灏就任九三学社上海交大委员会主任委员。后又增补了时钟、武天龙为副主委,龚汉忠为宣传委员。原三支社分为二支社和三支社,苏中义为二支社主委,何津云为组织委员,孙芩生为宣传委员;庄天戈为三支社主委,张文渊为组织委员,姚允美为宣传委员。农学院支社并入交大委员会为十支社,武天龙兼任十支社主委,张凤宸为宣传委员,张兴全为组织委员。

1月,九三学社交大委员会召开全体社员迎新春座谈会和联谊活动。

3月15日,九三交大妇委会在交大浩然大厦报告厅,承办了九三学社上海市委三八妇女节庆祝大会。市妇联副主席李丽、九三市委主委谢丽娟、交大党委书记王宗光、同济大学校长吴启迪以及妇女界的精英等出席了会议。

5月21日,在九三学社上海高校八基层21次联席会议上,吴东代表交大发言,呼吁社会关注青少年心理素质和中高级知识分子身体素质两个热点问题。

5月22日,组织全体社员去嘉善西塘参观考察,并与嘉善科委建立协作关系,正式成立嘉善—上海科技联络站。联络站由沈荣瀛、杨于兴、张文渊、苏中义等人负责。

6月,委员会成立了以沈荣瀛副主委为主的调研课题组,在反复研讨的基础上,从素质教育、师生体质、社会再就业、经济发展等多个议题中选择,最后完成了"关于高新技术成果产业化问题的若干对策建议"的报告,由吴东执笔,及时上报九三学社上海市委和九三学社中央,得到了充分肯定。

9月24日,学社召开全体社员庆中秋迎国庆联欢会。重阳节之际又组织全体老年社员去浦东参观美国通用汽车公司。1999年九三社员获奖情况:钱晓平获上海交大"春兰奖";庄天戈获上海市育才奖;张惟杰获施贵宝奖;时钟获交大横山亮次优秀论文奖;黄建国获东方通信优秀教师一等奖;赵成学获宝钢教育奖和国家自然科学基金一项;刘晔萍被评为交大优秀班主任、优秀教师;沈灏被聘为国际数学期刊《组合设计》杂志编委,同时还担任另一国际刊物的编委成员。

11月15日,时钟代表交大在上海高校八基层22次联席会议上,就"高校如何建立创新人才的培养机制"的议题作了发言。

12月,1999年,九三学社交大委员会共发展社员10名。农学院支社22名社员并入上海交大,外地转来3名,年底前共有社员263名。

2000 年

1月,在2000年中,委员会努力加强自身建设,认真组织社员学习邓小平理论和江泽民"三个代表"

的重要思想,投入批判"法轮功"的斗争。组织开展各项活动。如 1 月 20 日,召开全体社员迎新春联谊会。

3 月 8 日,组织全体女社员参观上海城市规划馆等,以增强委员会的凝聚力,鼓励社员在各自的岗位上积极奉献,在科研和教育工作中作出新贡献。

5 月,在"九三"高校八基层第 23 次联席会议上,沈灏主委代表交大就"如何从机制、体制上进一步提高教学质量"作了发言。

9 月初,沈灏主委赴京参加"中央社会主义学院第六期民主党派干部进修班"学习,为期一个月。

9 月 27 日召开的全体社员庆祝中秋、国庆和重阳节大会上,广大社员自觉为云南灾区捐款捐物,共筹集捐款 3 470 元。

10 月,由沈荣瀛副主委主持、八支社主委吴东执笔的提案《关于高新技术成果产业化问题的若干对策建议》荣获九三学社中央优秀论文二等奖。

11 月,在"九三"高校八基层第 24 次联席会议上,蒋丹就教育创新问题代表交大作了发言。

12 月,九三学社上海交大委员会被上海市委评为 2000 年先进集体,杨于兴、时钟和孙兴全被评为先进个人。

12 月,九三学社上海交通大学委员会下设 10 个支社,共有社员 279 人。其中 2000 年发展新社员 17 人。

12 月,在学校引进人才中,有 1 名中科院院士(雷啸霖)和 2 名长江学者(敬忠良、陈善本)都是九三学社社员。

2001 年

4 月,沈荣瀛、吴东两位社员撰写的提案《关于高新技术成果产业化问题的若干对策建议》在九三学社上海市委表彰提案积极分子大会上荣获市二等奖,吴东被聘任为九三上海市委特约研究员。

5 月,九三学社上海市高校八基层第 25 次联席会议在上海交大闵行校区学术活动中心举行,上海市政协副主席、九三学社上海市委主委谢丽娟、中共上海交大党委书记王宗光出席会议。会议由九三学社上海交大委员会副主委沈荣瀛主持。九三学社上海交大委员会主委沈灏在会上作了题为"高校基础研究的几点思考"的长篇发言,在大会上发言的还有外国语大学、同济大学、上海海运学院和华东理工大学的代表。

7 月,委员会积极支持西部开发,为西部地区教育事业作贡献。根据九三市委的安排,在校统战部的全力支持下,2001 年接受贵州黔南民族师院两位教师来校进修,为他们的学习与生活创造了较好的条件,获得九三市委好评。

7 月 25 日,由九三学社上海交大委员会八支社发起并落实的"九三学社上海医学服务中心与上海奉城老年护理院共建文明"签字仪式在奉贤举行。九三学社上海市委副主委张支隽、九三学社上海交大委员会顾问范祖尧与八支社主委吴东等出席签字仪式。

9 月,九三学社上海交大委员会副主委、农学院教授武天龙荣获"上海市优秀教育工作者"称号,九三社员、《上海交大学报》编辑部副主任陶世弟荣获"2001 年度教育部系统自然科学学报优秀编辑工作者"称号。

10 月,九三学社上海交大委员会在铁生馆二楼举办"庆国庆,度中秋,过重阳"联谊活动,全体社员欢聚一堂,欢度佳节,畅叙胸怀,并欣赏了九三上海市委老年合唱团的精彩节目。

12月，根据九三中央和上海市委有关指示精神，九三学社上海交大委员会认真、慎重、成功地完成了基层组织换届选举的工作，各支社先后选举产生了新一届领导班子，为做到组织上的交接和政治交接的落实，提高基层班子成员的思想政治工作水平和工作能力，积极推荐选派中青年骨干参加校、市组织的学习班学习。九三学社交大委员会共有10个支社，300余位社员，高级职称者占了大部分，其中有两院院士3人，长江学者2人。

12月28日，九三学社上海交大委员会举行了新世纪第一次换届选举和迎新大会，经大会民主选举产生了由沈灏、沈荣瀛、陈善本、艾晓杰、姚卫平、袁晓忠和龚汉忠等15位同志组成的新一届委员会，沈荣瀛、敬忠良、武天龙和吴东任副主任委员，王殿臣任秘书长，委员会聘请范祖尧和杨于兴两位同志任顾问。

2002 年

2月，由分管宣传的副主委吴东倡议，在黄敏和凌建平的大力协助下，并在统战部长刘银芳的直接关心下，九三学社上海交大网站顺利开通。这是我校民主党派中最先成立的网站，网址是：http://www.93.sjtu.edu.cn，E-mail：sjtu93@mail.sjtu.edu.cn。为此，社市委和校统战部发来贺信，祝贺九三学社上海交大网站正式开通，并预祝越办越好。

3月9日，我社假借申申酒家召开了上海交大九三学社女社员庆"三八"茶话会。十支社（农学院）给每一位女同志送了一盆鲜花，以示祝贺。

4月3日，九三学社上海交大委员会分别召开了宣传工作和组织工作会议。

4月，我社与嘉兴上海交大教育发展公司签订了"合作办学"协议书。

4月26日，我社59位社员参加了"乌镇一日游"活动。

5月，我社范祖尧等参加了"嘉兴南洋职业技术学院"揭牌仪式。

6月6日，在上海大学新校区召开了"九三学社上海高校八基层第27次联席会议"，我社副主委敬忠良教授在会上作了"对高校实行年薪制的几点认识"的发言，提出了在高校中实行年薪制的利与弊。

6月22—24日，九三学社上海市第九次代表大会隆重举行。我社侯志俭、沈灏、曹林奎3位同志当选为新一届市委委员。

7月5日，我社委员会组织召开了"新社员入社座谈会"。会上，委员会顾问范祖尧教授作为一名老社员，结合九三学社的历史，谈了自己的切身体会，并对新社员提出了殷切希望；到会的新社员也畅谈了自己的感受。

7月22日—23日，九三学社上海交大委员会组织了支委以上基层干部在沙家浜举行了工作研讨会，认真学习江泽民"5·31"讲话，进一步领悟关于"三个代表"的思想。

8月8日—9日，由统战部组织的"暑期民主党派干部学习研讨会"在周庄举行。我社范祖尧、敬忠良、吴东、姚卫平、艾晓杰、张焰、王殿臣参加了会议。

8月20—28日，第24届国际数学家大会在北京举行，我社沈灏和黄建国两位教授参加了会议并在分组会上宣读了论文。

9月19日，我社举行"度中秋，迎国庆"社员大会，同时为徐桂芳先生90寿辰祝贺。中医医院九三学社的同仁代表特来祝贺，并在会后为社员们进行了义务医疗保健咨询。10月15日，校统战部组织70岁以上民主党派老同志参观闵行"二期工程"。我社15位社员参加了这次活动。

11月20日,校统战部举办了"党外干部十六大学习班"。我社张焰、徐勇江、任佳、孙兴全等10位同志与会。

12月3—8日,在九三学社第十一届全国代表大会上,我校杨槱院士当选为新一届中央委员会名誉副主席,沈灏教授、敬忠良教授当选为中央委员。

12月19日,在"九三学社上海高校八基层第28次联席会议"上,陈迪教授作了题为"从知识的灌输到能力的培养"的报告,提出了关于当前教育质量问题的一些思考。

12月,《上海交大九三社讯》作为传统的架在委员会和社员、社员和社员之间的信息桥梁,2002年共出版了3期,组稿发稿及各种报道共近百篇。

12月,委员会召开会议,回顾了过去一年的工作情况,部署了新一年的工作。2002年我社共发展新社员17名。

12月,新一届社市委专职委员会成员中,我委员会的侯志俭为九三学社上海市委副主委,沈灏为九三学社上海市委文教工作委员会主任,张焰为九三学社上海市委妇女工作委员会副主任,陈乃蔚为九三学社上海市委政法工作委员会副主任,敬忠良为九三学社上海市委科技工作委员会副主任,吴东为九三学社上海市委联络工作委员会委员,王殿臣为九三学社上海市委老年工作委员会委员,张列平为九三学社上海市委经济工作委员会委员,程先华为九三学社上海市委科技工作委员会委员,陈迪为九三学社上海市委文教工作委员会委员,蒋丹为九三学社上海市委文教工作委员会委员,姚武为九三学社上海市委妇女工作委员会委员。

12月,获奖情况:赵成学获校优秀教学成果一等奖;程先华获校优秀教师奖;时钟获国家杰出青年科学基金获得者;蒋丹获全国普通高校优秀教材奖;张焰获2001年度"校优秀教学成果奖"特等奖;张焰、苏忠义获中华电力教育优秀一等奖;顾洁获宝钢教学优秀奖、上海科技进步二等奖;周顺荣获"面向21世纪电气工程大专业建设"教学成果特等奖;傅玉财获中国高校科技进步二等奖;庄天戈获教育部高等学校优秀教材二等奖;徐勇江、钱晓平、肖翔麟研制的"超声波聚焦肿瘤消融机"获2002年上海国际工业博览会创新奖,并于2003年1月被评为全国重点新产品A类金奖;艾晓杰获"春兰"优秀教师三等奖、上海市科技进步二等奖(第二名);武天龙获白玉兰优秀教师奖;褚建君获交大教学新秀奖;柴春彦获院师德标兵;张新平获中国农学会期刊编辑优秀工作者;曹林奎获上海交大优秀教学成果一等奖(第二名)。

2003 年

1月,委员会组织了全体社员的迎春联欢会。

3月8日,委员会组织女社员庆祝"三八"国际妇女节。

4月16日,委员会10位同志(沈灏、王殿臣、张文渊、姚卫平、蒋丹、任佳、程先华、汪俪、孙兴全和艾晓杰)参加了在同济大学逸夫楼召开的九三学社上海高校八基层第29次联席会议,姚卫平在会上作了"社会办教育与科教兴市"的发言。

我社除沈灏、敬忠良两位同志担任九三学社中央委员,杨槱担任九三学社中央名誉副主席外,侯志俭同志担任九三学社上海市委副主席、上海市政协常委;雷啸林同志担任上海市政协常委;张焰、汪俪担任徐汇区人大代表;姚卫平担任徐汇区政协常委;敬忠良担任徐汇区政协委员;武天龙担任闵行区政协委员;这些同志在各自的岗位上,参政议政,做出了积极的贡献。

4月,突发SARS事件中,九三社员站在抗击非典的前列,大家坚持教学和科研工作,积极参加防范非典的战斗。后勤集团校医院的杨伟国医生负责闵行校区消毒热线,对教学、住宿等场所采取消毒措施,为闵行校区防范非典做出了突出的贡献。

6月,积极响应社市委、妇委号召,参加"绿化上海造福后代"活动,委员会共捐树194棵(75人,5 820元),名列高校系统第一,受到社市委表扬。

7月15日,委员会召开了今年的第一次组织工作扩大会议。

8月20—21日在上海交通大学农业与生物学院(七宝校区)召开2003年组织工作会议,交大统战部部长刘银芳,九三学社上海市委员会副主委侯志俭,九三学社上海市委员会组织部朱言敏,九三学社上海交通大学委员会顾问、正副主委和委员及部分热心于社务工作的老同志共33人出席了会议。会议邀请了上海市黄浦区政协委员、九三学社上海第二工业大学副主委李鸿仪研究员作了"加强自身建设,提高参政议政水平"的专题报告。社市委副主委侯志俭同志传达了九三市委2003年组织工作会议精神;校统战部刘银芳部长作了"统一战线和学校发展"的报告;沈灏主委作了学习"三个代表"重要思想和新社章的辅导报告;敬忠良副主委代表委员会作了组织机构调整方案报告;范祖尧顾问强调了组织机构调整的迫切性和必要性;沈荣瀛副主委作了会议总结报告。

9月30日,九三学社交通大学委员会网站开通一年来,我社负责宣传的副主委吴东投入了大量精力和时间,在黄敏教授的积极配合和协助下,克服了稿源缺乏、资金缺乏等困难,不计个人名利得失,积极组织社员写材料,提供稿件,更新内容,并主动设计网络框架,做好网上交流,及时报道最新九三动态,使之成为学习"三个代表"和中央统战理论、掌握和传递社中央精神的又一信息窗口。

10月22日,我社举行了纪念九三交大成立50周年大会,社市委副主委李定国、褚君浩、侯志俭,校党委常委田信灿、校统战部长刘银芳出席,上海高校八基层联谊会的代表,九三学社第一人民医院、第六人民医院的代表,上海市中医医院等各兄弟院校的有关领导,出席会议共200多人。九三学社上海市委主委谢丽娟为大会题写了"弘扬民主与科学精神,为全面小康献策竭力"的题词,交大党委书记马德秀为大会发来了贺信表示祝贺,校长谢绳武写了"发扬民主,倡导科学"的贺词,九三学社上海市委副主委李定国参加了会议并送来了"贵在活动,重在推动"的题词。九三学社上海交大主委沈灏教授回顾总结了自1953年九三学社上海交大支社筹备委员会成立以来,交大九三已经走过的50年历程。

10月26日至11月2日,积极参加社市委组织的赴贵州黔南布依族苗族自治州支教帮扶活动,我社艾晓杰老师为黔南州政府和都匀市政府进行了两场有关现代农业与畜牧业的报告会,出席的人员有470余人,获得好评,为支援和开发西部做了积极工作。在学校统战部的帮助下,为黔南州职业技术学院安排接纳2名教师到交通大学进修。

11月3日我社"嘉善—上海科技联络站"负责人张文渊教授,组织专家教授团赴浙江嘉善进行科技对接,以解决当地企业及乡镇农牧业发展中遇到的难题。

11月,校医院的杨伟国、生命科学技术学院的徐勇江、塑性成形工程系的阮雪瑜院士被评为非典防治工作先进个人。一支社、三支社、六支社和八支社都在"非典"结束后开展了多种形式的组织和学习活动。

12月,我社《九三交大社讯》共编辑发行4期,这是我社传递信息的主渠道,也是及时传达上级指示和文件精神、交流各支社活动信息、报道社员情况的主要纽带。特别是2003年围绕社中央的最新要求,《九三交大社讯》及时举办了"学习新社章"的特辑;而在我校九三学社50年庆典活动中,又及时地出版了《交大"九三"50年》专辑,成为社员们不可缺少的信息窗口。

12月,我社共发展新社员12名,社员达到321人。

2004 年

3月5日,在华东理工大学召开了上海高校后勤服务中心"文明窗口""服务明星"表彰大会。九三社员、校非典防治工作先进个人杨伟国医生代表获得"文明窗口"称号的校医院闵行校区保健室,作了题为"用心去呵护学生的健康"的大会发言。

3月,委员会组织各支社把学习和贯彻实施宪法作为当前一项重要工作来抓。社员们积极学习,并共有98位社员参加了"宪法知识测试",受到社市委领导的好评。

4月15日,上海市委、市政府隆重召开上海市科学技术奖励大会,表彰奖励为本市科技进步做出重大贡献、荣获2003年度上海市科技进步奖的科技人员。此次获奖人员中有28位是我们九三学社的社员,体现了民主党派发挥科技优势、贯彻实施科教兴市战略、服务于经济建设的作用。其中,我校九三委员会的敬忠良、武天龙和吴渝英荣获上海市科技进步二等奖,艾晓杰荣获上海市科技进步三等奖。

5月,委员会先后召开了九三学社上海交大委员会组织和宣传工作会议,以便布置和计划全年的组织、宣传工作。

5月,九三学社上海市委高校八基层联席会议在华东理工大学召开。我委员会共有13位代表出席了会议。

6月,顺利进行了支社三年一次的换届工作,产生了新一届更具活力的支社领导班子。

8月,在崇明召开了"九三学社上海交大委员会暑期工作研讨会"。会上,认真学习了社中央主席韩启德在社中央十一届二次会议上的讲话精神,同时各支社新老支委纷纷交流了社务工作,讨论了各支社经过调整换届后的工作打算,为进一步做好今后的九三学社支社工作奠定了良好的思想基础。通过换届,支社中的在职社员和离退休社员的积极性,得到了充分发挥,活动开展得比以前更为活跃,支社的领导班子也更具活力。

9月,委员会已经连续多年开展"科技扶贫"工作。在统战部的直接领导下,配合四川、云南等边远地区学校的教师进修,作出了努力和帮助。在统战部的支持协调下,春季帮助免费安排了黔南职业技术学院的2位教师到我校农业与生物学院学习;秋季又安排了1位黔南师范学院物理教师到理学院免费进修,为响应社市委"智力支边扶贫"作出了贡献。

9月,委员会积极参与科普教育活动,多次获得好评。市副主委侯志俭带领社市委智力和调研团到剑阁县考察访问。我委员会艾晓杰博士作了题为"现代农业与畜牧业发展思考"的科技讲座,受到200余名农业管理和农村干部的好评。艾晓杰博士还为上海中学高中一、二年级数百名学生作了题为"从禽流感谈起——现代科学技术与农业"的科普报告会。报告生动地介绍了禽流感病毒的生物学特性、禽流感的发生、传播途径及其危害、科学防治禽流感等方面的知识,同时也深入浅出地介绍了当今生物技术和信息科学等现代科技在农业上的应用,报告会取得了良好的效果。

10月,我委员会武天龙教授参加社市委支边工作组,赴四川省剑阁县开展支边工作,为全县农业系统的领导和近百名农业技术干部做了题为"农业现代技术和可持续发展"的专题报告,介绍了世界范围内的农业发展状况和趋势,农业可持续发展的要求,科学育种和转基因等技术。向剑阁县九广合作领导小组赠送了一批黄瓜、豌豆良种,与剑阁县农业系统的领导就九三学社上海市委帮助剑阁县建设良种培植实验基地事宜进行了深入讨论,并做了初步安排。此项工作获得了社市委领导的好评。

11月,九三学社上海高校八基层第32次联席会议,在复旦大学附属中山医院逸仙楼演讲厅召开。委员会的12位同志和校统战部刘银芳部长出席了会议。会议主题是:中外合作办学相关法规实施中的问题与建议。我委员会代表蒋丹在会上做了"上海交通大学与美国密西根大学共建'SJTU－UM 机械与动力工程学院'"的生动发言,受到与会者的一致好评。

11 月,我委员会王志成参与了社市委市老年委的"关于农药残留量的调研"提案工作,获得了有关方面的重视。

12 月,我委员会先后为四川广远县的 6 名品学兼优的贫困学生,连续 3 年每年每人给予 400 元的资助。我委员会将作长期资助的打算,为"帮困助学"作出贡献。在九三学社上海市委举行的"2004 年度支边扶贫工作表彰总结会"上,我委员会获"2004 年度支边扶贫工作先进集体"荣誉奖状,我社曹林奎、武天龙和艾晓杰三位社员获得"2004 年度支边扶贫工作先进个人"的光荣称号。在全面贯彻教育方针、深化教育教学改革、全面推进素质教育中,在教育系统的广大九三学社成员爱岗敬业、严谨治学、乐于奉献,有 11 位成员荣获全国和市级先进教师荣誉称号。我委员会张焰教授荣获"上海市育才奖"。我委员会陈善本教授荣获 2004 年度国家科技进步二等奖。

12 月,全年我社共发展了 10 位新社员。

2005 年

3 月,37 位九三学社社员喜获 2004 年度国家科学技术奖。其中,2 名社员获得国家自然科学奖二等奖,4 名社员获得国家技术发明奖二等奖,2 名社员获得国家科技进步奖一等奖,29 名社员获得国家科技进步二等奖。我委员会陈善本教授在国家科技进步二等奖中榜上有名。2004 年度上海市科技进步奖有多人获得,国家级精品课程奖项我社有庄天戈和张惟杰两位教授获得。

5 月,社员管新潮被上海市新闻出版局和版权局评为上海市 2003—2004 年度版权贸易先进个人。

5 月 12 日,委员会主办了以"科学养生,协调发展"为主题的第 33 次八高校联席会议。会上,有的从理论上阐述了科学养生与当今提倡的和谐社会的建设密切相关的问题,有的从实际出发,阐述了导致高校教师的健康状况下降的原因浅析,还有的呼吁为中青年教师成才创造一个宽松的学术和人文环境。

7 月,委员会响应党中央、国务院的扶贫号召,坚持"开发式扶贫",增强贫困人口脱贫致富的能力,确定了智力帮扶为重点,帮助"对口帮扶"地区依靠科技进步,发展种养业,优化品种,并继续为"对口帮扶"地区实施九年制义务教育提供帮助。上半年我委员会在统战部的帮助下,安排了边远地区的 2 位教师,来上海交大进修学习。上半年提供 2 400 元人民币,继续资助扶贫给四川省广元剑阁县 6 位贫困学生。另外,委员会还向贵州省黔南布衣族、苗族自治州的九三学社和农业局寄赠优质大豆良种。近日从黔南九三学社发来消息,经过试种,大豆良种得到了有关部门的重视,出现了良好的合作势头。

9 月 3 日,2005 年是九三学社诞辰 60 周年的一年。委员会决定用实际行动掀起新的学习热潮。通过写回忆文章,表扬先进九三人,在《社讯》和网站上,宣传的力度将进一步加强。我委员会在《社讯》上开展了《反国家分裂法》的学习活动,开展了"多党合作和政治协商制度及社史知识竞赛活动"。委员会开展了"纪念九三学社建社 60 周年征文活动"。

12 月,在"纪念中国博士后制度 20 周年暨全国优秀博士后表彰大会"上,我校长江学者、九三学社上海交通大学委员会副主委陈善本教授被国家人事部和全国博士后管委会授予"全国优秀博士后"称号("全国优秀博士后"称号共授予 127 名),并得到了温家宝总理等国家领导人的接见。

12 月,10 个支社全部进行了换届工作。支社领导进行了新一轮的改选后,增强了支社的领导能力。各支社活动有力地得到了推动。发展新社员共 14 名。

2006 年

2月，委员会在每月一次的工作例会上，首先学习了《中共中央关于进一步加强中国共产党领导的多党合作和政治协商制度建设的意见》。学习中大家认为，《意见》是15年来多党合作和政治协商制度建设实践的总结，内容比起原14号文件丰富厚实得多，既有原则又有具体的指导，对我国民主政治建设、对"三个文明"协调发展、对和谐社会的构建将起到极大的推动作用。2005年和2006年分别是全国和上海九三学社诞辰60周年。我委员会用实际行动掀起新的学习热潮。通过写回忆文章，表扬先进九三人，在《社讯》和网站上，宣传的力度将进一步加强。

2月15日，在九三学社上海市委员会宣传部召开的2006年宣传委员例会暨优秀通讯员表彰会上，表彰了25名2005年度学社的优秀通讯员。我校九三社员艾晓杰在2004年度和2005年度连续两次获此表扬。2006年在基层组织报刊、网站评比活动中，我委员会的《社讯》和网站，双双荣获社市委优秀办刊、网站三等奖。艾晓杰、吴东分别荣获2006年度优秀通讯员和表扬通讯员。3月，委员会为纪念上海建社60周年，在社市委《九三沪讯》上刊发了整版的专题报道。在《上海九三》《九三沪讯》上先后刊登了我校九三学社社员中的中国科学院院士杨槱、雷啸霖，长江学者敬忠良、陈善本以及老领导范祖尧、王殿臣等先进事迹的报道多篇；社中央网站（社内采风）、《浦江同舟》（2006年第8期）和《上海九三》（2006年第2期）均刊登了介绍艾晓杰的文章：《我对这土地爱得深沉》。在学习王选同志先进事迹的文章中，吴东的特约稿《做一个朴实无华的凡人》刊登在2006年第三期《上海九三》杂志上。

3月14日，在第四届上海市发明创造专利奖的颁奖大会上，九三学社上海交通大学委员会四支社萧翔麟、徐勇江老师完成的"多元自聚焦超声波换能器"荣获第四届上海市发明创造专利二等奖。

3月30日，在"2006—2010年教育部高等学校有关科类教学指导委员会成立大会"上，陈善本、蒋丹教授分别担任机械学科教学指导委员会材料成型及控制工程专业分委员会委员和工程图学教学指导委员会委员。

4月4日，九三学社上海交通大学委员会委员、上海交通大学学报编辑部主任龚汉忠编审荣获上海交通大学第四届"校长奖"。全校共有14人和1个团体获第四届上海交大校长奖。

4月，在上海九三社市委组织成立的"民主党派与统一战线理论小组"中，吴东和龚汉忠被聘为社市委"民主党派与统一战线理论小组"成员，将直接参与社市委的重大参政议政工作。

5月12日，九三学社闵行、徐汇和交大委员会举行联谊活动，增进了彼此的了解。

5月18日，九三学社上海高校八基层第35次联席会议在上海大学乐乎楼会议厅举行。这次的会议议题是：从机制体制上防止学术作假。各高校的代表从学术腐败的现象、学术造假的危害、学术虚假的治理与对策等多方面、多角度地予以阐述与讨论。我校代表范祖尧教授在会上发言，倡议在学术届一定要以诚实守信为荣，学术造假有损知识分子的形象。

6月，九三学社社员蒋寿伟教授获上海交通大学第二届校教学名师奖，全校共有10名教授获此荣誉。

7月11日，九三学社社员共5人次获得上海交通大学2005—2006学年第一学期课程考核方式改革项目59项奖（其中一等奖12项，二等奖34项，三等奖13项）中的5项。艾晓杰主持的"动物生理学"和袁涛参与的"环境化学"（第3）课程获得一等奖，褚建君参加的"普通生物学"（第3）和沈灏参加的"线性代数（B）"（第6）课程获得二等奖，黄建国参加的"数学实验"课程获得三等奖。

7月13日，九三学社社员获得上海交通大学2006年度教学成果奖（其中特等奖13项，一等奖17

项,二等奖 21 项)中的 3 项。其中黄建国参加的"研究生公共数学课程体系现代化建设研究"和刘冬暖参加的"基于互联网的教学质量监控体系的研究与实践"教学成果获得一等奖,曹林奎主持的"探索研究型本科教学体系,提高现代农业人才培养质量"的教学成果获得二等奖。

7 月 24—25 日,委员会组织工作会议在苏州举行,会上公布了换届领导小组名单,与会候选人表达了为学社服务和贡献的打算,各支社分组对候选人作了充分的酝酿讨论,为做好 9 月份的委员会换届工作奠定了基础。

7 月,委员会有近 80 人次参加了支边扶贫工作,九三学社市委科普讲坛在金山区金山卫镇星火村科普活动中心举行科普报告会。邀请艾晓杰博士作了"禽流感及其防治对策"的科普报告。

8 月 26 日至 9 月 5 日,艾晓杰参加了《新民晚报》为纪念红军长征胜利 70 周年所组织的"新上海人的长征记忆"活动,带领记者回到家乡黔东南,探寻 70 年前长征的痕迹,并于 9 月 1 日为凯里学院的师生做学术报告。2006 年在贵州省种植农作物新品种 20 个,面积 30 亩,得到了当地政府的支持和农民的好评。

9 月 19 日,王益奋获第六届"上海交通大学教学新秀"称号,全校共 9 位教师获此荣誉。

9 月 22 日,5 年一次的九三学社上海市基层委员会的换届工作已经圆满结束。我委员会经过从下到上、从上到下、多次会议的酝酿,严格按照社市委关于换届工作的精神和选举程序,一方面成立了由范祖尧、沈灏、沈荣瀛、吴东和王殿臣组成的换届领导小组,另一方面组织支社开展组织生活,广泛听取社员意见,最后在 9 月 22 日换届大会上投票选举,产生了第五届九三学社上海交通大学委员会。主委:敬忠良,负责委员会全面工作;副主委:陈善本,负责参政议政、学习、青年工作;副主委:武天龙,负责科技开发、社会服务工作;副主委:张焰,负责组织、妇女工作;副主委:龚汉忠,负责宣传、老年工作;委员共 10 人,他们是:陈迪(负责参政议政、学习)、袁景淇(组织发展)、孙坚(社费与组织生活)、艾晓杰(宣传)、李铮(青年)、曹珍富(社会服务和教育培训)、姚卫平(科技开发)、蒋丹(负责第 1—4 支社妇女工作)、黄敏(负责第 5—9 支社妇女工作)、徐勇江(负责老年工作);主委助理吴东(负责委员会的日常工作)。

9 月 28 日,九三学社交通大学委员会的 5 名社员获得了 2005—2006 学年度优秀教师奖。其中姚武获华为优秀教师奖,曹林奎获优秀教师二等奖,艾晓杰、周玉燕和张尧弼获三等奖。

11 月,敬忠良、陈善本代表委员会对"我校研究生教育收费"等有关问题的意见,受到我校党委的重视。闵行区政协委员武天龙 2006 年的提案"建设与国际大都市相适应的闵行区社会主义新农村",被评选为 6 个重点提案之一。徐汇区政协委员敬忠良的提案"完善知识创新体系,提高自主创新能力"被评为徐汇区政协 2006 年度优秀提案。

12 月 22 日,九三学社上海市高校八基层第 36 次联席会议在上海海事大学综合楼 510 室举行。会议的议题是:①换届后,九三学社高校基层组织就组织建设、参政议政、活动开展和支边扶贫等方面的设想和建议;②针对高等教育热点问题的思考,包括高等教育结构的调整问题,如何通过制度建设制止高校腐败,高等学校管理过程中的成本控制和高等学校的内涵建设等。沈灏代表我校和九三市委文教委员会在会上发言。

12 月 25 日,九三学社上海交通大学委员会获得上海市委统战部、上海市人事局"2003—2005 年上海市统一战线(工作)先进集体"表彰。

12 月,我委员会又荣获"2006 年度社会服务先进集体"光荣称号,我委员会被评为"2006 年度社市委社会服务先进集体",武天龙荣获"九广合作先进个人"称号,艾晓杰被评为"2006 年度社市委社会服务先进个人"。

12 月,国家教育部颁发 2006 年度高等学校科学技术奖,九三学社上海交通大学委员会二支社主委程先华教授的"稀土改性碳纤维/聚酰亚胺复合材料制备方法"荣获高校科学技术奖的专利二等奖。

12月,2006年第十三届何梁何利基金颁奖大会在京举行,在上海的12名获奖者中,我校九三学社社员、中科院院士雷啸霖荣获"科技进步奖"。

12月,我校电子信息学院副院长张焰教授的"大电类技术基础课程体系和教学模式的研究与实践"(第二完成人),荣获第五届高等教育国家级教学成果奖。

12月,2006年,我社发展新社员共9名,外地转入1名。

2007 年

1月13日,2007年是九三学社上海交大委员会第五届委员会工作的第一年。新一届委员会的领导班子,开创性地建立健全"主委会议"、"委员会例会"会议制度和会议通报制度。从1月至12月,每月召开一次"主委会议"、每两个月召开一次"委员会例会"的制度已经基本形成,并且每次会议都撰写《会议纪要》,向委员会和支社通报,并报送校统战部和社市委,努力做到决策过程规范化、制度化和程序化。

3月,九三学社上海交大委员会集体组织在上海奉贤区参加"2007年送农作物新品种和农业科技咨询"上海市科技下乡活动,其中豌豆、菜用大豆、扁豆、葡萄等4个作物计8个新品种,示范种植面积上百亩。科技咨询农民500人。九三学社上海交大委员会社员积极利用自身的科学知识与实践技能,结合当地的机构、媒体等多种渠道,在上海南汇、崇明、金山、松江、奉贤等农业先行园区,进行有关农业生物技术、生态农业、数字农业、农产品安全等方面的科普宣传,综合提高农民的文化素质和科学素养,为新农村新郊区建设培养多元化的人才。社员科技服务下乡累计达到150人次。科技咨询农民80人。

4月18日,言勇华参与的"工业机器人作业系统开发的关键技术与应用"(排名第3)和邱江平参与的"生态建筑关键技术研究与系统集成"(排名第8)项目获2006年度上海市科技进步一等奖。

5月,主委助理吴东和年轻社员汪俪依据出版社工作的实际情况,对于我国目前施行的著作权法提出了颇具建设性意见的文章——《关于我国著作权法中几个值得商榷的问题》,已经作为2008年社市委社会与法制专门委员会"跟踪100部法律的立法、执法"重点提案之一。

6月,为了充分发挥九三学社上海市委员会与南汇区人民政府的各自优势,促进科技与生产的结合,加快农业科技成果转化,进一步提升农业的综合竞争能力,推进农业产业化进程,加快社会主义新农村建设步伐,实现"农业科技强农"战略,武天龙、艾晓杰带领九三学社上海交大农学院支社14个科技兴农项目和南汇对口单位对接。2007年九三学社上海交大委员会农学院支社社会主义新农村新郊区建设科技下乡活动集体组织活动2次,社员科技下乡服务累计达到150人次。科技咨询农民580人。2人被聘请为中学校外科技辅导员,进行社区科普报告5次,参加人员600人。为新农村建设提出新思路和调查研究课题,提出2个相关的提案,其中《转变上海市百强村经济增长方式》被评为九三上海市委2007重点提案。

8月,在徐汇区、闵行区和崇明区建立3个九三交大社区文化点,九三学社社员姚卫平与徐汇区的长桥小区共同开展文艺创作曲艺演奏、保健咨询等活动,加强社区文化建设,把社区内各个层次、各个界别、各种人员团结和凝聚起来,用积极健康的思想观念影响人们的思想和灵魂,形成"共建、共创、共享、共荣"的价值观念和"同地而居,共创繁荣,共建文明"的良好氛围。

8月,九三上海交大委员会已经和九三南汇委员会合作,本着"科教兴市"和"科技强农"建设社会主义新农村的国家发展战略和上海市发展需要,将高校的人才优势和地方资源优势结合的宗旨,围绕南汇区"十一五"规划和2010年上海世博会的需要,结合南汇的实际特点,共同进行科技对接。

8月14—15日,在杭州成功召开了"政治交接学习教育活动"和"支社换届"动员大会。委员会为了更好地贯彻落实《九三学社中央关于开展以坚持走中国特色社会主义政治发展道路为主题的政治交接学习教育活动的意见》精神,布置落实"政治交接学习活动"计划及各支社的换届工作,在杭州浙江大学国际交流中心召开了"政治交接学习教育活动及支社换届"工作会议。出席会议的有上海交大党委统战部部长刘银芳、九三学社上海市委副主委黄鸣、九三学社上海交大委员会全体委员、支社主委和新老社员代表共46位。会议由敬忠良主委亲自主持。会上,首先由九三学社上海市委员会黄鸣副主委作"政治交接学习教育活动"动员报告,一方面重温了社中央韩启德主委在中常委会议上对交接工作的五点意见;另一方面就开展政治交接学习教育活动的意义、政治交接的核心问题等进行了较为深入的阐述。陈善本副主委和张焰副主委分别就"政治交接学习教育活动计划"及"各支社换届工作计划"做了具体的规划设想和部署。陈善本副主委做的政治交接学习教育活动计划将分宣传动员、学习教育、查找问题、总结提高4个阶段进行,其中将请专家做辅导报告,学习社史、社章及相关文件,加强自身的学习。张焰副主委做的"支社换届工作计划"要求各支社将热心社务工作的人推选进支社新的领导班子,并严格根据社市委和委员会的计划中所要求的时间安排开展工作。会上,刘银芳部长作了重要讲话,接着张重超、范祖尧、沈颢、沈荣瀛、王殿臣等委员会的老领导对新一届委员会的工作提出了希望和要求,每个人的发言都是那么语重心长,使到会代表无不受到深刻的教育。

9月,根据我校教育重点由"徐汇转移至闵行"的实际情况,对组织结构作了相应的调整,即撤销了九支社(原闵行校区支社),以院系为单位,以原支社组织为基础,经过各支社换届小组的努力工作,我委员会做到有计划、有步骤地进行支社换届选举工作。经过民主推荐酝酿候选人,并与校党委统战部沟通,最后由支社选举产生新一届支社领导班子。

9月13日,九三学社上海市委员会主委赵雯来到上海交通大学闵行校区与上海交通大学20位九三学社社员代表进行了面对面的基层调研座谈会。这是社市委主委第一次亲自率队来到我校基层进行调研。会前,上海交大马德秀书记、统战部刘银芳部长与赵雯主委亲切交谈,随后一起接见了参加座谈会的所有代表。座谈会上,赵雯主委和与会代表一一发言,畅谈工作中的问题和困惑,并进行互动,对代表所提的问题赵雯都一一做了解答。

9月22日,在上海交通大学徐汇校区铁生馆一楼会议室召开了"2007年迎中秋、庆国庆社员大会"。我校128名社员参加了大会。九三学社上海交通大学委员会主委敬忠良教授向全体社员作了"2007年迎中秋、庆国庆"的热情洋溢、颇有文学色彩的致辞;张焰副主委作了关于"委员会支社组织的调整和支社换届工作"的报告,并布置了年内要完成的有关换届工作的时间节点。陈善本副主委介绍了南京大学顾肃教授的情况后,委员会特请顾肃教授在会上作了"民主与科学在当代中国的发展"的报告,受到了与会人员的欢迎,并在报告结束后与社员代表进行了互动。

11月30日,艾晓杰随社市委到浙江台州考查学习,以提高宣传业务水平。

12月,武天龙副主委负责的"转变上海市百强村经济增长方式"课题、陈迪委员负责的"关于现行科研经费管理机制的改革和建议"课题获2007年社市委立项,并被列为重点提案。

12月,言勇华参与的"工业机器人作业系统的关键技术研究、开发与应用"(排名第二)获得2007年度国家科技进步奖二等奖。曹珍富(第一完成人)的"密码学新理论和若干共性基础问题研究"荣获2007年上海市自然科学二等奖。陈迪参与的"非硅MEMS技术及其应用"荣获上海市技术发明一等奖(排名第三)。武天龙(第一完成人)的"大豆高效再生系统遗传转化技术及基因工程抗虫性大豆选育"荣获2007年上海市技术发明三等奖。曹林奎的"环境友好型农药纳米功能化制剂研制"项目荣获2007年上海市科技进步二等奖。

12月,教育部发文公布了2007年教育部新世纪优秀人才支持计划名单,九三学社社员、上海交通大学机械与动力工程学院制冷与低温工程研究所巨永林教授榜上有名。

12月,2007年发展新社员17名,发展比例大于5%。

12月,2007年度撰写报道委员会及支社的消息近70条,其中在社中央网站发布消息23条,在社市委网站发布消息28条,在上海交通大学网站发布消息21条,在上海交通大学统战部网站和《交大统战》上发布消息28条,并在《新民晚报》等其他媒体发表宣传社员参政议政、岗位奉献、服务社会、获奖情况等方面的消息10条。宣传委员艾晓杰于7月社市委的宣传工作会议上作大会宣传工作经验交流。

12月,公布上海交通大学2006—2007学年度优秀教师、教学优秀及课程考核方式改革项目奖获得者名单,我校7名社员榜上有名。农业与生物学院艾晓杰荣获优秀教师奖一等奖,电子信息与电气工程学院宋依群和曹珍富荣获优秀教师奖二等奖,数学系李铮荣获优秀教师奖三等奖。李铮老师讲授的“高等数学(C类)”和体育系姚武老师讲授的“体育课程”荣获“飞利浦”教学优秀奖。在课程考核方式改革立项项目评审结果中,艾晓杰主持的“动物生理学”和软件学院张尧弼主持的“计算机网络原理与应用”课程荣获一等奖,生命学院褚建君主持的“普通生物学”课程荣获二等奖。金艳获得上海市教育委员会和上海市教育发展基金会颁发的“2007年上海市育才奖”。褚建君的专利项目“水葫芦无性繁殖抑制剂”荣获“第二十一届上海市优秀发明选拔赛二等奖”,排名第一。赵晓东参与的“创汇蔬菜绿色生产技术的研究与示范”获科技进步三等奖(排名第11)。赵晓东荣获2006—2007学年上海交通大学教学管理二等奖。九三学社社员蒋寿伟、顾剑平获“最受学生欢迎的教师”奖。沈灏获上海高等院校教学名师奖、上海交通大学第三届教学名师奖。郁建强、汪毅荣获2006—2007学年上海交通大学实验室先进工作者称号。我校九三学社社员艾晓杰荣获2007年度优秀通讯员称号。

2008 年

1月4日,赴南汇区,安排社市委、上海交通大学委员会与南汇区农业科技项目对接活动,并进行了农业科技项目对接活动及合作签约仪式。

3月6日,委员会在徐汇校区举行活动,庆祝“三八”国际劳动妇女节,活动由张焰副主委主持。副主委武天龙作了题为“植物营养与健康”的讲座。

4月,艾晓杰赴贵州毕节地区调研、扶贫。在浙江、江苏组织科技活动2次。委员会负责贵州省黔南州2名教师进修,由电信学院曹珍富和农学院张建华两位老师具体指导。曹珍富还指导宁夏大学1名年轻教师进修。

5月12日,汶川特大地震发生后,社员共捐款11 350元。社员马培苏向街道和所在单位捐款5 000元;75岁的张培金社员向社市委捐款10万元人民币。他们两位赢得了社中央的好评,并获社市委“抗震救灾先进个人”称号。

5月22日,在复旦大学召开九三学社上海高校八基层第39次联席会议。委员会派曹树登、陈善本、艾晓杰、徐勇江、孙兴全、曹珍富、吴东、巨永林、任佳和黄敏等10名代表出席会议,提交7篇论文,收入《提高高等教育质量的探索与思考》论文集,涉及高校体制、法学硕士培养、英语教学法、网络教学、研究生创新能力培养、大学课程考核方式改革实践等内容,居各高校之首。

6月11日,再次组织农业专家赴南汇区惠南镇,进行项目交流活动。

9月,袁景淇《关于建立上海市人口年龄树预报机制的提案可行性研究报告》、汪俪等《关于完善产前保健,提高人口质量的建议》等6个提案已经被社市委列选,并在年底前完成。参加九三学社徐汇区委课题的有 3 个:蒋丹的《轨道交通与小区间短驳的建议》、李元超的《区域核心竞争力和知识产权》、巨永林的《关于开展我区污水暗排管调查的建议》。

10 月 30 日,农生学院党委书记董小明与武天龙、艾晓杰赴南汇区泥城镇,进行扁豆项目的交流研讨活动。

委员会和南汇支社合作,14 个科技兴农项目和南汇区对口单位对接,其中"林下养殖的发展和实践""高附加值全雌性水果型黄瓜应用和推广"获得南汇区政府各 20 万元的项目资助,"扁豆资源和产业化生产"项目在南汇区现代农业园区示范。社员科技服务下乡累计达到 150 人次,举办社区科普报告 10 余次,为 1 200 位农民提供科技咨询,示范种植面积上百亩。武天龙赴贵州省黔南州扶贫,赠送 30 公斤的 6 个作物良种,推广农业新技术面积 200 亩。

11 月,召开第 40 次九三学社上海市八高校联席会议,委员会派陈善本、王殿臣等 9 名代表出席。

12 月,委员会在九三学社中央开展的以"坚持走中国特色社会主义政治发展道路"为主题的政治见解学习教育活动中被评为先进集体,是在上海市高校中唯一荣获此称号的单位。敬忠良、沈灏、张焰等《关于解决莘庄立交严重拥堵问题的建议》获上海市政协优秀个人提案奖。武天龙获九三学社上海市委参政议政 2007 年度工作表彰奖励。曹珍富"复杂密码系统的形式化安全理论与应用"项目获 2008 年度高等学校科学研究优秀成果奖(自然科学二等奖)。

陈迪的"硅 MEMS 技术及其应用"获 2008 年度国家技术发明二等奖(第四完成人),"微流控生化芯片的结构、制造、改性及其应用"获 2008 年度高等学校科学研究优秀成果奖(自然科学二等奖)(排名第三)。陈善本"智能化机器人焊接关键技术及其应用研究"2008 年获中国机械工业科学技术一等奖,"局部环境自主智能焊接机器人关键技术及研制"获 2008 年上海市科技进步奖二等奖。崔毅参与项目"混合式脉冲转换器涡轮增压系统研发与应用"荣获上海市科技进步奖一等奖(第四完成人)。刘成良"汽车尾气先进清洁排放装置关键技术及成套装备"荣获中国机械工业科学技术一等奖;"精准农业变量施肥装备关键技术及应用"荣获上海市科学技术发明奖二等奖。褚建君荣获中国发明协会第四届"发明创业奖"。农业与生物学院艾晓杰、赵晓东和支月娥荣获 2007—2008 年度上海市农业高等教育发展基金奖励。6 名社员荣获 2007—2008 学年度优秀教师或烛光奖励计划奖,其中农业与生物学院艾晓杰获优秀教师一等奖,电子信息与电气工程学院瓮惠玉和生命科学与技术学院褚建君获优秀教师二等奖,生命科学与技术学院萧翔麟获优秀教师三等奖;理学院物理系袁晓忠、体育系姚武获首届"烛光奖励计划"一等奖。12 名社员主持或参与的 11 个项目(课程)获 2008 年校级教学成果奖。机械与动力工程学院巨永林、农业生物学院柴春彦和药学院王志龙荣获上海交通大学 2008 年晨星青年学者奖励计划"SMC 优秀青年教师奖"。

12 月底前,委员会在学社、学校等主流媒体发表 127 条(次)新闻,其中在社中央网站发表 39 条(全市在社中央网站发表 49 条),社市委网站发表 28 条,学校网站发表 23 条,校统战部网站和《交大统战》上发表 23 条,其他讯息 13 条,并有多篇简讯刊登载在《九三沪讯》上。全年度按期编辑出版《九三交大社讯》彩色版四期,网站更新多次。艾晓杰获 2008 年度社市委优秀通讯员表彰。

12 月,委员会共发展的新社员有 11 名:沈宝荣、刘忠、马爱妞、朱亮、陈文、杨庆峰、杨安、史海明、支月娥、陈德兆、王纪平。

2009 年

1 月 20 日,委员会召开了"2009 年迎春社员大会"。会议内容主要有:九三学社上海交大委员会敬忠良主委向全体社员作"新年迎春"贺辞；4位副主委分别对分管的参政议政、组织、宣传、科技开发的"年度工作计划"做简短回顾总结，并介绍新年打算；最后新社员和老年社员代表发言，与会者都深感"九三大家庭"的温暖。

1月23日，委员会领导看望了陶关源、张培金、马培荪等老同志，并送上了春节慰问品，恭祝他们健康长寿。

2月13—14日，九三学社上海市委召开了"2009年信息工作会议"。会议由社市委秘书长沈洁主持。我委员会分管参政议政的副主委陈善本、主委助理吴东参加了会议，150余人参加了此次会议。会上，首先由社市委黄鸣副主委通报了2008年度信息工作的情况，并就2009年的信息工作做了部署。

3月5日，以茶话会形式组织女社员庆祝"三八"妇女节。另外，争取让较多的女社员，尤其是新入社的女社员参加；关心女社员的生活与工作，在力所能及的范围内协助解决难点问题。

3月6日，召开委员会宣传工作讨论会，布置年度工作。

4月30日下午，学校党委举行党外人士季度座谈会，听取各民主党派承担的学习实践科学发展观调研课题报告。参加座谈会的还有统战部部长仰颐和校领导牵头的课题组的有关成员。各民主党派分别就所承担的课题进行了报告。九三学社上海交大委员会副主委陈善本代表课题组就"创新人才培养体系建设"阐述了观点。

5月26日，"九三学社第41次上海高校论坛"在上海外国语大学虹口校区召开。论坛主题为："高校专业、学生择业与上海社会经济发展"。本次会议采用了大会主旨发言和大会自由发言的形式，共有90人左右参加了大会。我委员会为此专门组织了课题组，由钱晓平教授代表委员会在大会上作了题为"大学教育与创新型人才培养"的演讲。本课题组成员有钱晓平、陈善本、赵晓东、艾晓杰、蒋丹、曹珍富、陈迪、傅正财、徐勇江、金毅、黄敏、敬忠良、张焰、武天龙、龚汉忠、吴东等。他们为本课题的最后成形定稿，提出了宝贵的意见、建议和重要的第一手素材。会上还进行了热烈的互动交流，获得了与会者的赞同。

7月7日，"九三学社上海交通大学委员会2009年暑期工作研讨会"在中科院好望角大饭店5楼会议厅举行。本届委员会委员、各支社委员、新老社员代表，九三学社上海市委员会副主委黄鸣、组织部长王黎云、干事马建华，以及校统战部部长仰颐、前部长刘银芳等约60人参加了会议。校党委副书记孙大麟、校统战部部长仰颐及社市委副主委黄鸣、秘书长沈洁同志参加了下午的大会交流和总结报告，并向与会代表作重要讲话。会议的中心议题是：①各分管副主委总结2009年上半年的工作；②制定落实下半年的工作要点和具体措施。

7月8日，九三学社上海市委2009年理论研讨班在上海市社会主义学院举办。我委员会选派曹珍富、蒋丹、黄敏3名社员参加。曹珍富老师担任了第二小组的召集人。这次理论研讨班是本次换届后的第一次，社市委和社会主义学院都非常重视，多位领导出席了会议。上海市副市长、九三学社上海市委赵雯主委向与会社员作了一次真挚诚恳的讲话，从坚定政治信念、深入自觉学习，到如何做人、如何做好工作，给中青年社员们上了生动的一课。

7月25日，上海交通大学统战部组织党派负责人暑期研讨会，九三学社交大委员会有吴东、黄敏、曹珍富、徐勇江、孙坚和蒋丹参加了会议。会议由校统战部部长仰颐主持，学校领导负责统战工作的校党委孙大麟副书记出席了会议。我委员会主委助理吴东代表在青海出差的敬忠良主委作了工作交流。他详细介绍了交大九三的组织建设、人员结构，以及上半年的工作和成绩，并对下半年的工作部署作了汇报。同时，面对交大九三面临的严重的老龄化问题提出了一系列对策和建议。孙大麟副书记认真听取了各党派的工作交流和对学校人才培养、学科交叉以及学校内涵发展的意见和建议，并通报了学校近期的中心工作。

8月,社市委关于开展2009年度为社员帮困送温暖活动要求,超过300人的直属基层组织可以有2名社员得到补助。对生活确实困难的社员给予补助的条件是:一因本人或配偶患重大疾病而生活困难的;二因鳏寡孤独而生活困难的;三因家庭遭受意外灾难而生活困难的。委员会经研究,根据各支社申报情况,决定给予吴际舜、范忠龙两位社员每人800元人民币的补助。

9月,委员会选派孙坚参加了社市委和上海市社会主义学院联合举办的第十三期中青年社员骨干培训班。

9月29日,九三学社上海交通大学近180位社员在徐汇校区浩然大厦一楼济济一堂,欢庆中华人民共和国成立60周年。会议由武天龙副主委主持,首先由敬忠良主委致词,敬主委还总结了上半年委员会开展的工作和取得的成绩,也提出了接下来的工作规划,并传达了近期理论学习的要点。随后各分管副主委也介绍了各方面开展的工作。社市委组织部王黎云部长代表社市委、校统战部仰颐部长代表学校领导作了热情洋溢的讲话。之后的文艺演出由姚武主持,节目精彩纷呈,七支社社员代表的诗朗诵《我的祖国,60年九三人与您一起走过》,道出了九三人对祖国的一片赤诚之心,几位社员的男声独唱极具专业水准,交谊舞协会、上海民族乐团、上海歌剧院民族乐团的专业演出,更是给社员们带来了极大的艺术享受,增添了喜庆的节日气氛,也为社员送上了传统中秋佳节的美好祝愿。

11月9日,九三学社上海交通大学委员会在徐汇校区铁生馆三楼会议室,隆重举行"九三人之家"揭牌仪式。社市委副主委李定国和组织部马建华老师、校党委统战部仰颐部长到会祝贺。社市委、交大委员会的老领导张重超、侯志俭、沈灏、王殿臣等以及新老社员共30多人参加了揭牌仪式。在大家热烈的掌声中,社市委副主委李定国、社市委副主委兼交大主委敬忠良共同为"九三人之家"揭牌。当银灰色底、大红字的牌子一下子显露时,顿时给在座的所有人带来一种家的感觉,一种温馨亲切之情油然而生。主委助理吴东代表委员会介绍了"九三人之家"创立的缘由和设想,也希望在座的各位老领导、新老社员们都能为"九三人之家"出谋划策,围绕九三学社的"民主与科学"精神,积极参政议政,举办形式多样的有利于"九三"事业发展的各项有益活动。李定国副主委在热情洋溢的讲话中认为,九三学社上海交大委员会成立"九三人之家"是基层组织活动的一种新模式,在肯定了交大委员会做出的成绩的同时,也提出了三点希望:一是把"九三人之家"作为学习交流的平台,弘扬社的优良传统,加强自身建设;二是把"九三人之家"作为展现九三学社作用的舞台,努力为上海的建设和发展献计出力;三是把"九三人之家"作为开阔视野的窗台,通过组织形式多样的活动,丰富广大社员的精神生活。仰颐部长表示,将从方方面面支持和配合"九三人之家"的各项活动,并决定在徐汇和闵行校区的党派办公室都配备活动场所、网络、电话、茶水等。与会的社员们畅所欲言,表达了自己的感受以及对活动的建议。老主委侯志俭希望活动的形式能被社员接受,使社员感到真正有收获。老领导张重超希望借这一窗口传达学校的发展和新的变化。近85岁高龄的曹树登老社员希望有更多的人参与活动,发挥九三人的作用。老主委沈灏充满乐观地祝愿"九三社员个个活到93",同时也希望大家老有所为、老有所乐。最后,敬忠良主委表示,"九三人之家"的创立,是适应新形势的需要,尤其对老年社员更为重要。我们还将成立专门的工作小组,将工作做实,使之能长期有效地发挥作用。会议决定,"九三人之家"每逢单月的9日下午1:30—4:30为固定活动时间,活动内容将提前一周通知。如遇双休日、节假日,将顺延至第一个工作日举行。

12月,根据委员会五届二十一次例会精神,我委员会开展了评选先进社员、先进支社的活动。先进社员的标准是:①热爱组织,多年来热心并积极参与社务工作;②积极参政议政,并有提案立项者;③为九三组织添砖加瓦、积极奉献并有成果者。先进支社的标准是:①支社领导班子有活力、有凝聚力;②组织生活正常,经常开展组织活动;③积极参政议政,有较高质量的提案和信息稿件。通过支社组织生活提名评选产生,还有在委员会层面上的提名通过决定,最后产生 4 个先进支社,其中 1 个为先进模范支社;2 个热爱九三学社并有突出贡献的先进社员,5 个参政议政积极分子,3 个宣传工作积极分子,18 个社务工作积极分子。分别是:先进支社:四支社(模范支社)、二支社、三支社、七支社。先进社员:①热爱"九三"、具有突出贡献的先进社员:张培金、马培荪;②参政议政积极分子:陈善本、陈迪、解大、钱晓平、袁景淇;③宣传工作积极分子:艾晓杰、蒋丹、金毅;④社务工作积极分子:王殿臣、费晓燕、陈雪芬、任佳、汪俪、管新潮、徐勇江、胡廷永、洛建华、严志强、甘露光、孙苓生、姚允美、孙坚、金英、许小萍、浦芳和顾德培。

12 月,2009 年的提案,共上报了 8 件,它们是:陈善本的《政府在推动科技成果转化过程中对科学诚信与道德的维护责任》;曹珍富的《如何发挥高校在"政府—学校—企业"三位一体中的作用》;解大的《基于科学发展观的科技成果转化道路与导向》;吴东的《建议创建高校校区与社区、科技园区的发展新模式》;徐勇江的《建议不同地区实行供应不同含碘量食盐的建议》;蒋丹和黄敏的《关于弹性退休制度的设想》;李元超的《建设区际高速铁路,建成快速交通网,提升上海竞争力》;韩永强的《根据国家战略需要,尽早采用特殊方式培养国际法尖端人才》。其中,有曹珍富和解大的两篇上报到社中央参政议政部。最后经社市委专家评审后,陈善本的《政府在推动科技成果转化过程中对科学诚信与道德的维护责任》成为社市委的重点提案课题,并在全市范围内又专门召开了调研会,在原有的基础上作了提高和调整,使之更具有代表性和普遍性。其他的 7 篇提案虽然没有在社市委立项入选,但在社市委或社中央的有关报刊和网络上分别作为信息稿予以发表。2009 年委员会的信息工作有了飞跃性的发展,主要是对于信息稿的撰写要求有了进一步的认识。信息工作是参政议政工作的一个重要方面,是民主党派履行职能的具体体现之一,也是参政党参政议政和民主监督的有效方式。2009 年,我们的信息和提案工作在九三市委领导的重视、关心和支持下,围绕市委、市政府发展大局,发挥特色和优势,创新工作思路,积极开展信息工作,取得了较好的成绩。同时,我们也进一步认识到,信息是民主党派向党和政府直接反映广大成员意见和建议的快速通道。利用好这一通道,可以为我国的经济社会发展和构建和谐社会提供具有积极促进作用和重要参考价值的意见建议。2008 年我们的信息稿是零,2009 年我们的信息稿是 11 篇,而且,有 6 篇已经在社中央或社市委的网站和报刊上得以发布。陈迪委员两篇:《关于修改〈道路交通安全法〉中人行横道相关条例的建议》和《关于取消左转弯待行区的建议》。这是可贺可喜的大好事。

12 月,委员会共发展的新社员有史伟、张小英、姜翠波、常丽英、许洁、马晓红、沈耀、赵一雷等 8 人。

12 月,社会服务工作主要有:①九三上海交通大学委员会与青浦区农业科技项目对接活动 1～2 次;②继续深入发展九三上海交通大学委员会与南汇区农业科技项目对接活动 2～3 次;③参加九三上海市委和九三河南省的科技项目对接活动。推动三区联动:①九三上海交通大学委员会与闵行九三区委以及区相关委办的对接活动;②九三上海交通大学委员会与徐汇九三区委以及区相关委办的对接活动;③九三上海交通大学委员会与闵行区、徐汇区社区对接活动,并与两区的相关部门"结对共建"和进行"科技服务"活动。在支边扶贫方面:①为黔南州接纳 2 名教师进修学习;②继续深入发展九三上海交通大学委员会与贵州省的农业科技项目活动。其他:①继续做好国家级非物质文化遗产江南丝竹的保护与发展工作;②继续做好大学生社区服务平台的创业指导工作。

12 月,2009 年宣传工作全面完成计划,在质和量上又有新的进展和突破。在学社、学校等主流媒体不断拓展报道空间,及时有效地发布和交流信息。共发表 145 条(次)新闻,其中在社中央网站发布 27 条,社市委网站发布 33 条,上海交通大学网站发布 21 条,校统战部网站和《交大统战》选用 50 条(次),报道首次被《九三中央社讯》选用,在《团结报》、《贵州日报》等主流媒体发表人物专访 2 篇,其他网络媒体报道 12 次。多篇简讯刊登在《九三沪讯》上,按期编辑出版《九三交大社讯》彩色版四期(71～74 期),

网站更新多次,发布消息 20 条。

12 月 23 日,艾晓杰获 2009 年度社市委优秀通讯员表彰。

2010 年

1 月 8 日,九三学社上海交通大学委员会五届二十二次例会在上海交通大学闵行校区老行政楼 523 统战部会议室举行。敬忠良主委传达了九三学社中央委员会韩启德主委在九三学社第十二届中央委员会第三次全体会议闭幕会上的讲话精神,以及九三学社上海市委员会赵雯主委在 2009 年 12 月奉贤会议上的讲话精神。会议由张焰副主委通报了基层支社换届工作的设想,成立了支社换届工作领导小组,由敬忠良、张焰、武天龙、陈善本、龚汉忠、孙坚、袁景淇和吴东组成。

1 月 12 日,交大统战部组织召开由各民主党派正副主委和部分老领导参加的春节团拜会。

1 月 11 日,"九三人之家"首次在徐汇校区铁生馆 305 会议室举行活动,由统战部领导作形势报告。

1 月 26 日,委员会一年一次的"九三学社上海交通大学委员会迎春社员大会"在阳光名邸大酒店四楼会议厅举行。会上表彰了先进支社(4 个)和先进社员(28 个)。先进支社为四支社、二支社、三支社、七支社。先进社员为:①热爱"九三"、具有突出贡献的先进社员:张培金、马培荪;②参政议政积极分子:陈善本、陈迪、谢大、钱晓平、袁景淇;③宣传工作积极分子:艾晓杰、蒋丹、金毅;④社务工作积极分子:王殿臣、费晓燕、陈雪芬、任佳、汪俪、管新潮、徐勇江、胡廷永、洛建华、严志强、甘露光、孙芩生、姚允美、孙坚、金英、许小萍、浦芳和顾德培。

2 月 2 日,2010 年春节前夕,社市委赵雯主委在百忙中慰问了我校九三学社的杨槱、雷啸霖、阮雪榆三位院士。

2 月 10 日,我委员会敬忠良主委、武天龙副主委、吴东主委助理以及校统战部原部长刘银芳一起,探望了九三学社上海交大委员会的老领导、老同志。他们是原社市委专职副主委张重超教授,原交大主委、社市委副主委侯志俭教授,原交大主委范祖尧教授、沈灏教授,以及原主委助理王殿臣老师。

3 月 13 日,九三学社上海交大委员会"九三人之家"趁"三八节"组织女社员和部分老同志到苏州天池山旅游聚会。

3 月 15 日,社市委参政议政部曹晓燕为《口述历史》(续集)来我校采访了杨槱、雷啸霖两位院士和原主委范祖尧教授。九三学社上海交大委员会主委助理吴东接待了来访。

5 月 7 日,委员会第 22 次例会召开。主要内容是:①汇总了 2010 年各支社改选的候选人名单情况;②汇总了 2010 年参政议政提案和信息情况;③社市委先进集体和先进个人评选事宜的通报以及落实情况的汇报;④通报并审议了将于 5 月 21 日在东华大学召开的第 43 次"高校论坛"上我委员会代表曹珍富教授的发言稿并落实了与会代表。

5 月 9 日,"九三人之家"活动按规定顺延一天至 10 日进行活动,内容包括:围绕委员会最近工作重心,即参政议政、支社改选、信息提案、评选先进、65 周年纪念文集的文章撰写等,积极出谋划策,落到实处。

6 月 10 日下午 2:00,在上海交通大学闵行校区老行政楼 523 会议室举行委员会主委会议。会议的主要内容是:讨论修改并通过了由主委助理吴东整理撰写的《2006—2010 年社市委先进集体的自荐材料》,并决定进一步听取委员会全体委员、历届委员会的老领导以及校统战部领导的意见后正式申报给社市委。

7 月 1 日,会议确定各支社候选人人数不超过 5 人,并对各支社上报委员会的候选人进行了审议;

确定了 2010 年支社改选后续实施方案。此次会议要求换届领导工作小组成员于 8 月 20 日前完成对口支社领导班子候选人的意见听取工作,并代表委员会参与对口支社的选举工作,将选举结果报告委员会。本次会议决定,于 2010 年 9 月底前完成各支社领导班子的选举,于 2010 年 10 月正式成立各支社下一届领导班子。

会议还确定由陈迪作为我委员会人选参加 2010 年度社市委及社会主义学院联合举办的中青年干部学习班。

7 月 6 日至 8 日,在九三学社全国社会服务工作会议上,表彰了 4 年来在社会服务工作中做出突出贡献的先进集体和先进个人,九三学社上海交通大学委员会武天龙荣获"全国社会服务工作先进个人"称号。

7 月 6 日,上海交通大学公示了 2010 年获奖的 66 项教学成果(特等奖 13 项,一等奖 22 项,二等奖 31 项),其中 5 名九三学社社员参加的 6 项成果榜上有名。其中电子信息与电气工程学院张焰(第三)参加的"构筑多模式、高质量国际化人才培养高地"、生命科学与技术学院褚建君(第三)和张惟杰(第五)参加的"生命科学通识教育课程平台在创新人才培养中的示范和辐射作用"获特等奖;机械与动力工程学院蒋丹(第二)参加的"加强实践环节,培养现代工程设计能力——工程设计图学课程新体系建设"、继续教育学院刘冬暖(第三)参加的"推进技术研发,完善教学体系,实现支援西部高校第二专业人才培养新跨越"获一等奖;机械与动力工程学院蒋丹(第二)参加的"系列化、整体化推进设计学科课程体系改革,全面提高学生创新设计意识和能力"、继续教育学院刘冬暖(第二)参加的"基于网络的继续教育教学独立评价系统的建设与应用"获二等奖。

7 月 9 日,在上海交通大学公示的"上海交通大学大学生创新实践计划"名单中共有 108 个项目,我委员会 6 位社员光荣入选。他们是机械与动力工程学院的蒋丹、电子信息与电气工程学院的王承民、材料科学与工程学院的陈善本、农业与生物学院的曹林奎与常丽英、药学院的史海明。

7 月 9 日下午 1:30,"九三人之家"在徐汇校区老年活动中心举行活动,邀请社市委副主委李定国教授作"健康五大基石"的报告。

7 月 14 日,上海交通大学公示了 2009—2010 年"三育人"先进个人和"教学新秀"奖的评选结果,九三学社社员、电子信息与电气工程学院翁惠玉、体育系朱世蝶获"三育人"先进个人,环境科学与工程学院袁涛、农业与生物学院许文平获"教学新秀"提名奖。

8 月 22—23 日,委员会暑期工作研讨会在苏州三山岛举行。会议总结了 2010 年上半年的工作情况:参政议政方面共收到提案、信息 16 条,其中绝大部分得到了相关政府部门的回复,陈善本的关于《遏制违背科研诚信与科学道德的行为需要建立法律制度》的提案,得到了社中央、社市委的关注。

9 月 3 日,在九三学社成立 65 周年之际,九三学社上海交通大学委员会荣获"社中央先进集体"荣誉称号,这是继 2005 年荣获"社中央先进集体"后又一次获得此殊荣。陈善本荣获九三学社中央参政议政部颁发的"社中央 2010 年全国参政议政工作先进个人"称号,曹珍富、蒋丹和吴东荣获"社中央先进社员"荣誉证书。荣获九三学社上海市委员会优秀社员的有:武天龙、艾晓杰和徐勇江。艾晓杰获九三学社上海市委员会 2012 年度优秀通讯员。

9 月 17 日下午 2:00,九三学社上海交通大学委员会五届二十六次例会在上海交通大学闵行校区老行政楼 5 楼民主党派办公室举行。会议首先讨论确定了各支社改选的第二次名单,此名单已通过社内充分酝酿,以及候选人所在党组织、统战部等领导部门审核,将作为正式候选人提交各支社投票选举以产生新一届的支社领导班子。

9 月 29 日,在上海交通大学徐汇校区铁生馆一楼会议厅召开我校"九三学社上海交通大学委员会庆国庆社员大会"。

10月29日,九三学社上海交通大学委员会五届二十七次例会在上海交通大学闵行校区行政楼B楼710室统战部会议室举行。会议讨论了新的支社领导班子两上两下后的成员名单,并要求各支社将正式产生的委员所担任的具体职务报送委员会备案。会议根据社市委的要求确认了3名来自黔南州所属院校到交大进行单科进修教师的人选,因需专业对口,决定由委员会委员曹珍富教授具体落实安排。

12月1日,九三学社上海交通大学委员会五届二十八次例会在上海交通大学闵行校区空天科学技术研究院大楼4楼会议室举行。

12月7日,在上海交通大学徐汇校区浩然大厦102会议厅召开了"九三学社上海市委第44次高校论坛"。本此论坛采用圆桌会议形式,主题为:"关于钱学森之问的思考"。会议由社市委文教委副主任、九三学社上海交通大学委员会副主委陈善本教授主持,出席会议的有:中国科学院杨槱、雷啸霖两位院士,九三学社上海市委周锋、程维明、黄鸣、敬忠良副主委,中共上海市教卫党委统战处钟诚副处长,中共上海交通大学党委副书记孙大麟教授,以及各高校党委统战部部长。还有九三学社复旦大学、同济大学、华东师范大学、华东理工大学、上海外国语大学、上海海事大学、上海大学、东华大学、上海师范大学、上海中医药大学、上海交通大学委员会各成员单位的代表共约130人左右参加了研讨会。代表们围绕"为什么我们的学校总是培养不出杰出人才"这样一个社会热点问题,就教育尤其是高等教育领域,关于学校、关于创新、关于文化、关于科学与艺术、关于教与学、关于本科和研究生培养等议题畅谈感言。会场内气氛活跃,代表们的发言引发了与会者的共鸣。

12月8日,2010年九三学社上海交通大学委员会下属支社新一届领导班子分工名单如下表所示:

支社	主委	副主委	组织委员	信息委员	宣传委员	老年委员
一支社	姚卫平	周玉燕	周玉燕(兼)	顾永宁	姚宝恒	张希贤
二支社	蒋 丹	巨永林	刘成良	程先华	李元超	任 佳 马培荪
三支社	傅正财	解 大	解 大(兼) 孙苓生	才 华	费晓燕	姚允美 张文渊
四支社	骆建华	严志强	严志强(兼) 孙海英	赵一雷 王忠樑	冯 洁	甘露光
五支社	孙 坚	杨 立	杨 立(兼)	石繁槐	沈 耀	郑登慧
六支社	袁晓忠	朱世蝶	朱世蝶(兼)	姜翠波	姚 武	鲍 毅
七支社	黄 敏	林敏莉	管新潮	刘晔萍	汪 俪	顾德培 卢舜玉
八支社	武天龙	艾晓杰	张新平	孙向军 范秀凤	张建华	赵晓东

其他:

组织发展:委员会2010年共有陶懿伟、袁聪俐、杨永胜、孙敏、华春荣五位同志的入社申请得到批准成为新社员。

2011 年

1月9日，九三人之家成立至今已整整一周年。近20位"九三人"冒着三九严寒，重聚在铁生馆九三人之家，同来欢聚的有九三市委组织部马建华老师、交大统战部苏卓君老师，以及多位九三的老社员。委员会向社员介绍了一年来的工作概况、获得的成绩及新一年的工作打算。大家回顾着九三学社一年来的成绩，畅谈着新一年的希望，希望在新的一年中，把这个家办得更好。会后部分社员合影留念。

1月21日，校党委统战部团拜活动隆重举行。

1月24日，我委员会举办"春节社员大会"，共度新春佳节。会上，宣布了"2011年先进社员名单"。他们是：二支社：巨永林、任佳；三支社：孙苓生、庄天红；四支社：李胜天、赵一雷；五支社：吴荥、石繁槐；六支社：朱世蝶、姚武；七支社：许小萍、张小英；八支社：张新平、赵晓东。委员会提名不占支社名额的是：张重超、曹树登、费晓燕、姚允美、杨伟国。

2月6日，我委员会有6个支社报名参加了统战部"2011年民主党派基层组织建设创新示范活动"。

3月16日，委员会举办"三八节"与"九三人之家"联手赴上海辰山植物园活动。

3月23日，根据市委统战部下发的《关于开展2011年度为党外知识分子帮困送温暖活动的通知》精神，市委统战部与市红十字会将对全市生活困难的党外知识分子给予补助，王正方、朱世蝶两位社员获此补助。

4月1日，委员会换届活动开始。

4月18日，2011年是中国共产党成立90周年，也是辛亥革命100周年，委员会积极开展以纪念中国共产党成立90周年和辛亥革命100周年为主题的知识竞赛活动。

5月20日，我委员会共有8个提案及3条信息上报社市委参政议政部，其中有2个提案已被社市委立项作为招标课题。

5月19日，九三学社上海高校论坛第45次会议在上海中医药大学召开，论坛主题为"从高校自主招生看教育改革"。2011年中国高校自主招生形成了三大同盟：北约（北大、复旦等高校）、华约（清华、交大等高校）、卓越联盟（同济大学、东南大学、哈尔滨工业大学等9所理工类院校），由此引发的"生源大战"受到社会的关注。会上就高校自主招生这一新模式的利与弊的问题，进行了回顾与反思。我委员会委员、二支社主委蒋丹教授作了题为"目前我国自主招生的问题及思考"的大会发言，受到了与会者的欢迎。

8月30日，九三学社上海交通大学委员会召开第六次代表大会，选举产生了巨永林、艾晓杰、孙坚、张新平、陈迪、林敏莉、姜翠波、袁晓忠、袁景淇、黄敏、曹珍富、敬忠良、蒋丹和傅正财14人为九三学社上海交通大学第六届委员会委员，敬忠良当选为主任委员，曹珍富、陈迪、艾晓杰和黄敏当选为副主任委员。

9月5日，我委员会推荐李钟钰、邹顺毅两位社员成为2011年九三学社上海市委帮困对象。

9月24日下午1:30，委员会在上海交通大学徐汇校区铁生馆一楼会议厅召开我校"九三学社上海交通大学委员会迎国庆社员大会"。会上介绍了委员会换届过程及第六届委员会组成情况，新一届委员会成员一一亮相并合影留念。

10月31日，会议决定我委员会近期将组建参政议政、老龄工作、学习宣传、社会服务4个工作委员会，以推动委员会相关工作的开展。

10月10日，委员会的参政议政工作：根据各自特色和优势，从科技经济、文教卫生、社会管理、民生诉求、改革发展等角度,有吴东、陈迪两位的招标课题得以立项通过。信息稿件我委员会共提交了9篇:吴东2篇;武天龙2篇;陈迪2篇;徐勇江、骆建华、巨永林、林敏莉各1篇。

11月17日,在上海交通大学党委统战部组织召开的上海交通大学"树立和践行社会主义核心价值体系"民主党派基层组织生活创新示范活动总结评选会上,九三学社上海交通大学委员会有3个支社分获一、二、三等奖。中共上海市委统战部副部长吴捷、九三学社上海市委副主委周锋,以及民革、民盟、民建、民进、农工党、致公党上海市委领导、中共上海交通大学委员会副书记孙大麟、上海市教卫党委统战处处长金勤明等全程听取了汇报并参加了评选。

11月24日,九三学社上海高校论坛第46次会议上午9:00在上海大学宝山校区召开。我委员会陈迪的论文是《学科交叉人才培养模式的研究与实践》,林敏莉的论文是《创新人才培养》。

11月25—26日,我校统战部举办为期两天的"第二期新一代民主党派成员学习班"。换届后的新委员聚集一堂,学习民主党派的各项政策、法律,听取资深党派领导参政议政的经验,使新上任的委员们受益匪浅。

12月15日下午,九三学社上海市委召开了宣传工作会议,在主委助理吴东、上届主管宣传工作的龚汉忠副主委、艾晓杰委员的推动及各支社的积极配合下,我委员会集体荣获社市委"社史社章知识竞赛"优秀组织奖及"庆祝中国共产党成立90周年"征文活动优秀组织二等奖,艾晓杰个人荣获"优秀通讯员",黄敏个人荣获"表扬通讯员"。

12月16日,我校老教授协会和我委员会联合赴上海崇明岛就"老年公寓"的建立、管理等一系列关于老年社会的热点问题进行了为期一天的考察和调研。我委员会的老同志、老社员共20人参加了此次活动。

12月,2009年获奖情况如下:社员刘成良的"土壤作物信息采集与肥水精量实施关键技术及装备"科研项目荣获"2011年国家科技进步二等奖"。社员龚汉忠荣膺"全国高校科技期刊系统杰出主编"称号。在上海交通大学党委统战部组织召开的上海交通大学"树立和践行社会主义核心价值体系"民主党派基层组织生活创新示范活动总结评选会上,九三学社上海交通大学委员会有3个支社分获一、二、三等奖:八支社的"同心同德同向同行"活动获得了一等奖;七支社的"忆九三学社发展,谈九三学人责任,树社会主义核心价值观"的活动获得二等奖;二支社的"同心、同行,共谋学院发展"的活动获得三等奖,体现了委员会基层工作的活力及成效。

2012 年

2月,委员会《交大社讯》和"九三学社上海交通大学网站"全部改版,面貌焕然一新,并把《交大社讯》每次都邮寄到每一个离退休的老社员手中,使之在家就能了解到九三学社的最新动态。

3月,一年一度的"三八妇女节"活动与我委员会"九三人之家"联合组织社员赴上海崇明启东参观活动。

3月,我委员会获"2011年度参政议政课题提案工作三等奖"。

3月,我委员会获得社市委两项招标课题和一项重点课题。

4月19—21日,敬忠良、曹珍富、陈迪当选为九三学社上海市第十六届委员会委员,敬忠良当选为常委、副主委。

4月24—28日,在九三学社河南省委和洛阳市委参加合作项目启动仪式上,曹珍富被合作单位——河南科技大学聘为兼职教授。

5月,在九三学社上海市委第47届高校论坛上,孙向军代表委员会作题为"加强实践教学体系建设,培养创新型工程技术人才"的演讲;编入论文集的还有袁晓忠委员的题为"大众化教育背景下的高校物理基础课程分层次教学的探索与实践"的文章。

6月12日,我委员会首次举行"九三学社闵行区委和上海交大委员会互动活动——走进交大"的活动。

7月25—26日,委员会在东天目山举行暑期工作研讨会。

10月,敬忠良被选为九三学社全国第十次代表大会的代表并连任新一届社中央委员。

10月10日,委员会召开了"金秋社员茶话会"。

10月31日,委员会首次与社市委青委会开展交流座谈会。会后,代表们参观了上海交大校史陈列馆。

10月,九三学社上海交通大学委员会第十六届社市委各专门工作委员会委员名单为:文教工作委员会:侯志俭(顾问)、曹珍富(副主任)、蒋丹;科技工作委员会:陈迪;妇女工作委员会:张焰(副主任)、黄敏;老年工作委员会:艾晓杰(副主任)、王殿臣、徐勇江;经济工作委员会:傅正财;青年工作委员会:巨永林;社会法制委员会:林敏莉;学习宣传委员会:姜翠波、李元超。

11月1日,在上海工程技术大学召开的第48次高校论坛上,委员会代表钱晓平教授的题为"扭转不良学风是教授治学的当务之急"的论文,引起了大会的广泛关注。庄天红的文章《云技术＋多媒体技术与教学模式的探讨》也被收入了本次论文集。

11月,我委员会曹珍富、陈迪负责的两项招标课题,林敏莉、吴东、陈迪负责的重点课题均按时圆满结题,该重点课题还获得社市委2012年度重点课题评选的三等奖。

11月,艾晓杰获九三学社中央"学习践行社会主义核心价值体系全国优秀社员"荣誉称号。

12月,我委员会的袁景淇、杨文瑜分别获得社市委1 000元的帮困补助。

12月28日,九三学社上海交通大学委员会荣获"九三学社上海市委社会服务工作先进集体"称号。武天龙、艾晓杰荣获"九三学社上海市委社会服务工作先进个人"称号。

2013 年

2月,春节前慰问老社员、院士和老领导,登门看望高龄社员;周麒、张文渊、朱惠霞、杨于兴、胡盘新、周淑玉、陈璋、张希贤、陶关源、张重超、王正方、庞小红(家属)和袁圣清等获帮困补助金。二支社为周麒庆贺90岁寿辰。

3月,组织并参加了不同层次的科普活动,沈灏赴台湾访问期间与中学生交流,接着在上海中学做"数学与现代科技"的演讲。

4月,艾晓杰为赴美参加2013英特尔国际科学与工程大奖赛的选手进行征前辅导。

4月、8月和11月,3次组织社员赴浙江临海、天台、象山、衢州、江山等地学习考察。

5月,沈灏赴徐汇虹桥路小学和闵行虹桥镇中心小学做"探求数学之用,感受数学之美"的演讲。

6月7日至7月5日,陈晓晓、刘成良、崔毅、宋依群、杨永胜参加了校统战部组织的第十一期党外中青年干部学习班。

6月7日,参加在同济大学召开的九三学社上海高校论坛第49次会议,庄天戈作了题为"以玉攻石,依法治教——关于田长霖高等教育思想的思考"的发言。

7月,社市委增补林敏莉为社会法制委员会副主任委员,委员会增补赵一雷为委员。

7月，武天龙在闸北八中做"放飞梦想"的报告。艾晓杰担任上海青少年科学社组织"科学种子选拔赛"评委；艾晓杰、李伟为上海青少年科学社进行课题辅导活动6次；孙兴全为8个居委会近400人开展"三尺讲堂"科普讲座。

7月底，派专家赴重庆市荣昌县畜牧繁殖基地、农业公司、生物技术研究所和生物制品企业交流，探讨合作的结合点。

8月14日，接待贵州凯里市中小学教师学习团到上海交通大学参观。

9月6至8日，艾晓杰、冯传良、袁坚参加"百名博士贵州行"活动。

9月9日，委员会组织活动共庆教师节和中秋节。

10月30日，艾晓杰为新疆塔城地委高级培训班做"现代畜牧业特征与趋势"专题报告。

11月7日，参加在上海师范大学举行的九三学社上海高校论坛第50次会议，蒋丹在会上发言。

11月9日，邀请上海市政协提案委员会常务副主任黄鸣做"参政议政——社会主义协商民主的重要手段"专题报告。

11月12日，重新组建第一支社，划入第七支社中管理学院、法学院和出版社的社员，陈晓晓任主委，华春荣任副主委，车驰东、汪俪为委员。

11月19日，组织老年社员赴青浦区颐仁苑养老公寓参观考察。组织上海中学的志愿者为老年社员辅导计算机操作。

12月8日，武天龙、艾晓杰赴安徽金寨大别山革命老区，考察当地的农业合作社和生态畜牧饲养基地，并予以现场指导。

12月31日，吴东卸任主委助理，经委员会讨论、上级批准，主委助理由徐勇江接任。

12月，武天龙在安徽金寨南溪乡做"现代农业"的科普报告。

12月，老年工作扎实有效。"九三人之家"组织6次座谈和4次外出考察活动。邀请蒋一方教授谈"养生保健——如何才是科学吃饭"。

12月，2013年的学习宣传工作：出版4期《九三交大社讯》，向退休社员邮寄社讯约520人次。组织撰写稿件36篇，在九三学社中央网站、社市委网站等媒体刊发14篇。

12月，曹珍富提交市政协提案《关于加强青少年优秀传统文化教育的建议》。袁景淇提交闵行区政协提案《关于印发闵行专线运行路线图并免费发放的建议》《关于闵行区率先建立交通违法违规目击证人制度的建议》。赵一雷的"关于建立环境污染、自然灾害等社会赔偿机制研究"获市委重点课题立项；陈迪的"公司债风险调查和防范机制研究"、曹珍富的"完善科研经费管理，加大基础科学的科研经费投入"获社市委招标课题立项。社情民意信息被九三学社市委采用61条，内容涵盖知识产权保护、社会保障、养老、教育、生态环境、公共交通以及法律法规等多个领域。

12月，获奖情况：交大委员会获社市委2012年度参政议政工作先进基层三等奖、社市委参政议政课题提案工作三等奖。严亚贤主持的"大肠杆菌O157和猪链球菌2型的快速监测和综合防控"、庄天戈参与的"穴位数字化虚拟人操作平台的建立与应用"获2012年度上海市科技进步三等奖。陈捷主持（共同）的"玉米主要叶部病害病原菌生理分化、致病机制及控制技术研究"获2013年度辽宁省科技进步三等奖。在上海交大第二届民主党派基层组织建设创新示范项目交流评比中，第八支社以"牢记责任倾情奉献，服务社会文明和谐"蝉联第一名，荣获一等奖，第四支社以"参政议政是民主党派的第一要务"荣获三等奖。陈迪获"上海市社会主义学院2008—2012年度杰出校友"称号。艾晓杰、曹珍富荣获"优秀校友"称号。贾金锋获2013年全球华人物理与天文学会"亚洲成就奖"，入选2013年国家百千万人才工程并获"有突出贡献中青年专家"称号。翁惠玉获上海交大2012—2013学年"最受学生欢迎的教师"提名奖。杨槱当选2013年度"上海市教育功臣"。4名社员获上海交通大学2013年优秀教师奖:解大、黄建国获一等奖,艾晓杰获二等奖,程先华获三等奖;车驰东获烛光奖一等奖。张向喆获"上海交通大学实验室管理先进工作者"称号。徐勇江获"九三学社中央委员会先进组工干部"荣誉称号。社会服务工作荣获九三学社中央第二十五届"国际科学与和平周"突出贡献奖。

12月,发展社员5人:王锦辉、贾金锋、冯传良、陈晓军、朱顺英,至年底共有社员379人。

2014 年

1月10日,许文平"南方鲜食葡萄栽培关键技术研究与集成示范"获2013年国家科技进步二等奖(第10)。

1月16日,在徐汇区教师活动中心召开迎春社员大会。表彰了第八和第四支社2个年度先进集体,27名先进个人。于湘莉、李卉赴小昆山参加上海市文教卫生委员会组织的"科技文化卫生"三下乡活动。

2月初,艾晓杰参加贵阳市委、市政府"黔籍人才贵州行"考察,与贵阳农业委员会合作洽谈。

2月2日,艾晓杰、邱江平任第29届上海市青少年科技创新大赛评委。

3月29—30日,组织28名社员赴江苏南京雨花台及茅山新四军根据地祭扫烈士纪念碑。

4月1日,魏良明(第2)、徐东(第4)参加的"基于碳纳米管的高性能纳电子器件的研究"项目荣获上海市自然科学奖二等奖。

4月25日,委员会获九三学社上海市委2013年度参政议政工作先进基层二等奖、信息工作先进集体二等奖。

4月,陈晓晓参加九三学社上海市委2014年度宣传骨干培训班;6月,姜淳、冯传良、常丽英、周鹏、汤莉华、李胜天、冯洁、辛洁晴共8名社员参加校党委统战部举办的第12期党外中青年干部学习班。

4月,艾晓杰为参加第七届国际可持续发展项目奥林匹克竞赛的上海选手辅导(获铜奖),给参加第29届全国青少年科技创新大赛进行赛前集训辅导2次。

4月,应九三学社上海市委邀请,曹珍富在全国政协副主席、九三学社中央主席韩启德主持的九三学社中央重点课题"利用大数据技术提升政府治理能力"调研座谈会上发言,题目是"大数据安全"。

5月20—23日,艾晓杰等人赴河南参加第五届沪豫科技合作,深入鹤壁企业进行帮扶指导,在猪病防控、营养免疫、遗传育种、死猪无害化处理、沼液沼渣综合利用以及生态循环农业方面进行农业的项目合作。武天龙在东北、华东和华南进行大豆和扁豆优良品种的种植推广。

5月,曹珍富作为唯一的专家应全国政协邀请参加中央党外人士座谈会。

5月,艾晓杰任2014年上海青少年科学社"科学种子计划"评委。5月15日参加在复旦大学上海医学院举行的九三学社上海高校论坛第51次会议。刘红玉在分组会上发言。艾晓杰、徐勇江、林敏莉、刘红玉、许小萍等参会。

5—6月,徐勇江为浙江临安的7家企业、上海宝山区顾村工业公司等提供技术咨询。

6月13日,曹珍富作为两名专家之一应全国政协之邀,赴京参加全国政协第十三次双周座谈会,并在会上做了"将数据安全放在大数据规划的重要位置"的发言。

7月9日,邀请九三学社上海市委参政议政部副部长辜翔来校做"如何撰写社情民意信息"专题报告。陈迪、徐勇江、袁晓忠完成九三学社市委招标课题"建立公平合理的个人所得税税收制度的建议";敬忠良、曹珍富等提交市政协提案一项:《关于加强公司债风险防范的建议》。曹珍富、敬忠良等提交市政协的提案《完善科研经费支持方式,促进基础科学研究的发展》和《关于加强本市远洋航运船舶压载水排放管理的建议》两项已被采纳。九三学社上海市委录用信息66条,涉及信息交通、食品安全、社保养老、教育科普、税务环保以及法律法规等多个领域。

7月9日,全国人大常委会副委员长严隽琪视察青浦区金泽镇河祝村、瓢河村污水收集与处理工程,并对此为社会主义新农村建设做出的贡献予以肯定。孙兴全将木霉菌降低土壤盐渍化、农药残留和减少化肥用量的科研成果应用于嘉定区华亭镇城超基地、浦东国家现代农业孙桥老港基地,帮助农民克服蔬菜连作障碍。

7月28日,武天龙在云南洱源县为农业科技人员传授技术。邱江平主持的"污水净化工程"应用到上海、安徽、湖北、云南、浙江、山东等地,已建农村生活污水净化工程500余座,服务农户超过60 000户,获得了良好的社会效益。

7月28—29日,在青浦区朱家角颐仁苑养老公寓召开暑期工作研讨会,全面总结了上半年的各项工作,明确了下半年的目标,并实地考察了公寓的养老条件。

7月,冯传良参加九三学社上海市委第18期中青年骨干培训班;荣正通参加九三学社上海市委2014年信息骨干工作研讨会。社员赴皖南地区考察,调研新农村建设和发展。7月,孙兴全为闵行社区进行三场"蝴蝶的欣赏讲座和蝶草压膜互动",157人参加。李伟、艾晓杰、严亚贤为上海青少年科学社和中学进行16次青少年科技创新辅导。

9月10日,沈学浩、顾剑平获2013—2014年上海交通大学"三育人"先进个人称号。

9月,安排黔南师范学院教师李永波来校进修食品科学。

9月,郁建强编写的《秸秆无农药生料栽培平菇实用技术》出版。

10月8日,姚卫平的民族音乐革新成果在上海音乐节展出。《青年报》和东方网报道:乐器玩"跨界"谋新出路 融入游戏功能学敲鼓更容易。

10月12日,组织25名社员赴无锡、常熟考察。徐勇江等到青浦区朱家角颐仁苑、东方菲尼克斯、江苏吴中瑞颐养老社区、浙江绿城乌镇雅园、上海星堡老年服务有限公司等养老机构调研考察,架设供需的"桥梁"。春节前慰问老社员、院士和委员会老领导,登门看望高龄社员;暑期为高龄社员送清凉。钱晓平、陶关源各获1 000元的帮困补助金。

10月16日,沈灏赴崇明县扬子中学,做"数学与现代科技"的报告。

10月21日,张虹为上海市高境戒毒所开展"秋季品茗话红茶"讲座。

10月25日,统战部、九三学社交大委员会和机动学院在徐汇区中心医院为范祖尧庆贺90岁寿辰,艾晓杰、徐勇江和刘成良参加。

10月28日,曹珍富、袁景淇出席九三学社上海市委组织工作会议。

11月15日,组织81名社员参观上海龙艺术博物馆、召稼楼古镇。

11月6日,参加在上海海洋大学举行的九三学社上海高校论坛第52次会议。姜淳在分组会上发言。王殿臣、艾晓杰、徐勇江、陈淑能、姜淳、杨伟国、王治洋等参会。

12月16日,九三学社上海市委聘任科普讲坛报告团成员:曹珍富、艾晓杰、陈迪、冯传良、贾金峰、姜淳、李伟、刘成良、沈灏、孙兴全和许文平。

12月,学习宣传工作:出版4期《九三交大社讯》,委员会网站更新多次,在九三学社上海市委网站等刊发8篇报道。

社会服务工作:支边与科技合作:做好对贵州、四川两省的智力帮扶与合作,开拓与云南省洱源县的扶贫对接,服务市郊三农。

获奖情况:徐勇江获2013年度信息工作先进个人优秀奖,赵一雷、徐勇江等《关于建立环境污染、自然灾害等社会赔偿机制》获九三学社上海市委提案二等奖;曹珍富的《完善科研经费管理,加大基础科学科研经费投入》、陈迪的《公司债风险调查和防范机制研究》获九三学社上海市委提案三等奖。12月10日,在上海交大第三届民主党派基层组织建设创新示范项目交流评比中,四支社以"关注社会民生问题的参政议政"、八支社以"发挥专业优势,服务和谐社会"荣获二等奖,三支社以"高科技服务社会,产学研助力发展"荣获三等奖。12月,袁景淇获"九三学社中央组织部先进组工干部"荣誉称号。

12月,车驰东获2013—2014学年上海交大"教学新秀"提名奖;4名社员获上海交大2014年优秀教师奖:褚建君获特等奖,姜淳获二等奖,王杰、袁晓忠获三等奖。3名社员获2014年高等教育国家级教学成果奖,其中褚建君(第4)、张惟杰(第9)参与的"生命科学公共课程体系的构建与实践"获一等奖,蒋丹(第4)参与的"国际产学合作,建设设计与制造系列课程,培养学生综合工程能力"获二等奖。艾晓杰获"九三学社上海市委2014年度表扬通讯员"。

12月,2014年新发展社员8人:姜淳、周鹏、陈霆、李卉、汤莉华、荣正通、康东元和王靖方,至年底共有社员383名。

2015 年

1月22日,九三迎春社员大会在徐汇校区教师活动中心举行,参会人员130人,会议表扬了16位先进社员,3个先进集体:三、四、八支社。会议总结了一年来的主要工作,提出了2015年的工作展望。六届二十三次委员会扩大会议会议同意增补刘成良、贾金锋为委员会委员,并向九三市委申请报告。

1月26日,委员会的正副主委分别慰问了3位院士、4位老主委及统战部领导。

2月16日,沪社发(2015)13号九三市委批复增补委员会委员已备案。

3月24日,由上海交通大学委员会陈迪申报的"网络借贷平台风险现状调研及监管建议"获2015年社市委参政议政招标课题立项;由冯洁申报的"适合中国国情的分类养老模式研究"获2015年社市委参政议政培育课题立项。

4月7日至10日,九三学社上海交通大学委员会副主委曹珍富参加了主题为"量子信息科学与技术"的九三学社中央第四期科学座谈会。全国政协副主席、九三学社中央主席韩启德出席会议并讲话,九三学社中央常务副主席邵鸿,副主席赖明、丛斌、武维华分别主持四场专题会议。曹珍富应邀在第二场专题会议上做了"量子计算与量子保密通讯问题"的邀请报告。

4月16日,九三学社上海交通大学委员会召开六届二十四次扩大会议,主委敬忠良传达了社市委"关于2015年直属委员会下属支社换届工作的意见"精神,介绍了委员会的组织现状,对委员会下属支社换届做了动员,确定了换届领导小组的成员,经过讨论确定了本届换届工作的实施方案。

4月22日,在举行的九三学社上海市委员会2015年度参政议政暨信息工作会议上,九三学社上海交通大学委员会获2014年信息工作集体一等奖和参政议政工作先进集体三等奖;委员会提供的"建立公平合理的个人所得税税收制度的建议"获参政议政课题提案工作二等奖;徐勇江获2014年信息工作个人二等奖;陈迪、袁景淇获2014年信息工作个人三等奖。

4月25日,委员会组织35名社员参观了海军博物馆及浦东滨江公园。

8月11日,来自九三学社上海交通大学委员会的近50位社员赶赴金山参加一年一度的九三学社上海交通大学委员会"2015年九三交大暑期工作会议"。会议由敬忠良主委主持。他首先介绍了九三学社上海交大委员会届中调整的情况,增补刘成良和贾金锋担任副主委,分别负责组织发展和青年工作。敬主委还介绍了各支社新一届班子的选举情况。会议对组织发展、参政议政、社会服务、学习宣传分块汇报了 2015 上半年的工作总结和下半年的工作设想。《九三交大 60 年》纪念册的执行主编吴东汇报了编纂出版情况,详细介绍了纪念册的定稿内容,生动地介绍了九三交大 60 年的发展历程,审核了纪念册的所有内容,包括组织发展篇、光辉历程篇、院士风采篇、参政议政篇、情结篇、追思篇和九三交大 60 年大事记等七大篇目,并确认《九三交大 60 年》纪念册的记载时间为:1955 年 4 月 30 日至 2015 年 8 月 11 日止。暑期工作会议是承上启下的会议,通过上半年工作总结、下半年工作设想,进一步推进了委员会与基层工作的开展。

后记

　　本书的编纂工作起源于 2013 年 12 月上海市政协常委会议期间，敬忠良主委和曹珍富副主委提出在九三交大成立 60 年之际最好能出版一本纪念册，并且由曹珍富副主委构想纪念册的内容。自此以后，本书的构思几易其稿，并在 2014 年的暑期工作会议上听取大家的意见。这次会议后，委员会例会上再次专门讨论了纪念册的内容和人员分工。2014 年 10 月 16 日，曹珍富副主委将任务分工发给各部分负责人，前副主委、主委助理吴东老师率先响应并组织了"追思篇"的采编组。两个月后，曹珍富副主委按照委员会例会上的决定，将内容分工和各个时间节点确定下来，并发给分管负责人。2015 年初的上海"两会"前，敬忠良主委和曹珍富副主委再次商量，请吴东出任本书的执行主编，经吴东老师同意，由委员会主委会议批准。

　　本书编纂中所涉及的具体人物、事件，时间漫长，事件繁杂，这对于我们编著者来说，是一项十分艰巨的任务。我们在史料的搜集整理、采编审阅工作中，不仅得到了九三学社上海市委有关部门和人员的协助，还得到了上海交大党委统战部、校史办、档案馆各个部门的领导和相关工作人员的积极支持。我们力求客观、准确、真实地展现九三交大 60 年来与中国共产党"风雨同舟、肝胆相照"的发展历程，以及在履行作为一个参政党的职能过程中，展示在思想建设、组织建设、参政议政、民主监督、社会服务等方面，逐步成熟和成长起来的历史轨迹。

本书的记述时间为 1955 年 4 月 30 日至 2015 年 8 月 11 日。

衷心感谢九三学社上海市委和上海交大有关领导的关心和支持，感谢九三学社上海交大全体社员的鼎力帮助和无私奉献！

由于我们采编的资料所限，疏漏贻误在所难免，敬请广大读者谅解并指正。

《九三交大 60 年》编委会

2015 年 8 月 11 日